Lilli Palmer, als Tochter eines Arztes und einer Schauspielerin in Posen geboren und in Berlin aufgewachsen, nahm bei den Reinhardt-Schauspielerinnen Lucie Höflich und Ilka Grüning Schauspielunterricht und bekam ihr erstes Engagement bei Gustav Hartung am Darmstädter Landestheater. Als sie 1933 Deutschland verlassen mußte, ging sie zuerst nach Paris und dann nach London, wo sie nach entbehrungsreichen Jahren für den Film entdeckt wurde. Ihre steile Karriere führte sie 1945 nach Hollywood, wo sie sich – zusammen mit ihrem ersten Mann, Rex Harrison – schnell durchzusetzen vermochte. Als die auch am Broadway überaus erfolgreiche Schauspielerin 1954 nach Deutschland zurückkehrte, wurde sie mit Angeboten und Auszeichnungen (u. a. zwei Bundesfilmpreise, für »Teufel in Seide« und »Anastasia, die letzte Zarentochter«) überhäuft. Heute lebt sie mit ihrem zweiten Mann, dem Filmschauspieler und Schriftsteller Carlos Thompson, in der Schweiz. In ihrer Freizeit widmet sich die vielbeschäftigte Schauspielerin der Malerei, die für sie mehr als nur ein Hobby ist und die Anerkennung der Kritik gefunden hat.

W0396063

Von Lilli Palmer sind außerdem als Knaur-Taschenbücher erschienen:

»Der rote Rabe« (Band 644)
»Umarmen hat seine Zeit« (Band 789)

Vollständige Taschenbuchausgabe
Droemersche Verlagsanstalt Th. Knaur Nachf.
München/Zürich
© Droemer Knaur Verlag Schoeller & Co.
Zürich 1974
Umschlaggestaltung Atelier Blaumeiser
Satz IBV Lichtsatz KG, Berlin
Druck und Bindung Ebner Ulm
Printed in Germany · 9 · 10 · 582
ISBN 3-426-00476-3

Gesamtauflage dieser Ausgabe: 180 000

Lilli Palmer:
Dicke Lilli – gutes Kind

Mit 42 Fotos

Knaur®

Für Carlos

Vorwort

Als ich klein war und auf den täglichen Spaziergang geführt wurde, fragten mich manchmal fremde Leute, wie das damals mehr üblich war als heutzutage, wie ich denn hieße. Ich antwortete jedesmal: »Dicke-Lilli-gutes-Kind.«

Beides wahr.

Dicke-Lilli-gutes-Kind sah aus wie Heinrich der Achte. Die Backen hingen mir bis auf die Schultern. Dazu war ich freundlich, was mit dem Fett im Einklang stand. Ich wollte, gleich von Anfang an, ein »gutes Kind« sein, meinen Eltern und Lehrern »Freude machen« (mit einigem Erfolg), meinem Mann die ideale Lebensgefährtin sein (Pech) und meinem Sohn die beste Freundin (Irrtum).

Das Gute-Kind-Übel hat mich mein Leben lang geplagt, in eine Zwangsjacke eingeschnürt. Es dauerte lange, bis ich begriff, daß es eine schlechte Angewohnheit war.

Mit der Erkenntnis kam das Bedürfnis, das »gute Kind« loszuwerden. Das Fett war schon in der Emigration zerflossen...

Rückkehr

Das Flugzeug setzte zur Landung an.
Es kam aus London, und die Stewardeß sprach englisch über den Lautsprecher. Dann wiederholte sie dasselbe auf deutsch, und ich setzte mich erschrocken auf. Meine Mutter neben mir saß auch plötzlich ganz steif da. Wir sahen uns stumm an. Wozu eigentlich die Aufregung? Die Stadt, die wir anflogen, hieß München. Man sprach deutsch in München, was sonst. Aber wir hatten keine Lautsprecherdurchsage in dieser Sprache gehört seit – wie lange war das her? Über zwanzig Jahre. Wir sprachen nur selten deutsch, selten und schlecht, vermischt mit englischen Redensarten, die kürzer und bequemer waren. Mein deutsches Vokabular, das eigene, persönliche, war mir längst abhanden gekommen. Im Krieg war es sowieso streng verboten gewesen, deutsch zu sprechen. Als aber eines Tages eine Bombe in unseren Garten fiel und das Haus über uns zusammenbrach, soll ich am Telefon deutsch gesprochen haben, sagte meine Mutter. Ich hatte es nicht gemerkt. Etwa so, wie wenn man im Traum immer wieder in derselben Straße aus der Kindheit herumläuft.
In München sollte ich einen deutschen Film drehen, meinen ersten. »Feuerwerk« würde er heißen. Deutscher Regisseur (Kurt Hoffmann), deutsche Schauspieler.
Ich hatte meine Mutter gefragt, ob sie mit mir kommen wolle. Sie hatte mich bestürzt angesehen. »Nach München?« fragte sie. »München! Ach – ich glaube, das kann ich nicht.«
Sie kannte München nur zu gut. Zwei ihrer Schwestern waren in Landshut an der Isar verheiratet gewesen, und sie hatte einige Jahre im Ersten Weltkrieg (ich lag noch im Kinderwagen) dort bei ihnen verbracht.
In Landshut hatte sich ihre Lieblingsschwester Cilly aus dem Fenster gestürzt.
Es war viel schwerer für sie als für mich. Ich war ja noch ganz jung, als ich Deutschland »für immer« verlassen hatte, und lernte schnell, meine Wurzeln in andere Länder zu schlagen (Frankreich, England, Amerika) – und auch wieder herauszuziehen, wenn es sein mußte. Ich war ein professioneller Heimatloser, gewöhnt daran, zuzusehen, wie anderen Leuten die Augen feucht wurden, wenn ihre Nationalhymne bei feierlichen Gelegenheiten ertönte. Meine blieben trocken bis zur Dürre. Um so mehr hatte ich in meine Ehe investiert. Sie war meine Heimat, meine Zugehörigkeit, mein Anker. Dachte ich.
Meine Mutter war aber schon 54 Jahre alt gewesen, als sie Deutschland verlassen hatte, und es war schwierig für sie, ein neues Leben zu beginnen. Sie sprach zunächst nur ein paar Worte Englisch, lernte aber mit ihrem eisernen Willen bald genug dazu, um sich verständigen, die Zeitun-

gen lesen und das Radio verstehen zu können. Zur Freundschaft mit Engländern oder zum Verständnis zwischen ihr und ihren englischen Schwiegersöhnen reichte es nie. »Ich werd's nie ganz bedappeln!« meinte sie resigniert und hörte nicht auf, das fließende Englisch ihrer neuen Enkelkinder zu bewundern.

Und jetzt hatte ich gefragt, ob sie mit nach München kommen wolle. Wollen? Bestimmt nicht. Sie war 73, und jedes neue Jahr hielt sie für eine Prämie. Warum die alten Wunden aufreißen? Es hatte so lange gedauert, bis sie endlich – und niemals völlig – verheilt waren. Und dann entschloß sie sich, doch mitzukommen, weil sie wußte, daß ich sie brauchen würde.

Das Flugzeug setzte leicht auf und rollte langsam auf das rote Hauptgebäude zu. Ich sah aus dem Fenster. Unten an der Treppe stand eine ganze Ehrengarde der Filmproduktion, lauter fremde Gesichter, fremder noch als gewöhnlich, auf jedem Gesicht ein Extralächeln, jede Begrüßung extra herzlich, so kam es mir vor. Ein kleines Mädchen mit Blumenstrauß war auch dabei. »Das ist Romy Schneider. Sie spielt in Ihrem Film mit.« Das Mädchen knickste, und ich mußte lachen. Man knickste noch in Deutschland! In England knickst man nur vor der Königin.

Es waren auch Journalisten und Fotografen da. Meine englischen und amerikanischen Filme waren in Deutschland gezeigt worden, und einer, »Das Himmelbett«, war besonders erfolgreich gewesen. Man hatte im englischen »Who's Who« nachgelesen, wie alt ich sei, aber sonst wußte man wenig über mich.

Die Fragen, die man stellte, waren unverfänglich: Ehe, Kind, letzter Film, letztes Theaterstück, Zukunftspläne. Kein einziger fragte: »Wie fühlen Sie sich eigentlich, jetzt, da Sie zum erstenmal wieder...?« Anscheinend wollte es niemand wissen. Wofür ich dankbar war.

Im Auto, das uns zum Hotel Schloß Grünwald fahren sollte, wurde nur vom Film gesprochen, eifrig und begeistert, so wie das in jedem Land vor jedem Film üblich ist; die Schauspieler nennen das »Vor-Produktions-Enthusiasmus«. Das bedeutet, daß man mit Feuer und Flamme, mit Blumen und im feinsten Auto am Flughafen in Empfang genommen wird – und wenn der Film fertig gedreht ist, dann nimmt man sich ein Taxi und fährt still und allein zum Flughafen zurück.

Diesmal wurde mit besonderer Lautstärke und Begeisterung über Manuskript, Besetzung und Musik gesprochen, wahrscheinlich um die allgemeine Nervosität zu verdecken. Nur meine Mutter saß still da, setzte sich ihre Brille auf und sah aus dem Fenster.

Noch während der Fahrt entdeckte ich, wie unzulänglich mein Deutsch war. Alle Fachausdrücke fehlten mir. Was hieß z.B. *cameraman* (Operateur), *dresser* (Garderobiere), *makeup man* (Schminkkünstler), *wig* (Perücke), etc. auf deutsch? Dabei hatte ich das Gefühl, daß die Herren dach-

ten, ich litte vorsätzlich an Gedächtnisschwund, da ich sonst fließend und ohne Akzent sprach.
Es war ein schöner Mainachmittag, und ich sah die Landschaft an, die an mir vorbeiraste. Gelbe, blühende Felder, Tannenwälder – all das hatte ich seit zwanzig Jahren nicht mehr gesehen. Plötzlich fuhren wir an einer Kreuzung vorbei – »Dachau« stand auf dem Wegweiser. Meine Mutter hatte es wohl auch gesehen, denn sie drehte den Kopf zurück und versuchte, sich noch durch die Heckscheibe zu vergewissern, ob sie auch richtig gelesen hatte. Unsere Begleiter hatten entweder nichts bemerkt oder waren daran gewöhnt, an diesem Schild vorbeizufahren. Aber mir verschlug es den Atem, und mein Vor-Produktions-Enthusiasmus war von da an bis zur Ankunft im Hotel merklich gedämpft.
Die Tür schloß sich hinter unseren Begleitern, nachdem sie sich überzeugt hatten, daß unsere Zimmer bequem und mit Blumen gefüllt waren.
Wir waren allein.
Meine Mutter hatte das Fenster weit aufgemacht. Jetzt drehte sie sich um. »Hast du gesehen ...?« fragte sie.
Ich nickte und ging zu ihr, und wir sahen beide stumm hinaus. Blühende Wiesen, Tannenwälder. »Komm«, sagte ich, »gehen wir ein bißchen im Wald spazieren, bevor wir auspacken.«
Wir gingen durch die Felder, bis wir zum Waldrand kamen. Der Wald hatte von jeher schon eine besondere Anziehungskraft auf mich ausgeübt. Selbst in den Sommerferien, wenn wir an die Ostsee fuhren, war ich nie am Strand, sondern immer in den Wäldern zu finden. Meine Waldschule lag ja auch mitten im Wald. Als ich mich jetzt zum erstenmal nach zwanzig Jahren wieder unter hohen Kiefern befand, mußte ich stehenbleiben, so stark überfiel mich der Geruch von Baumrinde und Sand und Moos. Es gibt natürlich auch Wälder in anderen Ländern, aber sie riechen anders. Geruch kann bei mir stärker als alle übrigen Sinne Erinnerungen zurückhexen. Besonders Kindheitserinnerungen. Vielleicht, weil man um etliches kürzer ist und daher dem Erdboden und allen Bodengerüchen näher.
Wir setzten uns unter eine Tanne. Aus der Ferne kamen plötzlich Stimmen. Nazis!
Die Stimmen kamen näher.
Kinderstimmen. Also keine Nazis. Deutsche Kinder, die im Wald spielten. So wie ich, damals.

»Aus anständiger Familie«

Gegen sechs Uhr abends sagte mein Vater gewöhnlich: »Komm, gehen wir ums Eck!« Dann ließ meine Mutter alles stehen und liegen, hängte sich in seinen Arm wie der kleine Schnörkel am großen Q, und sie gingen die Heerstraße hinunter, am Bahnhof vorbei, in den Wald. Einen halben Kilometer weiter kamen sie dann an das große hölzerne Tor, durch das ich jeden Morgen zur Schule radelte. Dort blieben sie gerne stehen und sahen durch den Eingang in das Grün hinein. Kiefern, Birken, Buchen, darunter ein paar bunte Baracken, ein Fußballplatz, ein Schwimmbecken, in dem die Jungen und Mädchen – selbstverständlich getrennt – im Sommer schwimmen durften. Das war meine Schule, die Waldschule Charlottenburg, im Grunewald, in Berlin.
Vor diesem Tor, so erzählte meine Mutter, hat mein Vater jedesmal gesagt: »Wenn ich an meine Kindheit denke! Die dunklen Schulräume in dem alten, modrigen Kasernenkasten! Wie gut hat's das Kind!«
Manchmal klappte es dann gerade, die Schulglocke schlug halb sieben, und »das Kind« radelte krakeelend, mitten unter den anderen Beräderten, durch das Tor und winkte den Eltern zu. Mein Vater und meine Mutter winkten zurück und gingen weiter durch den Wald.

Ich war vorsichtig in der Wahl meiner Eltern. Sie waren in Wesens- und Denkungsart grundverschieden, offerierten daher eine bunte Speisekarte, und ich bediente mich. Mein Vater war ernst, spröde, sorgfältig bis zur Pedanterie, manchmal heftig, immer ungeduldig. Meine Mutter war heiter, vergeßlich, mitteilsam und tolerant.
Ich wanderte größtenteils in Richtung meines Vaters, äußerlich wie innerlich. Was wohl auch der Grund sein muß, daß ich vom ersten Augenblick an meine Mutter liebte. Genau wie er.
Sie war ein rheinisches Kind, geboren in der kleinen Festungsstadt Ehrenbreitstein. Mein Großvater, Weinhändler, ein kleiner, lebhafter Mann, hatte sich von Anfang an leidenschaftlich einen Sohn gewünscht. Jedesmal, wenn meine Großmutter ein Mädchen zur Welt brachte, wurden seine Klagen lauter, bis die Hebamme sich weigerte, ins Haus zu kommen, da sie sich der emotionellen Belastung nicht gewachsen fühlte. Es gab bereits 4 Mädchen im Kinderzimmer, aber Großvater gab nicht auf. Er mußte einfach einen Sohn haben. Großmutter sprang heimlich vom Küchentisch, um eine Fehlgeburt zu provozieren, brach sich ein Bein, blieb aber hartnäckig schwanger. Als die gefürchtete Stunde ihrer Niederkunft kam, sanken alle erwachsenen Einwohner von Ehrenbreitstein zu ernstem Gebet auf die Knie. Es half nichts.
Die zitternde Stimme der Hebamme war kaum noch zu hören, als sie das

fünfte Mädchen ankündigte. Großmutter drehte das Gesicht zur Wand. Großvaters Jammern konnte man durch ganz Ehrenbreitstein hören. Das Kind, winzig und durch den Mangel an herzlicher Begrüßung verschreckt, gab keinen Laut von sich. Nicht einmal das traditionelle Ankunftsweinen. Es verzog das Gesicht, als ob es lachen wollte. Das war der erste Auftritt meiner Mutter, Rose Lissmann.

Großvater war kein guter Geschäftsmann, und fünf Kinder kosteten Geld. Zunächst mußte sein Weingeschäft und damit auch Ehrenbreitstein aufgegeben werden. Dann begann er in Dresden ein neues Leben als Besitzer einer kleinen Hutfabrik. Seine fünf Mädchen wurden in die Volksschule gesteckt. Sie lernten Schönschreiben – die Handschrift meiner Mutter war »wie gestochen« –, Lesen, Zählen, das Einmaleins. Im Geschichtsunterricht lernte sie nur, was mit dem Königreich Sachsen zusammenhing. Was Erdkunde anbetraf, so kannte sie von der Welt lediglich die Grenzen, Städte und Flüsse dieses Landes. Selbst im hohen Alter konnte sie noch die Namen der sächsischen Könige und ihre Regierungszeiten vorwärts wie rückwärts hersagen.

Sie sprach ihr Leben lang von ihrer glücklichen Jugend, aber für unsere Begriffe war es eine Jugend voller Entbehrungen. Das Essen war spartanisch einfach, trockenes Brot, Wasserkakao ohne Zucker am Nachmittag. Nachtisch nur sonntags. Keinerlei Spielzeug außer einer einzigen Puppe, die weder Haare noch Arme hatte, als sie schließlich von meiner Mutter geerbt wurde. In den Ferien verreiste man nicht. Man ging im öffentlichen Park spazieren, das war alles.

Aber es gab ein Dienstmädchen! Das kostete beinah nichts außer der Verpflegung und reinigte, kochte und nähte für acht Personen. Es hatte, zur Empörung meiner Großmutter, zwei volle Tage im Jahr frei.

Doch für meine Mutter sowie für ihre Schwestern waren die Kindheitstage aus purem Gold. »Ach, weißt du, wir waren so gesund, und wir hatten so viel zu lachen...«

Von den fünf Schwestern, die um die Jahrhundertwende jeden Sonntag in Dresden durch den Park liefen, war Hannah die älteste und meine Mutter Rose die jüngste. Dazwischen kamen Cilly, Ella und Marta, je im Abstand von einem Jahr. Ella, die dritte, war die schönste, Hannah die häßlichste, Marta die amüsanteste, Rose die begabteste. Cilly, die zweite Schwester, war von Anfang an die Mutter von ihnen allen.

Sie besaß schon als junges Mädchen eine solche ruhige Autorität, eine solche humorvolle Gelassenheit, daß sie ihr Leben lang alles sofort betreute und vorwärtsbrachte, was ihr unter die Augen kam. Der Mann, der ihr vom Vater zwecks Heirat zugeführt wurde, hatte zu Anfang gar keinen schlechten Eindruck gemacht. Aber als er noch in jungen Jahren das Gehör verlor, begann er sich für seine wachsende Isolation an den Mädchen schadlos zu halten, die in seinem Kaufhaus angestellt waren. Tante Cillys Aufgabe war es dann, zu den Behörden der kleinen bayerischen Stadt, in der sie lebten, zu gehen, um ihren Mann vor dem Gefängnis zu bewahren. Diese Bittgänge waren schwer. Aber die Einwohner der Stadt taten, als wüßten sie von nichts. Man liebte sie.

Das Band zwischen den fünf Schwestern war derart, daß sie sich nie ganz voneinander trennen konnten, auch als jede längst verheiratet war. Und so führten sie die »Schwesternreise« ein. Jedes Jahr im Frühling trafen sich alle fünf auf zwei Wochen in einem kleinen Kurort, der nicht zu elegant sein durfte und gewöhnlich irgendwo in den bayerischen Alpen lag. Ehemänner und Kinder waren nicht zugelassen. Make-up war streng verpönt. Sie wollten wieder so sein wie damals in Dresden bei ihren täglichen Spaziergängen, wanderten in festen Schuhen durch die Landschaft, alle fünf einander ähnlich, Arm in Arm, laut lachend und immer wieder stehenbleibend, um aufgeregt über etwas zu debattieren, ganz gleich, wo sie sich befanden.

Ein einziges Mal wurde die Schwesternreise vorzeitig abgebrochen: Großmutter Julie war gestorben. Die fünf Töchter trauerten, ließen sie einäschern, und Hannah, die älteste, nahm die Urne in Empfang. Alle fünf bestiegen den Zug, der sie von Frankfurt, wo die Trauerfeierlichkeiten stattgefunden hatten, nach Landshut bei München zurückbringen sollte, wo sich alle in Tante Cillys Haus erholen wollten.

Sie ließen sich mit einem Seufzer der Erleichterung im Abteil nieder, nahmen die Hüte mit den schwarzen Schleiern ab, putzten die Nasen und steckten die Taschentücher endgültig weg. Nach und nach, als der Zug an Geschwindigkeit zunahm, wurden Zigaretten angezündet, und die Lebensgeister erwachten. Man nahm die Unterhaltung wieder auf, und nach kurzer Zeit waren sie so tief und geräuschvoll in Gespräche vertieft wie gewöhnlich.

Als der Zug in München hielt, rafften sie ihr Gepäck zusammen und stiegen in den Zug nach Landshut um. Nach einer weiteren Stunde Fahrt hatten sie endlich ihr Ziel erreicht. Von weitem konnten sie bereits auf dem Perron zwei wartende Ehemänner erkennen – und in diesem Moment, als sei sie vom Blitz getroffen, wandte sich Tante Cilly an ihre ältere Schwester: »Wo ist die Mama?«

Tante Hannah erstarrte. »Ich hab keine Ahnung – ich hab sie nicht!«

Die Schwestern sahen sich entgeistert an.

»Wer hat die Mama?« rief Tante Cilly fortissimo, Tante Cilly, gewöhnlich so milde und still.

Der Zug hielt mit einem Ruck. Er hatte nur drei Minuten Aufenthalt auf dem kleinen Bahnhof von Landshut, aber das reichte, um alle fünf zu überzeugen, daß sie die Mama tatsächlich nicht bei sich hatten. Wie be-

täubt stiegen sie aus ihrem Abteil. Die Lokomotive pfiff, der Zug fuhr ab. Auf dem Bahnsteig standen zwei Schwiegersöhne mit Trauermiene und Hut in der Hand. Aber es kam nicht zu einer Familienszene voll wortloser Umarmungen und stillem Händeschütteln; statt dessen riefen fünf schwarze Damen aufgeregt: »Wir haben die Mama verloren!«
Noch auf dem Bahnsteig gingen sie jeden ihrer Schritte wieder durch, und es stellte sich heraus, daß »die Mama« zum letztenmal im Gepäcknetz des Abteils im Zuge Frankfurt–München gesehen worden war.
Sie trockneten ihre Tränen, nahmen den nächsten Zug zurück nach München, konsultierten den Stationsvorsteher und stöberten die Mama tatsächlich im Gepäcknetz auf, denn der Waggon war in einer entlegenen Ecke des riesigen Münchner Rangierbahnhofs abgestellt worden. Mitten in der Nacht, ohne Hut und Schleier, stolperten die Schwestern über das Gewirr der gefährlichen Gleise, entgegenkommenden Zügen im letzten Moment ausweichend und sich schamlos vor Lachen biegend, bis sie wieder im sicheren Hauptbahnhof angekommen waren, unter Cillys Arm – die Mama. Bei Ausbruch des Zweiten Weltkrieges gehörten Tante Cilly und ihr Mann zu den wohlhabendsten Leuten in der Gegend, aber sie trug jahraus, jahrein dieselben Kleider und fuhr dritter Klasse ins nahegelegene München.
»Cillychen – nimm doch wenigstens ein Billett zweiter Klasse, dann mußt du nicht auf den Holzbänken sitzen.«
»Ei, das geht doch nicht. Was würde unser Stationsvorsteher denken!«
Kurz vor Kriegsausbruch besuchte Tante Cilly meine Mutter in London. Es war kein freudiges Wiedersehen. In den paar Tagen, die Tante Cilly bei uns war, versuchten wir, sie zu überzeugen, daß sie keinesfalls zurückgehen dürfte. Sie hatte etwas Geld in der Schweiz – gefährlich, jetzt, da Hitler alle ausländischen Anlagen zurück nach Deutschland beordert hatte; ihre Kinder waren bereits »draußen«, und es wäre durchaus möglich gewesen, ihren tauben Mann wenigstens vorläufig in die Schweiz kommen zu lassen.
»Nein«, sagte Tante Cilly ruhig. Die Schweizer Gelder sollten ihren Kindern zur Verfügung stehen, die sich plagen mußten. Noch wichtiger: Sie hatte es auf sich genommen, jede Woche hundert Lebensmittelpäckchen zu verpacken und an Verwandte, Freunde, Bekannte und Fremde in Konzentrationslagern zu schicken. Das war damals noch erlaubt, aber nur von Deutschland aus.
Noch im Taxi, auf dem Weg zum Bahnhof, versuchten wir, sie umzustimmen. Wir zeigten durchs Fenster auf die Menschen auf der Straße. Sie waren frei, wir waren frei – hier war ihre einzige, letzte Chance! Meine Mutter legte den Arm um ihren Hals und sah ihr in die Augen. »Cillychen, ich fleh dich an! Bleib hier!«

Aber sie schüttelte nur den Kopf, die Wangen stark gerötet. »Ich muß doch meine Pakete schicken.«
Kurz nach ihrer Rückkehr erschien die Gestapo bei Tante Cilly im Haus und forderte sie auf, mitzukommen. Sie fragte, ob sie ihren Mantel von oben holen dürfte, während ihr tauber Mann, der nicht begriffen hatte, wer die Besucher waren, in seinem Schaukelstuhl wippte und die Männer freundlich anlächelte.
Vom Balkon ihres Schlafzimmers stürzte sie sich hinunter. Die Gestapoleute machten sich eiligst davon. Tante Cilly starb tags darauf im Krankenhaus.

Man ging um die Jahrhundertwende regelmäßig zum Fotografen. Ich hab noch eine Menge Fotos auf dickem Pappkarton mit »Hofphotograph. Dresden. Ehrenvolle Auszeichnungen von hohen und höchsten fürstlichen Hoheiten« auf der Rückseite. Das kleine Gesicht meiner Mutter schaut mich an, zuerst mit kurzem Haarschnitt, wie ein Junge, später mit offenem, langem Haar, immer mit demselben Ausdruck unterdrückter Lachlust. Aber hinter den lachenden Augen verbargen sich ein fester Wille, Zähigkeit und Eigensinn. (Ein »eigener Sinn«, wie mein Vater sagte.) Sie muß wohl, als Jüngste, die Lieblingstochter der Großmutter gewesen sein, denn sie brachte es fertig, daß die konventionelle und beschränkte alte Frau ihre Mitverschwörerin wurde. Das Komplott wurde streng geheimgehalten: Rose, meine Mutter, wollte Schauspielerin werden.
Großvater hatte sein Leben lang eine geheime Leidenschaft fürs Theater gehabt, hatte als junger Mann Programme verkauft, um sich abends einen Platz im Olymp leisten zu können. Trotzdem war er bis ins Innerste seiner Seele getroffen, als meine Mutter ihm nach einem vollen Jahr heimlichen Unterrichts beichtete. Er war überzeugt, daß das Leben einer Schauspielerin der erste Schritt zur Prostitution war, und er starb, ohne sie auf der Bühne gesehen zu haben und ohne daß sie ihm beweisen konnte, daß Prostituierte zwar oft gute Schauspielerinnen sein müssen, aber gute Schauspielerinnen noch lange keine Prostituierten.
Großmutters heimliche Ersparnisse reichten eben für den Lehrer aus, einen pensionierten Schauspieler vom Dresdner Staatstheater. Kein Pfennig war übrig, um ein Studio zu mieten, in dem meine Mutter ihre Stimme trainieren und ihre Rollen hätte proben können. So stieg sie die enge Treppe zum Boden hinauf, den es früher in jedem Mietshaus gab. Dort wurde das Gerümpel abgestellt, dort wusch die Waschfrau allwöchentlich in gewaltigen Zinkwannen die Wäsche des ganzen Hauses und hing sie zwischen den Dachbalken zum Trocknen auf, und dort stand meine Mutter und probte ihre Rollen, während ihr der Wind die nassen

Laken um die Ohren schlug. Sie merkte es nicht. Ihr Lehrer sagte ihr eine große Zukunft voraus, und als sie ihrem Vater berichten konnte, daß Aschaffenburg, eine kleine Provinzbühne mit gutem Ruf, ihr einen Vertrag als »Naive« angeboten hatte, wußte er, daß er verloren hatte, denn sie war gerade einundzwanzig Jahre alt geworden.
Sie sah allerdings bedeutend jünger aus. Als sie in Aschaffenburg zum erstenmal durch den Bühneneingang zur Probe wollte, versperrte ihr der Bühnenportier den Weg. »Kindern ist der Zutritt zur Bühne nicht gestattet!« erklärte er streng. Ihre ersten professionellen Fotos zeigen eine kleine Person mit lockigem Haar, Augen, die zu einem blauen Strich wurden, wenn sie lachte, und geraden, schmalen Zügen. Diese Art Gesicht war um die Jahrhundertwende sehr beliebt, und meine Mutter blieb diesem frühen Schönheitsideal treu, auch nachdem es längst veraltet war. »Die Nase muß schmal sein«, sagte sie, »und der Mund klein, so als ob man ›Plüsch‹ sagt.« Zur Strafe für diesen Eigensinn mußte sie drei Töchter mit großen, breiten Mündern in die Welt setzen, die in dieser Beziehung nach ihrem Vater schlugen. Ich weiß nicht, was meine Mutter mit uns gemacht hat, als wir klein waren, oder ob unsere Nasen schmal genug waren, um ihren Beifall zu finden, aber ich habe sie oft beobachtet, wie sie über die Wiegen ihrer verschiedenen Enkelkinder gebeugt stand und versuchte, die winzigen Nasenlöcher enger zusammenzudrücken. »Die Nase ist zu breit!« seufzte sie und ging kopfschüttelnd davon.

Sie war in Aschaffenburg in diesem ihrem ersten Vertrag so erfolgreich, daß sie für die kommende Saison an das Stadttheater in Breslau engagiert wurde. In demselben Jahr nahm ein junger Arzt aus Posen die Stellung des ersten Assistenten beim Chefarzt der Chirurgie an der Universität in Breslau an. Er hatte es gut. Seine Eltern waren wohlhabend, und er durfte es sich leisten, nach bestandenem Doktorexamen (bei Professor Röntgen in Würzburg) noch einige Jahre zusätzlich als Assistenzarzt bedeutender Chirurgen zu arbeiten, bevor er sich niederließ. Wenn er keinen Nachtdienst hatte, ging er ins Theater. Das Breslauer Schauspielhaus war weit über seine Stadtgrenzen hinaus berühmt. Joseph Kainz gehörte zum Ensemble – und eine neue junge Schauspielerin namens Rose Lissmann, die in *Klein Dorrit* die Hauptrolle spielte. Im Gegensatz zu ihrem zarten, schmalen Aussehen besaß sie eine erstaunlich kräftige Stimme, war voller Autorität und trockener Komik. Das Problem war: Wie konnte man sie kennenlernen? Auf Blumen, die in die Theatergarderobe geschickt wurden, kam keine Antwort. Endlich erbarmte sich der Bühnenportier und verriet die Adresse. Neues Problem: Die »Budenhexe«. Sie öffnete die Tür und sah den jungen Mann streng an. »Meine Dame empfängt keine Herrenbesuche.«

Die Tür schlug zu, und er stand draußen, keineswegs entmutigt, eher noch mehr entschlossen. Als es ihm dann endlich gelang, sie kennenzulernen (der Freund eines Freundes kannte eine Freundin), war der gegenseitige Eindruck explosiv. »Ich muß mir diesen Mann sofort aus dem Kopf schlagen!« schrieb meine Mutter noch am selben Abend in ihr Tagebuch, während der junge Arzt in dieser Nacht allein durch die dunklen Straßen wanderte und sich gelobte: Diese!

Vorausgesetzt natürlich, daß sie aus »anständiger« Familie und noch Jungfrau war. Sie war beides.

Aber wie sollte er diesen Entschluß seiner Familie beibringen? Er versuchte, den Schlag zu mildern, indem er schrieb, er habe sich mit einer jungen Frau verlobt, die einmal Schauspielerin »gewesen war«. Das war nur eine halbe Lüge, denn er hatte es tatsächlich fertiggebracht, daß sie ab sofort (»sofort« war der Verlobungsring) auf ihre Karriere verzichtete, obwohl sie einen Vertrag mit Düsseldorf für die nächste Saison unterschrieben hatte und vertragsbrüchig werden mußte.

Die Antwort aus Posen kam. Sie begann mit: »Dein Brief schlug wie eine Bombe ein.« Sie waren zutiefst erschüttert. Es gab fünf Kinder, aber mein Vater war der Augapfel gewesen – auf ihn hatten sich alle Hoffnungen der Familie konzentriert. Und nun wollte er sich an eine Schauspielerin wegwerfen! Am Ende willigten sie ein, seine »Zukünftige« in der Halle des Grandhotels in Dresden zu besichtigen.

Meine Mutter zerbrach sich den Kopf, um das richtige Kleid auszusuchen: nicht zu elegant, um nicht billig zu beeindrucken, aber auch nicht zu schäbig für den ehrenvollen Anlaß. Dazu gurgelte sie intensiv mit Mundwasser, »falls sie mir einen Kuß geben würden...«

Dieses Glück blieb ihr versagt. Sie strebte an meines Vaters Arm durch die Hotelhalle auf ein Paar zu, das stocksteif am anderen Ende wartete. Der Mann war winzig, außerordentlich häßlich und hatte O-Beine; die Frau war hochgewachsen, schlank, mit hohem Busen und bemerkenswert schön. Der kleine Mann machte einen Schritt vorwärts und streckte die Arme aus. Seine Frau zog sich, wenn sie überhaupt etwas tat, eher zurück.

Meine Mutter brauchte nicht lange, bis sie beide, auch Großmutter Marie, die nicht sehr gescheit und daher schwierig war, erobert hatte. Mein häßlicher kleiner Großvater Sam, der einundneunzig Jahre alt wurde und meinen Vater um zehn Jahre überlebte, hatte den ersten Schritt gemacht, und meine Mutter vergaß das nie. Jeden Dienstag, wenn ich von der Schule nach Hause kam, fand ich sie bei ihm sitzen, ein Nähzeug im Schoß, nur zur Entspannung, denn sie hatte zehn Daumen und konnte nicht einen Knopf annähen. Ihr gegenüber, in seinem tiefen Lieblingssessel, saß der winzige alte Mann, beide Arme hoch auf die Lehnen gestützt.

Seine greisenhaften, dunkelblauen Lippen öffneten und schlossen sich wortlos über einem schlechtsitzenden Gebiß, wie bei einem Fisch.
»Und was ist dann passiert, Papa?« fragte meine Mutter wiederholt mit sanfter Stimme und spielte einem alten Rock von mir übel mit. Großvater Sam schnappte dann sein Gebiß an den richtigen Platz und erzählte zum hundertstenmal: »Also, Rose, ich lag da zwischen fünfundsiebzig Passagieren auf meiner Matratze, und alle waren am gelben Fieber erkrankt...«
Er war ein abenteuerlustiger junger Mann gewesen, als er sich 1864, mit achtzehn Jahren und ohne einen Pfennig, auf einem großen Segelschiff einschiffte, um im Zwischendeck den Atlantik zu überqueren und Amerika zu erobern.
Fünf Jahre später kehrte er als reicher Mann nach Posen zurück und machte dem Mädchen seiner Träume, der schönen Marie, den Hof. Ich bezweifle, ob er jemals der Mann ihrer Träume gewesen war, aber sie hatte keine Mitgift und mehrere ältere Schwestern. Sein Hochzeitsgeschenk an sie war eine Kutsche und zwei Pferde.
Sie lebten fünfzig Jahre lang in glücklicher Ehe, streng konventionell und gottesfürchtig, in einer großen Wohnung voll schwerer schwarzer Möbel. Man liebte sich in der Familie, daran zweifelte keiner, aber ich hatte nie ein persönliches Wort von ihnen zu hören bekommen oder eins an sie gerichtet. An Geburtstagen kassierte ich fünf Mark und einen Kuß.
Gleich nach der goldenen Hochzeit erkältete sich Großmutter Marie. Mein Vater, Lieblingssohn und Familienarzt, pflegte sie sorgsam, und sie erholte sich. Aber entgegen seinem strikten Befehl stand sie zu früh auf und war noch in derselben Nacht mit einer Lungenentzündung wieder im Bett. Damals gab es noch keine Antibiotika, und Lungenentzündung führte bei alten Leuten meist zum Tod. Ihre älteste Tochter rief meinen Vater an. Ich konnte von unserem Kinderzimmer aus hören, wie er ins Telefon schrie, und dann fiel die Haustüre krachend ins Schloß. Ich stahl mich vorsichtig aus dem Bett und hörte, wie meine Mutter den Hörer wieder aufnahm. Sie rief meine Tante zurück. »Amanda«, sagte sie, »Alfred hat eben ein Taxi genommen. In einer Viertelstunde wird er bei Mama sein. Geh auf die Straße und nimm ihn in Empfang. Sag ihm, daß es deine Schuld war. Dann kann er dich anschreien und nicht Mama. Weil er sich doch niemals verzeihen wird, wenn...«
Meine Tante ging in die Kälte hinaus, und mein Vater brauchte sich wenigstens keine Vorwürfe zu machen, als seine Mutter zu seinem großen Schmerz zwei Tage später starb. Der alte Sam war bemerkenswert beherrscht. »Ich hatte sie fünfzig Jahre, man darf sich nicht beklagen«, murmelte er, als er auf seinen kurzen, krummen Beinen über den schneebedeckten Friedhof stolperte.

Die Ehe meiner Eltern dauerte nur halb so lange, zählte aber doppelt durch die Intensität und Vollständigkeit der Beziehung. Die Tatsache, daß meine Mutter praktisch ungebildet war (bis auf ihre erstaunlichen Kenntnisse in puncto Königreich Sachsen), störte meinen Vater nicht. Außerdem fing sie an, sich zu unterrichten, um ihn vor seinen Freunden nicht zu blamieren. Zu einer Zeit, da es weder Abendschulen noch sonst eine Möglichkeit für verheiratete Frauen gab, sich weiterzubilden, begann sie energisch zu studieren. Eine meiner frühesten Erinnerungen ist, wie sie im Wohnzimmer durch eine dicke Brille intensiv auf einen Globus starrte und sich laut Aufgaben stellte, wie zum Beispiel: »Wie kommt man von Berlin nach Kalkutta?« Und wenn sie die Reiseroute festgelegt hatte, sagte sie die Namen der Länder und Flüsse und Meere, die sie durchqueren mußte, ehrfürchtig vor sich hin und schrieb sie in ihr Notizbuch.
Trotzdem ließ sich die unzulängliche Schulbildung niemals wiedergutmachen, so viel sie auch nach den Anweisungen meines Vaters las und studierte. Bis an ihr Lebensende konnten sich da ganz plötzlich Abgründe auftun. Eines Abends fuhr ich meinen Sohn in seine Schule zurück, während meine Mutter hinten saß, um mir auf dem Rückweg Gesellschaft zu leisten. Der Weg in sein Internat war lang, und wir spielten Ratespiele. Frage: Nenne mir einen römischen Kaiser, der mit N anfängt, oder mit A, oder mit V usw. Meine Mutter verhielt sich still und hörte andächtig zu. Plötzlich, grade als wir glaubten, alle römischen Imperatoren abgeklappert zu haben, ertönte ihre Stimme vom Rücksitz: »Nenne mir einen römischen Kaiser mit T!« Wir zerbrachen uns den Kopf. Tiberius, Titus, Trajan ... – alle waren längst erledigt worden. Wir gaben uns geschlagen. »Tut-anch-amon!« kam es von hinten voller Stolz. Mein Sohn drehte sich mit offenem Mund um und sah seine Großmutter entgeistert an. Bisher war sie schließlich »Großmama« gewesen, d. h. nicht nur alt, sondern auch weise auf jedem Gebiet. »Das – das war ein ägyptischer Pharao«, sagte er dann schüchtern. Meine Mutter lachte schallend. »Da habe ich mich mal wieder blamiert«, meinte sie unbekümmert.
Aber weit wichtiger als der Weg nach Kalkutta oder Tut-anch-amon war ihr von Anfang an gewesen, etwas vom Beruf meines Vaters zu verstehen, damit er nach Hause kommen und ihr von seinen »Fällen« erzählen konnte, ohne daß sie ihm mit dummen Fragen auf die Nerven ging. Um ihre medizinischen Studien zu beschleunigen, bestand sie darauf, ihm bei Operationen zuzusehen, mit antiseptischer Maske und weißem Kittel. Die ersten Dutzend Male hatte er eine Krankenschwester parat, die hinter ihr stand und sie auffing, wenn sie in Ohnmacht fiel. Aber allmählich gewöhnte sie sich an den Geruch und an das Blut, und innerhalb eines Jahres war die Erinnerung an ihr Theaterleben total ausradiert angesichts des Dramas, das sich da vor ihren Augen auf dem Operationstisch abspielte.

Wir hatten eine so glückliche Kindheit, weil meine Eltern nie einen Hehl daraus machten, daß sie einander mehr liebten als uns. Sie hatten uns lieb, sie sorgten sich um uns, sie waren auch manchmal stolz auf uns, aber in erster Linie kümmerten sie sich umeinander und erst in zweiter um uns. Dadurch herrschte im Haus ein entspanntes, ausgeglichenes Klima allgemeiner Unabhängigkeit. Kinder, normale, gesunde Kinder, fordern und erhalten ihren Anteil Liebe sowieso. Es ist besser, daß es an ihnen liegt, noch eine zusätzliche Portion aus ihren Eltern herauszuschmeicheln, anstatt von vornherein damit überschüttet zu werden, als sei es ihr Geburtsrecht. Kinder aller Altersstufen sollten um ihre Eltern werben. Davon profitieren beide Parteien.

Wir haben ganz gewiß davon profitiert. Meine beiden Schwestern und ich hatten eine glückliche, lärmende und liebevolle Kindheit, aber damals wußten wir nicht, wie außergewöhnlich das war. Wir nahmen es als selbstverständlich hin, daß wir nie ein böses Wort zwischen unseren Eltern hörten. Es gab auch niemals so etwas wie eine Verärgerung oder einen »Ton«, nicht einmal die Atmosphäre von »Na ja, mein Kind, du weißt ja, was dein Vater ist...«

Wenn er aus dem Krankenhaus verspätet zum Mittagessen kam und wir mit der Suppe bereits begonnen hatten, hörte meine Mutter mit einem Ohr zur Haustür hin und rief plötzlich mitten in unser Geschnatter hinein: »Da ist er!«, legte den Löffel aus der Hand und saß ganz still da, als wollte sie von der stets neuen, tiefen Befriedigung, die ihr sein Heimkommen verschaffte, nicht abgelenkt werden.

Es war natürlich nicht immer so gewesen. Lange nach seinem Tod erzählte mir meine Mutter, anfangs zögernd, dann aber ermutigt – weil ich durchaus nicht schmerzlich überrascht war –, daß er ihr einmal tatsächlich untreu gewesen sei. Wie sie dahintergekommen und wie er ganz verzweifelt gewesen war und wie sie ihm auf der Stelle vergeben hatte. »Und wenn so etwas passiert«, sagte sie, »dann ist es wichtig, ganz und gar zu vergeben und es bei einer späteren Gelegenheit nicht wieder aufzuwärmen – auch wenn's einem noch so gut in den Kram passen würde!«

Daß die Jahre vergingen, hielt sie nie für einen Verlust, sondern für einen Fortschritt. Äußerlich versuchte sie, so schlank wie möglich zu bleiben – was immer noch rundlich genug war –, weil mein Vater Übergewicht haßte. (Der Anblick dicker Menschen löste bei ihm jedesmal die Vorstellung aus, daß sie auf seinem Operationstisch angeschnallt dalagen und er sich abmühte, durch die dicken Fettschichten zu schneiden.) Sie freute sich über jedes Jahr, das »gut« vergangen war, und verlangte nur, daß es »bewußt« durchlebt werden müsse. »Es wäre wohl das Schlimmste«, sagte sie manchmal, »wenn man einmal glücklich gewesen ist – und es nicht gewußt hat.«

Ich war mir deshalb ihrer Gegenwart sehr »bewußt«, besonders, nachdem sie die Siebzig überschritten hatte. Ich versuchte oft, mir den Augenblick vorzustellen, an dem sie nicht mehr dasein würde, um mich an den Gedanken zu gewöhnen. Als es soweit war, half mir das alles nichts. Ich durfte aber wenigstens ein Versprechen halten.
»Wer wird mich belügen, wenn die Zeit kommt?« hatte sie manchmal gefragt. »Wer wird mich hinters Licht führen können?« Sie meinte damit, daß sie als Frau eines Chirurgen all die Tricks und Ausflüchte kannte, mit denen Ärzte und Krankenschwestern den Patienten täuschen.
Auf diese Verschwörung würde sie niemals hereinfallen, versicherte sie, weil sie »alle Symptome kenne«.
»Ich werde dich belügen!« versprach ich ihr. »Und vielleicht schaffe ich es sogar, dich hinters Licht zu führen. Wozu bin ich schließlich Schauspielerin?«

Sie war über siebzig, als sie mich eines Tages in Italien besuchte. Gleich am ersten Tag fixierte sie mich mit ihren hellblauen Schlitzaugen und sagte: »So – und nun sag mir, was dir nicht an mir gefällt.«
Zwecklos, ihr zu antworten, daß mir alles an ihr gefiel.
»Nein, nein – ich meine es ernst. Jetzt warst du drei Monate lang fort, kannst mich also mit neuen Augen ansehen. Vielleicht hab ich mir irgendwas Scheußliches angewöhnt, vielleicht mach ich Geräusche beim Essen, oder ich schnarche beim Lachen, weißt du, wie das alte Leute manchmal tun. Ich würd's nicht merken, und kein Mensch würd's mir sagen. Deshalb frag ich dich. Du wirst's mir sagen!«
Ich versprach, sie scharf zu beobachten und es ihr zu sagen.
Eine Woche später:
»Nun? Was hast du bemerkt? Sag's mir ganz ohne Samtpfoten!«
»Also – mir ist aufgefallen, daß du Gesichter schneidest, wenn das Mädchen dich bei Tisch bedient, so als wolltest du dich dafür entschuldigen, daß du sitzt und ißt, während sie steht und dir die Schüssel hinhält.«
»Stimmt«, sagte sie. »Genau das fühle ich nämlich auch. Siehst du, das kommt davon, wenn man allein lebt und nicht dran gewöhnt ist, bedient zu werden. Ganz recht. Darauf muß ich achten. Was noch?«
»Du mußt dich daran gewöhnen, daß du jetzt eine alte Dame bist und entsprechend behandelt wirst. Versuche also nicht, aus dem Auto zu springen, wenn ich anhalte. Du schaffst es sowieso nicht und ruinierst nur die Türklinke, wenn du wild daran herumzerrst. Bleib drin sitzen, mit würdevoller Gelassenheit, und warte, bis ich dir die Tür von außen aufmache und dir beim Aussteigen helfe.«
»Ach!« seufzte sie. »Das ist von allem am schwersten! Aber du hast natürlich recht, ich muß es lernen. Es ist höchste Zeit.«

Sie hat es nie gelernt. Es blieb ihr sowieso nicht mehr viel Zeit. Kurz darauf meinte sie eines Tages: »Ich lasse nach, weißt du, ich kann nicht mehr recht mithalten. Eigentlich bin ich ganz bereit zu gehen.«
In demselben Jahr bekam sie Leberkrebs. »Hat es nun geklingelt?« fragte sie, als sie ins Bett mußte. Ich lachte herzlich und wies ihr alle Symptome einer »akuten Leberentzündung« nach.
Der Arzt verlangte, daß sie ins Krankenhaus gebracht werden müsse. Meine Schwester und ich weigerten uns. Sie hätte dann sofort gewußt. Eine Krankenschwester engagieren, die Spritzen geben konnte? Auch das wäre ihr verdächtig vorgekommen. Wir berieten uns, erfanden und verwarfen alle möglichen Ausflüchte und Auswege, fanden keine Lösung, spielten ihr weiter heitere Unbekümmertheit vor, vermieden jeden ängstlichen Blick, vernachlässigten sie mit Absicht ein bißchen. Abends saßen wir ratlos beieinander.
Dann geschah ein Wunder. Es klingelte an der Haustür. Draußen stand eine fremde Frau in Schwesterntracht und lächelte uns an. Erst erkannten wir sie nicht. Dann fielen wir ihr um den Hals und weinten. Schwester Elisabeth! Vatis Operationsschwester. Kein Mensch hatte von ihr seit 25 Jahren gehört. Sie war nach Südafrika ausgewandert, hatte dort den Krieg verbracht. Dies war ihr erster Urlaub in Europa. Sie war extra nach London gekommen, um uns zu besuchen (sie hatte meine Filme in Johannesburg gesehen), hatte Wochen gebraucht, um unsere Adresse ausfindig zu machen. Würde sie bei uns bleiben – jetzt? Selbstverständlich.
Sie übernahm sofort die Pflege, da sie ja »zufällig« bei uns im Hause wohnte. Meine Mutter war ebenso freudig überrascht wie wir, fragte nicht viel, lächelte und ließ alles mit sich geschehen. Es konnte ja nicht »geklingelt« haben, denn sie mußte ja nicht ins Krankenhaus...
Carlos, mein Mann, der es ihr von Anfang an angetan hatte, arbeitete zu der Zeit gerade in einem Filmstudio in Hamburg. Eines Abends hatte er das Gefühl, er müsse sie unbedingt wiedersehen, komme, was wolle. Er sprang in seinen Wagen und raste durch die Nacht die Nordseeküste entlang nach Calais, erkaufte sich mitsamt dem Wagen im letzten Moment durch Bestechung einen Platz auf der Fähre und fuhr von Dover aus sofort nach London weiter.
Er kam gerade rechtzeitig an, obwohl meine Mutter bereits bewußtlos war. Sie starb in seinen Armen.
Als wir vom Friedhof zu Fuß nach Hause gingen, sagte ich: »Jetzt werde ich nie wieder hören ›mein Lilliche‹...«
»Doch«, sagte Carlos, »du wirst es wieder hören. Jetzt gleich, wenn wir nach Hause kommen – wenn du es schon kannst.«
Er mußte es mir sofort erzählen, obgleich er es eigentlich für später geplant hatte, später, wenn ich ruhiger sein würde: Er hatte schon vor Mo-

naten, als ihre Krankheit zum erstenmal festgestellt worden war, angefangen, ihr immer wieder seinen linken Arm um die Schulter zu legen. Dazu hatte er allerlei Fragen gestellt: »Wie kam es eigentlich, daß du zur Bühne gegangen bist?« Oder: »Jetzt möchte ich wissen, wie du damals den Vati kennengelernt hast!« etc. etc. Und meine Mutter hatte erzählt, mittendrin zur Schwester Elisabeth gesprochen – und auch zu mir. An seinem linken Handgelenk saß eine große Armbanduhr – mit einem Mikrophon.
»Du kannst hören, wie sie sagt ›mein Lilliche‹ – wenn du es schon kannst...«

Mein Vater starb, bevor ich mich mit ihm befreunden konnte.
Ich war die mittlere seiner drei Töchter und kannte ihn am wenigsten. Während meiner ersten Lebensjahre war er im Krieg gewesen, und als er endlich heimkam, nannte ich ihn störrisch »Onkel«, was ihn schmerzte. Die Jahre der ersten, entscheidenden Intimität fehlten, und wir konnten sie beide nie nachholen.
Daß meine Mutter ihn liebte, daß unser großer Kreis, die Familie und Freunde, nicht nur an ihm hing, sondern ihn in allen Fragen als letzte Instanz betrachtete, hielt ich für selbstverständlich, aber es brachte mich ihm nicht näher. Und daß er auch erwachsenen Mitgliedern dieses Anhangs von Zeit zu Zeit nachdrücklich »eins aufs Dach« gab, wie er sich ausdrückte, ohne daß diese aufmuckten, paßte ebenfalls in mein Lebensbild.
Einzig und allein meine Mutter nahm eine Sonderstellung ein. Niemals erhob er die Stimme gegen sie, und seine Unduldsamkeit machte vor ihr halt. Sie war ausgesprochen ungeschickt mit ihren Händen, etwas, was ihm bei anderen Leuten auf die Nerven ging. Als Chirurg war er auf minutiöse Feinarbeit eingestellt und verlangte absolute Fingerfertigkeit von seiner Umwelt. Einmal, während einer Bauchoperation, reichte ihm eine stellvertretende Operationsschwester die falsche Schere. Er bedachte sie mit einem mörderischen Blick über seine Maske hinweg und warf die Schere aus dem Fenster. Glücklicherweise stand der Operationstisch nicht in Reichweite der Glassplitter.
Aber meine Mutter durfte ihm den Kaffee in die Untertasse schütten, und er lächelte nur amüsiert.
Seine Patienten, die nur kurze Zeit mit seinem Können, seinem Verstand und seiner Güte in Berührung kamen, rissen sich oft nur schwer los und wären ihr Lebtag lang gern in Verbindung mit ihm geblieben. Einige brachten sich wenigstens alljährlich einmal in Erinnerung, indem sie Geschenke, Eßkörbe oder Blumen am Jahrestag ihrer Operation schickten. Mehrere Male im Monat wanderten große Pakete in die Wohnung, und

wir Kinder standen dann wie die Hunde um den Futternapf dabei, wenn ausgepackt wurde. Vielleicht würde eine Bonbonniere aus den Sägespänen ans Tageslicht gelangen, und die war nach altem Brauch unser Anteil an der Kriegsbeute. Die Begleitbriefe waren rührend in ihrer Dankbarkeit, und wir fanden ihren Text so selbstverständlich wie die begeisterten und oft tränenreichen Ansprachen, mit denen er manchmal auch in unserer Gegenwart überschüttet wurde. Es gab keinen Augenblick, an dem er sich hätte fragen können: Wozu lebe ich eigentlich? Es wurde ihm täglich bewiesen. Auf seinem Grabstein steht: ER WAR EIN GESEGNETER.
Aber für mich war er »Vati«. Das hieß: Autorität, keinerlei Widerspruch und große, ernste, manchmal bedrohliche Augen. Dabei schmunzelte er immer, wenn er uns bei Tisch sah und war interessiert, freundlich und ansprechbar. Aber ihm fehlte die heitere Gemütlichkeit, die meine Mutter ausstrahlte. Manchmal, wenn auch ganz selten, geschah es, daß wir seinen ungeduldigen Schritt in der Diele hörten, weil wir zuviel Lärm im Kinderzimmer gemacht und ihn bei seiner wissenschaftlichen Arbeit gestört hatten. Gleich darauf öffnete sich die Tür – und dann wurde es mäuschenstill im Kinderzimmer, denn meines Vaters Stimme war furchterregend, und die großen Augen voller Entrüstung. So ein Ausbruch war immer kurz, und die Tür schloß sich sofort wieder. Wir duckten uns und versuchten, frech zu kichern und ihn mit rollenden Augen nachzuäffen, aber wir sprachen im Flüsterton. Wenigstens für einen Nachmittag.
Meine Mutter ermahnte viel öfter, schalt auch manchmal sehr ärgerlich, aber das wurde wie das tägliche Butterbrot hingenommen. Sie war so rund und weich und klein, man konnte sie so leicht umarmen, mein Vater dagegen war groß und hart anzufassen, wenn man die Arme zum Gutenachtkuß um ihn legte.
Wann immer eins der Kinder an der Haustür klingelte und das Mädchen aufmachte, ertönte die gleiche, eilige Frage: »Mutti da?« Er hörte das von seinem Arbeitszimmer aus, und es tat ihm weh, wie mir meine Mutter später erzählte.

Zwei Themen waren tabu in unserem Leben: Geld und Sex. Über Geld mußte notgedrungen hie und da gesprochen werden, aber verklemmt und hochnotpeinlich. Wenigstens von seiten meines Vaters. Leute, die »nur Geschäfte« machten, weder Akademiker noch Künstler waren, fuhren zweiter Klasse, was ihn betraf, so reich sie auch sein mochten. Für ihn lohnte es sich nur, für die Welt des Geistes oder der Kunst zu leben, alles andere war schnöde.
Notgedrungen mußte auch er einmal im Monat Rechnungen an seine begüterten Patienten schicken, aber am liebsten hätte er seine »Kunst« jedem umsonst geboten. Schon damals gab es drei Klassen im Krankenhaus.

Die erste Klasse wurde selbstverständlich vom Chefarzt operiert, auch wenn es sich nur um einen entzündeten Daumen handelte. Die zweite Klasse nur in schwierigen Fällen, die dritte ausschließlich vom ersten Assistenten – er mußte ja auch einmal zum Zug kommen, wenn er eines Tages selbständig werden wollte. Aber mein Vater fand es unmoralisch, daß schwierige Fälle der dritten Klasse ein Risiko auf Leben und Tod eingehen mußten, weil sie arm waren. Er operierte sein Leben lang alle ernsten Fälle dritter Klasse selbst und selbstverständlich umsonst. Da diese Fälle meist mitten in der Nacht kritische Anzeichen entdeckten – wahrscheinlich hatten sie sich so lange als möglich gegen »den Doktor« gewehrt –, mußte er oft nachts aus dem Schlaf heraus und fuhr mit der Untergrundbahn ins Krankenhaus. Ein Taxi gönnte er sich dann nicht, denn es konnte ja nicht amortisiert werden.

Damals hatte ein gewissenhafter Arzt kein Privatleben. Freie Wochenenden, an denen eine automatische Telefonauskunft die Notrufe an einen anderen Arzt, der »genauso gut« war, weiterleitete, gab es nicht. Mein Vater wäre entsetzt gewesen von dem Vorschlag, daß jemand mit Schmerzen und in akutem Zustand, der bei *ihm* Hilfe finden wollte, woandershin abgeschoben würde. Er stand Tag und Nacht zur Verfügung. Deshalb starb er auch mit siebenundfünfzig innerhalb weniger Minuten an seinem ersten Herzanfall.

Man hatte damals andere Vorstellungen von »Notwendigkeit« und »Luxus«. Mein Vater war gegen Luxus. Eine Köchin und ein Stubenmädchen waren »notwendig«, ein Auto wäre Luxus gewesen. Bei Abendgesellschaften gab es nie weniger als fünf Gänge, aber eine Mahlzeit in einem Restaurant galt als »unsolide«. Als ich Berlin nach dem Abitur verließ, hatte ich noch nie ein Restaurant betreten.

Meine Mutter hatte unumschränkte Gewalt über das Bankkonto, zahlte alle Rechnungen und sparte, wo sie konnte. »Denk doch mal«, sagte sie, »was für einen schweren Karren dein Vater mit seinen beiden Händen ziehen muß! Eine Frau und drei Töchter erhalten und anziehen! Dein gutes Kleid hat noch einen Saum. Du brauchst kein neues.« Ich heulte, denn ich wollte immer ein neues.

Mein Taschengeld betrug sieben Mark fünfzig in der Woche bis zum Abitur. Manchmal reichte es nicht, besonders als ich sechzehn Jahre alt wurde und nun ab und zu von »Freunden« ins Kino eingeladen wurde. Dafür mußte extra Erlaubnis eingeholt werden. Das hieß: vorsichtig an der Bibliothek anklopfen und dann leise und besorgt eintreten.

»Nun, mein Fräulein?« Der Schreibtischsessel wurde zurückgeschoben.

»Darf ich mit Peter ins Kino gehen?«

»Das macht eine Mark, nicht wahr?«

»Ja, aber Peter...«

»Kein ›aber Peter‹! Hier ist eine Mark und zwanzig Pfennig für die U-Bahn hin und zurück.«
»Aber Peter läßt mich nicht...«
»Du wirst dich doch nicht von einem jungen Mann einladen lassen!«
»Aber die U-Bahn...«
»Du zahlst dein eigenes Billett.«
»Ja, Vati.«
»Über seine Verhältnisse leben« war für meinen Vater ein Verbrechen, Schulden eine Todsünde. Ein einziges Mal verstieß ich gegen das Gesetz: Ich hatte einen Hut für neun Mark fünfzig erstanden und die Bezahlung für kommenden Samstag (Taschengeldtag) versprochen – und vergessen. Eine Rechnung kam ins Haus. Mein Vater trug den Zettel mit spitzen Fingern in mein Zimmer und goß seinen biblischen Zorn über mich aus. Kein Zweifel: Seine zweite Tochter war eine jugendliche Kriminelle, eine Hochstaplerin, eine Verlorene. Seither brennt mir jede Rechnung unter den Fingern, bis ich sie bezahlt habe – überzeugt, daß mein Vater »oben« aufpaßt. Meine Mutter war in puncto Geld nicht ganz so heikel, aber über ihre Einstellung zum Sex in allen Formen waren sie sich einig: Er wurde totgeschwiegen.
Dies entsprach zwar dem Zeitgeist – keine meiner Freundinnen wurde »aufgeklärt« –, aber im Haushalt eines Arztes hätte man eine klinisch-sachliche Haltung erwarten können. Mein Vater war aber geradezu prüde, was seine drei Töchter anbelangte, und meine Mutter ging sogar so weit, unsere wachsenden Busen in Büstenhalter zu verpacken, die wie ein Paket um uns geschnürt waren, um nur ja keine »Formen« zu zeigen. Ich mußte meinen auch unterm Badeanzug tragen. »Ach, weißt du«, sagte meine Mutter, »das trägt sonst so auf!«
Wahrscheinlich nahmen meine Eltern an, daß wir irgendwann von irgendwem etwas erfahren und dann die richtigen Schlüsse ziehen würden. Ähnliches geschah dann auch. Ich erfuhr einiges und zog geradezu abenteuerliche Schlüsse. Vera, eine Freundin und zwei Jahre älter, berichtete, ihre Mutter hätte gesagt, daß »das« zwischen Mann und Frau »das Schönste auf der Welt« sei. Sehr erfreulich zu hören, aber was war »das«? Vera wußte nichts Näheres. Manchmal hatte ich Angst, daß ich überfahren werden könnte, bevor ich es erlebt hatte.
Im allgemeinen waren mir meine Freundinnen voraus, was anatomische Kenntnisse betraf, weil sie alle Brüder hatten. Ich dagegen hatte meinen Vater nicht einmal im Morgenmantel gesehen. Vielleicht besaß er keinen, jedenfalls erschien er auch sonntags, wenn er nach Möglichkeit nicht operierte, nur vollständig und tadellos angezogen am Früchstückstisch. Ich wurde dann auch vor mir selbst so genierlich, daß ich griechischen Statuen ausschließlich ins Gesicht starrte.

Viele Jahre nach meines Vaters Tod erzählte mir meine Mutter – die inzwischen in der angelsächsischen Atmosphäre ihre Einstellung wesentlich geändert hatte –, daß ihre Lieblingsschwester Cilly eines Tages zu ihm gesagt hatte: »Fred – ich möchte dich etwas fragen, was mir niemand in Landshut beantworten kann. Aber ich denke, du als Mediziner wirst es wissen und mir erklären.«
Mein Vater war immer nur zu gern bereit, Unwissende medizinisch zu belehren. »Aber mit Vergnügen«, sagte er voll Interesse und Liebenswürdigkeit, denn diese Schwägerin mochte auch er besonders gern.
Tante Cilly nahm einen Anlauf. »Fred – was machen eigentlich Homosexuelle miteinander?«
Mein Vater stand wortlos auf und ging aus dem Zimmer. Tante Cilly hat es nie erfahren.

Prusi

Als ich acht Jahre alt war, verliebte ich mich zum erstenmal.
Das Objekt meiner Zuneigung war meine Lehrerin für deutsche Geschichte in der Waldschule. Das war eine ganz besondere Schule für damalige Zeiten, eine Art Internat – mit dem Unterschied, daß wir dort nicht schliefen, sondern abends um 6 Uhr nach Hause gingen –, besucht von ungefähr dreihundert Kindern, meistens Jungen. Eines der glücklichen Mädchen war ich.
Jeden Morgen formten die Schüler in Viererreihen am Stadtbahnhof Heerstraße eine lange Schlange und marschierten die zwölf Minuten durch den Kiefernwald zum Haupteingang. Einige kamen mit Fahrrädern. Darunter ich. Ich fuhr hinter der Schlange her oder mitten dazwischen und brachte die Reihen durcheinander, um so nah wie möglich am Gegenstand meiner Leidenschaft zu kleben, was ihr schon am frühen Morgen auf die Nerven ging.
Sie war eine große, dünne Frau und stammte aus einer preußischen Adelsfamilie, die während der Inflation nach dem Ersten Weltkrieg alles verloren hatte. Sie war durchaus nicht hübsch, hatte ein ovales Gesicht und ihr glattes Haar streng nach hinten gebürstet, wo es im Nacken einen Knoten bildete. Direkt über der Stirn machte es eine kleine Welle, ihre einzige Konzession an die Mode. Als ich sie fünfundzwanzig Jahre später nach dem Krieg wiedersah, trug sie die Haare noch genauso. Auch die Welle fehlte nicht. Nur war sie jetzt grau statt braun. Sie hieß Elisabeth von Prusinowski, aber wir nannten sie kurz Prusi. Als ich mich in sie verliebte, war sie bereits ziemlich alt, mindestens achtundzwanzig. Sechs Jahre später, als ich die Schule verließ, war ich ganz entsetzt, als ich er-

fuhr, daß sie sich verlobt hatte. Sie hatte unserer Meinung nach mit vierunddreißig Jahren einen Fuß im Grab und daher kein Recht auf einen Verlobungsring am Finger.
Wir hatten noch eine Lehrerin, Fräulein Kaufmann, hübscher und jünger und lustiger, aber ich liebte Prusi, ihre gemessene, sanfte Zurückhaltung, die ruhige Stimme und ihr seltenes Lächeln.
Einige andere liebten sie auch, aber ich glaube, keiner machte dabei soviel durch wie ich. Noch vor meinem zehnten Geburtstag erlitt ich alle Folterqualen des unglücklichen Liebhabers.
Ich erinnere mich, wie ich sehnsüchtig und machtlos der Straßenbahn nachblickte, die sie davontrug, und zum lieben Gott betete, Er möge diese Straßenbahn oben schwimmen lassen, falls Er zufällig wieder eine Sintflut im Sinn haben sollte.
Prusi ist für meine lebenslange Leidenschaft für Geschichte verantwortlich, die aus der Zeit stammt, in der es Ehrensache für mich war, die Beste in der Klasse zu sein. Jedenfalls in ihrem Unterricht, Deutsch und Geschichte. Manchmal schaffte ich es auch. Allerdings nicht in den anderen Fächern. Denn da war ein Mädchen, Renate Papcke, die mich – außer im Zeichnen – in allem schlug. Sie war groß und hatte zwei makellose Zöpfe, eine Stupsnase und kühle, kritische Augen. Am meisten versetzte mich in Wut, daß sie auch im Sport die Beste war. Sie sprang höher und weiter als ich, lief schneller, schwamm schneller. Wenn es Zeugnisse gab, war sie unweigerlich die Beste der Klasse, und ich war unweigerlich die Zweitbeste. (Mit Ausnahme von einem einzigen, unvergeßlichen Mal, als ihr ihr Fahrrad auf den Kopf fiel – während der Wintermonate hingen die Fahrräder unter der Decke – und sie monatelang wegen Gehirnerschütterung außer Gefecht setzte.)
Als ich im Jahre 1954 nach Deutschland zurückkehrte und meinen ersten deutschen Film drehte, mit den darauffolgenden Presseberichten über mein Leben, erhielt ich von vielen meiner früheren Klassenkameraden Briefe. Darunter war auch einer von Renate. Ich erkannte die Handschrift sofort. Sie brachte mir die Erinnerung an unzählige Male zurück, wenn die Lehrer mit unseren Französisch- oder Englisch- oder Mathematikarbeiten ins Klassenzimmer kamen und mein Adlerauge sofort obenauf – wie gewöhnlich – Renates Heft erspähte.
Ich öffnete neugierig ihren Brief. Wie war es wohl unserer Renate, unserem Spitzenmädchen, unserer Nummer eins, ergangen? Ihr Brief war kurz und sachlich, aber der Inhalt vollgepackt mit Drama: Sie war zweimal verheiratet gewesen, hatte beide Männer verloren, den einen im Krieg, den anderen nicht lange danach. Ihr zweiter Mann war ein Vetter eines der 20.-Juli-Verschwörer gegen Hitler gewesen. Nun trug sie den guten Namen Freifrau von Trott zu Solz und mühte sich, ihre drei Kinder

zu ernähren. (Inzwischen ist sie Stadtverordnete im Parlament der Stadt Kassel.)
Renate war es, mit der ich eines Morgens in die Schule radelte, nicht ahnend, daß unser Gespräch hochinteressante Folgen haben sollte, nämlich meine »Aufklärung« im Alter von 12 Jahren.
Prusi hatte mir die Aufgabe gestellt, einen Vortrag über Friedrich den Großen zu halten. Vorträge waren meine Leidenschaft. Ich drückte mich gerne gewählt aus und benutzte Fremdworte, wo ich nur konnte, um vor der Klasse Eindruck zu schinden. Manchmal gingen meine Anstrengungen daneben, wie zum Beispiel einmal in Prusis Deutschstunde, als ich erklärte, Goethes Schwiegervater sei an den Folgen seiner Syphilis zugrunde gegangen. Die ahnungslose Klasse schien beeindruckt, aber Prusi unterbrach mich sofort. »Wo hast du denn das her, Kind?« fragte sie mit gerunzelter Stirn. »Davon habe ich noch nie gehört.«
»Bitte sehr«, erklärte ich beleidigt, »hier steht's doch!« Ich hielt eine populäre Goethe-Biographie in die Höhe und las: »Goethes Schwiegervater starb an den Folgen seiner Trunksucht.«
»Na und?« sagte Prusi streng. »Wo steht das mit der Syphilis?«
»Aber das ist doch dasselbe«, belehrte ich sie. »Er trank, das heißt, er süffelte, der hatte also die Süffilis.«
Prusi lachte, bis ihr die Tränen kamen, die Klasse stimmte auf jeden Fall begeistert ein, und ich schämte mich noch in der Pause in meine Haferflockensuppe hinein.
Diesmal war also Friedrich der Große dran. In der Bibliothek meines Vaters gab es viele dicke Bücher über den König, darunter eines, das mir sofort ins Auge stach, weil auf dem Einband ein Hund abgebildet war. Das Buch hieß *Tage des Königs* und war von Bruno Frank. Es befaßte sich nicht nur mit der wohlbekannten Leidenschaft des Königs für Hunde, sondern auch mit seiner Homosexualität.
Es war ein kurzes Buch. Ich las es schnell durch, und es gefiel mir sehr gut, besonders die Stellen über die Windhunde.
Aber da war ein Kapitel, und offenbar ein wichtiges, das ich überhaupt nicht verstand. Ich las es einmal, zweimal, aber ich wurde nicht klug daraus.
Das einfachste wäre natürlich gewesen, meinen Vater zu fragen, aber Kinder tun selten das einfachste. Statt dessen nahm ich das Buch mit in die Schule, und als ich am nächsten Morgen unterwegs Renate traf, erzählte ich ihr von meinem Problem. Wir radelten gerade durch unseren Wald. Neben dem Pfad gab es ein paar dicke, alte Kiefernwurzeln. Es war Ehrensache, daß man nicht auf dem Pfad, sondern zwischen den Wurzeln durchradelte. Die Reifen hatten nur haargenau in der Mitte Platz. Eine falsche Bewegung oder ein wackeliges Rad hatten auf der Stelle eine Kata-

strophe zur Folge. Man brauchte gute Augen und äußerste Konzentration, wenn man sich auf einer Strecke von dreißig Metern durch das Unterholz schlängelte.
Ich hielt mich dicht hinter Renates Rad und erzählte ihr von den Liebesproblemen Friedrichs des Großen. Denn meine Schwierigkeiten kamen von einem Kapitel mit der Überschrift »Die Narbe«, in dem Friedrich als alter Mann seinem Freund, dem Marschall Keith, gesteht, daß er als junger Mann »die Weiber unmäßig geliebt habe«. Natürlich sei er als Folge davon krank geworden und mußte operiert werden – was ihn zu dem gemacht habe, was er sei.
»Nun sag du mir mal, wo sie ihn operiert haben!« rief ich durch die Kiefern. »Am Herzen? Wie kann man Liebe operieren?«
Renate, ein Jahr älter und daher bereits dreizehn, konzentrierte sich gerade auf ihre tägliche Quote »Kiefernwurzeln« und hatte nicht viel zu bieten. »Warum lernst du die Stelle nicht auswendig?« rief sie. »Dann kannst du nichts falsch machen.«
Das schien mir ein weiser Ratschlag, und so benutzte ich die kurze Pause vor der Geschichtsstunde, um mir die fragliche Passage ins Gedächtnis einzuprägen. Jetzt fühlte ich mich sicher und sah Prusis Eintritt in die Klasse in meinem üblichen Trancezustand entgegen.
»Nun, Lilli«, sagte sie, »du wolltest uns etwas über Friedrich den Großen erzählen.« Damit winkte sie mir, aufs Podium zu kommen und ihren Platz einzunehmen, während sie sich unten hinter mein Pult setzte, wie sie das bei solchen Gelegenheiten gern tat. So saß ich dann auf dem Lehrerstuhl und erzählte von Friedrich, während die Klasse schlief.
Der kritische Abschnitt kam, und ich rezitierte munter: »Als junger Mann hat Friedrich der Große die Weiber unmäßig geliebt. Wann immer ihm ihre Haut oder der Duft ihrer Haare zu nahe kam, geriet er völlig außer sich...« An dieser Stelle fiel mir auf, daß die schläfrige Klasse auf einmal hellwach war und daß speziell Prusi herumkramte. Sie hatte sich unter mein Pult gebeugt, um nachzusehen, ob ich irgendwelche Aufzeichnungen zurückgelassen hatte.
So fand sie das Buch. Ich beobachtete, wie sie es durchblätterte, konnte ihr Gesicht jedoch nicht sehen, weil sie es hartnäckig hinter dem Buch verbarg. Nun, egal – ich wußte, ich war auf der richtigen Fährte und machte mich weiter über meinen Friedrich her. Wie er operiert worden war. Und dann die abschließende, mysteriöse Zusammenfassung: »Und das machte ihn zu dem, was er war.«
Die Klasse starrte mich mit gespannter Aufmerksamkeit an. Einige kicherten nervös. Verwirrt sah ich Renate an, die mir ermunternd zunickte. Dramatisch und mit schöner Schlußgebärde wiederholte ich: »Und das machte ihn zu dem, was er war!« und kletterte vom Podium herab.

Auf halbem Wege begegnete ich Prusi, die mein Buch in der Hand hielt. Sie hatte eine recht gute Farbe in ihrem sonst so blassen Gesicht.
»Das war – äh – ein sehr interessanter Vortrag, Lilli«, sagte sie, »vielen Dank – aber sag uns doch einmal, was war Friedrich denn nun eigentlich – nach der Operation?«
Da lag der Hase im Pfeffer.
»Er war . . .«, stammelte ich, »er war – ein großer König!« Die Klasse kicherte wieder, und ich durfte mich hinsetzen. Keine weiteren Fragen mehr über die Operation. Aber in der Pause rief mich Prusi zu sich. Ich möge doch meiner Mutter ausrichten, sie solle am nächsten Besuchstag in die Schule kommen.
Bis zu dem Nachmittag, an dem meine Mutter zu Besuch kam, plagte ich mich mit Vermutungen und Sorgen. Gewöhnlich konnte ich ihr seltenes Erscheinen gar nicht erwarten, weil ich stolz auf sie war und sie gerne herumzeigte. Aber diesmal stand ich mit klopfendem Herzen hinter einem Baum, so nahe, wie ich mich an die beiden Frauen heranwagte. Prusi sprach, und meine Mutter hörte zu, Prusi sprach immer noch, und meine Mutter hörte immer noch zu, jetzt bereits mit offenem Mund – und dann brachen beide in Gelächter aus. Sie lachten und lachten, hielten sich aneinander fest, um nicht von der Bank zu fallen – und das Ergebnis dieses Nachmittags war, daß Prusi dazu ausersehen wurde, mich mit den elementarsten Tatsachen des Lebens vertraut zu machen.
Viele Jahre später saß ich bei einem Abendessen in Hollywood neben einem weißhaarigen, schönen alten Mann. »Mr. Bruno Frank« stand auf der Karte neben seiner Serviette. Er sah mich erstaunt an, als ich unsere Unterhaltung mit der Bemerkung eröffnete, er sei unmittelbar dafür verantwortlich, daß ich im Alter von zwölf Jahren aufgeklärt worden sei. Zum Beweis konnte ich ihm den Absatz zitieren: »Als junger Mann hat Friedrich der Große die Weiber unmäßig geliebt . . .«
Ich hatte ein privates Detektivsystem ausgearbeitet, das mir zu jeder Tageszeit signalisierte, wo Prusi sich gerade aufhielt. Das Schulgelände war ausgedehnt, aber ich wußte immer, ob sie im Lehrerzimmer war oder noch beim Mittagessen, ob sie einen Rundgang durch die Baracken machte oder Aufsicht am Schwimmbecken hatte. Meistens trug sie eine lindgrüne Strickjacke. Der gesegnete Anblick dieser Strickjacke, die in der Ferne aufblitzte, diente als Kompaß für meine Kalkulationen, die ich sorgfältig, wie ein Detektiv, anstellte. Während meiner Nachmittagsbeschäftigung – meistens handelte es sich um wilde sportliche Wettbewerbe – verlor ich diesen hellgrünen Wollfleck niemals aus den Augen, denn es bestand ja immer die Hoffnung, daß er plötzlich neben mir auftauchte und Zeuge sein würde, wie ich mich auszeichnete und alle anderen Mädchen (und Jungen) schlug. Ich war sinnlos ehrgeizig und träumte von Ruhmes-

taten, allein ihr zu Gefallen. Eifersucht fraß wie Gift an mir, und wenn ich sah, wie sie einem anderen Mädchen über die Haare strich, wurde mir schlecht vor Wut. Sie ahnte wahrscheinlich die Qualen, die mir meine Liebe bereitete, denn sie war mir gegenüber immer sehr nachsichtig. Ihre wenigen zärtlichen Gesten verabfolgte sie sparsam und wohlüberlegt. Doch wenn sie mir hin und wieder den Arm um die Schultern legte, auf dem Weg zur Eßhalle, dann war mein Tag gemacht.
Aber einmal, als ich elf Jahre alt war, fand auch ihre Geduld ein Ende. Man hatte der Klasse mitgeteilt, daß wir alle ins Theater gehen würden, zu Kleists *Käthchen von Heilbronn* mit der jungen Reinhardt-Schauspielerin Tony van Eyck, die selbst erst knapp achtzehn Jahre alt war. Die aufregendste Nachricht für mich war natürlich, daß Prusi den Ausflug leiten würde. Und um allem die Krone aufzusetzen, wurde ich zusammen mit meiner Freundin Käte ausgewählt, Fräulein van Eyck nach der Vorstellung einen Blumenstrauß zu überreichen – und zwar auf offener Bühne, vor den Augen des Publikums, das an diesem Tag nur aus Berliner Schulkindern bestehen würde. Ich hatte im Schrank ein neues Kleid »für gut«, aus braunem Samt mit rosa Seidenkragen – und Prusi würde mich darin sehen! Auf der Bühne! Mit Blumen in der Hand! Nächte vorher konnte ich schon nicht mehr schlafen.
Schließlich kam der große Tag. Ich in braunem Samt. Und Prusi nicht in grüner Strickjacke, sondern in schwarzem Seal-Mantel. Ich war ganz weg, als ich sie sah, obwohl sie etwas befangen schien, wie sie ihre Kinderschar zusammenhielt, alle im Sonntagsstaat und daher nicht wiederzuerkennen und verlegen. Das Foyer war voller Kinder und Lehrer, die auf der Suche nach ihren Plätzen waren. Wir hatten Karten für eine Loge rechts vor der Bühne, von der aus der Inspizient am Schluß der Vorstellung Käte und mich abholen und hinter die Bühne bringen würde. Wir sollten vor Fräulein von Eyck einen Knicks machen, und dann sollte ich mit »lauter und deutlicher Stimme« zu ihr sagen: »Mit den besten Wünschen vom Charlottenburger Jugendamt.«
Meine Theaterbesuche hatten sich bis dahin lediglich auf Weihnachtsmärchen beschränkt, und natürlich war ich noch nie hinter der Bühne gewesen. Die ganze Sache war wie ein Traum. Wie im Fieber folgte ich Prusi in die Loge.
Dort wurde meine Ekstase etwas gedämpft, denn außer für Käte war da noch Platz für ein weiteres Kind, und Prusi hatte Inge ausgewählt, ein Kind aus meiner Klasse und eine gefährliche Rivalin. Zumindest konnte ich es so drehen, daß Inge hinter uns zu sitzen kam, obgleich sie sich mit Recht beklagte, sie könne nichts sehen, sie sei zu klein.
Dann ging der Vorhang auf. Mit ihren goldblonden Haaren kam mir Fräulein van Eyck wie eine wahrhaftige Göttin der Schönheit vor; ich

hörte kein Wort, das sie sprach, sondern fragte mich mit wachsender Besorgnis, wie ich es jemals wagen sollte, mich ihr zu nähern, um den riesigen Blumenstrauß mit den langen Schleifen loszuwerden. Die Pausen wurden damit zugebracht, »mit den besten Wünschen vom Charlottenburger Jugendamt« zu proben und Inge in Schach zu halten. Dann kam der letzte Akt, Vorhang, Beifall – und der Inspizient.

Vor Schreck gelähmt, packte ich den Strauß und folgte dem Mann. Und ehe ich noch sagen konnte: »Bitte nicht!«, wurden wir bereits unbarmherzig in die gähnende Leere hinausgestoßen – und plötzlich herrschte tödliche Stille. Oh – da war ja Fräulein van Eyck, die sich umdrehte und lächelnd auf uns zukam. Sie sah eigentlich ganz anders aus, direkt merkwürdig, und ich überlegte, warum sie sich wohl links und rechts von der Nase einen roten Punkt in die Augenwinkel gemalt hatte. Jetzt kam mein großer Moment. Ich machte einen Knicks. Käte machte auch einen Knicks. Ich fragte mich, wie ich wohl in meinem braunen Samt aussehen mochte, drehte mich, um in die Loge zu schielen, und fing an: »Mit den besten Wünschen vom Charlottenburger Ju...«

Weiter kam ich nicht. Ich stand wie gelähmt und starrte. Da, in der Loge, die ich eben erst verlassen hatte, saß Prusi und auf ihrem Schoß – die Knie zitterten mir –, auf ihrem Schoß, frech wie eine Wanze und übers ganze Gesicht grinsend, Inge, von Prusis Arm umschlungen! Niemand, aber auch niemand hatte jemals auf Prusis Schoß gesessen, so wahr mir Gott helfe...

Bis heute bin ich nicht sicher, was passiert ist. Ich kann immer noch nicht glauben, daß ich meinen Spruch nicht zu Ende aufgesagt habe. Aber so wurde es mir berichtet, besonders von Käte. Daß ich die Blumen habe fallen lassen, mag vielleicht stimmen, denn ich kann mich nicht erinnern, sie Fräulein van Eyck übergeben zu haben. Käte hatte den Strauß aufgehoben – sagte sie –, die Schleifen abgestaubt (was ihr ähnlich sah) und ihn überreicht. Und daß ich unter schallendem Gelächter und Extraapplaus (so Käte) von der Bühne gelaufen bin, ist auch möglich, denn wie hätte ich sonst so schnell in die Loge zurückstürmen können, wo ich Prusi und Inge hemmungslos anschrie.

Da, vor aller Augen, verlor Prusi die Geduld mit mir, und als der braune Samt endlich wieder zu Hause anlangte, war er von oben bis unten von meinen Tränen verrunzelt.

Prusis Herrschaft dauerte bis in mein dreizehntes Jahr. Und dann, an einem kalten und trüben Wintermorgen, wurden – wie immer vor Beginn des Unterrichts – die Namen aufgerufen. Der erste Name schallte durch den Raum: »Adam, Hans?« Statt des üblichen »Hier« Schweigen. Noch einmal: »Adam, Hans?« Keine Antwort. »Fehlt«, bemerkte die Lehrerin

und machte sich eine Notiz in ihrem Buch. Jemand piepste: »Der hatte gestern 'n rauhen Hals.« Die Lehrerin nickte und fuhr mit dem Aufrufen fort.
Ich saß bekümmert da. Und zugleich baß erstaunt. Erstaunt, daß ich bekümmert war. Was war denn Adam für mich? Hans Adam? Ein großer, blonder Junge mit Pickeln, der außer den üblichen täglichen Lümmeleien noch nie ein Wort an mich gerichtet hatte.
Gut, Adam fehlte also wegen rauhem Hals, und es blieb uns nichts weiter übrig, als unseren Erdkundeunterricht ohne ihn fortzusetzen. Schließlich hatte ich ja schon unzählige Erdkundestunden in Adams beseligender Gegenwart, ohne diese besonders zu würdigen, durchgestanden. Ich saß da und wunderte mich und versuchte, mich zu konzentrieren. Ohne Erfolg.
Am nächsten Morgen sah ich mich schon vom Fahrrad aus nach Adams schrecklichem, langem blauem Wollschal um, an dem man ihn schon von weitem erkennen konnte. Kein Schal in Sicht. Und wieder fühlte ich mich verwaist, und was das schlimmste war – nicht einmal der Anblick von Prusis grüner Strickjacke konnte mich wie üblich beglücken. Ich dachte schon, ich hätte auch »'n rauhen Hals«.
Am nächsten Morgen erschien Adam, den schrecklichen Schal doppelt um den Hals gewürgt, mit roter Nase und abscheulich wie immer. Bei seinem Anblick klopfte mein Herz wie wild – und beruhigte sich wieder. Er war wirklich zu unappetitlich. Wie hatte ich mich nur dafür interessieren können, ob er »hier« war oder »fehlte«?
Ich wußte es nicht mehr. Aber ich wußte mit Sicherheit, daß es mir egal war.
Eine Woche später verliebte ich mich in einen Jungen namens Anselm. Das dauerte drei Monate, und wir hielten Hände und schrieben uns Briefe.
Prusis Herrschaft war vorbei.

Vergiß nicht, wer du bist

Nur einmal jedes Jahr, wenn Weihnachten näherrückte, wurde ich daran erinnert, daß ich Jüdin war.
Den Rest des Jahres war ich ein glückliches deutsches Kind, getreu dem Geist meines Vaters, der einer von den vielen tausend deutschen Juden war, die ihr Vaterland über alles stellten. Die Inschriften auf den Grabsteinen seiner Vorfahren gingen bis tief ins 18. Jahrhundert zurück; sein Großvater hatte 1810 Napoleon in Berlin einreiten sehen, und die unvergeßlich glücklichen Erinnerungen seines Vaters an den Deutsch-Französischen Krieg von 1870/71 wurden durch seine eigenen unvergeßlich

fürchterlichen an den Ersten Weltkrieg wettgemacht. Sein Erbe war nicht weniger deutsch als das eines jeden anderen, er gehörte ohne jeden Zweifel »dazu« und war davon überzeugt, daß eine weltweite Assimilation das beste für alle Juden wäre. Er war Chirurg, Agnostiker, und in unserem häuslichen Leben war kein Platz für Religion oder Dogma. Zweimal im Jahr machte mein Vater Zugeständnisse und nahm mit uns Kindern an den Feierlichkeiten der beiden höchsten jüdischen Festtage im Hause meines Großvaters Sam teil, für den solche Dinge wichtig waren. Ich verabscheute diese Feste aus tiefstem Herzen, denn ich mußte stundenlang an der Tafel sitzen und den hebräischen Gesängen des alten Mannes zuhören, von denen ich weder den Text noch die Bedeutung verstand.
Man kann einem Kind sein Erbe nicht nur dann und wann teelöffelweise verabreichen. Ich klammerte mich an mein Deutschtum und sang genauso inbrünstig wie die anderen Kinder unser »Deutschland, Deutschland über alles…« Bis drei Wochen vor Weihnachten.
Gewöhnlich fing es irgendwann in der ersten Dezemberwoche an. Der Unterricht wurde durch ein Klopfen an der Tür unterbrochen, ein Klopfen, auf das ich zwar mit Bangen, aber auch mit der Hoffnung wartete, eines Tages könnte ein Wunder geschehen. Ein Lehrer kam herein, immer derselbe, stellte sich vor die Klasse und las langsam einige Namen vor, wobei er sich der Wirkung seiner Worte in der gespannten Stille des Klassenzimmers wohl bewußt war. Die auserwählten Kinder sollten Rollen im Krippenspiel übernehmen und waren dadurch von allen Hausarbeiten und unangenehmen Nachmittagsbeschäftigungen befreit. Von dem Spaß während der Proben gar nicht zu reden.
Ich, die zweitbeste Schülerin in der Klasse, wurde niemals aufgerufen. Bei allen anderen Gelegenheiten hielt man sich an mich: wenn ein Gedicht aufgesagt werden mußte oder wenn es darum ging, einen wichtigen Besucher mit einer kleinen Rede zu begrüßen. Ich spielte selbstverständlich die Hauptrolle in jedem Stück, das wir aufführten. Aber wenn dieser Mann Anfang Dezember vorbeikam und die Namen aufrief, wurde ich geflissentlich übergangen. Es war, als existierte ich nicht. Jedesmal, nachdem der Lehrer mit dem Notizbuch gegangen war, saß ich erschüttert da. Am unfaßlichsten für mich war die Besetzung der Jungfrau Maria, der Rolle, nach der ich mich mit Leib und Seele sehnte. Jahr für Jahr dasselbe Mädchen mit blonden Zöpfen und Mondgesicht, das meiner Meinung nach nicht einen Funken von Talent hatte. Ich konnte nichts »Frühgotisches« an der Jungfrau Maria entdecken, was immer ihre Bewunderer behaupten mochten. Jedes Jahr, wenn ich mit den anderen Kindern hinten im Zuschauerraum saß, brannte ich vor Entrüstung über das verstopfte Blöken, mit dem sie den genauso untalentierten »Engel der Verkündigung« empfing. Die »frohe Botschaft«, die diese Jungfrau Maria erhielt,

hätte ebensogut eine Vorladung sein können, weil sie ihr Fahrrad falsch abgestellt hatte. Aber das Publikum, stolze Eltern und Freunde, machte sich nichts daraus. Die anderen Kinder auch nicht. Die warteten ohnehin den ganzen Abend lang nur auf einen Moment: Wenn König Herodes einen Untertan in mittelalterlicher, lutherischer Sprache beschimpfte: »Du Satanspack, du Höllenfurz...!« Dann brüllten die Jungen vor Vergnügen, und die Mädchen quiekten.

Aber einmal, an einem denkwürdigen Dezembermorgen, erwähnte der Lehrer mit dem Notizbuch tatsächlich meinen Namen, wenn auch zu allerletzt, und kündigte an, daß ich einen Engel darstellen solle.

Auf der Probenbühne standen bereits zwei hohe Leitern, die sich hoch über dem Krippenstall spitzwinklig trafen. Auf jeder Leitersprosse stand ein Engel. Ich stand auf einer niedrigen Sprosse. Unter mir war noch einer, über mir mindestens zehn. Wir trugen alle Nachthemden und einen Pappstern, der mit goldenen Bändern am Kopf befestigt wurde. Am wichtigsten war die kleine Glühbirne hinter dem Stern, die in den Haaren versteckt und an einen Draht angeschlossen war, der durch die Ärmel unserer Nachthemden lief und und an einer Batterie endete, über der wir anbetend die Hände falteten.

In einem bestimmten Moment illuminierte die bescheidene Scheinwerferanlage die Bühne, der Chor lobte den Herrn, die Engel drückten mit dem Daumen auf den Knopf an der Batterie – und die goldenen Sterne bildeten mit ihrem milden Licht zu beiden Seiten eine Art Heiligenschein über dem Stall – der Lieblingseffekt unseres Direktors.

Ich haßte mein Nachthemd und meinen kleinen Stern. Die Größe der Sterne nahm nach unten mit jeder Leitersprosse ab. Ganz oben war ein großer, strahlender, und unten waren ein paar kläglich flimmernde. Wenn ich wenigstens oben unter dem großen Stern gestanden hätte! Ich kochte vor Wut auf meiner zweiten Sprosse von unten.

Natürlich hatte ich Prusi gefragt. Warum durfte ich nicht die Jungfrau Maria spielen? Sie zögerte mit ihrer Antwort. »Weißt du«, sagte sie endlich, »wir finden, die Jungfrau sollte nicht von einem jüdischen Mädchen gespielt werden.«

»Warum denn nicht?« fragte ich. »Maria war doch Jüdin.«

»Ja, das stimmt«, erwiderte Prusi, »natürlich war sie Jüdin.« Sie sah mich etwas unglücklich an.

»Na also, Prusi – bitte, bitte!«

Aber sie hatte den Kopf geschüttelt und traurig, aber bestimmt gesagt: »Weihnachten ist zu einem christlichen Fest geworden, weißt du, und die Jungfrau Maria ist jetzt ein christliches Symbol – verstehst du?«

Ich verstand nicht. Was war ein Symbol? »Aber Ilse« (das gotische Wunder) »kann doch überhaupt nicht spielen!« rief ich verzweifelt. Woraufhin

Prusi den Arm um mich legte, was zu jeder anderen Zeit ein großer Trost gewesen wäre.
Ich hatte deswegen sogar meinen Vater aufgesucht. Das erforderte Mut, denn man störte ihn nicht in seinem Arbeitszimmer, es sei denn, man war vom Fahrrad gefallen und hatte ein offenes Knie. Bei solchen Gelegenheiten klopfte ich schüchtern an die Tür, und er blickte hinter seinem Schreibtisch auf und fragte: »Nun, mein Fräulein?« Daraufhin humpelte ich erbarmungswürdig durchs Zimmer, lächelte tapfer und sagte: »Och, es ist nichts, Vati, aber vielleicht solltest du es dir lieber mal ansehen.« Das unvermeidliche Jod war eine üble Hürde – aber die Belohnung kam gleich hinterher. Binden, meterweise, selbst für die kleinste Verletzung. Mein Vater bewahrte eine streng professionelle Miene, aber er muß wohl gewußt haben, wie selig ich als Schwerverletzte aus seinem Studierzimmer humpelte.
Aber diesmal fühlte ich, daß ich das Recht hatte, ihn bei der wissenschaftlichen Arbeit zu stören.
»Nun, mein Fräulein?« fragte er und war sichtlich überrascht, daß ich nicht in dem üblichen lädierten Zustand, sondern mit einem wilden Satz hereinplatzte.
»Vati«, sagte ich, »ich muß in einer sehr dringenden Sache mit dir sprechen.«
Er sah mich aus seinen großen grauen Augen ernst an. »Ich bin ganz Ohr, mein Fräulein«, sagte er.
»Vati – ich möchte Christ werden. Sofort! Bitte noch vor Weihnachten«, erklärte ich energisch.
»So schnell?« erwiderte er. »Warum?«
»Weil ich in unserem Krippenspiel die Jungfrau Maria spielen möchte – ich wäre so gut in der Rolle! Und die lassen mich nicht. Nur wenn ich Christ bin. Kann ich nicht bitte irgendwo rasch getauft werden?«
Er zog mich zu sich heran und hob mich auf seinen Schoß. »Ich fürchte, das geht nicht, mein Fräulein«, sagte er, »die Zeit reicht nicht aus. Man kann seine Religion nicht wie einen Turnanzug wechseln. Und das ist auch ganz gut so, denn es könnte ja sein, daß du es dir noch einmal überlegst...«
»Nein, Vati, ich bin fest entschlossen!«
»Na, dann will ich dir mal was sagen: Wenn du an deinem einundzwanzigsten Geburtstag noch genauso fest entschlossen bist, will ich dir nicht im Wege stehen. Aber bis dahin müssen wir warten.«
»Zehn Jahre warten!« heulte ich los und löste mich an seinen Rockaufschlägen, die immer leicht nach Äther rochen, in Tränen auf.
Es blieb mir nichts anderes übrig, als mein Nachthemd anzuziehen, mich auf meine Leitersprosse zu stellen und die Aufführung zu erwarten.

Am Vormittag des großen Tages hatten alle Kinder schulfrei und waren lärmend damit beschäftigt, drei große Weihnachtsbäume zu schmücken und Stühle und Garderobenständer in dem großen Speisesaal, der als Theater diente, aufzustellen. Auf der Bühne wurden, mitten in den letzten Chorproben, Teile der Dekoration an ihren Platz genagelt. Wir Engel liefen schon seit dem frühen Morgen in unseren Kostümen herum, die Sterne waren auf dem Kopf befestigt und die Batterien ausprobiert. Wir waren gepudert und geschminkt und hingen lustlos auf den Leitern herum, waren allen im Wege und wurden von Stunde zu Stunde schmutziger. Gegen Mittag wurde noch eine letzte Probe abgehalten.

Alle bekamen vom Direktor aufmunternde Worte zu hören. Die Engel wurden lobend erwähnt, denn wir hatten ordentlich auf den Leitern gehangen und aufs Stichwort alle gleichzeitig himmlisch gestrahlt. Ich erwartete die näherrückende Stunde Null in tiefer Schwermut, die nicht einmal durch die zusätzliche Weihnachtsration Pfefferkuchen mit Schokoladenglasur gemildert wurde.

Als die Dunkelheit hereinbrach, nahmen Eltern, Freunde und Kinder, die nicht mitspielten, ihre Plätze im Zuschauerraum ein, und wir Engel stiegen auf die Leitern. Im ersten Teil der Vorstellung waren wir hinter Gazeschleiern verborgen. Später, als die Krippe zum erstenmal zu sehen war, traf uns plötzlich ein Scheinwerfer und gestattete den Zuschauern den ersten Blick auf einundzwanzig grüne Nachthemden, die über dem Stalldach ein Dreieck bildeten. Erst am Ende, wenn die drei Könige und die Hirten anbetend niederknien, sollten unsere Daumen an den Batterien in Aktion treten für den großartigen Schlußeffekt während der drei Strophen von »Stille Nacht, heilige Nacht«.

Alles lief wie am Schnürchen. König Herodes und seine Untertanen bekamen Beifall auf offener Szene, und selbst Ilses Jungfrau Maria wurde nach der Verkündigungsszene beklatscht, was mich, die ich dunkelgrün auf meiner Leitersprosse hing, noch mehr ergrimmte. Der Pfefferkuchen kollerte mir im Magen, während ich frohlockte und hosiannate – und dann kam endlich der Moment, wo die Schalter an der Batterie hochgedrückt werden mußten. Wir taten es im schönsten Unisono, und aus dem Zuschauerraum ertönte es »Ah!«

Bis heute weiß ich nicht, was mich dazu getrieben hat, meinen Schalter wieder herunterzudrücken, gerade als ich in ein frommes »Stille Nacht...« ausbrach. Mir war natürlich klar, daß sich jetzt alle Augen auf das eine schwarze Loch in der Lichterkette über den Nachthemden richten würden. Ich knipste meinen Schalter rasch wieder an – und sofort wieder aus. An – aus! An, aus, an, aus... – das ganze heilige Lied hindurch, und den Zuschauern blieb nichts anderes übrig, als mich gebannt zu beobachten, während die Kinder entzückt kicherten.

Meine Mitengel hatten natürlich keine Ahnung, was ich da trieb. Ich meinerseits wußte nicht, daß meine Batterie im Verlauf der zweiten Strophe den Geist aufgegeben hatte und ich daher umsonst knipste. Ich schaltete auch in der dritten Strophe noch wie wild hin und her, blieb aber dunkelgrün.
Die taktvolle kleine Batterie rettete mich wenige Minuten später, als der Vorhang gefallen war und der Direktor, gefolgt von einer Zahl aufgebrachter Lehrer und freudig erregter Kinder, auf die Bühne gestürmt kam. Kein noch so unschuldiges Augenaufschlagen meinerseits hätte mich gerettet, wenn sich nicht meine Behauptung: »Ich habe nichts gemacht! Meine Batterie muß kaputt sein!« als richtig herausgestellt hätte. Denn als sie auf der Stelle ausprobiert wurde, gab sie tatsächlich keinen Funken von sich. Ich wurde also nicht bestraft. Statt dessen tätschelte man mir den Kopf, tröstete mich und gab mir noch ein paar Pfefferkuchen. Nur Prusi sah mich lange und forschend an, aber ich erwiderte ihren Blick mit Gemütsruhe. Denn es gab keinen Zweifel für mich: Der Herr war eindeutig auf der Seite seines erwählten Volkes.

Heilige Johanna und Algebra

Es gab nie die geringsten Zweifel daran, daß ich Schauspielerin werden würde, jedenfalls bei mir nicht. Und wohl auch bei meiner Mutter nicht, die mir bereits *Max und Moritz* beibrachte, als ich noch Dicke-Lilli-gutes-Kind war. Ich schnurrte freudig, auch ohne Aufforderung, »R-r-r-ritze, r-r-r-ratze, voller Tücke ...« bei jeder Gelegenheit. Aber das weiß ich nur vom Hörensagen. Meine ersten bewußten Auftritte im Alter von zehn Jahren fanden unter den Tannenbäumen der Waldschule statt. Wir waren ein halbes Dutzend begeisterte Tragöden – nur Mädchen; Jungen hätten sowas nie mitgemacht – und rasten täglich direkt vom Mittagessen in der Eßhalle zu »unserem« Platz, der verdeckt unter Bäumen an der hintersten Ecke des Geländes lag, und spielten dort *Die Nibelungen*, so wie wir sie alle gerade in Fritz Langs Stummfilm gesehen hatten. Nicht gesehen – aufgesogen! Der Film, seine Handlung, seine Darsteller, seine Musik – bis zum heutigen Tag kann ich die Motive der Begleitmusik singen – alles, was damit zusammenhing, versetzte uns in Begeisterung. Und was bei den anderen Begeisterung war, wurde bei mir zur Ekstase. Ich war der Anstifter und Organisator der täglichen Aufführungen, die uns monatelang beschäftigten. Dafür durfte ich auch als einzige gleich zwei Rollen spielen: Siegfried (natürlich) – *und* den Drachen. In der Szene, in der Siegfried seinen Zweikampf mit dem Drachen austrägt, war mein Einsatz dementsprechend hektisch. Ich sprang wie besessen als Siegfried hin und

her, einen Tannenzweig in der Hand – Notung, das neidliche Schwert –, um gleich darauf als Drache brüllend auf dem Bauch zu kriechen und nach allen Seiten zu schnappen. Käte, unsere Hübscheste, war Kriemhild, trug einen Blätterkranz um die Stirn und bewegte sich langsam und züchtig. Renate, die Sportkanone, war Brunhilde, denn sie sprang sowieso weiter als alle anderen. Wer den Hagen spielen sollte, war immer aufs neue Grund zum Bruderzwist, weil keiner sich gern ein Auge mit Spucke und Moos verkleben ließ.
Aber ich tat mich nicht nur nachmittags zur Spielzeit in Doppelrollen hervor, auch morgens früh im Unterricht war es wie selbstverständlich, daß ich von den Gedichten, die wir lesen mußten, nicht nur die verlangten Strophen, sondern das ganze Ding auswendig lernte, was mir nicht schwerfiel, weil ich ein gutes Gedächtnis hatte. Die Klasse sah meine extra Anstrengungen mit scheelen Augen an, besonders wenn es sich um Wurzen wie *Die Glocke* oder *Die Kraniche des Ibikus* handelte. »Mensch, mußt du so lange quatschen?« fragten sie verzweifelt. Ja, ich mußte. Das Vornestehen, die Klasse anschauen und deklamieren war meine Leidenschaft, und ich konnte nie genug davon kriegen. Andere Kinder hoben niemals den Zeigefinger, wenn jemand ein Gedicht aufsagen sollte, während ich dreist mit der ganzen Hand wedelte. Wenn dann noch jemand »nach vorne« mußte – weil mein Alleingang hin und wieder zuviel wurde –, so schlich sich das Kind, ob Junge oder Mädchen, rot vor Verlegenheit, aufs Podium und stammelte seine Zeilen herunter, so schlecht es nur konnte, ja, es setzte seinen Ehrgeiz darein, so monoton und verquetscht wie möglich zu erscheinen, denn es galt als geziert und »doof«, Gedichte mit besonderer Betonung aufzusagen.
Dies alles hatte nichts mit mir zu tun. Ich fand, ich stände über dem Gesetz, und dies so ungeniert und frech, daß die Klasse mich seufzend aufgab. So rutschte ich ganz selbstverständlich in die vakante Stellung des Schüler-Mimen hinein, und wenn ich abends nach Hause radelte, so schleppte ich meine Rezitationskunst mit in die Wohnung und ließ sie an meiner Mutter aus, wann immer ich sie packen konnte. Sie ließ mich lächelnd gewähren, verbesserte auch hie und da meine fürchterlichen Betonungen, während mein Vater sich weigerte, zuzuhören oder gar sie ernst zu nehmen. Bis ich ihn eines Tages in die Enge trieb. Ich wollte, wie die meisten Mädchen, die Schule mit sechzehn verlassen und für zwei Jahre auf die Schauspielschule gehen. »Ausgeschlossen«, sagte mein Vater, »du machst das Abitur, und dann wollen wir weiter sehen.«
Sein Lieblingswunsch war, daß ich Medizin studieren würde, und so versuchte er, mich in dieser Richtung zu beeinflussen. Von meinem fünften Jahr ab nahm er mich in sein Krankenhaus und setzte mich an das Bett von frischoperierten Patienten, die noch zu schwach waren, um lesen zu

können. Er wollte damit zwei Fliegen mit einer Klappe schlagen. Ich sollte seine Patienten ablenken – damals gab's weder Radio noch Fernsehen – und mich dabei an die Krankenhausatmosphäre gewöhnen. Ich spielte zwar brav mit den stillen, gelbgesichtigen Leuten Rätselspiele wie »Ich seh was, was du nicht siehst, und das hat Fransen...«, aber ich zählte die Minuten, bis die Tür aufgehen und mein Vater wieder hereinkommen würde, umgeben von seinen Assistenten und Schwestern – auch wenn sie alle noch so entsetzlich nach Äther rochen –, um mich abzuholen. Wenn er dann ins Zimmer brauste mit dem strahlenden Lächeln des Optimismus und die Frischoperierten schwach, aber selig zurückstrahlten, dann war ich endlich befreit und durfte auf seinen Schultern davonreiten.

Eines Tages wartete ich im Vorzimmer auf ihn. Ich war ganz still und wagte nicht, mich zu rühren. In der Ecke saß ein großer Mann und schluchzte in ein riesiges Taschentuch. Ich hatte noch nie einen Erwachsenen weinen sehen. Ich wollte auch weinen, traute mich aber nicht. Endlich ging die Tür auf, und Schwester Elisabeth, die Operationsschwester, kam herein. Ohne mich zu beachten, ging sie schnell auf den Mann zu und legte ihm den Arm um die zuckenden Schultern.

»Aber, aber...«, sagte sie leise. »Der Doktor hat Ihnen doch von Anfang an gesagt, daß es keine Hoffnung gibt...«

Es dauerte eine Weile, ehe er antworten konnte.

»Man hofft aber doch immer – der Doktor kann sich irren...«

Ich war damals sieben Jahre alt. Von diesem Moment an weigerte ich mich, das Krankenhaus zu betreten, und mein Vater schüttelte tief enttäuscht den Kopf. Vielleicht würde sich das später wieder ändern? Niemals. Ich konnte mir nicht vorstellen, täglich mein Leben unter Menschen zu verbringen, die ich retten sollte. Und wenn ich es nicht konnte? Jeden Tag zu hören: »Doktor, Sie wissen doch, meine Frau...« – »Doktor, um Gottes willen, mein einziges Kind...«

Ein Arzt muß sich sein seelisches Gleichgewicht gegenüber den Todgeweihten über die Jahre erkämpfen. Nur wenn ein Patient unerwartet starb, ging mein Vater gleich von der Eingangstür in sein Arbeitszimmer, und meine Mutter folgte ihm sofort. Er wollte dann kein Essen, und wir Kinder wußten, warum. Das geschah nur selten, aber es regte mich jedes Mal auf. Ich sah immer den Mann, der in sein Taschentuch weinte. Ich hatte eben nicht, was mein Vater »die Berufung« nannte. Er hatte sie. Und den dazugehörigen Wissensdurst. Er hatte sich schon als kleiner Junge bei seinen Schwestern unbeliebt gemacht, wenn er ihren Puppen die Bäuche aufschlitzte, um zu sehen, was darin war. Es war klar, daß mir dieser Forschungstrieb fehlte. Trotzdem bestand er darauf, daß ich das Abitur machte, falls ich doch noch »vernünftig« werden würde...

»Aber Vati«, sagte ich voller Verzweiflung, »ich kann doch nicht mit dem

Schauspielunterricht warten, bis ich mit dem Abitur fertig bin, dann bin ich doch viel zu alt!«
Er überlegte einen Augenblick, sah mich prüfend an und sagte: »Du kannst ja beides machen, du kannst morgens früh ins Gymnasium gehen und nachmittags in die Schauspielschule. Wie du das schaffst, ist deine Sache.«
Die Schule war mittags zu Ende, aber es gab eine Menge Hausaufgaben. Die mußte ich eben in der Schauspielschule oder abends erledigen. Das Ergebnis war, daß ich zwischen meinem 16. und meinem 18. Lebensjahr ein aufregendes Doppelleben führte. Morgens hatte ich Shaws *Heilige Johanna* in meiner Logarithmentafel versteckt, und nachmittags brütete ich in der Schauspielschule während der Pausen über den Ursachen für die negative Handelsbilanz der Balkanstaaten. Kein Mensch hat mich bemitleidet. Ich hatte es ja nicht anders gewollt. Nach einer Weile gewöhnte ich mich daran. Das Hinundherrasen machte Spaß und natürlich auch, daß ich ständig in Angst lebte, bei meinen heimlichen Studien erwischt zu werden.
Die Schauspielschule bestand aus zwei Lehrerinnen und 24 Schülern. Die Lehrerinnen gehörten zu den besten Schauspielerinnen der damaligen deutschen Bühne, Lucie Höflich und Ilka Grüning, beide nicht mehr jung – mir erschienen sie antik –, ungefähr um die Fünfzig. Jedes Jahr suchten sie unter den vielen Bewerbern zwölf Mädchen und zwölf Jungen aus – zwischen 15 und 20 Jahren –, die sie zwei Jahre lang unterrichteten, erst im Sprechen, dann im Rollenstudium.
Ich erschien zur ersten Unterrichtsstunde, äußerlich blasiert, innerlich auf der Lauer, ob es wohl unter den zwölf Mädchen jemanden gab, der mir in puncto Talent das Wasser reichen konnte. Es gab jemand. Sie reichte mir nicht nur das Wasser, sondern begoß mich damit von oben bis unten. Juanita hieß sie, Juanita Sujo, in Argentinien geboren, russischer Abstammung. Sie besaß ein so elementares, instinktives Talent, daß sie eigentlich keinen Unterricht brauchte. Allenfalls eine Kontrolle. Sie war sehr beliebt, selbst bei den Mädchen. Wir verziehen ihr ihr Talent, denn sie war nicht im herkömmlichen Sinn hübsch, und wir waren alle hübsch, Gott sei Dank. Sie hatte kurzes, schwarzes Haar, kleine, tiefliegende Augen in einem runden, etwas groben, russischen Gesicht und einen großen, verwischten Mund. Die Füße waren das Schönste an ihr: winzig und zierlich geformt; und obwohl sie arm wie eine Kirchenmaus war – ihre Ausbildung war natürlich umsonst –, schaffte sie es irgendwie, anständige Schuhe zu tragen. Manchmal unterbrach Frau Grüning den Unterricht und fragte lächelnd:
»Juanita – welche Schuhgröße haben Sie?«
»Vierunddreißig«, kam die stolze Antwort.

Der Lehrplan war einfach. Jeder Schüler hatte seine wöchentliche Privatstunde, das heißt, man spielte seine Rolle, während jemand die Stichworte las, und die anderen sahen zu. Frau Grüning oder Frau Höflich unterbrach oder machte ihre Bemerkungen hinterher. Dadurch lernten wir aus dem Unterricht der anderen genausoviel wie aus dem eigenen. Natürlich wußten wir in kürzester Zeit, bei wem sich das Zusehen lohnte und bei wem man besser draußen in der Diele blieb und tratschte. Juanitas Unterricht war immer überfüllt. Sie war allen weit voraus. Während wir uns noch mit unseren schlaksigen Gliedern und linkischen Gebärden abmühten, schien Juanita nicht zu wissen, daß sie Hände hatte. Sie flogen um sie herum in leichten, sparsamen Gesten, wann immer sie unterstreichen wollte, was sie mit ihrer tiefen Stimme sagte.

Daß sie sich mit mir befreundete, war eine Auszeichnung. Bisher waren meine Freundinnen immer aus demselben Milieu wie ich gekommen, aus durchschnittlichen, bürgerlichen Familien. Juanitas Bruder und ihre Schwester waren Musiker und studierten in Berlin Geige und Klavier bei Szigeti und Schnabel. Ihre russische Mutter lebte mit ihnen zusammen, reinigte, kochte und bügelte.

Als ich Juanita das erstemal besuchte, lief ich lange herum, bis ich ihre Wohnung fand. Im Hinterhof stieß ich endlich auf eine Tür, die in eine Küche führte. Am Herd stand eine dicke, slawisch aussehende Frau, die mir breit zulächelte und weiterrührte. Die Mutter. Sie kochte gerade grüne Tomaten ein. Weder meine Mutter noch die Mütter meiner Freundinnen hatten je in abgetretenen, alten Pantoffeln grüne Tomaten eingemacht. »Willst mal kosten?« fragte Juanita zur Begrüßung. Ich lehnte ab. Wir verständigten uns durch Gesten, denn nebenan spielte jemand mit nervtötender Lautstärke Klavier. Juanitas Schwester Anita übte. Ohne aufzusehen, versunken und unzugänglich, nickte sie mir zu, als wir eintraten. Diese kleine Stube war das Wohnzimmer, aber nur das große Piano wohnte drinnen und füllte den ganzen Raum bis auf ein paar Notenständer. Auf dem Fußboden lagen stapelweise Noten – Beethoven, Mozart, Bach und Brahms.

»Wo eßt ihr denn?« flüsterte ich.

Juanita zuckte die Achseln. »Auf dem Klavier – wenn wir Besuch haben.«

Anita hackte wie besessen auf zwei Akkorden herum, immer auf denselben. So hatte ich noch niemand Klavier üben hören. Seit elf Jahren hatte ich jeden Mittwoch Klavierstunde und mußte täglich eine halbe Stunde üben, wobei ich jede Minute haßte. Anita begann die zwei Takte zu zerrupfen. Dabei sprach sie ernsthaft mit sich selbst. »O ja, o ja!« gurrte sie, runzelte plötzlich die Stirn und murmelte: »Nein, nein – niemals!«

Ich warf Juanita einen fragenden Blick zu.

»In der Musik gibt es immer Fragen und Antworten«, flüsterte sie. »Anita unterhält sich mit Beethoven.«
Fragen und Antworten in der Musik. Wenn ich zu Hause übte, saß ich einsam auf meinem Schemel, ob ich nun Fingerübungen machte oder eine Sonate radebrechte. Weder Beethoven noch Mozart hatten jemals auch nur ein Wort an mich gerichtet.
Während meiner beiden Jahre auf der Schauspielschule hielt ich mich eng an Juanita und beobachtete ihre mühelose, unbeschwerte Lebensweise mit zaghafter Faszination. Sie war oft bei uns zu Hause, und wenn sie sich ans Klavier setzte – obwohl sie sich mit ihrer Schwester nicht vergleichen konnte –, dann lockte sie sogar meinen Vater aus seinem Arbeitszimmer, wobei er jedesmal lautstark die Zigarette mißbilligte, die ihr bei ihren »Unterhaltungen« unweigerlich aus dem Mundwinkel hing.
Eines Abends, während er Juanita zuhörte, beschloß er plötzlich, meine kostspieligen Klavierstunden abzubrechen. Er spielte Cello und liebte seine Kammermusikabende, an denen sich Mitglieder des Ärzteorchesters bei uns einfanden. Er hatte gehofft, daß seine Töchter ihn einmal begleiten würden, aber während es meine Schwester einigermaßen schaffte, im Takt zu bleiben, haute ich so viele falsche Töne unter dem strengen Blick hinter dem Cellobauch, daß er jedesmal den Bogen niederlegte. Trotzdem fiel ihm die Entscheidung schwer, denn Musik war seine Religion. Jeden Sonntagvormittag ging er mit uns in die Elf-Uhr-Konzerte der Berliner Philharmoniker wie andere Gläubige in den Gottesdienst.
Er sah mich lange an, als ich vor Freude in die Luft sprang, von nun an für immer von dem langweiligen Klavier befreit zu sein. Vielleicht ahnte er im voraus, daß der Tag kommen würde – dreißig Jahre später –, an dem ich mir wieder ein Klavier kaufen würde. Daß ich voller Aufregung zusehen würde, wie es ins Wohnzimmer gebracht wurde, daß ich bescheiden und mit viel Mühe noch einmal ganz von vorne mit Fingerübungen und Tonleitern anfangen und Stunde um Stunde hingerissen und verzückt mit einer kleinen Mozart-Sonate verbringen würde, die ich mehr schlecht als recht zusammenklimperte.
Und daß ich mich verfluchen würde, damals so dumm gewesen zu sein.

In der zweiten Hälfte meines 18. Lebensjahres wurde es ungemütlich. Die sphärische Trigonometrie ging mir nicht in den Kopf, und ich mußte täglich bis in die Nacht schwitzen, denn auch in Physik und Chemie war ich mangelhaft. Dösig saß ich vormittags in der Schule, hatte mittags knapp Zeit zum Essen und raste wieder zum Bus, der mich in die Schauspielschule brachte. Mein Vater sah mich manchmal von der Seite an: »Nun, mein Fräulein – wie steht's? Willst du die Schauspielprüfung nicht doch lieber ein Jahr verschieben?«

»Aber Vati, warum denn?« rief ich entsetzt. »Mir geht's doch glänzend!«

Im April kam es zur Krise. In der ersten Woche sollte das Abitur und zwei Wochen später die öffentliche Aufführung der Schauspielschule stattfinden, mit der das zweijährige Studium beendet war. Übernächtigt und käsig saßen wir am 5. April 1932 in unserem Klassenzimmer und erfuhren, daß wir alle, ohne Ausnahme, das Schriftliche bestanden hatten. Der Oberprima unwürdiges Indianergeheul tönte durch den Raum, während der Professor lächelte. Das Mündliche war ein Kinderspiel, so daß ich zwei Tage später hurra brüllend durch unsere Wohnung tobte und die Schulbücher, eines nach dem anderen, im Kachelofen des Wohnzimmers verheizte. Abends gab's eine Prämie von 50 Mark. Mein Vater übergab mir den Schein mit einem, wie mir schien, traurigen Lächeln in seinen großen grauen Augen. »Wart nur, Vati«, rief ich, »du wirst ja bei der Prüfung sehen...!«

Er sah, zusammen mit meiner Mutter und den übrigen stolzen Eltern der 24 Jungen und Mädchen. Der weitaus wichtigere Teil des Publikums bestand aus den Regisseuren und Intendanten der deutschen Provinzbühnen, die extra zu diesem Zweck nach Berlin gereist waren. Jeder von uns trat in zwei verschiedenen Rollen auf, um unsere Vielseitigkeit zu zeigen. Ich sagte den Glockenmonolog aus der *Heiligen Johanna* auf und eine Lustspielszene aus Sardous *Cyprienne*. Juanita spielte die Todesszene der Aase aus *Peer Gynt* und eine verrückte Negertänzerin aus einem Schwank von Arnold und Bach. Noch bevor der letzte Vorhang gefallen war, waren die zwei Dutzend »Vielversprechenden« engagiert, wie das meistens der Fall war. Wir stoben in alle Himmelsrichtungen auseinander, Juanita nach München an die Kammerspiele, ich nach Darmstadt ans Landestheater.

Das eiserne Kreuz

Aber noch bevor ich mich am 1. August 1932 aufgeregt und freudestrahlend im Büro des Hessischen Landestheaters zum erstenmal präsentierte, hatte es im deutschen Leben bedenklich zu brodeln begonnen. An den Zeitungsständen tauchten auf einmal Zeitungen auf, die die Leute tatsächlich lasen, anstatt sich über sie lustig zu machen. Mein Vater mit seiner Liebe zu Deutschland und seinem Optimismus weigerte sich, zu glauben, daß sein Land es jemals zulassen würde, »von so einem Mann« repräsentiert zu werden. Und als er sich schließlich davon überzeugen mußte, daß Deutschland das sehr wohl konnte, flüchtete er sich in die Hoffnung, daß »der Mann«, erst einmal im Sattel, seine radikalen Ansichten über Bord werfen und sich »dezent aufführen« würde, wie es dem Oberhaupt eines zivilisierten Landes zukam. Er selbst konnte niemals an Emigration denken. Er war Chefchirurg im größten jüdischen Krankenhaus von Berlin und als solcher unabkömmlich. Nur wenige weitsichtige Leute kamen derzeit auf den Gedanken, ins Ausland zu gehen. Die allerdings packten ihre Habseligkeiten und verließen das Land, als hätte eine Sturmglocke in ihren Ohren geklungen. Die Mehrheit blieb, wo sie war, und wartete ab.

Meine Gage war 125 Mark im Monat. Schließlich war ich knapp 18 Jahre alt und Anfängerin. Mein Vater legte noch etwas dazu, damit ich leben konnte. »Ich will dir nicht im Weg stehen«, hatte er gesagt, als ich ihm triumphierend meinen Darmstädter Vertrag brachte, »aber ich glaube immer noch nicht, daß du's lange auf der Bühne aushalten wirst.«

»Doch, Vati, doch!« hatte ich gerufen. »Ein Leben lang!«

Ich wurde sofort in den verschiedensten Aufführungen beschäftigt. Das Übel war, daß ich ein bißchen tanzen und singen konnte. Ich wurde in die musikalischen Komödien gesteckt, für die zufällig keine passende junge Sängerin engagiert war. Weder mein Tanz noch mein Gesang reichten auch nur annähernd aus. *Das Weiße Rößl*, zum Beispiel, lief schon in der dritten Saison in jedem deutschen Theaterprogramm, und ich spielte und »sang« darin zweimal in der Woche. Da ich in meinen Nummern dem Tenor gegenüberstand, der an anderen Abenden den Tristan sang, wunderte sich kein Mensch, daß meine Stimme nicht so recht über die Rampe kam.

Ich trat auch als Stasi in Kalmans klassischer Operette *Die Czardasfürstin* auf, eine Rolle, in der man ein paar weltbekannte Melodien singen muß. Ich kam damit durch, mit halbem Auge, weil der Kapellmeister an meine »Stimme« gewöhnt war und das Orchester zu einem bloßen Wispern anhielt, wann immer ich den Mund aufmachte. Plötzlich kam ein Notruf aus Frankfurt. In der dortigen Oper gab man ebenfalls *Die Czardasfürstin*, und die Stasi war krank geworden. Könnte ich einspringen? Natürlich konnte ich. (25 Mark zusätzlich pro Vorstellung.)

Frühmorgens im Zug nach Frankfurt redete ich mir gut zu. Schön – Caruso hatte in eben diesem Opernhaus in Frankfurt in *Aida* gesungen, wie mir ein hilfreicher Kollege vor der Abreise in Erinnerung gebracht hatte. Na und?

Vom Bahnhof fuhr ich direkt ins Opernhaus für eine kurze Verständigungsprobe, trat aus den Kulissen auf die Bühne und sah in den riesigen, leeren Zuschauerraum, den meine Stimme an diesem Abend füllen sollte. Mir wurde plötzlich eiskalt. Schon der Orchestergraben, in dem mich achtzig Instrumente begleiten sollten, kam mir wie ein gewaltiger schwarzer Abgrund vor. Unüberbrückbar. Würde ich den Dirigenten

überhaupt deutlich genug sehen können, um seinem Taktstock zu folgen? Mein neuer Partner beruhigte mich. Der Dirigent sei ein reizender Mann und darauf bedacht, jede Stimme individuell zu begleiten und richtig zur Geltung zu bringen.
Niemand schien sich meinetwegen Sorgen zu machen, als wir die einzelnen Nummern mit dem Korrepetitor am Klavier durchgingen. Wahrscheinlich nahm man an, daß ich nur markierte, um meine Stimme für den Abend zu schonen. Sie ahnten nicht, daß ich mein Letztes gab. Den Rest des Tages verbrachte ich mit Gurgeln und Atemübungen. Ich ging früh ins Theater und zog das Kostüm an, das hübscher war als das in Darmstadt. Das munterte mich etwas auf, und als das Stichwort fiel, trat ich ins Rampenlicht hinaus und erwartete allen Ernstes, daß ein Wunder geschehen und eine strahlende Stimme aus mir hervorquellen würde, wenn ich nur tief atmete und den Mund weit aufmachte.
Kleiner Auftrittsapplaus des freundlichen Publikums für den »Gast«. Mut! Dann ein paar Worte Dialog zwischen meinem Partner und mir, und nun saßen wir Seite an Seite in einer großen Hängematte für das Duett »Machen wir's den Schwalben nach...«, wippten sanft hin und her und spähten zum Dirigenten hin. Dieser Herr, der mich jetzt zum erstenmal sah, führte sein Orchester durch die Eingangstakte des berühmten Duetts und warf mir ein ermunterndes Lächeln zu. Aber bereits der gewaltige Klang dieser ersten paar Takte erschreckte mich zu Tode. Von unserem Hausdirigenten in Darmstadt, Hans Schmidt-Isserstedt, war ich nur an gedämpftes Orchestergemurmel gewöhnt. Keine Zeit zum Protestieren, Erklären, Bitten – los! Ich öffnete den Mund und sang: »Ich warte auf das große Wunder, tralala...«
Der Dirigent hörte auf zu dirigieren. Er beugte sich vor, so weit er konnte und legte die Hand hinters Ohr, um besser hören zu können. Hatte ich eingesetzt oder nicht? Er dachte wahrscheinlich, ich hätte nur die Lippen bewegt, denn es war – wie er mir hinterher erzählte – nicht ein einziger Ton zu ihm gedrungen.
Auch das Orchester gab nach ein paar unzusammenhängenden Takten den Geist auf. In der tödlichen Stille konnte man plötzlich ein schwaches Piepsen hören: »Tralala, von dem man so viel spricht...« Der Dirigent blickte mich verzweifelt an, die Hand noch immer hinterm Ohr – und ich starrte genauso verzweifelt zurück und mühte mich ohne Begleitung unverdrossen weiter, da mir ja niemand gesagt hatte, ich solle aufhören.
Inzwischen hatte das Publikum begriffen. Man begann zu tuscheln, einige lachten laut, und ganz oben von der Galerie kam die Aufforderung: »Sie, Fräulein! Fang'n Se noch mal an!«
Auf der Bühne wurde alles still, denn mein Teil in dem Duett war beendet. Jetzt war mein Partner an der Reihe. Aber der Arme, der die ganze Zeit

über gemäß Regieanweisung meine Hand gehalten hatte und sie immer noch hielt (quietschnaß), wollte meinem Beispiel nicht folgen, ohne Orchester einfach vor sich hin zu singen. Stille. Gähnende, pechschwarze, tödliche Stille. Endlos. Eine Art Totenstarre war über mich gekommen. Ich konnte einfach nur den Dirigenten anstieren, wie das Kaninchen die Kobra.
Die Kobra geriet auf einmal in Bewegung, hob den Taktstock, zwang sich ein Lächeln auf die bleichen Lippen und verkündete die magische Formel: »Da capo!« Und wieder warf sich das Orchester in die Einleitungstakte, diesmal jedoch von der linken Hand des weiseren und traurigeren Dirigenten streng in Schach gehalten. Daher ist es durchaus möglich, daß schließlich doch noch etwas von meinen Tönen bis zum Publikum drang, denn es klatschte spontan Beifall, als wir unser Duett beendeten. Mein Partner mußte mich aus der Hängematte heben, damit ich mich verbeugen konnte. Ich knickste blind in alle Richtungen und verschwand so schnell wie möglich unter noch mehr Beifall und Gelächter. Offenbar war jedermann genauso erleichtert wie ich, daß ich sicher von der Bühne herunter war.
Wieder in Darmstadt, beschloß ich, etwas für meine Stimme zu tun und Gesangsunterricht zu nehmen. Sechs Monate waren vergangen, seit mein Vertrag begonnen hatte. Bis jetzt konnte ich nicht behaupten, Darmstadt mit meinem Talent in Begeisterungstaumel versetzt zu haben. Dann kam aus heiterem Himmel eine Chance: Ich sollte wieder in einer Operette auftreten, und zwar in Künnekes *Glückliche Reise*. Kein klassischer Stoff, Gott sei Dank. Den Gesang durfte man bei mir überhören, denn die Rolle verlangte in erster Linie eine schauspielerische Leistung, sowohl komisch als auch dramatisch. *Glückliche Reise* wurde ein Erfolg und brachte mir die ersten Kritiken ein, die ich nach Hause schicken konnte.
Die Premiere fand kurz nach Hitlers Machtübernahme statt. Bisher hatte es nur dumpfe Gerüchte und Drohungen gegeben. Noch war es in unserer nächsten Umgebung nicht zu dramatischen Zwischenfällen gekommen. Jeder machte seine Arbeit und hoffte. Mein Vertrag lief noch ein halbes Jahr, und der Intendant hatte schon von einer möglichen Verlängerung gesprochen. Aber nach der Premiere von *Glückliche Reise* bot mir der Intendant des Frankfurter Schauspielhauses einen Zweijahresvertrag mit doppelter Gage an, nicht mehr als Anfängerin, sondern als »erste Jugendliche«. Ein Riesenschritt vorwärts. Ich quoll vor Seligkeit über, trotz des täglichen Anblicks der Braunhemden mit ihren Hakenkreuzfahnen. Jetzt, da Hitler an der Macht war, würde er wohl merken, wie schwierig alles war, und aufhören zu schreien. Ganz bestimmt! Jeder sagte das. Die schrecklichen Dinge, die er in *Mein Kampf* geschrieben hatte, waren doch nur als Parteipropaganda gemeint gewesen! Kein verantwortlicher Politi-

ker würde auch nur im Traum daran denken, sich Tausende von guten Deutschen zu Feinden zu machen, nur weil sie zufällig Juden waren! Leute wie Einstein und Max Reinhardt und Elisabeth Bergner! Deutschland würde doch nicht ohne sie auskommen wollen? Absolut undenkbar, daß auch nur eine dieser »Maßnahmen«, von denen man in den Zeitungen las, tatsächlich verwirklicht werden könnte. Das war doch nur Parteipolitik. Alles Propaganda! Man brauchte sich keine Sorgen zu machen.
Aber in der folgenden Woche wurde mein Frankfurter Vertrag mit einem Brief rückgängig gemacht, in dem es hieß, daß die Intendanz es wegen der zu erwartenden »Neuordnung« und der damit verbundenen Umstellung bezüglich Spielplan und Ensemble bedaure, aber...
Es stimmte also doch. Ich saß mit dem Brief in meiner Bude auf dem Sofa. Ich liebte meine Bude. Zwei kleine Zimmer am Rande der Stadt, eine nette, alte Vermieterin, daran gewöhnt, Anfänger vom Theater zu beherbergen und ihnen vor einer Premiere von der Küche aus stolz, wenn auch geistesabwesend, Mut zu machen. (»Sie werden's schon schaffen, Kind, ich weiß es. Mein Blumenkohl brennt an. Tschüß. Hals- und Beinbruch!«) Seit zwei Monaten bezog sie, das wußte ich, den »Völkischen Beobachter«, aber sie leerte ihren Briefkasten schon sehr früh, um dies vor mir zu verbergen. Ihre Zuneigung zu mir blieb unverändert, obwohl sie wußte, daß ich Goebbels' arischen Idealen nicht entsprach.
Was nun? Keine Hoffnung mehr auf eine Karriere in Deutschland. Das war schwer zu verdauen, denn von Zeit zu Zeit brach immer wieder mein dummer, hartnäckiger Optimismus durch. Was, wenn das Frankfurter Theater doch ehrlich war? Wenn sie ihren Spielplan für das kommende Jahr tatsächlich nicht kannten? Unsinn, sagte mein gesunder Menschenverstand, sie brauchen eine junge Schauspielerin, das hatte der Intendant mir selbst gesagt. Also mach dich mit dem Gedanken vertraut – sie wollen dich nicht. Bei anderen Bühnen wär's genau dasselbe. Konnte man wirklich nichts anderes tun als das Land verlassen?
Meine Wirtin steckte ein unglückliches Gesicht durch die Tür und bot heißen Kaffee an. Sie hatte meine Begeisterung über den Vertrag mit Frankfurt geteilt, hatte am Morgen den Briefumschlag und mein Gesicht gesehen. Wahrscheinlich hatte sie es vorausgeahnt.
»Es ist wirklich schade«, äußerte sie zaghaft hinter ihrer dampfenden Kaffeetasse hervor, »denn er ist ein guter Mann, der Hitler, das muß ich schon sagen. Er wird Deutschland wieder groß machen, darauf können Sie sich verlassen. Zu dumm, daß er so einen – einen Tick mit den Juden hat...«

Ich entschied in der Nacht, daß es wirklich zu dumm war. Ich mußte die Sache sofort hinter mich bringen – das Zimmer aufgeben, Darmstadt ver-

lassen, Deutschland verlassen, nach England gehen, in englischer Sprache neu anfangen. Ich sprach fließend Englisch. Mein Vater hatte mich jahrelang während der Sommerferien nach England geschickt.
Ich zog mein gutes Blaues an, ging gar nicht erst zur Vormittagsprobe, sondern ins Büro des Generalintendanten. Der Intendant, der mich engagiert hatte, Gustav Hartung, in ganz Deutschland bekannt für seine Avantgarde-Inszenierungen, war nicht da. Während ich im Vorzimmer wartete, fiel mir ein, daß er eigentlich schon eine ganze Reihe von Wochen »weg« war, was für diesen besessenen Theatermann höchst ungewöhnlich war. Er kam nie wieder zurück. Er war einer der wenigen, die es »gewußt« hatten.
Sein Stellvertreter, ein wohlmeinender Herr, empfing mich höflich und zuvorkommend. Ich erzählte ihm kurz von dem Brief aus Frankfurt, woraufhin er eine Weile aus dem Fenster sah, ehe er sich mit einem Seufzer wieder zu mir umwandte.
»Ja«, sagte er.
Ich wartete, aber er sprach nicht weiter. Daraufhin sagte ich, ich sei sicher, das Darmstädter Theater könnte unter diesen Umständen ebenfalls auf meine Dienste verzichten, und ich dürfte wohl meinen Vertrag ab sofort als beendet betrachten. Zu meinem Erstaunen schüttelte er den Kopf und erwiderte, er sei nicht autorisiert, mich gehen zu lassen. Bis jetzt habe er noch keinerlei Anweisungen erhalten, meinen Vertrag zu lösen. Schließlich sei ich in mindestens vier laufenden Inszenierungen beschäftigt, von denen eine, Künnekes *Glückliche Reise*, ein außergewöhnlicher Erfolg sei, und aus diesem Grunde müsse er mein Angebot ablehnen. Mein Vertrag hätte noch vier Monate zu laufen, und die müßte ich in Darmstadt verbringen – arbeitenderweise, was ihn betraf.
Mein zweiter Versuch, dem neuen Deutschland gerecht zu werden, wurde genauso abgewürgt: Als ich versuchte, meine Wirtin durch eine zu ersetzen, die nicht den »Völkischen Beobachter« hielt, war das alte Fräulein so unglücklich, daß ich meine Koffer wieder auspackte.
Die folgenden Wochen vergingen wie gewöhnlich. Wenigstens äußerlich. Tagsüber Proben, abends Vorstellung. Ich bildete mir aber ein, daß eine gewisse Veränderung im Benehmen meiner Kollegen mir gegenüber stattgefunden hatte. Die meisten gaben sich besondere Mühe, freundlich zu sein, was mich nervös machte. Sie sprachen lauter zu mir als zu anderen, hatte ich das Gefühl; als wollten sie sichergehen, daß es bemerkt wurde. Vorher hatte man mich in netter Art und Weise ignoriert, so wie sich das für einen Anfänger gehört. Jetzt benutzten sie jede Gelegenheit, mich zu grüßen und mich zu fragen, wie es mir ginge. Nur ein paar gingen mir aus dem Weg.
Hitler war erst seit drei Monaten Reichskanzler, aber die grundlegende

Veränderung, die radikale Revolution, der Umschwung, der jeden einzelnen Deutschen, Männer, Frauen und Kinder, erfassen würde, machte sich bereits bemerkbar. Jetzt, im nachhinein, nimmt man wie selbstverständlich an, daß alle Deutschen sofort begriffen haben mußten, was Hitler und der Nationalsozialismus bedeuteten. Aber die meisten Menschen damals – solange sie nicht schon in der Partei waren – standen abseits, waren unentschlossen, sahen vorsichtig in die Zukunft, überzeugten sich rasch, ob die Taufscheine ihrer Großeltern zur Hand waren, atmeten auf, wenn es so war, warteten ab, lasen die Zeitungen und hörten auf Gerüchte.

Es gab natürlich überall ein paar Leute, die nicht kuschten, ohne zu protestieren oder zumindest ihre Meinung zu sagen. Am Darmstädter Theater waren das, laut und vernehmlich, der junge und respektlose, zur Avantgarde zählende Regisseur Arthur Maria Rabenalt und sein Bühnenbildner Reinking, die keine Gelegenheit ausließen, ihren Gefühlen Luft zu machen. Besonders Rabenalt machte sich mit Wonne über eifrige und neuentdeckte Parteigenossen unter dem Theaterpersonal lustig und scherte sich nicht darum, wer ihn hörte. Zu einer Zeit, da täglich mehr Geschäfte, Restaurants und Klubs, die »unzuverlässig« waren, geschlossen und gleich darauf unter »neuer Leitung« wiedereröffnet wurden, kam er eines Morgens auf die Probe zum *Rosenkavalier*, starrte die üppige Primadonna, Frau Kment, tiefsinnig an und flüsterte seinem Stab hinter der vorgehaltenen Hand zu: »Bitte mal herhören! Wißt ihr schon, was man heute früh *nicht* schließen konnte? Den Büstenhalter von Frau Kment. Wegen ›Überfüllung‹.«

Die tägliche Überraschung war das Auftauchen der »neuen Männer«. Wo kamen sie alle her? Funkelnagelneu waren sie, bis dato völlig unbekannt – es sei denn, daß sich jemand plötzlich erinnerte, den neuen Direktor noch bis vor kurzem Gemüse austragen gesehen zu haben, oder in dem neuen Opernregisseur den Hilfslehrer für Gesang am örtlichen Gymnasium wiedererkannte. Jetzt stampften der neue Direktor und der neue Opernregisseur in SA-Uniform mit der Hakenkreuzarmbinde in ihren schweren schwarzen Lederstiefeln durch geheiligte Institutionen. Die Befehle, die sie hinter imposanten Schreibtischen verteilten, wurden von jedem leicht verstanden: Es war egal, was geschah, solange es sich von dem unterschied, was vorher gewesen war, und solange keine Nicht-Arier beteiligt waren.

Zuerst wurden die leitenden Personen in politischen, kommerziellen und kulturellen Ämtern ausgetauscht, aber allmählich arbeitete man sich nach unten weiter. Dabei wurde sehr gewissenhaft vorgegangen. Kein Geschäft und keine Firma wurden ausgelassen, auch wenn sie noch so unbedeutend waren, und je tiefer man drang, desto häßlicher wurde die Sache. Diejenigen, die ein Geschäft vom rechtmäßigen Besitzer »übernahmen«, waren meistens kleine Leute, die man am Ort aus untergeordneten Stellungen kannte. Sie waren offenbar unter den Steinen hervorgekrochen. Sie hatten alle niedrige Mitgliedsnummern der Partei und wurden jetzt belohnt.

Trotz der herrlichen Frühlingssonne wurde es immer schwieriger, durch den Tag zu kommen. Ein neues Gesicht blickte einem schon am frühen Morgen aus dem Zeitungskiosk entgegen. Es gehörte einem Mann, der einen finster ansah, wenn man das »Berliner Tageblatt« verlangte, und der etwas von »schmutzigem Judenblatt« schimpfte, das aus den Kiosken verschwinden und überhaupt abgeschafft werden müßte. Wo aber, fragte man sich, war die nette, alte Frau, die dort immer gesessen hatte? Hatte sie die falschen Vorfahren? Und was war dem Besitzer unseres Theaterrestaurants passiert, der mitsamt seiner Frau, der Köchin, verschwunden war und mit ihr das gute Essen? Jetzt war das Lokal von rotweißen Hakenkreuzarmbinden vollgepackt, und ich ging nicht mehr hin. Ich gewöhnte mir an, belegte Brote von zu Hause mitzubringen und sie in den Probenpausen in meiner Garderobe zu essen. Das große Theater war zwischen eins und zwei geschlossen, das Licht ausgeschaltet – neue Sparmaßnahmen –, und ich wurde eingeschlossen. Die Garderobe hatte nur ein kleines Fenster unter der Decke, und ich kam mir wie eine Gefangene vor und bedauerte mich sehr.

Das Stück, das wir probten, hieß *Wenn der junge Wein blüht...*, ein Halbklassiker aus der Mitte des vorigen Jahrhunderts. Regie: Arthur Maria Rabenalt. Ich hatte eine kleinere Rolle, ein junges Mädchen, das zusammen mit allen anderen im Stück Beschäftigten gleich zu Anfang auftritt. Und zwar war das in einer Art Ringelreihen inszeniert: Zwei gleich große Gruppen starteten von beiden Seiten der Bühne, hielten sich an den Händen und tanzten an der Rampe aneinander vorbei und auf der anderen Seite wieder ab, was dazu diente, uns dem Publikum vorzustellen.

Die Proben waren beendet und die Generalprobe wurde am Schwarzen Brett am Bühnenausgang angekündigt. Wir hatten Mitte April. Nur noch zehn Wochen bis zum 1. Juli – Saisonschluß und Ende meines Vertrages.

Die Generalprobe verlief ohne Störung. Der milde Humor des Stückes aus dem 19. Jahrhundert und seine sanfte Gefühlsseligkeit waren gut-deutsch und konnten selbst in jenen empfindlichen Tagen unmöglich irgendwen beleidigen. Der nervöse Mann, der stellvertretende Intendant – bis jetzt war unser ehemaliger Chef noch nicht ersetzt worden –, sah vom Parkett aus zu, war offenbar zufrieden und hielt am Ende sogar eine kleine Rede, in der er der Hoffnung Ausdruck gab, unsere »herzerwärmende, sorglose Fröhlichkeit« möge den morgigen Premierennerven nicht zum Opfer fallen.

Ich zog meine weiße Musselinkrinoline aus, erwischte die letzte Straßen-

bahn nach Hause und betete, morgen möge wirklich meine letzte Premiere in diesem Theater sein. Es war nicht anzunehmen, daß man mich in einer neuen Inszenierung einsetzen würde. Ich brauchte von jetzt ab nur zweimal die Woche, wie bisher, in meinem guten, alten Erfolgsstück, der *Glücklichen Reise*, und in dieser neuen Inszenierung aufzutreten – und das wär's dann bis zu dem Tag, an dem ich endlich meinen Koffer packen könnte.
Am nächsten Vormittag fand die übliche Textprobe statt. Am Tag der Premiere versammelten sich die Schauspieler gewöhnlich in einem Wartezimmer des Theaters, um noch einmal ihren Text durchzugehen, während am Bühnenbild und an der Beleuchtung letzte Hand angelegt wurde.
Als ich das Zimmer betrat, wußte ich sofort, daß etwas passiert war, was mit mir zu tun hatte. Alle standen in Gruppen herum und unterhielten sich, aber als ich eintrat, hörten sie abrupt auf. Kein Mensch sagte guten Tag. Rabenalt war nirgends zu sehen.
Ich hängte meinen Mantel auf, setzte mich hin und tat, als sei ich mit meinem Text beschäftigt. Eine bedrohliche, ganz und gar unerklärliche, endlose Pause entstand. Ich las dieselbe Textseite wieder und wieder durch, weil ich kein Geräusch beim Umblättern machen wollte.
Endlich ging die Tür auf, und Rabenalt erschien. In der allgemeinen Stille forderte er mich so beiläufig wie möglich auf, mit ihm zu kommen.
Ich folgte ihm ohne ein Wort – er ging sehr schnell – ins Büro des stellvertretenden Intendanten. Er trat ohne anzuklopfen ein. »Hier ist sie«, sagte er, »ich überlasse sie Ihnen.« Damit ging er wieder zur Tür.
Aber der Mann hinter dem gewaltigen Schreibtisch unseres ehemaligen Chefs hatte den Kopf in die Hände gestützt und rief ihm nach: »Gehen Sie nicht, um Gottes willen! Ich brauche Sie. Wir müssen uns etwas einfallen lassen...«
»Na, dann mal los«, sagte Rabenalt und ließ sich schwer in einen Sessel fallen. »Aber machen Sie es kurz. Ich habe heute abend eine Premiere – und jetzt dieser sinnlose Wahnsinn!«
Man wies mir einen Stuhl an, und der unglückliche Stellvertreter gestattete sich eine kurze Pause. Dann sagte er: »War Ihr Vater im letzten Krieg?«
»Ja«, erwiderte ich, einigermaßen verwirrt.
»Gott sei Dank!« sagte er und richtete sich etwas auf.
»Wissen Sie zufällig, ob er irgendwelche Auszeichnungen bekommen hat?«
»Ja«, sagte ich, »das Eiserne Kreuz.«
»Wofür? Wissen Sie das?«
»Weil er vor Verdun vier Jahre lang Oberstabsarzt war.«

»Haben Sie das gehört?« sagte er freudig zum Regisseur. »Das ändert doch die Sache, meinen Sie nicht?«
»Vielleicht«, meinte der, und beide sahen mich an, als hätte ich vor Verdun gelegen.
»Würden Sie mir vielleicht erklären...«, sagte ich.
Und dann erklärten sie es mir. Vom örtlichen SA-Chef war am Morgen ein Schreiben überbracht worden, in dem es hieß, er habe soeben die Nachricht erhalten, daß am heutigen Abend eine Premiere im Landestheater stattfinden werde, in der eine Schauspielerin nicht-arischer Abstammung auftreten solle. Das verstoße gegen die Anweisung, daß solche Personen nur noch in alten Inszenierungen erscheinen dürften, in denen sie nicht durch Arier ersetzt werden könnten. Ein Trupp von fünfundzwanzig SA-Männern würde deshalb bei der heutigen Aufführung die erste Parkettreihe besetzen, um bei meinem ersten Auftritt »in angemessener Weise« zu demonstrieren, und sich »weitere Maßnahmen« vorbehalten.
Solche »spontanen« Demonstrationen waren seit drei Monaten nichts Neues auf den deutschen Bühnen. Wir hatten verschiedentlich von derartigen Ausbrüchen patriotischer Entrüstung gehört, obgleich in unserem Theater bisher noch nichts passiert war. Wenn ein örtlicher SA-Chef oder seine Gruppenführer ein Stück oder seinen Autor nicht mochten, wenn Schauspieler des »Kulturbolschewismus« verdächtigt wurden, der Kommunistischen Partei angehört hatten oder mit Mitgliedern derselben befreundet gewesen waren – wobei die KP noch bis vor drei Monaten eine völlig legale Organisation gewesen, jetzt aber auf mysteriöse Weise von der Bildfläche verschwunden war –, dann schickten sie ihre Männer zum Demonstrieren. Entweder wurden faule Eier geworfen und die Vorstellung wurde unterbrochen, oder die SA-Männer sprangen auf die Bühne, verprügelten die Schauspieler und führten die Zielscheibe ihres Zornes in »Schutzhaft« ab.
»Schutzhaft« war die euphemistische Bezeichnung für den Abtransport der Leute in jene – zumindest in Deutschland – neue Einrichtung: das Konzentrationslager. Dort, so behaupteten die Zeitungen, wurden »unzuverlässige« Leute vor dem gerechten Zorn ihrer Mitbürger »geschützt«.
Selbst in seiner mildesten Form war ein solcher Theaterabend ein Alptraum. Jetzt verstand ich auch den Empfang, den man mir im Wartezimmer bereitet hatte. Die wußten schon.
Der stellvertretende Intendant gab Anweisungen durchs Telefon. Er verlangte dringend, mit dem SA-Chef zu sprechen. Er hätte ihm wichtige Informationen zu geben, die mit der geplanten Kundgebung im Theater zu tun hätten. Der Nazi-Boß war nirgends aufzutreiben. Man hinterließ in

seinem Büro, bei ihm zu Hause, in der ganzen Stadt, sich doch bitte schnellstens mit dem Theater in Verbindung zu setzen. Mehr war im Moment nicht zu machen.

Plötzlich klingelte das Telefon, und der Intendant griff hastig nach dem Hörer – aber es war nur die Kassiererin. Das SA-Büro hätte fünfundzwanzig Plätze in der ersten Reihe angefordert, so daß die Inhaber dieser Karten neu plaziert werden müßten. Sollte sie…? – Ja, sie sollte. Vorläufig konnte man nichts anderes tun.

Ich wurde in meine Garderobe geschickt und sollte dort warten.

Rabenalt ging ins Wartezimmer, um das Ensemble zu beruhigen. Am einfachsten wäre es gewesen, mich zu ersetzen, aber Rabenalt weigerte sich und erklärte, es gäbe keine zweite Besetzung. Meine Rolle war nicht so klein, daß man sie hätte streichen können. Die Frage war, ob die Schauspieler genügend Mut hatten, eine Premiere unter diesen Umständen durchzustehen, oder ob sie verlangen würden, die Vorstellung abzusagen, bis ein Ersatz für mich gefunden war. Ganz abgesehen von den angespannten Premierennerven auch noch Schimpfworte, faule Eier und eventuell Prügel – sollten sie das riskieren?

Ich saß in meiner Garderobe und versuchte, ruhig zu bleiben. Die Möglichkeit, daß ich schon in wenigen Stunden in »Schutzhaft« abgeführt werden könnte, nahm ich nicht zur Kenntnis. So etwas passiert mir nicht, da war ich ganz sicher.

Die »Auszeichnung« meines Vaters! Mir fiel ein, irgendwo gelesen zu haben, daß Nicht-Arier, die im Ersten Weltkrieg an der Front gekämpft hatten, Sonderrechte für sich in Anspruch nehmen konnten. Ich erinnerte mich auch, vor vielen Jahren einmal die Schachtel mit dem Kreuz und dem Band gesehen zu haben. Natürlich trug er es nie. In der Weimarer Republik trug man keine Orden. Mein Vater sprach selten von seinen Kriegserlebnissen, aber ich wußte, daß sie genauso furchtbar gewesen waren wie die Millionen anderer.

Immerhin – er war heimgekehrt. Während meiner Schulzeit war der Inspektor für Stipendienfragen alle paar Monate in unser Klassenzimmer gekommen. Von zwanzig Schülern waren jedesmal sieben verlegen aufgestanden, wenn die Aufforderung ertönte: »Alle Kriegswaisen mal aufstehen.« Sieben von zwanzig. Jeder einzelne ärmlich angezogen und dünn…

Stunden vergingen, und ich saß immer noch in der Garderobe. Meine Garderobiere kam und brachte belegte Brote und Kaffee. Nein, sie wußte nichts Neues. Ja, man habe eine Textprobe abgehalten, und der Souffleur hatte meine Rolle gelesen. Ich solle hierbleiben, bis man mehr wüßte. Brauchte ich irgendwas?

Ich brauchte vieles, aber nichts, was die freundliche, alte Frau hätte geben

können. Ich stellte ein paar Stühle zusammen, legte mich hin und schlief sogar ein.
Gegen Abend kam Leben in das stille Theater. Ich hörte Schritte und die Stimmen der Kollegen durch die Flure hallen, denn vor einer Premiere sind manche Schauspieler gern Stunden, bevor der Vorhang aufgeht, in ihrer Garderobe.
Schließlich ging auch meine Tür auf, und Rabenalt kam herein. Er sah vollkommen erschöpft aus. »Also ...«, sagte er, »uns bleibt nichts anderes übrig, als weiterzumachen. Die anderen nehmen das Risiko auf sich. Und Sie?«
Ich nickte.
»Gut. Wir konnten den SA-Chef noch nicht erreichen, aber wir geben nicht auf. Bis zum Beginn der Vorstellung sind es ja noch zwei Stunden. Machen Sie sich fertig. Und – Hals- und Beinbruch!«
Er ging. Ich fing an, meine Schminksachen in meiner Ecke auszupacken. Zwei andere Schauspielerinnen, die auch kleinere Rollen spielten, erschienen und nickten zur Begrüßung. Das übliche hektische, aufgekratzte Geschnatter vor einer Premiere blieb aus. Beide waren wortkarg.
Als ich anfing, mich zu schminken, verließ mich auf einmal mein Mut. Von einer Sekunde zur anderen. Ich starrte verzweifelt in den Spiegel, wütend, daß ich so leichtfertig zugestimmt hatte, mitzumachen. Warum? Für wen denn, verdammt noch mal?
Ich warf böse Blicke auf meine Kolleginnen, als wäre es ihre Schuld. Wenn doch nur jemand käme und uns etwas sagte!
Niemand kam. Nur der Inspizient, der die Runde machte und die Zeit bis zum Öffnen des Vorhangs ausrief – erst die volle Stunde, dann die halbe und schließlich die Viertelstunde. Es war totenstill.
Wir waren fertig mit Schminken, und die alte Garderobiere kam, uns in die Krinolinen zu helfen. »Nichts Neues«, sagte sie rasch beim Eintreten und schnitt dadurch jede weitere Unterhaltung ab.
»Noch fünf Minuten!«, rief der Inspizient durch die Tür, und wir gingen die Treppe zur Bühne hinunter.
Dort waren schon alle um Rabenalt versammelt, der letzte Ermunterungen verteilte. Er sah auf, als er mich sah, versuchte mir zuzulächeln und sagte: »Wie gesagt, das gute ist, daß ihr alle gemeinsam auftretet und euch bei den Händen haltet. Ich glaube nicht, daß etwas Gewalttätiges passiert, solange Frau Kinz (Franziska Kinz, der Star unseres Ensembles) auf der Bühne ist. Sie ist zu beliebt. Ehrlich gesagt, ich kann mir nicht vorstellen, daß es überhaupt zu Tätlichkeiten kommt. Macht euch auf Zwischenrufe und Pfiffe und so etwas gefaßt, versucht aber, weiterzuspielen, so als wäre nichts geschehen. Und – äh – wenn sie doch mit Sachen schmeißen, dann – ignoriert sie und sprecht weiter. Nur wenn sie

tatsächlich auf die Bühne kommen – ja, dann, glaube ich, ist es besser, wenn ihr aufhört. Ich habe Anweisung gegeben, daß dann sofort der Vorhang fällt.«

Der Hauptdarsteller unterbrach ihn: »Sind Sie sicher, daß die tatsächlich im Theater sind?«

Rabenalt nickte. »Schon seit einer Viertelstunde. Vor dem Theater aufmarschiert und in Reih und Glied reingekommen. Sehen Sie doch selbst! Sie sind nicht zu übersehen, erste Reihe Mitte.«

Der Schauspieler ging zum Platz des Inspizienten und sah durchs Guckloch in den Saal. Schweigend kam er zurück.

Dann erlosch das Licht, und der Inspizient rief: »Alles auf die Plätze!« Zum Fragen oder Diskutieren blieb keine Zeit mehr. Wir stellten uns zu beiden Seiten der Bühne auf, Hand in Hand, zum ersten Auftritt bereit, während das Orchester eine kurze Ouvertüre spielte.

In dem Moment geschah es. Die Schauspielerin, deren rechte Hand ich hielt, eine Frau Ende zwanzig, die eine der Hauptrollen spielte, machte sich von mir los und sah mich grimmig und verzweifelt an. »Du zählst ja nicht«, sagte sie so laut es ging, »du bist ja noch ein Kind! Aber was die Juden betrifft, die ich kenne – da kann ich nur sagen...«, und damit spuckte sie mit großer Treffsicherheit auf die Bühnenbretter.

»Um Gottes willen, Dorothea!« zischte der Schauspieler neben ihr entsetzt.

Aber sie drehte sich noch einmal zu mir um. »Alles, was recht ist...«, sagte sie zitternd vor Aufregung, »aber ich möchte hier doch deutlich klarmachen, was ich denke!«

Das Orchester hörte auf zu spielen, und ein lautes Rascheln zeigte an, daß der Vorhang aufging. Im Nu war die Bühne in blendendes »Sonnenlicht« getaucht, und der erste Schauspielerreigen, Frau Kinz in der Mitte, tanzte fröhlich lachend auf uns zu. Dorothea packte meine Hand – sie packte meine Hand! –, und dann tanzten auch wir unter ausgelassenem Gelächter quer über die Bühne auf die Rampe zu. Während ich so heftig vorwärtsgezogen wurde, klopfte mein Herz wie eine Kesselpauke. Jeden Augenblick – würden sie – würden sie? Jetzt war der richtige Moment – direkt an der Rampe vorn – weiter ging's, ich flog beinahe – noch zehn Schritte, dann wäre das Ende der Bühne erreicht, und ich könnte in den Kulissen verschwinden – immer noch nichts – noch drei Schritte – da! Da war die Rettung, der kleine Stuhl des Bühnenmeisters – und ich war in Sicherheit.

Atemlos und verschwitzt sammelten wir uns in der Dunkelheit hinter den Kulissen, während auf der Bühne ein Dialog zwischen Frau Kinz und jemand anderem seinen Lauf nahm. In der allgemeinen Erlösung bemerkte niemand, daß ich da war. Sozusagen dabei. Warum war nichts passiert?

Hatten wir sie überrumpelt mit unserem Ringelreihen, oder waren zu viele Leute gleichzeitig auf der Bühne gewesen? War es jetzt vorbei, oder würde es vielleicht noch kommen?
In diesem Augenblick erschien Rabenalt. Er hatte in der Bühnenloge im Zuschauerraum gesessen, krank vor Angst, wie er sagte, und war durch die geheime Verbindungstür zu uns hinter die Kulissen gestürzt. Er konnte vor Aufregung kaum sprechen und hielt vor Freude in einer biblischen Geste beide Arme in die Höhe. »Sie sind weg!« flüsterte er heiser. »Bei der Ouvertüre sind alle aufgestanden und haben den Saal verlassen. Ich sah jemanden in Uniform hereinkommen und dem, der dem Ausgang am nächsten saß, einen Zettel reichen. Danach sind sie aufgestanden und hinausgegangen. Im Gänsemarsch! Wußtest ihr das nicht?«
Nein. Niemand hatte es gewußt. Jeder war bei dem kurzen Tanz über die Bühne ein paar Jahre älter geworden. Unsere »herzerwärmende, sorglose Fröhlichkeit« war uns dabei vergangen. Wir sanken erschöpft zusammen.
Der Abend schleppte sich lustlos zu Ende. Auch die Zuschauer waren deutlich verstört. Was hatte der aufsehenerregende Abzug so vieler Uniformen aus der ersten Reihe zu bedeuten gehabt? Bedrückte Stille hing über der Aufführung. Es gab kaum Applaus, als der Vorhang fiel, denn alles strömte so schnell wie möglich durch die Ausgänge ins Freie.
Am nächsten Morgen kam die Erklärung vom Stellvertreter in meine Bude: Das Eiserne Kreuz meines Vaters war es gewesen. Der SA-Boß hatte die Nachricht in letzter Sekunde erhalten. Zufällig hatte auch er mehrere unvergeßliche Jahre vor Verdun gelegen.
Was mich betraf, so stand es in Blockbuchstaben an der Wand geschrieben: Weg! Raus aus Darmstadt, raus aus Deutschland. Auf der Stelle.
Die Frage war nur: Wohin?
Am selben Tag, an dem ich nach Berlin zurückkehrte, saßen mein Vater, meine Mutter und ich bis spät in die Nacht und stritten uns. »Nach Paris!« sagten meine Eltern, weil dort bereits meine ältere Schwester Irene war, die schon seit einem Monat versuchte, sich eine Existenz zu schaffen. »Nach London!« sagte ich, weil ich es kannte. London war das gegebene für mich. Nicht für meinen Vater. »Du gehst nach Paris zu Irene!« sagte er, und da gab's keinen Widerspruch. »Du bist noch ein Kind und zu jung, um in einem fremden Land allein zu leben. Basta.«
»Das Kind« durchlebte gerade die Höhen und Tiefen seiner ersten Liebesaffäre. Rolf Gérard, Maler und Medizinstudent. »Arier.« Als ich ihm sagen mußte, daß ich nach Paris auswandern würde, erklärte er, er würde ebenfalls die nächsten Jahre in dieser Stadt zubringen, um an der Sorbonne weiter zu studieren. Das letzte Semester hatte er in Heidelberg verbracht – nicht weit von Darmstadt – und jede Woche eine bestimmte

Anzahl von Vorlesungen über Nazi-Ideologie belegen müssen, ohne die man zu keiner Prüfung zugelassen wurde. Studentenkarten wurden beim Eintritt in das Gebäude abgestempelt, um Mogeln zu verhindern.
Rolf war pflichtgemäß in der ersten Vorlesung aufgetaucht, sprang aber von da ab aus einem Flurfenster im ersten Stock, nachdem er die Kontrolle hinter sich hatte, um das geisttötende Referat zu vermeiden. Nach dem dritten Sprung verstauchte er sich den Knöchel.
Damit war die Entscheidung gefallen. Die Lösung für uns beide hieß: Paris.

Das Stahlkorsett

Mein Vater hatte mich in Berlin zum Bahnhof gebracht. Für ihn gab's keinen Zweifel, daß ich es woanders schaffen würde. Irgendwie. Das sagte er wenigstens, als er auf dem zugigen Bahnsteig stand und zum Fenster meines Schlafwagens heraufsah. Er seinerseits würde mir und meiner Schwester 200 Mark im Monat nach Paris schicken. Das war die Höchstsumme, die man damals aus Hitler-Deutschland ins Ausland schicken durfte. Genug für Miete und eine warme Mahlzeit am Tag. Für alles Weitere mußten wir selber sorgen.
»Du wirst ein stählernes Korsett brauchen, mein Fräulein...«, sagte er plötzlich und sah mich noch einmal ernst aus seinen großen, grauen Augen an. Der Zug setzte sich mit einem Ruck in Bewegung und fuhr langsam aus der Halle. Er stand da, mit erhobener Hand, ohne zu winken und wurde kleiner und kleiner, als wir an Fahrt gewannen. Dann ging der Zug in eine Kurve, und ich sah ihn nicht mehr.
Ich sah nur Paris vor mir, als ich das Fenster zumachte und mich auf meinen Platz im Abteil setzte, Paris, das auf mich wartete, so wie ich es in René Clairs Filmen gesehen hatte: glitzernd, freundlich winkend, ganz gleich, ob man Geld hatte oder nicht, ja ganz besonders, wenn man keins hatte. Die Champs-Elysées, der Bois de Boulogne, Liebespaare an der Seine! Eigentlich mußte das Leben doch ganz herrlich werden. Man brauchte nur jung zu sein in dieser Stadt, jung und kugelfest, und so fühlte ich mich. Kugelfest. Ich packte meine Brote aus, viel zu früh, ich war ja eben erst eingestiegen, aber eingepackte Brote waren bei mir immer nur zum Sofort-Auspacken da. Das einzige Hindernis, das sich einer kometenhaften Karriere entgegenstellen könnte, war die Sprache. Die müßte schnellstens erlernt werden. Und dann würde Paris erobert. Im Handumdrehen. Darmstadt? Meilenweit entfernt! Wer weiß, vielleicht war es direkt ein Glücksfall, daß man mich dort rausgeworfen hatte.
Hauptgrund und Anker für meinen wolkenlosen Gemütszustand war

Rolf. In ein paar Wochen würde er kommen und sich an der Sorbonne einschreiben. Ich würde irgendwie, irgendwo Arbeit finden, wenn nötig als Statistin in einem Filmstudio, und wir würden zusammensein. Was konnte mir dann noch passieren?
Am frühen Morgen rollte der Zug in Paris ein. Ich kletterte auf den Bahnsteig hinunter und sah mich um. Die riesige Halle, Eisenbahngetöse, Menschenknäuel, dröhnender Lärm in fremder Sprache – und da kam, Gott sei Dank, meine Schwester Irene. »Du wirst sehen«, sagte sie, »hier ist alles ganz anders als zu Hause.«
Unser Hauptquartier war das Hôtel de la Muette, ein kleines Hotel direkt am Bois de Boulogne. Wir hatten ein winziges Zimmer unterm Dach. Ich öffnete das Fenster und blickte über die eiserne Brüstung des schmalen Balkons auf Baumwipfel. Das Zimmer war eng, aber gemütlich. Ich hatte Hunger. Die Reise war lang gewesen, Zoll- und Hotelformalitäten endlos, und mein Magen verlangte seine Lieblingsmahlzeit. Selbst in Darmstadt, unter ständigem Probendruck, war mein Frühstück das wichtigste Mahl am Tag gewesen. Es mußte reichlich und vor allem vielfältig sein, und meine Nazi-Wirtin hatte es mir immer selbst auf einem gewaltigen Tablett ins Zimmer gebracht und mich damit für den Rest des Tages körperlich und geistig auf die Beine gestellt.
»Können wir Frühstück bestellen?« fragte ich.
Meine Schwester sah mich an.
»Also gut«, sagte ich. »Wo gehen wir hin?«
»Ich zeig's dir.«
Wir fuhren in dem winzigen, gebrechlich-offenen Fahrstuhl nach unten.
»Wo ist das Restaurant?« wollte ich wissen.
»Hier gibt's kein Restaurant.«
»Wo frühstücken wir denn?«
»Nebenan, in der Bar.«
»In einer Bar? Frühstück in einer Bar?«
Ein paar Barhocker waren leer, und wir zwängten uns zwischen Taxifahrer und kleine Angestellte. Als der überarbeitete Barmann uns endlich seine Aufmerksamkeit schenkte, hatte ich meine Bestellung in meinem besten Schulfranzösisch parat: »Heißen Kaffee mit heißer Milch, zwei weichgekochte Eier, dreieinhalb Minuten, einen Orangensaft, frisch bitte, Toast und Orangenmarmelade.«
Der Barmann sah erst mich und dann meine Schwester wortlos an.
»Café crème et croissants«, sagte sie ruhig, und er goß ein graues Gemisch aus Kaffee und dünner Milch in eine dicke weiße Tasse und schob uns einen Korb mit Brezeln zu.
»Du kannst Butter zu den *croissants* haben – wenn du willst«, sagte Irene, »aber hier ißt niemand Butter.«

Ich starrte sie entgeistert an.
»Die meisten Leute hier frühstücken überhaupt nicht. Sie trinken einfach irgendwo eine Tasse Kaffee. Die erste Mahlzeit am Tag ist das Mittagessen. Probier mal die Brezeln. Die sind gut – und besser ohne Butter.«
Es hat schlimmere Dinge in meinem Leben gegeben, aber selten hat mich etwas so umgeworfen wie mein erstes französisches Frühstück. Ich heulte schamlos in den schrecklichen Kaffee, in den ich die unaussprechlichen *croissants* tunkte. Das Korsett war vorübergehend aufgeschnürt.
In Anbetracht dieses unrühmlichen Auftaktes brachte mir meine Schwester die wirklichen Probleme nur schonend bei. Aber am Abend meines ersten Tages in Paris wußte ich ungefähr Bescheid. »Das schlimme ist«, sagte Irene, »daß man hier für alles eine Arbeitserlaubnis braucht. Und man kriegt keine, es sei denn, ein französischer Arbeitgeber verlangt ausdrücklich nach dir und behauptet, du seist durch eine Französin nicht ersetzbar. Tellerwaschen oder Statisterie kommen also nicht in Frage. Wir werden froh sein, wenn wir eine Aufenthaltserlaubnis für dich kriegen werden.«
Statt also den Arc de Triomphe zu besichtigen und die Aussicht zu bewundern, fuhren wir mit dem Bus zur Cité, der Polizeiregistratur für Ausländer. Vorher aber mußte in einer Parfümerie etwas gekauft werden: Eine kleine Flasche Parfüm für das Fräulein von der Registratur. Das Geschenk mußte klein sein, damit man es in der Hand verbergen konnte, wenn man ihr den Paß reichte. Alle wußten natürlich davon, aber man durfte es nicht zu offen tun. Wir nahmen auch belegte Brote mit. Irene war nach zwei Monaten Emigration im Kampf gegen die Bürokratie gewitzigt.
Das war der erste von vielen Tagen, die ich in endlosen Schlangen auf Polizeistationen verbrachte, und auf Registratur oder Arbeitserlaubnis wartete. Ohne Seelenstärkung durch ein vernünftiges Frühstück schnürte ich mein stählernes Korsett enger, als ich die Menschenmassen sah, die in dem riesigen Saal Schlange standen oder an den Wänden saßen. Es sah aus, als ob niemand auch nur einen Schritt vorwärts machte.
»Komm«, sagte meine Schwester, »wir stellen uns da drüben an. Ich kenne das Fräulein an dem Schalter. Und paß jetzt genau auf, wie die anderen es machen!«
Wir stellten uns an und schoben uns zentimeterweise vorwärts. Die Menschenschlangen vor den verschiedenen Schaltern bestanden alle aus Emigranten. Eine ganze Reihe kam offensichtlich aus Deutschland – die besser angezogenen –, andere aus Balkanstaaten, und die hatten meistens kleine Kinder bei sich. Fast jeder Fall war ein Drama, wenn der Schalter erreicht wurde. Leidenschaftliche Beschwörungen, zuerst in gebrochenem Französisch, später wild in die Muttersprache ausartend. Ich paßte

auf die kleinen Geschenke auf. Irene war mehrmals abgewiesen worden, bevor sie dahintergekommen war. Kein Zweifel: Wer was zu überreichen hatte, passierte den Schalter verhältnismäßig schnell, ohne lange Dialoge. Aber das waren nur wenige in den Schlangen.
Wir wechselten uns beim Anstehen ab. Wir hatten genügend Zeit, unsere Brote zu essen, zumal »unser« Schalter Mittagspause machte und es keinen Sinn hatte, das Schalterfräulein zu wechseln. Andere machten auch Mittagspause auf den Bänken oder einfach auf dem schmutzigen Boden. Ein paar Kinder sahen begehrlich auf unser Brot.
Es gibt da einen stolzen französischen Ausspruch, den wir in der Schule im Chor gesprochen hatten: »*Tout le monde a deux patries, la sienne – et la France!*« Wie wär's, wenn ich das unserem Schalterfräulein zur Begrüßung aufsagen würde? Keine gute Idee, sagte Irene.
Endlich war ich an der Reihe. Unser Fräulein mochte zwischen fünfundzwanzig und fünfundfünfzig sein, es ließ sich nicht erkennen. Alles an ihr war dünn: Gesicht, Haar, Augen und Nase. Einen Mund gab es nicht. Sie sah mich kalt an, und als ich ihr den Paß und das kleine Päckchen reichte, runzelte sie die Stirn, murmelte etwas auf französisch mit deutlichem Mißvergnügen, öffnete eine Schublade unter dem Tisch und legte mein Päckchen zu ein paar ähnlichen. Noch immer böse knurrend, griff sie nach einer Reihe von Stempeln, knallte sie ein paarmal heftig auf eine leere Seite in meinem Paß und gab mir damit den Kuß, der mich zum Leben erweckte. Jetzt durfte ich wie andere Leute durch die Straßen gehen, einen Bus besteigen, im Park sitzen und brauchte nicht einmal aufzusehen, wenn ein Polizist vorbeiging.
Leben durfte ich. Aber nicht arbeiten. Das war eine andere, weitaus schwierigere Hürde. Sinnlos, zum Arbeitsamt zu gehen, ob mit kleinem oder großem Päckchen, sagte Irene. Ohne einen Vertrag mit einer französischen Firma in der Hand durfte man nicht einmal durch die Tür treten.
Vorläufig hatten wir ja noch die monatlichen 200 Mark aus Berlin. Und dann war Rolf angekommen, wie er es versprochen hatte. Ich nahm ihn selig frühmorgens am Gare du Nord in Empfang, und noch auf dem Bahnsteig wurde die wichtigste aller Fragen besprochen: Wo würde er wohnen? Irgendwo in unserer Nähe hoffentlich. Rolf wußte noch was Besseres: Wir würden uns zusammen eine kleine Wohnung nehmen, alleine, nur wir beide. Schließlich bekam er ja einen monatlichen Wechsel von seiner Mutter zwecks Studium an der Sorbonne. Nicht viel, aber immerhin. Und was für einen genug war, reichte auch für zwei. Ich stand wie im Traum zwischen den drängenden, lärmenden Reisenden. Eine kleine Wohnung – mit Rolf – allein. War ich wirklich schon so weit? Jawohl, sagte Rolf energisch, nahm seine Koffer und bahnte sich einen Weg durch die Menge.

Wir fanden genau das richtige. Damals war das noch leicht. In der Rue Greuze, nahe am Bois, fünf Minuten von meiner Schwester entfernt, ein Zimmer, eine Zwergenküche und ein Zwergenbad mit uralter Zinkbadewanne. Fürstlich. Eine warme Mahlzeit am Tag in einem der vielen guten und billigen Restaurants, in denen hauptsächlich Taxichauffeure verkehrten – französische Taxichauffeure verstehen etwas vom Essen –, auf Tischen mit Papiertischtüchern und ohne Serviette. Abends Brot und Obst.

Freunde hatten wir zunächst nicht. Die paar Leute, die wir kannten, waren Zufallsbegegnungen, Emigranten aus Deutschland natürlich. Mit Franzosen hatten wir keinerlei Umgang. Die anderen Emigranten auch nicht. Echte Pariser lebten in einer Festung, über deren Mauer wir nicht sehen konnten. Selbstverständlich sprachen wir nur deutsch miteinander. Daher war mir bereits in der ersten Woche klar, daß der Verkehr mit Emigranten begrenzt werden mußte, so trostreich es auch manchmal sein konnte, zusammenzusitzen wie die Hennen unterm Scheunentor, die dem Sturm entkommen sind.

Ich begann sofort, meine Runden zu machen, von einem Theateragenten zum anderen. Ich saß im Wartezimmer zwischen unbeschäftigten französischen Schauspielern herum und hörte zu, bis man mich aufforderte, nach Hause zu gehen. So lernte ich die Sprache. Mein Schulfranzösisch mit fürchterlichem Akzent und dürftigem Wortschatz war mir dabei nur im Wege. Was half es mir, wenn ich wußte, daß Ludwig der Vierzehnte sämtliche Kinder und Enkel überlebt hatte, wenn ich wissen wollte, ob irgendein Direktor vielleicht nach einer Schauspielerin mit Akzent suchte.

Die Schönheit der Stadt sah ich nicht. Ich betrachtete gleichgültig, sogar feindlich die Place de la Concorde, wenn er an Sonntagabenden von unzähligen Laternen erleuchtet wurde. Natürlich war Paris schön. Aber ich war kein Tourist. Ich hatte keine Rückfahrkarte in die Heimat. Ich war gekommen, um zu arbeiten. Aber was ich auch versuchte (auf die direkte Art: »Ich bin eine junge deutsche Schauspielerin, voll ausgebildet, ich habe tragende Rollen gespielt, hier sind meine Kritiken – haben Sie Arbeit für mich?« Oder auf die schlaue Art: »Ich hatte zufällig in der Nähe zu tun und schaue deshalb mal rein, ich bin auf dem Weg ins Studio Soundso, dort hat man eine Rolle für mich, hätten Sie Lust, mich zu vertreten – wenn daraus nichts wird?«) – die Frage lautete jedesmal: »Sind Sie mit einem Franzosen verheiratet? Wie steht's mit Ihrer Arbeitserlaubnis?« Selbstverständlich hatte ich darauf eine Antwort parat: »Bringen Sie mich mit dem Produzenten zusammen. Ich werde ihm vorsprechen – dann wird er mir sofort die Erlaubnis beschaffen!« Dieses löbliche Selbstvertrauen führte die hartgesottenen Agenten nicht hinters Licht. Meistens sahen sie mich lange und forschend an, wobei ich mich bemühte, hinreißend schön auszusehen. Dann sagten sie, ich solle mal nächste Woche wieder vorbeikommen.

Wenn ich mir meine Fotos aus dieser Zeit ansehe, kann ich den Leuten ihren Mangel an Enthusiasmus nicht verdenken. Viele Frauen haben ihre schönste Zeit, bevor sie 25 sind, wenn ihnen die berühmte jugendliche Blüte aus jeder Pore strahlt. Was mich betrifft, so war ich ein fetter, freundlicher Wandervogel mit einem runden Mondgesicht, einem riesigen, wirren Haarschopf, auf den ich sehr stolz war (»natürliche« Locken) und einem ausgeprägten Doppelkinn. Als Teenager hungerte ich mich von einer Schlankheitsdiät zur anderen. Saß meist schon lange vor dem Essen am noch ungedeckten Tisch, mit gefalteten Händen und knurrendem Magen, den Blick auf die Tür zur Küche geheftet wie ein Hund. Und wenn ich einmal fünf Pfund abgenommen hatte, so nahm ich sie innerhalb einer Woche wieder zu, manchmal in einer wahren Orgie von Vollmilchschokolade mit Nüssen. Um solche Sünden wieder wettzumachen, schluckte ich eine Doppeldosis Abführmittel zusammen mit dem letzten Stück Schokolade hinunter und verbrachte die Nacht auf der Toilette, gegen die Kälte von außen und das Grummeln von innen in meine Bettdecke eingewickelt.

Erst sehr viel später, als meine erste Liebesgeschichte ihr unausweichliches dramatisches Ende nahm, verschwand das Kinderfett allmählich, und in meinem Gesicht kamen wunderbarerweise die ersten Knochen zum Vorschein. Aber zur Zeit meiner täglichen Runden bei den Theateragenten von Paris war noch nichts davon zu ahnen. Alles, was man mit einigem Wohlwollen über mich sagen konnte, war, daß ich hartnäckig war, atemberaubend munter und entsetzlich angezogen. Meistens in Socken, bunten Blusen und Röcken. Trotzdem erinnere ich mich, daß ich – den Fotos und meinem Spiegel zum Trotz – felsenfest davon überzeugt war, eine blendende Schönheit zu sein.

Und dann passierte es natürlich doch. Folgerichtig und dem Gesetz des Zufalls entsprechend. Eines trüben Morgens hatte ich im Büro eines trüben Agenten meine Routinefrage: »Gibt es vielleicht heute irgend etwas...« noch nicht ausgesprochen, als ich schon zur Antwort bekam, ja, in der Tat, es gebe was. Ein französischer Theaterproduzent hatte die Rechte für die deutsche Operette *Viktoria und ihr Husar* von Paul Abraham erworben und würde diese im Theater Moulin Rouge herausbringen. Ob ich das Stück kenne? Natürlich kannte ich es! Ob ich mich an die Rolle der japanischen Prinzessin erinnere? Und ob ich mich erinnerte! Gut, dann sollte ich mich morgen vormittag im Moulin Rouge vorstellen.

In meinem Freudentaumel vergaß ich zu fragen, wo ich die Noten bekommen könnte, bevor ich nach Hause raste. Die Wahrheit war, daß ich die

Operette nie gesehen hatte. Aber wir hatten die Platte davon zu Hause in Berlin gespielt, bis ich sie auswendig kannte. Den Nachmittag verbrachte ich mit einem befreundeten Emigranten-Pianisten, der mich begleiten sollte, und wir probten die wichtigsten Nummern, wie ich sie im Gedächtnis hatte.

Pünktlich um zehn Uhr ging ich mit meinem Begleiter im Schlepptau durch den Bühneneingang von Toulouse-Lautrecs Moulin Rouge. *»Mademoiselle Palmer et son pianiste!«* wurde laut verkündet, und ich trat auf die riesige Music-Hall-Bühne hinaus, während mein Begleiter auf das Klavier in der Ecke zusteuerte. Zögernd ging ich an die Rampe und blinzelte auf die paar Herren hinab, die in dem großen, leeren Zuschauerraum in einem kleinen Haufen zusammensaßen. *»Allez-y, Mademoiselle!«* rief man herauf, und ich blieb an der Rampe kleben und begann mit der ersten Nummer.

Vielleicht täuschte sie der deutsche Text, vielleicht war die Akustik im Moulin Rouge der des Amphitheaters in Epidaurus vergleichbar, wo Touristen heute noch das Geräusch einer auf der Bühne zu Boden fallenden Münze in der obersten Reihe hören können – Tatsache ist, daß die Herren im Parkett mich wahrhaftig singen hörten und einmütig erklärten, es sei einfach großartig. Oder so was ähnliches. Sie berieten sich dicht zusammengedrängt und aufgeregt, während ich mich ans Klavier lehnte und versuchte, bescheiden und gleichzeitig unbekümmert auszusehen.

Nach einer Weile rief man vom Parkett herauf: »Mademoiselle, wollen Sie uns bitte etwas vortanzen?«

Tanzen! Das wollte ich am allerwenigsten. Wenn mein Gesang schon nicht umwerfend war, so waren meine Tanzkünste einfach trostlos. Ich wagte mich noch einmal an die Rampe und erklärte, aufgrund der kurzen Zeit, die mir zur Verfügung gestanden hätte, sei es mir nicht möglich gewesen, mit meinem Pianisten einen Tanz auszuarbeiten. Ich könnte aber ein paar akrobatische Übungen vorführen, wenn es ihnen nichts ausmachte, meinen Schlüpfer zu sehen. Entzücktes Gelächter von unten. *»Allez-y, Mademoiselle!«*

Seit meiner frühesten Kindheit konnte ich radschlagen, auf dem Kopf stehen und auf den Händen laufen. Das hing mir noch von der Waldschule an und von meinen Anstrengungen, es mit den Jungen aufzunehmen. So warf ich mich mit dem Mut der Verzweiflung über die staubige Bühne des Moulin Rouge, schlug Rad von einem Ende zum anderen und landete in einem spektakulären Spagat zu Füßen meines sprachlosen Pianisten.

»Genug! Genug, Mademoiselle!« erklang ein Chor gequälter Stimmen aus dem Parkett. »Das ist ja großartig!« Wahrscheinlich hatten die Herren den wilden Blick aufgefangen, mit dem ich mich durch die Luft schmiß, und fürchteten um ihre Bühnendekoration.

Man erklärte mich auf der Stelle für engagiert. Ich hatte sie durch den schieren Kraftaufwand meiner Turnerei zu der Annahme verführt, ich müsse eine gute Tänzerin sein. Ich schwamm aus dem Bühneneingang auf einer Wolke strahlender Träume und las in der Metro immer wieder die wenigen Zeilen, die eine Art Vertragsentwurf darstellten. Geld wie Heu, das war mal klar. Beinahe wäre ich an der falschen Station ausgestiegen und kam zu Hause in einem Zustand an, der ans Delirium grenzte. Alle unsere Probleme waren gelöst. Arbeitserlaubnis? Überhaupt keine Schwierigkeit, hatten sie gesagt. Innerhalb von achtundvierzig Stunden würde sie zur Stelle sein. Ich sah bereits das riesige Plakat vor mir, auf dem *Viktoria und ihr Husar* und der neue Star, Lilli Palmer, angekündigt wurden. Paris war erobert – *veni, vidi, vici* –, Paris war die tollste Stadt der Welt – unvergleichlich, intelligent, aufgeschlossen – mein Vokabular erschöpfte sich. Was kostete wohl ein kleines Auto? Ich mußte erst eins auf den Kopf kriegen und daran erinnert werden, daß ich sowieso nicht fahren konnte und doch um Gottes willen abwarten sollte, ob das Stück überhaupt ein Erfolg werden würde, damit ich wieder auf die Erde zurückkehrte. Aber selbst in meiner hysterischen Verfassung war mir klar, daß ich von nun an jede freie Minute in Tanzschulen verbringen mußte, die Chormädchen und Ballettratten im Stepptanz ausbildeten, wovon ich nur die allerverschwommenste Vorstellung hatte. Aber der Stepptanz gehörte einfach zum damaligen Musical.

Die Proben fingen sofort an. Glücklicherweise begannen wir mit den Dialogszenen, die mir nicht schwerfielen. Man schärfte mir ein, laut und deutlich zu sprechen – das Moulin Rouge ist ein riesiger Schuppen –, aber ansonsten war man mit mir zufrieden, auch mit meinem Akzent. Von den Proben aus ging ich jeden Abend in die Tanzschule und steppte zu der Melodie von »*I want to sit right down and write myself a letter...*« in einer Reihe mit anderen jungen Tänzerinnen vor gewaltigen Spiegeln und auf eingezeichnetem Parkett drauflos.

Es war schon in der ersten Woche glasklar, daß ich nicht gerade die Begnadetste der Klasse war. Während die meisten Mädchen mit Leichtigkeit zur zweiten und dritten Routine avancierten, plagte ich mich noch mit der ersten herum und hopste pausenlos mit dem falschen Fuß ins falsche Quadrat. »Mach dir keine Sorgen, chérie, plötzlich wird dir der Knopf aufgehen!« sagten die Mädchen. Aber er blieb zu. Ich beobachtete die anderen mit wachsender Verzweiflung, weil ich ja nicht, wie sie, nur in der Reihe tanzen sollte, sondern *vor* ihnen, als Haupttänzerin – und da zappelte ich herum, unfähig, auch nur eine einzige Routine auszuführen, ohne dabei über meine eigenen Füße zu stolpern.

Je mehr ich mich abmühte, desto schlechter wurde ich. Der Beginn der offiziellen Tanzproben im Moulin Rouge war für die kommende Woche festgesetzt. Der italienische Choreograph war bereits an mich herangetreten und hatte sich erkundigt, wo ich schon überall getanzt hätte und welches meine Spezialitäten wären. Diese Unterhaltung war so unbefriedigend verlaufen, daß ich ihn voll dumpfer Vorahnungen zurückließ.

Der Jüngste Tag kam, und ich erschien im Tanzstudio zusammen mit der eigens engagierten Truppe von dreißig fabelhaft ausgebildeten Mädchen, meistens Amerikanerinnen. Ich übertraf die schlimmsten Befürchtungen des Choreographen innerhalb der ersten fünf Minuten. Er hatte mich ersucht, einen Schritt nachzumachen, den er mir beiläufig einmal (einmal!) vormachte. Ich war flankiert von zwei prächtigen, langbeinigen Chorgirls, und während es sich sofort herausstellte, daß ich keinen blassen Schimmer hatte, entledigten sich die beiden anderen ihrer Aufgabe mit federleichter Mühelosigkeit und kauten ihren Kaugummi.

Die anderen standen in kleinen Gruppen herum und taten taktvoll uninteressiert, während der Italiener und ich ein kleines Gespräch von Mensch zu Mensch hatten. Es war wenig Gespräch, aber viel Mensch.

»Ich kann ein bißchen Akrobatik...«, bot ich gebrochen an.

»Ich weiß«, sagte er, »aber wir sind hier nicht im Zirkus.«

Darauf wußte ich nichts zu erwidern und starrte ihn nur stumm an. Er starrte schweigend zurück. Ich legte eine Menge in meinen Blick und schloß in großen telepathischen Buchstaben mit »ARBEITSERLAUBNIS!« Er war Italiener. Vielleicht hatte auch er einmal in der Cité mit einem kleinen Geschenk in der Hand Schlange gestanden. Er muß es wohl mitgekriegt haben, denn er seufzte tief und ließ mich bleiben, was eine unvorsichtige Entscheidung war und ihm von diesem Augenblick an endlosen Ärger einbrachte.

Dann tanzte er mir ein paar infantile Schritte im Kindergartenstil vor, während die beiden fabelhaften Mädchen neben mir einige extra brillante Routinen bekamen, die die Aufmerksamkeit des Publikums von mir ablenken sollten. Und hinter uns war natürlich noch die ganze übrige Truppe, die drauflosklapperte und -steppte, leichtfüßig, steril lächelnd – ich konnte es einfach nicht fassen.

Das allgemeine Wohlwollen mir gegenüber kühlte ab. Der Tanzlehrer hatte bei den Mächtigen wohl etwas durchblicken lassen. Wie besessen probte ich in abgelegenen Ecken meine blöden, kleinen Tanzschritte, auch während der Mittagspause, und das war ein Fehler, denn ich verlangte zuviel von meinen untrainierten Muskeln.

Eines Tages war es dann soweit. Am Schwarzen Brett klebte der kleine Zettel, vor dem ich zitterte. »Donnerstag Kostümprobe«, sagte er, weiter nichts. Das wäre an sich noch kein Grund zum Fürchten gewesen – im Gegenteil, ich freute mich auf meine kostbaren japanischen Kleider –, aber auf die Kostümprobe folgt die Generalprobe und dann, am nächsten

Tag, unabwendbar, das Jüngste Gericht: die Premiere. O Gott, o Gott, o Gott.
Der Donnerstag kam, und meine Garderobiere wickelte mich in die japanischen Gewänder – mit Schlitz an der Seite für die Tänze – und setzte mir die schwarze Perücke auf. Darunter sahen meine runden Augen, alles andere als japanisch und jetzt vor Angst noch runder als gewöhnlich, in den Schminkspiegel. O Gott, o Gott, o Gott.
Der Kampf war kurz. Meine Füße, an meine alten Turnlatschen gewöhnt, waren in neue, prachtvolle Silberschuhe gezwängt worden. Und so gaben die geschwollenen Knöchel gleich in der ersten Tanznummer den Geist auf. Ich fiel einfach um. Mitten zwischen meine amerikanischen Trabanten, die aber nicht für eine Sekunde aufhörten zu tanzen, sondern meisterhaft um mich herum und über mich hinwegsteppten, und da ich meinen linken Fuß nicht unter meinem rechten hervorziehen konnte, lag ich als zusammengebrochenes japanisches Bündel da, wo ich hingefallen war, bis die Nummer zu Ende war und der Vorhang fiel.
Auch dann konnte ich mich noch nicht bewegen, denn es stellte sich heraus, daß mein linker Knöchel gebrochen war. Ein Gefühl der Erleichterung durchströmte mich, als ich in die Garderobe abgetragen wurde. Ich lag mit bandagiertem Bein auf meinem Sofa, hörte das Orchester nur ganz von weitem und streckte selig alle Viere von mir in der Gewißheit, daß niemand hereinkommen und mich auffordern durfte, aufzustehen und für die nächste Nummer anzutreten. Meine Rolle wurde von der zweiten Besetzung, einem Mädchen aus der Truppe namens Gladys, übernommen. Bravo, Gladys, dachte ich verschwommen – man hatte mir etwas gegen die Schmerzen gegeben –, Dialog kann sie nicht sprechen, aber tanzen kann sie.
Der nächste Tag dämmerte grau für mich herauf: ein Bein in Gips und sonst nur das bißchen Probengeld für vier Wochen. Aber – ich hatte noch die Arbeitserlaubnis, die für die Zeitdauer der Show ausgestellt war. Daran würde man sich doch nicht etwa erinnern? Die würde man doch nicht etwa zurückziehen?
Man erinnerte sich und zog sie zurück. Auf der Stelle.
Ein Polizist erschien und verlangte das kleine Stück Papier. Er sah mir erst ins Gesicht, dann auf mein Gipsbein und beschloß, eine Tasse Kaffee anzunehmen. Was sich für die Zukunft als äußerst wichtig erwies. Denn von diesem Tag an gewöhnte er sich daran, um den Ersten des Monats vorbeizukommen, würdevoll einen *café crème* und hundert Francs anzunehmen und mit einem »*Merci, Mademoiselle*« wieder zu verschwinden. Er war nicht der einzige, der damals *café crème* mit Emigranten trank. Viele seiner Kollegen drückten ein Auge zu und kassierten regelmäßig.
Einen Monat später fingen meine Schwester und ich tatsächlich zu arbei-

ten an. Hitler hatte gerade eine neue Verfügung erlassen: Nicht einen Pfennig durfte man von nun an aus Deutschland ins Ausland schicken, und damit war die Versorgungslinie von meinem Vater zu uns rüde zerschnitten. Wir hatten keine Zeit zum Jammern. Die Miete war fällig. Es mußte einen Weg geben, die Arbeitserlaubnis zu umgehen.
Es gab einen. Der einzige Ort, so fanden wir heraus, den die Polizei niemals behelligte, waren die Nachtklubs. Dort beschäftigte man in der Regel Ausländer in kurzen Engagements, zu kurz, um das Ministeriums zu interessieren. Und so machten wir uns daran, während mein Knöchel heilte, eine »Nummer« auszuarbeiten, eine »Schwestern-Nummer« in fünf Sprachen. Irene mit ihrer hübschen Stimme würde die erste Stimme singen und ich die zweite. Die hörte man nicht so.
Unser Programm war anspruchslos. Gewissenhaft probten wir ein Dutzend Songs, von denen beinahe die Hälfte Wiener Walzer waren, denn wir wollten als »Les Sœurs Viennoises« auftreten. »Les Sœurs Allemandes« wäre zu der Zeit nicht opportun gewesen. Wenn man sich als Österreicherin ausgab, linderte man den harten Schlag. Also sangen wir »Wien, Wien, nur du allein...« und ähnliches Schmalz. Für Amerikaner und Briten hatten wir einen Schlager bereit: Ich sang *»Did you ever see a dream walking?«*, worauf meine Schwester zu sagen hatte: *»No«* und ich strahlend fortfuhr: *»Well, I did!«* und so weiter. Dann gab es noch ein oder zwei spanische und italienische Lieder und ein paar französische, darunter eine Übersetzung von Disneys »Wer hat Angst vor dem bösen Wolf?« *(Qui craint le grand méchant loup?)*, was später zu einem Wendepunkt in unserem Leben führen sollte. Auf russisch, einstudiert von einem Emigranten älterer Ausgabe, sangen wir natürlich das unvermeidliche »Otschi Tschjorni«.
Was aber sollten wir anziehen? Zwei gleiche Kleider mußten aufgetrieben werden, Abendkleider, etwas Kostümhaftes, Wienerisches, etwas, das nichts kostete, denn wir hatten keinen Pfennig übrig. In einem Restegeschäft am Fuße des Montmartre fanden wir die Lösung: ein paar Meter hellgrüner Taft, wahrscheinlich Gardinenstoff, im Ausverkaufsangebot. Eine befreundete Nähmaschine schneiderte sie zurecht. Die Kleider hatten Puffärmel und überall Rüschen. Wir sahen aus wie zwei große grüne Zitronenbonbons.
Das erste Nachtlokal, das wir erobern wollten, hieß »Monte Cristo«. Wir hatten in der Zeitung darüber gelesen. Es war eine neue »Boîte«, erst vor kurzem eröffnet, und ein gewisser Monsieur Max versprach allen Klienten ein herzliches Willkommen an schwach beleuchteten Tischen, mit diskretem Orchester. Wir zogen unsere guten Mäntel an und zwängten uns in einen Bus zum Montmartre. An der Place Pigalle stiegen wir aus und fanden bald das Lokal. Es war klein, aber zur Rue Pigalle hin diskret

erleuchtet, und vor der Tür stand der sprichwörtliche, riesige russische Türsteher. Es war elf Uhr nachts, zu früh für Gäste, aber die richtige Zeit, um mit dem Management zu sprechen, wie man uns geraten hatte. Monsieur Max, ein Grieche von glattschwarzem Aussehen in den besten Jahren und untadeligem Smoking, wurde über die Anwesenheit der »Sœurs Viennoises« unterrichtet und warf einen unfreundlichen Blick auf unsere guten Mäntel. Er hörte sich unsere Selbstanpreisung geduldig an und willigte etwas zögernd ein, daß wir am nächsten Nachmittag um drei Uhr wiederkommen durften, um ihm vorzusingen.
Wir verließen jubilierend sein Büro und standen noch eine Weile im Eingang herum, da das »diskrete Orchester« gerade mit der ersten Nummer begonnen hatte. Was für ein schönes Lokal! Ich hatte noch nie in meinem Leben etwas derart Verführerisches gesehen. Ein kleiner Raum, nicht mehr als zwanzig Tische, alle von unten beleuchtet, dunkelrote Seidentapeten, überall Kerzen, gedämpfte Musik – das also war ein Nachtklub! Wir konnten uns kaum losreißen.
Pünktlich um drei Uhr am nächsten Tag betraten die »Sœurs Viennoises« das »Monte Cristo«. Jammerschade, aber am Tag war die Boîte eine Enttäuschung. Durch schmale Schlitze in der Decke schimmerte trübes Licht, die seidenen Vorhänge sahen schäbig aus, und eine Reinemachefrau staubsaugte zwischen den Tischen. Wir standen betreten am Klavier herum, bis Monsieur Max endlich auftauchte und die Putzfrau verscheuchte. Ihn hätte man auch nur bei künstlichem Licht betrachten sollen. Er ließ sich wortlos und schwer in einen Sessel fallen und machte eine schlaffe Geste mit der Hand, was zugleich Begrüßung und Zeichen war, um Gottes willen anzufangen und die Sache hinter uns zu bringen.
Strahlend stiegen wir in unser Repertoire und begannen mit einem Wiener Walzer. Seine Augen, unter denen dunkle Sechs-Uhr-früh-Ringe lagen, fixierten uns glasig in einer Mischung von Staunen und unverhohlenem Entsetzen. Bei seinem Kater gab ihm unser zweistimmiger Walzer wahrscheinlich den Rest.
Aber wie er später erklärte, sei ihm, während er uns so ansah, der Gedanke durch den Kopf geschossen, daß wir wahrscheinlich wirklich Schwestern seien, was für seine hervorragende Beobachtungsgabe sprach. Außerdem habe er das Gefühl gehabt, wir seien etwas ganz anderes als die üblichen Nachtklub-Darbietungen. Damit hat er bestimmt richtig getippt. Wir hatten etwas sonnig Wandervogelhaftes, was er wahrscheinlich als »wienerisch« mißverstand; jedenfalls erhob er sich nach unserem letzten zögernden Ton und perlenden Lächeln und winkte uns zu sich heran.
Zehn Minuten später waren wir wieder auf der Straße und fielen uns vor Wonne um den Hals. Wir waren ab sofort für zwei Wochen engagiert, mit Aussicht auf Verlängerung – »falls wir den Gästen gefielen«, und be-

kamen hundert Francs pro Abend. Ein Vermögen. Nach einer Arbeitserlaubnis hatte er nicht gefragt.
Rolf war weniger begeistert von meinem neuen Wirkungskreis, aber er hatte keine Alternative anzubieten. Sein Tag war festgelegt: Allmorgendlich ging er in die Sorbonne und hörte Vorlesungen, die er für sein Doktorexamen brauchte, und auch einige, die er nicht brauchte, z. B. Physik bei Marie Curie, die in diesem Jahr zum letztenmal unterrichtete. Sie sei eine schlechte Pädagogin, erzählte er. Minutenlanger »Trommelwirbel« füßestampfender Studenten begrüßte jedesmal ihr Erscheinen auf dem Podium, aber sie grüßte kaum zurück, hielt den Kopf scheu gesenkt und lief sofort auf die Tafel zu, auf die sie mit großer Schnelligkeit ihre physikalischen Hieroglyphen malte, ohne zu erklären, wie und warum. Vielleicht sagte sie sogar etwas, aber wenn, dann unhörbar. Trotzdem war ihr Kolleg übervoll. Man war sich wohl darüber klar, daß dort oben eine Legende stand.
Von jetzt ab würde er sich sein Mittagessen allein kochen, denn ich mußte so lange wie möglich tagsüber schlafen. Unser Leben würde kompliziert werden, aber eine andere Möglichkeit gab es nicht.

Monsieur Max hatte sich nicht nach unseren Kostümen erkundigt, und das war ein Fehler von ihm. Denn als wir am nächsten Abend in grünem Taft erschienen, verschlug es ihm den Atem. Es war aber zu spät, uns wegzuschicken und jemand anderen zu engagieren, also biß er die Zähne zusammen und sagte uns an: »Mesdames et Messieurs, ich wünsche Ihnen viel Vergnügen mit ›*Les Sœurs Viennoises*‹ ...« Und wir traten in das grelle Scheinwerferlicht, angefeuert vom enthusiastischen Applaus des Oberkellners. Die Paare an den zwanzig Tischen blickten auf, verspürten wahrscheinlich eine leichte Übelkeit beim Anblick von soviel Hellgrün und wandten sich wieder ihrer Unterhaltung zu. Das war bitter, mußte aber in Kauf genommen werden. Wir stürzten uns kopfüber in unseren schmalzigen Walzer, und es ist durchaus möglich, daß die Unterhaltung an einigen Tischen abbrach. Kühn gingen wir zu unseren englischen und französischen Nummern über, die gnädig hingenommen wurden, und als wir beim unsterblichen »Otschi Tschjorni« angekommen waren, sangen eine ganze Reihe von Tischen tatsächlich mit, was der Qualität unseres Gesanges nicht unbedingt zuträglich war. Egal, die Gäste mochten uns, daran bestand kein Zweifel. Selbst der grüne Taft durfte bleiben. Vielleicht war er auch »wienerisch«. Monsieur Max hatte nicht die Absicht, über den Geschmack seiner Kundschaft zu streiten. Er war nur überrascht, mehr nicht. Und zahlte jeden Abend die hundert Francs.
Vielmehr jeden Morgen, denn wir mußten von elf Uhr abends bis fünf Uhr früh anwesend sein. In der ersten Woche fand ich diesen Zeitplan

einfach toll. Da ich nie länger als bis Mitternacht aufgewesen war, außer zu Silvester, war ich entzückt, um vier Uhr in einem Nachtklub zu sitzen und schummriger Musik zuzuhören. Als die zweite Woche begann, war meine Begeisterung schon gedämpfter. Es fiel uns schwer, tagsüber genügend zu schlafen. Straßenlärm oder das Telefon weckten uns auf, und wenn wir abends um halb elf zur Arbeit aufbrachen, waren wir bereits dösig.

In einer Ecke war ein kleiner Tisch für uns reserviert, auf dem eine ungeöffnete Flasche Champagner in einem Kühler und vier Gläser standen, falls Besucher sich zu uns setzen wollten. Dann sollte die Flasche geöffnet werden. Als dies das erstemal passierte und sich irgendein freundlicher Bursche aus Iowa an den Tisch setzte, kam der Oberkellner sofort angesaust. Der Amerikaner fragte, was wir trinken wollten. »Danke, nichts«, sagte meine Schwester, und ich meinte: »Bitte ein Glas Milch!« Daraufhin bekam der Ober einen Hustenanfall.

Hinterher wurden wir in Monsieur Max' Büro gebeten, wo er uns über ein paar Tatsachen aufklärte. Wir hatten immer und automatisch Champagner zu bestellen.

»Aber den kann ich nicht trinken«, sagte ich, »der bekommt mir nicht. Außerdem macht er mich müde.«

Monsieur Max funkelte mich an. »Dann gießen Sie ihn eben auf den Fußboden, während Ihre Schwester mit dem Herrn tanzt. Ihr Glas und seins mit dazu. Und dann gießen Sie sie wieder voll!«

»Das kann ich nicht!« rief ich. »Das ist ja – das ist doch...«

»Das ist eine Nachtklub-Spielregel!« sagte Monsieur Max streng. »Was meinen Sie wohl, warum unter den Tischen so dicke Teppiche liegen?«

Glücklicherweise kam es nur selten vor, daß alleinstehende Herren uns ihre Aufmerksamkeit schenkten. Sie konzentrierten sich gewöhnlich auf die Damen, die einzeln an der Bar saßen, die *entraîneuses*, von Monsieur Max eigens zu diesem Zweck engagiert.

Um fünf Uhr früh durften wir endlich im Taxi nach Hause fahren. Andere Fahrzeuge gab's nicht um diese Zeit. Übernächtigt und verschwiemelt saßen wir nebeneinander und vermieden es, uns anzusehen. Außer dem Gejohle von ein paar Betrunkenen war das Scheppern der Milchwagen zu hören, die um diese Zeit langsam durch die Straßen ratterten. Irene stieg zuerst aus, wir winkten uns zum Abschied wacklig zu, dann fuhr ich weiter um die Ecke zu unserer Wohnung. Auf meinem Kissen erwartete mich allmorgendlich Rolfs Beitrag zu meiner nächtlichen Arbeit in Form einer Zeichnung, die die Vorgänge des Tages graphisch und liebend darstellte. Ich war darauf als Flunder zu sehen, eine Flunder mit Baskenmütze, während Rolf sich als Frosch sah, mit Studentenbrille und Aktenmappe unterm Arm. Flunder und Frosch schlugen sich auf diesen Zeichnungen recht und schlecht durch den Tag, der Frosch fiel durchs Examen, die Flunder wurde von liebesheißen und reichen Nachtklubklienten verfolgt – das alles konnte ich im Badezimmer im trüben Morgenlicht bewundern und ging dann vergnügt und zufrieden schlafen. Mir konnte nichts passieren. Kugelfest.

Die zwei Wochen im »Monte Cristo« vergingen blitzschnell. Was nun? War man mit uns zufrieden? Hatten wir den Gästen genug gefallen? Wir wußten es nicht und hatten Angst. Der Oberkellner sah es uns an der Nasenspitze an und meinte im Vorübergehen, wir sollten uns keine Sorgen machen, *ça va aller*. Und wirklich, am letzten Tag, als wir schon wieder zu zittern angefangen hatten, teilte uns Monsieur Max herablassend mit, daß unser Vertrag verlängert würde. Auf wie lange? Darauf gab's keine endgültige Antwort. Um eine Woche, zwei Wochen, vielleicht auch mehr, das hing ganz von der Reaktion der Kundschaft ab, ob man uns weiterhin mochte oder unser überdrüssig wurde. Könnten wir unser Programm ändern? Aber natürlich. Und unsere Kostüme? Leider – nein.
In der dritten Woche sah man uns den Mangel an Schlaf allmählich an. Außerdem kannte ich jedes Stück, das das Orchester spielte, in- und auswendig. Die Atmosphäre der Boîte, die mir einmal so geheimnisvoll und verführerisch erschien, war jetzt nur noch öde, und ich fing an, alle halbe Stunde auf die Uhr zu sehen. Immerhin – wir verdienten unseren Lebensunterhalt.
Aber was nach Hause berichten? Die Eltern fragten immer wieder, wollten alles genau wissen, bekamen aber nur magere Antworten von uns. Weder mein Vater noch meine Mutter hatten je ein Nachtlokal besucht, warum sie also beunruhigen? Wir hatten geschrieben, daß wir in einem »Cabaret« auftraten, und sie waren überrascht und dankbar, daß wir es fertigbrachten, zu leben. Sie sorgten sich um uns, und wir sorgten uns um sie. Schließlich konnten wir ja die französischen Zeitungen lesen und wußten daher besser als sie, was in Deutschland vor sich ging, und vor allem, was sich vorbereitete.
Abends im »Monte Cristo« gab es natürlich die üblichen und unüblichen Schwierigkeiten. Mit den üblichen wurden wir von Anfang an leicht fertig. Schließlich waren wir zwei, hatten also Rückendeckung, auch wenn ein Gast, der sich an unserem Tisch niederließ, uns für *entraîneuses* hielt. Der blieb dann nie lange. Nachtklubbesucher, meistens Touristen, vertrödeln ihre Zeit nicht mit zwei frigiden Pfadfinderinnen, wenn angenehmere Gesellschaft an der Bar wartet. Die unübliche Gefahr kam in Form einer Aufforderung von Monsieur Max an mich – und an mich allein –, ihn in seinem mit schwarzem Leder möblierten Büro zu besuchen. Ohne Umschweife versuchte er, mich auf sein schwarzes Ledersofa zu drängen,

wogegen ich mich heftig und lautstark wehrte. Aus vollem Hals schrie ich: »*Au secours!* Hilfe, Hilfe!«, und gleich darauf wurde von draußen an die schwarzgepolsterte Ledertür geklopft, und der Ober rief nervös, die Stimme von Mademoiselle sei über das Orchester zu hören! Woraufhin Monsieur Max mich abrupt freigab und verkündete: »Ich bestehe nicht darauf.« Ich durfte auf der Stelle das Büro verlassen, mit grünem Taft, etwas zerknittert, aber erhobenen Hauptes und würdevoll.
Monsieur Max kam auf den Zwischenfall nicht einmal mit einem Blick zurück. Wir blieben rund fünf Wochen im »Monte Cristo«, konnten etwas Geld sparen und, was ebenso wichtig war, neue Kontakte anknüpfen. Es war schon etwas wert, wenn man kurz vor der Öffnungszeit in einen fremden Nachtklub gehen und beiläufig sagen konnte: »Wir treten gerade im »Monte Cristo« auf. Wollen Sie uns nicht einmal dort ansehen?«
Aber ehe wir noch zu einer neuen Boîte weiterziehen konnten, hatte das Schicksal etwas für uns parat, so unerwartet und niederschmetternd, daß alle Zukunftspläne zum Stillstand kamen. Eines Nachmittags kam ich von einer Besorgung nach Hause, als die Concierge sich nicht wie sonst hinter ihrem kleinen Fenster versteckte, sondern aufgeregt auf mich zulief. »Nachricht aus Deutschland!« rief sie und rang die Hände. »Schlechte Nachricht!«
Die Fahrt zum fünften Stock in dem gebrechlichen Fahrstuhl wollte kein Ende nehmen – und da stand meine Schwester, und ihr Gesicht sagte mir alles. »Ich dachte schon, du würdest nie kommen«, schluchzte sie. »Es ist Vati! Er ist – krank!«
»Du großer Gott, was?«
Sie konnte nicht mehr an sich halten. »Er ist tot«, sagte sie.
Ein paar Stunden später saßen wir im Zug nach Berlin. Mein Vater war in der Nacht gestorben, ganz plötzlich, Herzanfall. Ich konnte an nichts anderes als an meine Mutter denken.
Sie stand in der Tür, ganz in Schwarz, wie ich sie noch nie gesehen hatte, und ihr Gesicht war nicht wiederzuerkennen. »Mein einziger ist fort, und er kommt nicht wieder.«
Hunderte von Menschen nahmen an der Beerdigung teil, viele Freunde, viele Patienten. Einige gingen an Stöcken oder wurden von Krankenschwestern gestützt, Leute, die er erst vor kurzem operiert hatte. Ein Cello spielte sein Lieblingsstück, Schumanns »Träumerei«, und ich dachte daran, wie er es gespielt und wie ich ihn – schlecht – auf dem Klavier begleitet hatte. Es war kaum zu ertragen. Ich zwang mich, an seine großen, grauen Augen zu denken und an seine Stimme: »Du wirst ein stählernes Korsett brauchen, mein Fräulein!«
Später, zu Hause, durften wir uns nicht gehenlassen, in der großen Wohnung, die ihre Seele und ihren Sinn verloren hatte. Auf dem Schreibtisch

meines Vaters lag ein Band Schiller-Gedichte. Als meine Mutter, am Morgen nach seinem Tod, noch immer wie betäubt und kaum fähig, die paar Schritte zu gehen, seine Schlüssel suchte, hatte sie das Buch dort gefunden, bei seinem Lieblingsgedicht »Die Ideale« aufgeschlagen. Er hatte es oft zitiert. Sie suchte ihre Brille und las, was er unterstrichen hatte:

Erloschen sind die heitern Sonnen,
Die meiner Jugend Pfad erhellt,
Die Ideale sind zerronnen,
Die einst das trunkne Herz geschwellt...

Die »heitern Sonnen« waren allerdings erloschen. Er starb am 31. Januar 1934, zwölf Monate nach Hitlers Machtantritt. Er hatte seinen Optimismus in bezug auf Hitler aufgeben müssen angesichts der vernichtenden Beweise rings um ihn herum. Seine persönliche Tragik war es gewesen, auf seinem Posten in einem Land zu bleiben, das er so leidenschaftlich geliebt hatte und in dem er zum Schluß ein Ausgestoßener war. Einmal, kurz vor seinem Tod, so erzählte meine Mutter, sei er sehr spät zum Mittagessen nach Hause gekommen, habe aber keinen Bissen angerührt. Er war sofort in sein Arbeitszimmer gegangen, und sie war ihm gefolgt und hatte sich zu ihm aufs Sofa gesetzt, auf dem er lag. Seine Augen waren geschlossen gewesen, und er hatte sehr grau und unendlich erschöpft ausgesehen. An diesem Morgen hatte man mehrere junge Männer zu ihm ins Krankenhaus gebracht, weil es zufällig am nächsten gelegen war – alles junge Kommunisten, die von Nazihorden zusammengeschlagen worden waren. »Ich habe vier Jahre Krieg mitgemacht«, hatte er gesagt, »und ich habe Menschen gesehen, die von Bomben und Maschinengewehren zerfetzt waren, aber ich hätte nie gedacht, daß der Tag kommen würde, an dem ich versuchen muß, Körper zusammenzunähen, die im Frieden von Menschenhand zerfetzt worden sind.«

Damals wußten wir es nicht, aber das Schicksal hatte es gut mit ihm gemeint, als es ihn sterben ließ. Er hätte einen schlechten Emigranten abgegeben. Er war zu alt, um noch in einer anderen Sprache medizinische Examen bestehen zu können, um noch einmal von vorne anzufangen. Später traf ich emigrierte Ärzte und Wissenschaftler seines Jahrganges in London, deren Frauen an Emigranten Zimmer vermieteten. Die Ehemänner öffneten die Haustür, wenn es klingelte, sagten: »Wünsche wohl gespeist zu haben« und halfen in der Küche beim Abwaschen.

Nach außen hin würde das Leben weitergehen wie bisher. Mein Vater hatte eine Lebensversicherung, von der meine Mutter und meine jüngste Schwester, Hilde, leben konnten. Wir wollten wenigstens für kurze Zeit bei ihr bleiben, aufpassen, daß sie etwas aß, versuchen, mit ihr von Vati

zu sprechen, oder, falls sie das nicht konnte, einfach bei ihr sitzen und nachts, abwechselnd, in seinem Bett neben ihr schlafen.
Da wachte meine Mutter zum erstenmal aus ihrer Apathie auf. Wir müßten sofort nach Paris zurückkehren, sagte sie, jeder Tag in Hitler-Deutschland sei verloren für junge Menschen, die noch ihr Leben vor sich hatten. Aber das war doch ganz unmöglich, sie konnte doch nicht allein bleiben, allein mit meiner dreizehnjährigen Schwester, die, zum erstenmal in Schwarz gekleidet, verängstigt im Kinderzimmer saß. Ein paar Tage vor dem Tod meines Vaters war meine Mutter in die Waldschule gebeten worden. Wilhelm Krause, der Direktor, kannte meine Eltern seit vielen Jahren. Erst Irene, dann ich und jetzt Hilde – wir alle waren selig durch das hölzerne Tor geradelt. Er stand am Fenster und sah hinaus, als meine Mutter hereinkam. Nach langem Schweigen sagte er dann endlich, sie möge doch – nein, sie müsse leider, leider Hilde aus der Schule nehmen. Die neuen Bestimmungen – er wisse selbst nicht, was er dazu sagen solle, sie müsse doch verstehen, wie schwer... Nun ging Hilde seit ein paar Tagen in eine »Privatschule«, eines von vielen Kindern in derselben Situation, alle gedrückt und still, denn sie verstanden nichts. Jetzt war auch noch Vati fort, der Anker, an den man sich immer klammern konnte, jetzt war auch er weg.
Nach dem Begräbnis saßen Irene und ich noch bis tief in die Nacht mit meiner Mutter zusammen und sagten immer dasselbe: »Wir können dich doch *jetzt* nicht allein lassen...«
»Doch«, sagte sie starrsinnig, »doch. Schon morgen früh. Es kann mir jetzt niemand helfen. Und es würde alles nur schlimmer machen, wenn ich wüßte, daß ihr auch noch eure Existenz aufs Spiel setzt, nur um hierzubleiben. Was wollt ihr denn tun, den ganzen Tag? Hier gibt's nichts mehr zu tun.«
Sie hatte recht, und wir wußten das auch. Unser Stützpunkt in Paris war kostbar und noch sehr wacklig und durfte unter keinen Umständen verlorengehen, wenn wir überleben wollten.
Das letztemal, als ich mit dem Koffer in der Hand aus der Haustür getreten war, hatte mein Vater mich begleitet. Das war erst vier Monate her. War das möglich? Nur vier Monate? Diesmal fuhr meine Mutter mit zum Bahnhof Zoo und blieb auf dem Bahnsteig zurück, eine kleine schwarze Gestalt, die winkte, bis der Zug hinter der Biegung verschwunden war. Wir machten das Abteilfenster zu, setzten uns auf unsere Plätze und legten auf der Stelle ein Gelübde ab: Von heute ab würden wir abwechselnd jeden Tag nach Hause schreiben, jeden einzelnen Tag, ohne Ausnahme, gute, lange Briefe, in denen wir alles genau berichten würden, damit meine Mutter etwas im Briefkasten fand, wenn sie bei Morgengrauen aufstand, denn schlafen konnte sie nicht. So würde sie unser Leben mitle-

ben, alle unsere Hoffnungen und Enttäuschungen, genauso, als ob wir abends nach Hause kämen und ihr davon erzählten. Jeden Freitag mußte ein Eilbrief abgeschickt werden, so daß sie auch am Sonntag einen bekäme. Das hielten wir zwei Jahre und drei Monate, bis zu dem Tag, an dem sie wieder für immer zu uns kam.
Nach unserer Ankunft in Paris zogen wir die Trauerkleider aus und stürzten uns in die Schlacht. Der nächste Nachtklub mußte erobert werden, denn unsere Tage im »Monte Cristo« waren gezählt.
Man würde uns dort schon vorher den Laufpaß gegeben haben, wenn wir nicht unter dem Patronat eines exzentrischen jungen Franzosen gestanden hätten, der eine Leidenschaft für Wiener Walzer hatte und der beinahe jede Nacht irgendwann hereingeschneit kam und sein »Wien, Wien, nur du allein...« verlangte. Baron Nicky de Ginzbourg und seine Freundin Denise Bourdet, die Frau des Schriftstellers Edouard Bourdet, hatten einen Narren an uns gefressen, wahrscheinlich, weil wir so offensichtlich auf dem falschen Gleis waren. Noch während sie die Garderobe ablegten, fing das Orchester bereits mit dem ersten Walzer an, und wir mußten antreten. Hinterher durften wir an seinem Tisch sitzen, und er bestellte jedesmal etwas extra Gutes zum Essen. Als er aber auf längere Zeit verreisen mußte, benutzte Monsieur Max seine Abwesenheit, um die zwei grünen Kanarienvögel loszuwerden, und wir verloren jeden Kontakt mit unserem Wohltäter.
Zwanzig Jahre später befand ich mich auf einer Party in New York, die Madame Valentina, Russin, Modeschöpferin, Original und Verrückte, in ihrer Wohnung über dem Hudson gab. »Russisches Osterfest« hatte die Einladung geheißen, und eine auserwählte Schar der *»beautiful people«* drängte sich durch die Räume. Mit meinem ersten Mann, Rex Harrison, hatte ich bereits meine zweite und sehr erfolgreiche Broadway-Saison hinter mir, und wir waren nach der Vorstellung gekommen, um Valentinas russische Ostereier zu suchen. Plötzlich sah ich einen Mann in der Ecke stehen, lang, dünn, untadelig elegant, mit überschnittenen Augen und unverkennbarer dicker Unterlippe.
»Valentina«, sagte ich, »willst du mir mal den Mann da drüben vorstellen?«
Etwas widerstrebend unterbrach er seine Unterhaltung und folgte der Gastgeberin.
Valentina stellte vor: »Baron de Ginzbourg – Mrs. Rex Harrison« und verschwand.
»Madame.« Ginzbourg küßte mir etwas abwesend die Hand.
»Nicky«, sagte ich.
»Madame?«
»Nicky«, sagte ich noch einmal und lächelte ihn an.

»Madame?« wiederholte er befremdet und zog die Augenbrauen in die Höhe.
»Nicky – erkennen Sie mich nicht?«
»Je regrette, Madame – ich habe das Vergnügen gehabt, Sie auf der Bühne zu...«
»Nicky – denken Sie mal an Paris zurück.«
»Paris?«
»Erinnern Sie sich noch an das ›Monte Cristo‹?«
Er starrte mich fassungslos an.
»Wien, Wien, nur du allein...«, sagte ich.
»Mais non!« schrie er und warf lachend die Arme um mich. »*Ce n'est pas possible!* Denise und ich haben immer gesagt, *nos petites Viennoises* sind sicher tot...«
Kein Wunder, daß er mich nicht erkannt hatte. Wenn ich unser Foto aus dem »Monte Cristo« ansehe, erkenne ich mich auch nicht wieder. Aber mit eben diesem, dem einzigen Foto – auf das wir sehr stolz waren – machten wir uns auf die Suche nach einem neuen Engagement.
Vielleicht sollten wir mal ganz frech sein und in den »Folies Bergères« vorsingen! Das war zwar nicht direkt ein Nachtklub, sondern mehr ein Cabaret. Vorsicht, Arbeitserlaubnis! Ach was, wenn der Direktor uns erst mal gehört hatte, dann würde er auch die Erlaubnis für uns bekommen – irgendwie.
Jeden Donnerstag gab es *»audition«* in den »Folies Bergères«. Etwa ein Dutzend hoffnungsvoller »Nummern« saßen hinter der Bühne herum. Eine Negersängerin, südamerikanische Akrobaten, Flamencotänzer, chinesische Zwillinge – niemand, der auch nur die geringste Ähnlichkeit mit uns hatte. Gott sei Dank.
Wir hatten unsere Begleiterin mitgebracht, Pianistin, Emigrantin. Früher hatte sie Konzerte gegeben. Wir saßen auf einer langen Bank, warteten, flüsterten, unbehaglich unter den forschenden Blicken der anderen Nummern, die sich vergewissern wollten, ob wir *ihnen* ähnlich sahen.
»Les Sœurs Viennoises! S'il vous plaît, Mesdemoiselles, par ici...«
Wir traten auf die Bühne hinaus, die mir wie ein Fußballplatz vorkam. Unsere Pianistin stieg ins Orchester hinunter und spielte den Auftakt. »Wien, Wien, nur du allein...«, »Im Prater blüh'n wieder die Bäu-me...« Besser waren wir nie gewesen.
Die Scheinwerfer blendeten. Wir konnten nicht erkennen, wer uns unten im leeren Zuschauerraum zuhörte. Wir fragten ins Dunkel hinein, ob man jetzt englische oder spanische Lieder hören wollte. »Nein, nein«, erklang es aus der Tiefe, »mehr Wiener Lieder.« Die hatten wir!
Nach dem fünften war es genug. *»C'est très bien, Mesdemoiselles«*, ertönte es von unten, »wann können Sie anfangen?«

Anfangen? Wann? »Morgen!«
Gage, inklusive Pianistin, 300 Francs pro Abend. Allerdings: Zwei Vorstellungen hintereinander.
»Ganz gleich!« riefen wir begeistert. Wir hätten auch drei angenommen. Schwindlig vor Wonne gingen wir zum Ausgang, unsere Pianistin, ebenso selig, hinter uns her.
Da erschallte noch einmal die Stimme aus dem Zuschauerraum: »Lassen Sie Ihre Fotos am Bühnenausgang. *Torse nu.*« (Oben ohne!)
»Wie bitte? Torse nu? Warum denn?«
Erstaunen aus dem Dunkeln. »Ja, meine Damen, Sie sind in den Folies Bergères! Sie treten natürlich oben ohne auf. Und Ihre Pianistin auch.«
Aus.
Wieder zurück in die Nachtklubs. Diesmal griffen wir schon höher. Das »Casanova« war das berühmteste und teuerste Nachtlokal in der Stadt. Es war nicht weit von unserem »Monte Cristo« – die meisten Nachtklubs lagen im Umkreis der Place Pigalle –, aber das »Casanova« war um etliches vornehmer. Sehr diskret von außen. Keine Lichtreklame bis auf die roten Buchstaben des berühmten Namens. Vor der Tür, wie immer, die gewaltige Gestalt des russischen Türhüters. Wir wurden ins Büro beordert. Von glänzendem, schwarzem Leder keine Spur. Alte Ikonen und kostbare Gobelins hingen an den getäfelten Wänden. Der Manager, Monsieur Nicolas, ein zierlicher, eleganter Mann mit weichem russischem Akzent, hätte auch ebensogut ein englischer Bankdirektor sein können. Er hörte uns höflich an und sagte, er sei immer auf der Suche nach neuen Talenten und könnte uns probeweise für zwei Wochen und für eine Abendgage von hundertfünfundzwanzig Francs engagieren.
So leicht war das gewesen. Wenn wir nur andere Kostüme hätten! Wir zerbrachen uns den Kopf und fanden endlich die Lösung: Ein befreundeter Emigrant, Großhändler in Regenmänteln, bot uns zwei gleiche Mäntel an, weiß mit Samtkragen, und so konnten wir in verblüffend kontrastreichem Aufzug erscheinen: Grüner Taft beim ersten Auftritt, Regenmäntel beim zweiten.
Monsieur Casanova, wie wir ihn nannten, schien von keinem der beiden Kostüme begeistert zu sein. Er sagte aber nichts, sondern zuckte nur leicht zusammen, als wir unsere Version von »Otschi Tschjorni« zum besten gaben. Die Stammkundschaft war exklusiver als die im »Monte Cristo«, reicher und gelangweilter. Besonders bei uns. Man unterhielt sich laut während unserer Lieder, kein Mensch ließ sich herab, mitzusingen, und es gab nur spärlichen Applaus. Gleich nach uns sang die berühmte Hildegarde, die sich selbst am Klavier begleitete. Während ihrer Nummer sprach nie jemand, allenfalls ein paar Betrunkene.
Man duldete uns zehn Tage. Dann wurden wir in Monsieur Casanovas

Büro gebeten. Er machte es kurz. Wir paßten nicht in die Atmosphäre seines Lokals. Er zahlte für zwei volle Wochen.
Wir hatten einfach nicht die Zeit, uns in die Ecke zu verkriechen. Bereits am nächsten Tag stellten wir uns in einem anderen russischen Nachtklub vor, im »La Shéhérézade«. Es muß damals wohl ein akuter Mangel an Nachtklub-Nummern in Paris geherrscht haben, denn auch diesmal wurden wir ohne viel Trara (»Wir sind zufällig gerade mit unserem Engagement im ›Casanova‹ fertig...«) vom Besitzer engagiert, einem riesigen Russen mit roten Schmissen im Gesicht. Bei ihm blieben wir nur fünf Tage – unser kürzestes Engagement. Wir trugen die Kündigung mit Fassung. Gut – man mochte uns nicht. Dann gehen wir eben woandershin.
»Woanders« waren mehrere Nachtklubs, an deren Namen und Aussehen ich mich nicht mehr erinnern kann. Bis wir in einem landeten, der sich aus bestimmten Gründen in mein Gedächtnis eingegraben hat. Wir hatten alle besseren Lokale abgeklappert, wo man uns sowieso nicht wollte, und nun konzentrierten wir uns auf die etwas »volkstümlicheren« Bars, in denen der Eintritt niedrig, die Kundschaft entsprechend und unsere Gage kleiner war. In diesen Bars durften wir die volle Vertragszeit absolvieren, 2 bis 3 Wochen, manchmal sogar länger. Unser Programm war immer das gleiche, samt grünem Taft und Regenmänteln.
In dieser Boîte traten wir nun schon seit einem Monat auf und waren darüber froh, denn wir konnten es uns nicht leisten, mehr als zwei Wochen arbeitslos zu sein. Eines Nachts hatte ich Bauchweh und fragte eines der Mädchen hinter der Bar, ob es irgendwo einen Platz gäbe, wo ich mich ein paar Minuten hinlegen könnte. Gab es im Büro des Managers zufällig ein Sofa? Nein. Aber sie zeigte vage mit dem Finger auf eine Treppe im Hintergrund, die mir bisher nicht aufgefallen war und murmelte, »da oben« würde ich schon einen Platz finden, um mich hinzulegen. Ich stieg die Treppe hinauf und befand mich in einem langen, schmalen Korridor, von dem ein halbes Dutzend Türen abgingen. Ich probierte die erste Tür, aber sie war verschlossen. Die zweite und dritte auch. Die vierte ging auf – und da war auch tatsächlich was zum Hinlegen, nämlich ein Bett. Allerdings war es besetzt und gleich von zwei Personen, die mich genauso anstarrten wie ich sie. Schließlich taute die eine – der Mann – auf und sagte: »Nun, Mademoiselle, wollen Sie vielleicht mitmachen?«
Ich raste die Treppe wieder hinunter und flüchtete zurück zu unserem Tisch. »Weißt du, was da oben los ist?« fragte ich meine Schwester, als ich wieder Luft bekam. Von dem Augenblick an beobachteten wir mit großem Interesse, was da um uns herum vor sich ging und stellten noch am selben Abend fest, daß der Klub unten eine ehrbare Boîte und oben ein ehrbares Bordell war und daß unsere *entraîneuses* die Treppe im Hintergrund durchschnittlich dreimal in der Stunde mit verschiedenen Kun-

den hinauf- und wieder hinuntermarschierten. Unten allerdings, bei der gewöhnlichen Kundschaft, für die wir unsere Wiener Walzer sangen – meistens Ehepaare oder Touristengruppen –, hatte kein Mensch eine Ahnung. Wir beschlossen, unten auch keine Ahnung zu haben, solange uns niemand aufforderte, oben mitzumachen. Darüber brauchten wir uns keine Sorgen zu machen. Der Besitzer, dessen Frau an der Kasse saß, behandelte uns mit fachmännischer Gleichgültigkeit, und die *entraîneuses* sahen uns mit eisiger Verachtung an.

In genau diesem Nachtklub geschah es. Jeden Abend, wenn ich mein grünes Taftkleid anzog, sagte ich zu mir: Heute! Ganz egal, ob unsere Nummer Käse ist. Heute wird Samuel Goldwyn mit einem Haufen Leute da sein, einen einzigen Blick auf mich werfen, mit dem Finger auf mich zeigen und sagen: »Die da!« Aber als es geschah, erkannte ich es nicht, weil es nicht Sam Goldwyn war.

Wir hatten eben die französische Version von »Wer hat Angst vor dem bösen Wolf?« beendet und saßen in der hintersten Ecke an unserem Tisch, als ein kleiner, dicker Herr erschien und sich vorstellte. Er sei der französische Repräsentant von Walt Disney, erklärte er. Ob wir Lust hätten, dieses Lied zu Ehren eines Disney-Managers zu singen, der morgen aus Hollywood eintreffen sollte? Ein freies Abendessen? Aber selbstverständlich.

Und ein herrliches Vier-Gänge-Essen war es auch. Eine Menge Leute saßen am Tisch, meistens Amerikaner. Ohne Ehefrauen. Was vermutlich der Grund war, weshalb ich neben den Ehrengast plaziert wurde. Er hatte sich vor dem Essen unsere französische Version des Disney-Liedes mit großem Vergnügen angehört, wahrscheinlich, weil er kein Wort Französisch verstand. Jetzt, nach dem Absolvieren einiger Lobeshymnen – Walt Disney, er lebe hoch, hoch, hoch! –, stärkte er sich an dem hervorragenden Wein und wandte seine Aufmerksamkeit mir zu; ich war damit beschäftigt, von jedem Gang zweimal zu nehmen.

»Nun, kleines Fräulein«, sagte er freundlich, »was ist denn nun Ihr Ziel im Leben, wenn ich fragen darf?«

Ich hörte lange genug zu kauen auf, um ihn mit schöner Einfachheit davon in Kenntnis zu setzen, daß es meine Absicht sei, in kürzester Zeit eine der größen Schauspielerinnen der Welt zu werden.

Er lachte herzlich, was ich ihm übelnahm. »Na, kleines Fräulein«, sagte er, nachdem er sich wieder erholt hatte, »dann erlauben Sie mir, Ihnen bei Ihrem ersten Schritt auf der Leiter zum Ruhm behilflich zu sein.«

Meine Gabel blieb auf halbem Wege zwischen Teller und Mund in der Luft hängen. »Wie bitte?« fragte ich mißtrauisch.

»Also...«, meinte er, »warum kommen Sie morgen nicht einmal ins Büro

von United Artists? Da können Sie den Chef der Besetzungsabteilung kennenlernen.«
»Wie heißt er?« fragte ich, noch nicht überzeugt.
»Curtis Mellnitz«, sagte mein Nachbar. Mehr nicht. Ich wartete, aber er lud mich *nicht* ein, mit ihm später irgendwo einen kleinen Drink zu nehmen. Ich verzieh ihm sein Gelächter.
»Um wieviel Uhr soll ich dort sein?«
»Um elf«, sagte er, »und bringen Sie ein paar Fotos mit, wenn Sie welche haben.«
Der nächste Tag war strahlend und wolkenlos, obgleich ich um Regen gebetet hatte, um meinen Regenmantel mit den Samtaufschlägen zu rechtfertigen, mein einziges hübsches Kleidungsstück. Fotos? Ja, ich hatte ein paar, noch aus den Darmstädter Tagen, die erst ein Jahr zurücklagen. Eine Ewigkeit.
Punkt elf Uhr betrat ich das Büro der United Artists an der Place Vendôme. Dicke Teppiche, Riesenpflanzen, viele Türen. »Mr. Curtis Mellnitz, bitte.« Dritte Tür rechts. Hatte die Dame am Empfang das gesagt? Ich hatte es vor Aufregung nicht genau mitbekommen, traute mich aber nicht, noch einmal zu fragen. Zögernd riskierte ich ein schwaches Klopfen.
»Herein!« krächzte eine heisere Stimme. Hinter einem Schreibtisch saß ein Mann an die Sechzig, mit wildem weißen Haar, und sah mich mißtrauisch durch eulenhafte Brillengläser an.
»Was wollen Sie?« knurrte der Mann, wie ein Hund, der zum Sprung ansetzt. Ich zog mich vorsichtig an die Tür zurück.
»Ich soll zu Mr. Mellnitz – entschuldigen Sie bitte, ich bin im falschen Zimmer...«
»Sie sind richtig«, sagte er. »Ich bin Mr. Mellnitz. Setzen Sie sich. Was wünschen Sie?«
Bei näherer Betrachtung waren die Augen hinter den Brillengläsern freundlich, und das Knurren stellte sich als Stimmbandfehler heraus. So knapp wie möglich erzählte ich ihm, was ich wollte. Er lachte nicht und gab auch keinen Kommentar ab, sondern sah mich nur schweigend an. Dann stellte er ein paar Fragen, wie ich lebte und wo ich arbeitete. Er sah sich die Fotos an, schüttelte den Kopf und gab sie mir zurück. »Die sind schlecht, die sollten Sie nicht zeigen.« Eine lange Pause.
»Wissen Sie«, sagte er endlich, »es ist schon seltsam. Eben, wie Sie hier hereingekommen sind und die Sonne auf Sie fiel, als Sie an der Tür standen! Das ist mir schon einmal passiert, ganz genauso, vor ein paar Jahren in Berlin. Wir suchten nach der richtigen Schauspielerin für die Rolle der Katja in *Die Brüder Karamasow*, aber wir fanden niemanden. Eines Morgens klopfte es an meine Tür, und ein Mädchen kam herein. Anna Sten,

eine Russin. Ich wußte sofort, daß sie unsere Katja war, wie sie da stand und in die Sonne blinzelte, genau wie Sie eben. – Warum haben Sie eigentlich einen Regenmantel an?«
Ich erklärte es ihm.
»Aha«, sagte er ernst. »Also – United Artists drehen selbst keine Filme mehr, sie verleihen sie nur, sonst würde ich sicher etwas für Sie finden. Aber ich kenne eine Menge Leute in unserer Branche. Wollen mal sehen, was ich für Sie tun kann.«
Ich stotterte ein paar Dankesworte.
»Wir müssen versuchen, Sie nach London zu bringen«, sagte er. »Hier in Paris haben Sie keine Chance. London ist der richtige Ort für Sie. Wo ist Ihre Mutter?«
Ich berichtete.
»Könnte sie herkommen und mit mir sprechen? Vielleicht könnte man sie nach London schicken. Geben Sie mir Ihre Telefonnummer. Sie hören von mir. Schreiben Sie Ihrer Mutter! Auf Wiedersehen.«
Draußen auf der Place Vendôme zog ich den Regenmantel aus und lief die kurze Strecke bis zu den Tuilerien-Gärten. Ich setzte mich auf eine Bank und schaute über die manikürten Anlagen hinweg bis zum Arc de Triomphe. Aber ich sah ihn nicht. Statt dessen sah ich zum erstenmal meine Zukunft vor mir. Daß der alte Herr Wort halten würde, stand außer Zweifel. Irgendwie würde ich es schon schaffen, nach London zu kommen und dort noch einmal ganz von vorne anzufangen. Keine Nachtklubs mehr, kein Gesang und kein Tanz, nie mehr etwas vortäuschen, was ich nicht konnte. Ich würde wieder Schauspielerin sein. Und wenn ich den ersten Vertrag unterschrieben hätte, dann würde ich meine Mutter und meine Schwestern nach London holen – Rolf würde nachkommen – ich würde einen kleinen, schwarzen Wagen kaufen – und einen schwarzen Hund.
Noch ehe eine Woche um war, hörte ich von Mr. Mellnitz. »Miss Palmer?« bellte es aus dem Hörer. »Mein alter Freund Douglas Fairbanks ist hier. Ich möchte Sie ihm vorstellen und sehen, was er von Ihnen hält. Morgen um eins im Ritz.«
Douglas Fairbanks! Der allererste Film meines Lebens war der Stummfilm *Der Dieb von Bagdad* mit Douglas Fairbanks gewesen. Ich hatte so verzaubert dagesessen, daß ich den rechten Daumen meiner Wollhandschuhe abgeknabbert hatte, wofür ich's von unserem Fräulein kriegte.
Das Problem war wieder einmal, was ich zum Lunch im »Ritz« anziehen sollte. Der Regenmantel mußte eben anbehalten werden. Außerdem betrachtete ich ihn inzwischen als meinen Glücksmantel. Aber im Ritz ließ er mich im Stich.
Douglas Fairbanks war kleiner, als ich ihn mir vorgestellt hatte, mit

dunkler Haut und weißen Zähnen. Er beachtete mich nicht, lächelte zu Anfang einmal vage in meine Richtung. Ansonsten konzentrierte er sich auf seine Diät. Das Essen, das mir fürstlich vorkam, schmeckte ihm nicht und mußte mehrmals ausgetauscht werden, was die Kellner auf Trab hielt. Er schien zutiefst vermiest, und nichts, was seine schöne Frau und Mr. Mellnitz sagten, konnte ihn aufheitern. Einige Monate später starb er, was mir nachträglich seinen seelischen und körperlichen Zustand im »Ritz« erklärte.

Ich betete, Mr. Mellnitz würde sich durch Douglas Fairbanks' Mangel an Interesse nicht entmutigen lassen. Aber einige Tage später klingelte das Telefon wieder. »Ein guter Freund von mir reist durch Paris«, krächzte er glücklich. »Sein Name ist Alexander Korda. Kommen Sie morgen ins Büro.«

Der Ungar Alexander Korda, berühmter Produzent der britischen Filmindustrie, ein großer Mann mit grauer Mähne und zwinkernden, ironischen Augen, blickte mich von oben bis unten an und lächelte.

»Wie alt sind Sie?«

»Neunzehn«, antwortete ich.

»Sie haben noch überall Babyspeck«, sagte er. »Wissen Sie, was ich glaube? In zehn Jahren werden Sie sehr viel besser aussehen. Na, nun machen Sie nicht gleich ein unglückliches Gesicht! Für ein junges Mädchen ist das doch ein hübsches Kompliment.« Ich war anderer Meinung. In zehn Jahren würde ich doch bereits abgemeldet sein, vorbei, aus! »Aber ich verspreche Ihnen, einen Kameratest von Ihnen zu machen, wenn Sie nach London kommen. Wir suchen gerade ein junges Mädchen für eine bestimmte Rolle. Hier ist meine Karte.«

Diese Karte wurde mein heiligster Besitz, der Sesam-öffne-dich für meine Zukunft. Alexander Korda, 36 Davis Street, London, W. 1., würde mein einziger Anhaltspunkt sein, der einzige Mensch in ganz England, den ich anrufen und zu dem ich sagen könnte: »Hallo, hier spricht Lilli Palmer. Da bin ich!«

Aber wie sollte ich nach London gelangen?

Meine Mutter kam. In ihrem Koffer hatte sie zwei kleine wertvolle Gemälde, einen Corot und einen Daubigny, die sie in Paris verkaufen wollte, um mich nach London schicken zu können. Wir hatten ihr natürlich beichten müssen, wie und wo wir unseren Lebensunterhalt verdienten – unser Bordell hatte unseren Vertrag gerade verlängert –, und sie hatte stumm und sehr blaß dagesessen.

Die beiden Gemälde wurden schnell und schlecht verkauft und das Geld zwischen meiner Schwester und mir aufgeteilt. Es waren nur etwa tausend Francs, denn damals erzielten vorimpressionistische Bilder noch keine hohen Preise. Meine Mutter reiste schnell wieder ab, nachdem sie

mit Mr. Mellnitz gesprochen hatte. Sie wollte uns keine unnötigen Kosten machen, denn jeder Franc zählte.
Ich brachte sie zum Zug. »Nimm bitte Englisch-Unterricht«, bat ich sie, »du wirst sehen, wir werden bald alle in England zusammensein. Und du wirst uns in London ein neues Zuhause schaffen.«
Sie war ganz in Schwarz und hatte noch kein Lächeln. Sie nickte ernst am Fenster ihres Abteils, aber ich sah, daß ihr die Idee gefiel.
Wir brauchten unsere Schwestern-Nummer nicht auseinanderzubrechen. Sie klappte ganz von selbst zusammen. Es gab keine Nachtklubs mehr zu erobern. Entweder waren wir dort schon aufgetreten oder wir wurden abgewiesen. Als unser Bordell uns endgültig satt hatte, war das Ende gekommen.
Das Jahr in Paris, voller Hoffnungen und voller Katastrophen, war doch wichtig gewesen. Ich hatte mich etwas mehr kennengelernt und fing an zu wissen, wann ich mich auf mich verlassen konnte und wann ich versagen würde. Überraschungen, in jeder Hinsicht, waren immer möglich, aber ich nahm mir vor, mich von jetzt an streng in die Hand zu nehmen. Ich wollte kritischer beobachten, mich selbst sowie andere, weniger fahrig und fummelig und mehr sachlich und gründlich – und vor allem *dünner* werden.
Von den fünfhundert Francs, die mein Anteil an dem Verkaufserlös waren, legte ich vierunddreißig Pfund als Notgroschen beiseite, mit dem ich London erobern wollte, gab fünfzig Francs für neue Fotos aus, kaufte mir eine Fahrkarte nach London und hatte noch hundertfünfzig Francs für zwei neue Kleider übrig: eins für »alle Tage«, eins für »gut«, die nach dem Rat der bestangezogenen Frau aus unserem Bekanntenkreis angefertigt werden sollten. Das war Bebbs Siodmak, die Frau des Regisseurs Robert Siodmak, der in Paris Filme drehte.
»Schwarz!« sagte sie, als ich sie fragte, welche Farbe mein Kleid für alle Tage haben sollte. »Ein schwarzweißes Tweedkostüm.«
»Und das für gut?«
»Schwarz«, sagte sie. »Nur schwarz! Was denn sonst?«
Gehorsam, aber tief geknickt schwor ich ein für allemal meinen Ideen von »fröhlichen« Farben ab und ließ sie das Aussuchen und Anprobieren überwachen. Als ich dann schließlich vor dem Spiegel stand, war das Ergebnis erstaunlich: Von dem dicken Kind war nicht mehr viel übrig. Ich sah älter und blässer aus und weniger mondgesichtig.
Am Tag vor meiner Reise warf ich mich in meinen neuen englischen Staat und machte mit Rolf einen langen, letzten Spaziergang durch den Bois. Flunder und Frosch, Hand in Hand durch die verschneiten Wälder. Es war auch sein letzter Tag in Paris. Er hatte sich an der Universität Basel eingeschrieben, um dort seinen Doktor zu machen. Alles sah plötzlich anders

aus, da wir drauf und dran waren, es zu verlassen, schöner, verführerischer, fremder, obwohl die Stadt uns fremd genug geblieben war während der fünfzehn Monate, die wir dort gelebt hatten. Nicht ein einziges Mal hatten wir eine französische Wohnung betreten dürfen. Kein Franzose hatte uns jemals eingeladen. Man lud Fremde allenfalls ins Restaurant ein, niemals in die eigene Wohnung. Wildfremd war ich in Paris angekommen, und wildfremd fuhr ich wieder fort. Besser so. Kein Abschiedsweh.

Aber die Trennung von Rolf saß mir wie ein Stein im Magen. Wir standen am zugefrorenen See und versprachen einander, uns jeden Tag zu schreiben. Gleich nach dem Examen würde er dann nach London kommen, aber das würde mindestens ein ganzes Jahr dauern.

Der Tag, an dem ich den Kanal von Calais nach Dover überquerte, war einer von denen, die in der englischen Presse mit der Überschrift: »Der Kontinent ist abgeschnitten!« kommentiert wurden. Wir wurden auf haushohen Wellen stundenlang hin und her geworfen, während ich auf einem Deckstuhl lag und seekrank bis zur bitteren Neige war. Selbst der Beamte der Einreisebehörde in Dover sah, daß ich nicht in der Lage war, einer Befragung standzuhalten, und so stempelte er mir ein Besuchervisum in den Paß. Aber natürlich keine Arbeitserlaubnis. Grün im Gesicht und schwach auf den Beinen, sank ich in den Zug nach London, erholte mich nach der ersten Tasse englischen Tees etwas und sammelte meine Lebensgeister: Ich hatte eine Aufenthaltserlaubnis, vierunddreißig Pfund – und eine Karte, auf der stand: Alexander Korda, 36 Davis Street, London, W. 1.

Der Zug hielt in London mit einem solchen Ruck, daß ich mich noch ein letztes Mal übergab. Nach schicklicher Pause trat ich aus dem Bahnhofsgebäude der Victoria Station und sah mich um. Dies war zweifellos die scheußlichste Nacht des Jahres. Der Sturm raste nach wie vor, und der Regen peitschte das Pflaster. Trotz eiserner Sparsamkeit mußte ein Taxi genommen werden. Mein Ziel war eine Pension in Paddington, einem wenig eleganten Stadtteil Londons. Emigranten, die in puncto Finanzen schwach auf der Brust waren, sollten dort gut untergebracht sein. Die Inhaberin war ein ehemaliger deutscher Filmstar aus der Stummfilmzeit namens Lo Hardy.

Das Taxi schlidderte durch das Unwetter von einer Ampel zur nächsten, während ich versuchte, durchs Fenster etwas zu erkennen. Die Stadt war unendlich groß, schwarz und feindlich. Endlich hielten wir vor einem häßlichen alten Haus, das sich eng an ähnliche drückte, die um einen großen Platz herum standen. Ich suchte nach der Klingel und war sofort von oben bis unten naß. Plötzlich ging die Tür auf. Ich sah Licht, eine winzige

Frau mit weißblondem Haar und hörte auf deutsch: »Um Gottes willen – Sie armes Kind! Wir hatten Sie schon fast aufgegeben.«
Das war Lo Hardy. Sie streckte beide Arme aus, um mich in Empfang zu nehmen, und hakte damit mein stählernes Korsett wieder zu, das sich während des Tages bedenklich gelockert hatte. Nach einem heißen Bad und einem guten, langen Nachtschlaf wachte ich in einem warmen Zimmer auf, dreißig Shillinge pro Woche, Frühstück inbegriffen.
Gestärkt durch meine Lieblingsmahlzeit, wagte ich mich ans Telefon. Stoßgebet, linker Daumen gedrückt. Dann wählte ich die Nummer, die auf Kordas Karte stand. Eine Sekretärin meldete sich. Ich sagte meinen Spruch auf, buchstabierte meinen Namen und wurde gebeten, zu warten. Ich wartete. Ich wartete lange und begann zu schwitzen. Ich dachte an die finstere Taxifahrt von gestern abend durch das feindliche London. Wenn er nun nicht da war? Wenn er die Rolle schon besetzt hatte? Wenn er es gar nicht so gemeint hatte? Wenn er mich überhaupt vergessen hatte? Ich begann, von oben bis unten zu zittern, und sah mich gerade nach einem Stuhl um, als die Sekretärin wieder am Apparat war und die gesegneten Worte sprach: »Ja, Miss Palmer, Mr. Korda heißt Sie willkommen in London. Die Kameratests finden nächste Woche statt. Ich lasse Sie wissen, wann Sie ins Studio gebracht werden.«
Ich setzte mich schluchzend auf mein Bett. London war nicht feindselig. London war warm und freundlich. London würde erobert werden.
In der folgenden Woche brachte mich ein großes Auto zum erstenmal in ein Filmstudio. Ich strotzte vor Selbstvertrauen, wenigstens nach außen hin, dank meinem schwarzweißen Kostüm aus Paris. Ich wurde geschminkt und in eine riesige, dunkle Halle geführt. Dort wurde gerade ein anderes Mädchen getestet, und ich sah mit gespannter Aufmerksamkeit zu. Es sah aus wie eine Magnolie, mit einem überlangen, schlanken Hals, dunklem Haar und hellgrünen Augen. Schließlich konnte ich den Namen auf der Klappe lesen, die der Junge vor die Kamera hielt. »Vivien Leigh« stand darauf.
Und dann war ich an der Reihe. Ein kleiner Mann mit einer spitzen Nase und Rosinenaugen humpelte an einem Stock auf mich zu und sagte: »Ich nehme an, Sie wissen, was das hier alles zu bedeuten hat...«
»Nein«, sagte ich. »Ich bin zum erstenmal in einem Filmstudio.«
»So?« murmelte er und sah mich genauer an. »Also, was würden Sie denn gern machen? Wollen Sie einfach dastehen und den Kopf von einer Seite zur anderen drehen – oder ein Gedicht aufsagen...«
»Ich werde den Glockenmonolog aus der *Heiligen Johanna* spielen«, verkündete ich streng.
»Gut«, sagte der kleine Mann und begann, mich auszuleuchten, denn wie sich herausstellte, war er der Kameramann. Noch dazu ein berühmter

amerikanischer, wie man mir zuflüsterte. Kurz darauf begann ich mit Shaws Monolog, meinem Paradestück, das noch aus Frau Grünings Schauspielschule stammte. Der kleine Mann saß währenddessen unter der Kamera und sah mir aus seinen Knopfaugen aufmerksam zu.
Als ich fertig war, rührte er sich nicht. Ich fragte ihn, ob ich es wiederholen solle. »Nein«, sagte er. »Mir war's gut genug.«
Meine Rückfahrt in dem vornehmen Auto war ein einziger langer Traum von zukünftigen Triumphen auf der Leinwand, die mir in den Schoß fallen würden.
Lo Hardys Mieter versammelten sich allabendlich zu einer warmen Mahlzeit. Fünf Shillinge Zuschlag. In jedem Zimmer wohnte ein deutscher Emigrant, und so sprach man ausschließlich deutsch, was mich nicht störte, denn mein Englisch war immer noch fließend. Jedermanns Probleme wurden erörtert, jedermanns Hoffnungen diskutiert. Alle hatten Sorgen, die Nachrichten aus Deutschland waren verheerend, Geld war knapp, das Problem der Arbeitserlaubnis war jedem vertraut. Man wußte natürlich von meinem Test im Studio, und ich mußte genauen Bericht erstatten. Besonders Lo Hardy, mit ihren Erinnerungen an früheren Ruhm, wollte alle Einzelheiten wissen.
Plötzlich klingelte das Telefon. Ein Anruf für Miss Palmer. Alle sahen mich an, und ich sah genauso erstaunt wieder zurück. Ich kannte keinen Menschen in der Stadt. Wer konnte mit mir sprechen wollen?
»Hier spricht Hal Rosson«, sagte eine Stimme. »Ich bin der Kameramann, der Sie heute vormittag aufgenommen hat. Es war ziemlich schwierig, Ihre Telefonnummer herauszufinden.«
»Oh?« sagte ich.
»Ich wollte Ihnen nur erzählen, was ich heute abend zu Korda gesagt habe. Nämlich: ›Da war ein Mädchen, das eine Szene aus der *Heiligen Johanna* gespielt hat. Ich habe schon manche Schauspielerin vor meiner Kamera stehen sehen, die mehr konnte, aber keine, die so vielversprechend war.‹ Ich dachte, Sie würden das gern wissen, ehe Sie schlafen gehen. Auf Wiedersehen.«
Es war nicht leicht, die nächsten zwei Tage durchzustehen, bis Korda alle Testaufnahmen gesehen haben würde. Endlich kam der Anruf, und der Boß persönlich sprach mit mir. »Mir gefällt Ihr Test«, sagte er, »aber Sie sind nicht gut fotografiert. Rosson ist derselben Meinung. Er glaubt, er könnte es besser machen. Versuchen wir es also morgen noch einmal mit Ihnen.«
Wieder fuhr das große Auto vor, und ich rollte im Luxus ins Studio. Diesmal war ein Schminkexperte da, der lange an meinem Gesicht arbeitete, alle möglichen Schatten anbrachte und mir lange Wimpern anklebte, während eine Frau erstaunliche Dinge mit meinem Haar veranstaltete, bis

ich nicht wiederzuerkennen war. Und wieder kam der kleine Mann am Stock angehumpelt, begrüßte mich wie eine alte Freundin und leuchtete mich aus.
Im Schminkraum hatte man mir seine Geschichte erzählt: Er sei jahrelang unglücklich in Jean Harlow verliebt gewesen. Sein Verhängnis war, daß er nur ihr Kameramann sein durfte, weiter nichts. Als Jean eines Tages in ihrem »fortgesetzten Lebenswandel« zu weit ging, wurde ihr vom Studio kurzerhand befohlen, zu heiraten, um den Skandalen ein Ende zu machen. Hal Rosson stand zur Verfügung. Ein Jahr später verließ sie ihn. Zu gleicher zeit erkrankte er schwer an Kinderlähmung. Jetzt, ein Jahr später, versuchte er, von seinen Erinnerungen an Hollywood loszukommen. Deshalb hatte er einen Vertrag mit Korda in London abgeschlossen.
Er sah mich lange und prüfend an. »Welche ist Ihre gute Seite?«
»Gute Seite?« fragte ich erstaunt.
»Ja. Jeder Mensch hat zwei verschiedene Seiten. Davon ist eine besser als die andere. Wissen Sie nicht – ich meine als Mädchen, als Frau – wissen Sie nicht, wie oder wann Sie am besten aussehen?«
Ich starrte ihn verloren an. Ich hatte keine Ahnung, daß es so etwas wie eine gute und eine schlechte Seite gab und daß ich »als Frau« so etwas zu wissen hatte. Da er von mir keine Unterstützung bekam, ließ mich Rosson den Kopf von einer Seite zur anderen drehen und bastelte stundenlang an seinen Scheinwerfern herum.
Schließlich forderte er mich auf, mich neben ihn zu setzen. »Ich weiß nicht, ob dieser Test besser ausfällt«, sagte er, »aber mehr kann ich nicht tun. Sie sind ja noch sehr jung und haben einen langen Weg vor sich. Zwei Dinge werden Ihnen helfen: Einmal ein guter Agent – und ich werde Sie einem empfehlen –, das andere müssen Sie allein tun, nämlich mindestens zehn Pfund abnehmen. Dann wird man Sie viel leichter fotografieren können.«
Ich saß wie versteinert da, während er einen Namen auf einen Zettel schrieb: Harry Ham, Agentur Myron Selznick. »Der beste Agent in der Stadt«, sagte Rosson, »und ein Freund von mir. Ich spiele Golf mit ihm. Nächsten Sonntag werde ich ihm von Ihnen erzählen. Auf Wiedersehen. Hals- und Beinbruch!«
An diesem Abend aß ich nichts mehr. Wenn ich zehn Pfund verlieren mußte, dann würde ich sofort anfangen. Erwartungsvoll stieg ich am nächsten Morgen auf Lo Hardys Waage: Sie zeigte nicht den geringsten Unterschied an. Während ich auf Kordas Anruf wartete, verband ich die ästhetische Zwangslage mit dringend notwendigen Sparmaßnahmen und aß in den nächsten fünf Tagen praktisch überhaupt nichts mehr. Trotzdem registrierte die Waage hartnäckig den Verlust von nur einem halben

Pfund. Das Fett, das mein Leben lang an mir gehangen hatte, wollte absolut nicht weichen.
Fünf trostlose Tage. Ich versagte mir sogar einen kurzen Spaziergang, aus Angst, Kordas Anruf zu verpassen. Der Hunger nagte an meinen Eingeweiden, Gulasch mit Bratkartoffeln tanzte vor meinen Augen, aber ich trank nur schwarzen Kaffee und aß nur eine Scheibe mageres Fleisch und ein dünnes Stückchen Gurke. Die meiste Zeit verbrachte ich vor dem Spiegel, suchte nach meiner »guten Seite« oder versuchte, das Telefon zu hypnotisieren, damit es klingelte.
Endlich! Die Sekretärin! Mr. Korda hatte die Testaufnahmen gesehen, und sie hatten ihm gefallen, so sagte sie. Er sei bereit, mich für eine Anfangsgage von sieben Pfund die Woche unter Vertrag zu nehmen und das Arbeitsamt sofort um eine Arbeitserlaubnis zu bitten. Sobald es etwas Neues gab, würde ich wieder von ihnen hören. Auf Wiedersehen, Miss Palmer.
Sieben Pfund die Woche! Für einen Filmvertrag war es nicht sehr viel – aber für mich, die ich von vier Pfund die Woche lebte, war es ein Vermögen. Jedenfalls würde es ein Jahr lang völlige Sicherheit bedeuten, und in der Zeit würde ich mich zu einem toll-schönen Wrack hinunterhungern. Ich schrieb einen Eilbrief an meine Mutter und raste nach unten, um Lo Hardy und allen anderen Bericht zu erstatten.
Wenn ich weniger aufgeregt gewesen wäre, hätte ich bemerkt, daß Lo sich nur zögernd meiner Begeisterung anschloß. Sie lebte schon seit Jahren in England und wußte, daß mir das Innenministerium bei einem solchen Gehalt keine Arbeitserlaubnis ausstellen würde. Ausländer bekamen auch in England nur dann die Erlaubnis zu arbeiten, wenn ein gewöhnlicher Brite dafür nicht in Frage kam. Sie hatte sofort begriffen, daß Korda mich freundlich fallenließ. Aber sie beschloß, mich noch eine Weile weiterträumen zu lassen, während ich meine strenge Diät fortsetzte. Und endlich, nach zehn Tagen Hunger, begann das Fett tatsächlich zu weichen, und der allmorgendliche Besuch auf Los Waage wurde von lautem Siegesgeschrei begleitet. Ich hatte fünf Pfund verloren und sah schon etwas besser aus.
Die schlechte Nachricht kam mit der Post. Ein kleiner, gelber Briefumschlag, mit dem Aufdruck: »Im Dienste Seiner Majestät«; man teilte mir mit, daß Mr. Kordas Antrag auf eine Arbeitserlaubnis für mich abgelehnt worden sei.
Drei kostbare Wochen waren vergangen. Ich hatte noch rund zwanzig Pfund übrig. Es mußte sofort etwas unternommen werden. Ich öffnete meinen Koffer und nahm die Empfehlungsbriefe heraus, etwa ein Dutzend, die schön gebündelt auf ihren Tag warteten. Freundliche Bekannte hatten sie mir vor meiner Abreise in Paris in die Hand gedrückt. »Sie ge-

hen nach London? Also, da kenne ich jemand, der hat eine sehr gute Stellung bei der Soundso-Filmproduktion...« Der Jemand war natürlich ein deutscher Emigrant, der es geschafft hatte, als Regisseur oder Produzent oder Dramaturg. Einige, die vorher schon in Deutschland berühmt waren, auch als Schauspieler. Die Briefe lauteten alle gleich: »Sehr geehrter Herr Soundso, die Überbringerin dieses Briefes ist eine begabte junge Schauspielerin. Vielleicht hätten Sie irgendwie...«
Ausgeschlossen. Kein Emigrant, der es geschafft hatte, »hätte irgendwie«. Auch beim besten Willen nicht. Er mußte sich streng an englische Talente halten, sonst hätte man ihm Vetternwirtschaft vorgeworfen. Sonnenklar. Ich legte die Briefe in den Koffer zurück und fischte Hal Rossons Zettel heraus – Harry Ham, Agentur Myron Selznick – und rief an. Mehrere Sekretärinnen versuchten, mich abzuwimmeln, aber schließlich öffnete der Name Hal Rosson das richtige Tor. »Mr. Ham? Vielleicht hat Mr. Rosson meinen Namen erwähnt...« Er hatte. Ich solle am nächsten Vormittag vorbeikommen.
Harry Ham, ein Amerikaner mit blauen Augen und kleinen, wie gemeißelten Zügen unter einer Glatze, empfing mich etwas zerstreut und eilig. Wahrscheinlich hatte er wichtigere Klienten. »Ja, ja«, meinte er, »Rosson hat mir erzählt. Warten Sie mal – ich habe eine Idee. Können Sie schnell lernen?«
»Ja«, sagte ich aufgeregt.
Er nahm den Hörer ab. »Verbinden Sie mich mit Warner Brothers, Teddington-Studios. Fragen Sie nach Irving Asher – Irving? Wegen dieser Rolle in *Crime Unlimited* – ich glaube, das richtige Mädchen sitzt hier vor mir. – Ja! Sie kann heute nachmittag einen Test machen, wenn du ihr den Text gibst, sobald sie ankommt. – Gut. Ich schicke sie zu dir.«
Er legte den Hörer auf und drehte sich zu mir um. »Es handelt sich da um einen zweitklassigen Film, wissen Sie, keine große Sache, ein ganz gewöhnlicher Krimi. Aber es ist die weibliche Hauptrolle, und das wäre eine gute Gelegenheit für Sie, sich an das ganze Drum und Dran zu gewöhnen. Die hatten schon jemanden engagiert, aber die ist krank, und jetzt sind sie im Druck. Mein Wagen holt Sie nach dem Mittagessen ab.«
Irgendwie fand ich zur Tür, aber er rief mich noch einmal zurück. »Brauchen Sie Geld?« fragte er.
»Nein, danke, noch nicht«, erwiderte ich.
»Gut«, sagte er, »auf Wiedersehen. Passen Sie auf sich auf.«
Das warf mich um. Das hätte er nicht sagen sollen. Ich schaffte es gerade noch, aus seinem Büro zu kommen, sank draußen auf die oberste Treppenstufe und brach in Tränen aus. »Passen Sie auf sich auf!« Wie schön! Wie aufmerksam und besorgt! Gut – ich würde von jetzt ab sehr auf mich aufpassen. Gleich heute nachmittag würde ich anfangen.

Harry Hams teurer amerikanischer Wagen fuhr mich in die Teddington-Studios, wo Warner Brothers ihre britischen Filme abdrehten. Ich wurde eiligst geschminkt und sah sofort, was mein Gewichtsverlust aus meinem Gesicht gemacht hatte, denn diesmal schlug niemand vor, mir dunkelbraune Streifen seitlich an die Backen zu malen. Man drückte mir zwei Seiten Dialog in die Hand, die ich auswendig lernen sollte, und nach einer halben Stunde erklärte ich mich bereit.

In der Dekoration saß auf einem Stuhl, auf dessen Rückenlehne »Esmond Knight« stand, der junge Hauptdarsteller und wartete auf mich. Er hatte leuchtend blaue Augen, an die ich mich Jahre später, während des Krieges, nur zu gut erinnerte, als ich in der Zeitung las, daß der Schauspieler Esmond Knight, während des Gefechtes zwischen der »Bismarck« und dem Schlachtkreuzer »Hood« erblindet sei. Er stand auf und lächelte mir ermunternd zu, und so beschloß ich, mich ihm anzuvertrauen.

»Ich muß Ihnen die Wahrheit sagen, Mr. Knight«, flüsterte ich, während die Scheinwerfer eingestellt wurden. »Ich glaube, mein Agent, Harry Ham, hat denen gesagt, ich hätte schon einige Filme in Frankreich gedreht. Das stimmt aber nicht. Ich habe noch nie im Leben in einem Film gespielt.«

»Na und?« flüsterte er zurück. »Machen Sie sich keine Sorgen, da ist überhaupt nichts dabei. Nehmen Sie's leicht – und gucken Sie nicht in die Kamera!« Und damit begannen wir unsere Testszene.

Diesmal brauchte ich zu Hause nicht lange aufs Telefon zu warten. Ich hatte kaum Zeit, noch ein weiteres Pfund zu verlieren, als Harry Ham auch schon anrief und sagte, daß der Test ein Erfolg gewesen sei und ich die Rolle für eine Gage von hundertzwanzig Pfund bekäme.

»Und die Arbeitserlaubnis?« keuchte ich.

»Kein Problem«, sagte Mr. Ham. »Die sind im Druck. Und sie wollen Sie haben, verstehen Sie?«

An Lo Hardys Abendbrottisch wurden Wetten abgeschlossen, ob das Arbeitsamt sich erweichen lassen würde oder nicht. Einige pessimistische Stimmen vertraten die Meinung, daß es nicht nur ablehnen würde, denn die Gage war für eine Hauptrolle immer noch gering, sondern daß man mich sogar des Landes verweisen würde, weil ich »die Regeln mißachtet« hätte, die man mir bei der Einreise in den Paß gestempelt hatte, nämlich *nicht* nach Arbeit zu suchen. Lo hingegen war optimistisch, und sie hatte recht. Die Post Seiner Majestät brachte die frohe Botschaft im gelben Umschlag: Ich durfte in dem Film spielen und hundertzwanzig Pfund dafür bekommen. Auf einmal war ich wohlhabend und für mindestens acht Monate sicher. Ich umarmte jeden, der in Reichweite war, und rief zur Feier des Tages meine Mutter in Berlin und Rolf in Basel an. Ich war auf dem Weg! Ich war auf dem Weg!

Die Dreharbeiten begannen sofort und ließen mir keine Zeit zum Staunen, denn damals arbeitete man mindestens zehn Stunden täglich, besonders wenn es sich um Filme mit niedrigem Etat handelte. Ich genoß jede Minute, stieg allabendlich auf die Waage und freute mich über mein Spiegelbild, denn endlich waren die zehn Pfund runter, so wie Rosson es verlangt hatte.
Meine Rolle bereitete mir kein Kopfzerbrechen: Ich spielte ein Mädchen, das in einem Nachtklub als *entraîneuse* arbeitet – Anklänge an ein vertrautes Milieu –, das aber in Wirklichkeit »brav« ist und dem Helden am Ende in die Arme sinkt. Warners waren offensichtlich zufrieden mit mir, und gegen Ende der Dreharbeiten rief Harry Ham mich in sein Büro: Man hatte einen Dreijahresvertrag angeboten, Anfangsgage fünfundzwanzig Pfund die Woche, die sich im dritten Jahr auf fünfundsiebzig erhöhen würde.
Ich verließ sein Büro, setzte mich wieder auf die oberste Treppenstufe und sah lange auf die Old Bond Street in den strömenden Regen hinaus. Hand in Hand mit meinen kühnen Hoffnungen und Träumen hatte immer der große Zweifel bestanden: Würde es wirklich wahr werden? Wirklich und wahrhaftig? Jetzt war es tatsächlich passiert. London war erobert. Karriere! Sicherheit! Meine Mutter würde sofort kommen können und meine Schwestern auch. Auto! Hund! Ich würde innerhalb eines Jahres ein großer Star werden, das schönste Knochengerüst in London. Die Heimfahrt im Bus war wieder ein einziger Siegestraum, und Lo Hardy machte abends eine Flasche Wein auf, um diesen unvergeßlichen Tag zu feiern.
Ich verschwendete keinen Gedanken an meinen alten Feind »Arbeitserlaubnis«. Sie wollten mich doch haben. Die Gage war gut. Na also. Fürs erste machte ich mir keine Sorgen. Und so traf es mich unvorbereitet und doppelt hart. »Im Dienste Seiner Majestät« brachte nicht nur eine knappe Ablehnung der von Warners beantragten Arbeitserlaubnis, sondern auch noch die Mitteilung, daß ich das Land innerhalb von achtundvierzig Stunden zu verlassen hätte.
Die meisten von Los Gästen waren plötzlich in der Halle aufgetaucht, als ich das gelbe Kuvert aus dem Briefkasten fischte. Sie standen schweigend um mich herum, als ich es las, und folgten mir nach oben, um mir beim Packen zu helfen. Lo selbst brachte meinen Koffer und bestellte meine Fahrkarte. »Ich komme wieder«, sagte ich. »Ihr werdet schon sehen!« Alle nickten. Aber als ich wieder kam, war die Pension geschlossen. Lo hatte sich mit einer Überdosis Schlaftabletten das Leben genommen. Niemand erfuhr jemals, warum.
Immerhin – ich hatte einen Film gedreht und wog nur noch hundert Pfund. Kein Grund zum Verzweifeln. Ich bestieg die Kanalfähre –

das Meer war ruhig und blau – und dann den Zug nach Basel. Zu Rolf. In der Schweiz war eben der Frühling ausgebrochen. Wir wanderten durch die Wälder, die im frischen Grün standen, und bemühten uns, die Zukunft auseinanderzuklauben. Wohin sollte man gehen? Noch einmal Frankreich ausprobieren? Ausgeschlossen. Amerika? Allein die Überfahrt würde mehr kosten, als ich besaß. Österreich? Der Anschluß war nur noch eine Frage der Zeit. Holland? Keine Aussicht, Karriere auf holländisch zu machen. In der Schweiz bleiben? Keine Filmindustrie, und die Theater bereits bis zum Bersten mit deutschen Emigranten überfüllt. Es blieb keine Wahl: Zurück nach England.

Zwei Wochen später saß ich wieder im Zug. Während der Überfahrt nach Dover bereitete ich mich auf die drohende Schlacht mit dem Einreisebeamten vor und probte verschiedene Einleitungen und passende Antworten auf mögliche Fangfragen. Ich schwor mir außerdem, nicht – wie gewöhnlich – zu hastig zu reagieren, sondern ruhig und vorsichtig zu sein und mir das Gesicht des Beamten genau anzusehen, um daran die beste Art der Verteidigung abzulesen.

Aber als ich aufgerufen wurde, wußte ich sofort, daß ich keine Chance hatte. Diese Art dünnes Beamtengesicht war unzugänglich. Schweigen würde die beste Waffe sein. Der Mann studierte meinen grauen Ausweis für Ausländer, überflog die verschiedenen Eintragungen und begann, sie laut vorzulesen: »Mit einem Besuchervisum eingereist – um Arbeitserlaubnis gebeten, abgelehnt. Wieder um Arbeitserlaubnis gebeten – diesmal bewilligt.« Er unterbrach sich und sah mich vorwurfsvoll an. Ich erwiderte schweigend seinen Blick. Ein weiterer Beamter gesellte sich zu ihm, und gemeinsam starrten sie in mein anstößiges Dokument, während der erste weiterlas: »Erneut um Arbeitserlaubnis nachgesucht. Erlaubnis abgelehnt! Die Ausländerin wird aufgefordert, das Land zu verlassen.« Befriedigt blickten die beiden auf.

»Würden Sie bitte...«, begann ich.

Eisiges Schweigen.

»Ich möchte bitte ein Visum haben!«

Einen Moment lang waren sie sprachlos.

»Nein«, sagten sie dann mit Entschiedenheit und reichten mir den Ausweis und den Paß zurück. Ich weigerte mich, sie anzunehmen.

»Möchten Sie mir vielleicht sagen, was ich tun soll?« fragte ich.

»Zurückkehren.«

»Wohin?« fragte ich. »Soll ich im Meer herumschwimmen?«

Pause.

»Hören Sie, Miss...«, sagte der erste. »Wir sind nicht dazu da, Ihre Probleme zu lösen. Wir sollen dafür sorgen, daß Ausländer keinen Ärger machen...«

»Ich mache keinen Ärger. Ich bin gekommen, um einen Film zu sehen, den ich in Ihrem Land gedreht habe. Ist das gesetzwidrig?«
Erneute Pause. Das mit dem Schwimmen hatte sie sichtlich beunruhigt. Schließlich griff der zweite Beamte nach meinen Papieren und sagte langsam, jedes Wort betonend: »Wir geben Ihnen ein Besuchervisum für zwei Wochen – ohne Verlängerungsmöglichkeit. Und nicht einmal eine Anfrage nach einer Arbeitserlaubnis. Ich warne Sie, junge Frau!« Und damit knallte er wütend die Stempel in meine Dokumente und verschaffte mir zwei Wochen Leben in England.
Etwas mußte also in diesen zwei Wochen passieren. Und es passierte. Harry Ham hatte nicht müßig herumgesessen. Ein paar Leute hatten die Rohfassung von *Crime Unlimited* gesehen, und das »neue Mädchen« war gut angekommen. Man interessierte sich immer für neue Gesichter, und Gaumont British, eine große englische Filmgesellschaft, hatte sich bereits gemeldet. Gleich nach meiner Ankunft wurde ich von ihnen unter die Lupe genommen und für wert befunden.
»Aber«, hauchte ich, »ich bin Ausländerin! Meine Arbeitserlaubnis...«
»Machen Sie sich keine Sorgen, das werden wir schon...«
»Leider nicht. Sie dürfen nicht! Verstehen Sie, ich darf nicht einmal einen Antrag stellen.«
»Oh!«
Man war erstaunt, überlegte und fand schließlich doch eine Lösung. Ich wurde auf ihre Kosten außer Landes geschickt, während sie eine neue Eingabe machten, um mich unter Vertrag nehmen zu können, und zwar sollte es ein siebenjähriger Options-Vertrag sein, dessen Optionen alljährlich erneuert werden konnten. In dem Gesuch an das Innenministerium hieß es, daß die Ausländerin, Miss L. P., zweifellos »ein wertvoller Beitrag zur britischen Filmindustrie« sein würde. Hallelujah!
Was ich nicht wußte, war, daß die Gaumont British, schlau und vorsichtig, immer nur eine dreimonatige Verlängerung der Arbeitserlaubnis beantragte. Mir sagte man, »das Innenministerium würde keinen längeren Zeitraum bewilligen«, und ich mußte mich damit abfinden, alle drei Monate von neuem zu zittern.
Als ich diesmal nach England zurückkam, segelte ich hocherhobenen Kopfes durch das Einwanderungsbüro. Ich hatte eine echte Arbeitserlaubnis im Paß und große Rosinen im Kopf. Die Zeit war gekommen, Träume in die Tat umzusetzen: Meine Mutter packte in Berlin die Koffer, Irene kaufte sich eine Fahrkarte nach London – und ich nahm Fahrunterricht.
Wir durchsuchten die Zeitungsannoncen nach einem passenden Haus. Eine Anzeige gab »Parsifal Road« als Adresse an, und da wir Wagner liebten, gingen wir dort zuerst hin. Wir sahen noch Dutzende von anderen

Häusern an, aber am Ende kamen wir doch auf »Parsifal« zurück. Die Miete war billig, es hatte genügend Schlafzimmer und hinten einen Garten, so groß wie ein Nudelbrett. Wir nannten es von Anfang an »das zweithäßlichste Haus in London« und ließen so die Möglichkeit offen, daß es vielleicht ein noch häßlicheres gab.

Meine Mutter kam bald darauf mit meiner jüngsten Schwester aus Berlin an. Sie hatte Geld und Lebensversicherung zurücklassen müssen, was für sie kein Opfer war. Aber sie durfte ein paar Möbel mitnehmen, und so wurde »Parsifal« direkt gemütlich. Eines Morgens, kurz nach unserem Einzug, öffnete sie das Fenster ihres Schlafzimmers und sah uns drei auf dem kleinen Rasen sitzen und frühstücken. Sie rief: »Guten Morgen!« und lachte vor Freude. Es war das erstemal seit dem Tod meines Vaters, daß wir sie lachen sahen, und wir wußten, daß sie nun auch bald die Trauerkleider ablegen würde.

Ich kaufte meinen ersten schwarzen Hund in bar und mein erstes schwarzes Auto auf Raten und fuhr jeden Morgen stolz ins Studio. Gaumont British setzte mich in einem Film nach dem anderen ein, von denen mir kein einziger in Erinnerung geblieben ist. Alle drei Monate, wenn die Arbeitserlaubnis verlängert werden mußte, schlief ich nicht vor Angst und Vorahnungen – bis der kleine, gelbe Umschlag eintraf und die Verlängerung brachte. Erst als der Krieg ausbrach, beschloß man in England, den Status der Ausländer zu ändern.

Ich lag eines Morgens in der Badewanne, als meine Mutter an die Tür klopfte. Ein gelber Briefumschlag sei eingetroffen... Ich setzte mich in der Wanne auf und rief: »Lies ihn mir vor.« Sie ging ihre Brille holen. Ich hielt den Atem an. Endlich kam sie zurück, und durch die verschlossene Tür hindurch las sie mir mit ihrem dicken Akzent langsam und umständlich vor, daß das Arbeitsamt hiermit der Ausländerin Lilli Palmer eine unbegrenzte Arbeitserlaubnis erteile.

Ich sank in das warme Wasser zurück und ließ mich lange, lange mit geschlossenen Augen darin treiben.

Else

Eigentlich hab' ich Glück. Immer wenn es in meinem Leben kritisch wurde, geriet ich an Menschen, die es besser wußten als ich.

Wahrscheinlich ist mein kostbarster Besitz eine Antenne, die wild ausschlägt beim Anblick solcher Leute, und meine nützlichste Eigenschaft, daß ich mich – nach erstem Widerstand – ausliefere, untertauche, *lerne* und wieder auftauche.

Eines Morgens ging ich in London die Old Bond Street hinunter, drei

Zeitungen unter dem Arm. Es war ein herrlicher Morgen, nicht nur weil die Sonne schien, sondern weil ich am Abend vorher Premiere gehabt hatte, die Premiere eines Gaumont-British-Films, in dem ich zum erstenmal die Hauptrolle spielte, und alle drei Morgenblätter hatten mich gelobt.
Um die Ecke bog Beate Moissi, die Tochter des großen Reinhardt-Schauspielers Alexander Moissi. Ich hielt ihr die Kritiken unter die Nase, und sie las sie schweigend.
»Was sagst du? Warst du da gestern abend?«
Sie nickte. Weiter nichts.
»Hat dir der Film nicht gefallen?«
Sie sah mich einen Augenblick ernst an.
»Der Film ist unwichtig. Aber du bist so schlecht, daß du direkt alt aussiehst, und das ist allerhand, denn du bist ja erst zwanzig Jahre alt.«
Ich starrte sie sprachlos an. Mir fehlten die Worte vor Empörung.
»Jetzt hör mal zu«, sagte Beate ruhig. »Ich sage das nicht, um dich zu beleidigen, ich werde dir gleichzeitig sagen, was du tun mußt, um zu lernen. Vielleicht hast du Talent, aber jung sein allein ist schon eine Begabung. Dazu muß gelernt werden, und davon weißt du nichts. Du hast keine Ahnung und kein Handwerk. Und keinen Geschmack.«
Ich fand vor Wut die Sprache wieder.
»Und wer kann mir Ahnung und Handwerk und Geschmack beibringen?«
Beate fischte ihr Notizbuch aus der Tasche und blätterte. »Else Schreiber. Sie ist hier in London. Ich gebe dir ihre Adresse. Wenn du Glück hast, gibt sie dir Unterricht.«
Ich ging zutiefst erschüttert nach Hause. Beate Moissi wußte Bescheid. Von frühester Kindheit an hatte sie Bühnenluft geatmet, Bühnenluft der besten Qualität. Wenn sie sagte, Soundso ist Käse, dann war es Käse. Aber ich hatte doch schon in Darmstadt Hauptrollen gespielt, ich war doch ein Star (ein kleiner) bei Gaumont British! Was gab's da noch zu lernen? Seltsam – gerade vor ein paar Tagen hatte man mir meine erste englische Bühnenrolle angeboten. Vielleicht sollte man doch mal hören, was diese Frau Dingsda zu sagen hatte...
Zähneknirschend rief ich Beate an.
»Sag mal, Beate, diese – diese Frau Schreiber, würde die auch eine Bühnenrolle mit mir ausarbeiten?«
»Selbstverständlich.«
»Man hat mir nämlich eine tolle Rolle angeboten, in einem fabelhaften Stück. Es heißt *The Road to Gandahar.* Du – da ist eine Szene drin, wo ich auf offener Bühne wahnsinnig werde, weißt du, so mit irrem Blick...«

»Aus anständiger Familie«:
Vater, als Stabsarzt im Ersten Weltkrieg.
Mit Mutter (oben rechts).
Rechts: Juanita Sujo

◁ »Dicke-Lilli-gutes-Kind«

Rolf Gérard

Das erste Abendkleid

»Les Sœurs Viennoises« in grünem Taft

Mit Rex bei Kriegsende

◁ »Les Sœurs Viennoises« – in Regenmänteln

Mit Carey – »Wir können ihn niemandem zeigen«.

Mit Carey in Hollywood ▷

Vor dem Haus in England – 28 Jahre später; links der rettende Rhododendron.

Else

Der erste Film: »Crime Unlimited« mit Esmond Knight

Als Gaumont-British-Starlet

◁ Erster Bühnenauftritt in London

Vielversprechender (?) Gaumont-British-Star.

Mit Gary Cooper in »Im Geheimdienst« (1946) ▷

Rex in »Anna und der König von Siam« mit Irene Dunne (1946)

Als Cleopatra (1949/50)

»Um Gottes willen!« sagte Beate. »Schick ihr heute das Stück, damit sie es lesen kann. Und einen guten Rat geb ich dir: Erzähl ihr nichts. Hör lieber zu!«

Zwei Tage später fuhr ich in meinem kleinen Wagen quer durch London zu Frau Schreiber, fand mich vor einer Tür in einem modernen, großen Wohnblock und klingelte. Ich beschloß, zurückhaltend und würdevoll zu sein.

Die Tür wurde von einer kleinen Frau in den Dreißigern geöffnet. »Kommen Sie herein«, sagte sie energisch und schloß die Tür hinter mir.

»Also...«, fing ich mit lässiger Stimme an, aber sie fiel mir sofort ins Wort.

»Ich weiß. Beate hat mir erzählt. Setzen Sie sich. Ich habe gestern abend Ihr Stück gelesen. Es ist fürchterlich. Ihre Rolle auch. Wollen mal sehen, was sich da machen läßt.«

Das Stück war »fürchterlich«? Meine Rolle war »fürchterlich«? Bei der piept's wohl!

Ich sah sie mir genau an. Sie sah aggressiv gesund aus, wie ein polierter Apfel, überall rund, als könnte sie jeden Augenblick aus ihren Kleidern platzen. Braungebrannt, mit kurzem, schwarzem Haar, das hübsche Gesicht mit der stumpfen Nase von zwei außerordentlichen Augen beherrscht. Und die Stimme! Es war, als drückte sie mich platt an die Wand.

»Fangen wir an«, sagte sie. »Ich habe nicht viel Zeit. Und, nur damit Sie Bescheid wissen: Es macht mir nicht gerade Spaß, Unterricht zu geben. Ich tue es, weil ich im Augenblick keine andere Wahl habe. Also, hier ist Ihr Text. Beginnen wir mit Ihrem ersten Auftritt.«

Ich raffte meine letzten Fetzen von Glamour zusammen und ondulierte zur Tür. »Also – da ist diese Frau aus dem Hutgeschäft an der Tür und ich rufe ihr zu: ›Haben Sie mir ein paar schöne Hüte gebracht, Mrs. Jones?‹ «

»So ist es«, sagte Else und fügte bedeutungsvoll hinzu: »Hoffentlich sagen Sie es auch so.«

Ich blieb stehen und sagte erstaunt: »Aber ich habe es doch noch gar nicht gespielt!«

»Eben«, sagte Else und blickte mich an. Ich wurde mit diesem Blick im Laufe der Jahre sehr vertraut.

Zunächst rebellierte ich. Ich hatte sie gerade erst kennengelernt und hatte keine Ahnung, was mir bevorstand.

»Aber sie freut sich doch, hübsche Hüte zu bekommen, sie kann es doch nicht einfach so mir nichts, dir nichts sagen...«

»Doch, sie kann«, sagte Else, »es sei denn, Sie wollen sie gleich von Anfang an mit der frisierten Schnauze spielen!«

Ich unterdrückte ein brennendes Verlangen nach der Haustür. Aber eine Glocke klingelte irgendwo in meinem Hinterkopf, die Antenne schlug aus. Ich drehte mich um und fing noch einmal an: »Haben Sie mir ein paar schöne Hüte mitgebracht, Mrs. Jones?«
»Besser«, sagte Else, »aber noch nicht gut. Haben Sie den Mut, den Satz zu sagen, ohne mir dabei gleich Ihr Talent zu zeigen.«

So fingen wir an. Zuerst war es ein Handgemenge, dann ein Duell, und wenn ich zurückdenke, dann wundere ich mich, wie Else die Geduld aufbrachte, es mit meiner Ignoranz und Überheblichkiet aufzunehmen.
»Zeigen Sie mir nicht Ihr Talent!« wurde das Leitmotiv der nächsten zwei Jahre. Ich wollte immer so gern Talent zeigen, wollte immer sofort beweisen, was ich alles konnte und daß ich meine Gage zu Recht verdiente. Am liebsten gleich mit dem ersten Satz. Und ich mußte lernen, daß ein guter Schauspieler – wie ein Eisberg – nur einen kleinen Teil seines Könnens auf der Oberfläche zur Schau stellte. Man deutet an. Man serviert nicht. Man hält geheim, man gibt nicht alles preis. Nur so regt man die Phantasie des Publikums an.
Ich mußte in kürzester Zeit feststellen, daß Beate recht hatte. »Keine Ahnung. Kein Handwerk. Keinen Geschmack.«
Unter Protest, manchmal unter Tränen, mußte ich das akzeptieren und unter totalem Verlust meiner Filmstar-Würde. Aber Else lehrte in der einzigen Art, in der man Menschen etwas beibringen soll: indem man etwas wegnimmt, aber zu gleicher Zeit etwas gibt. Sie sagte nie: Das ist ja unmöglich, was Sie da treiben, ohne mir sofort zu zeigen, wie man es macht.
Bis dahin waren meine Spielregeln einfach gewesen: Ich war aufrichtig. Wenn es eine traurige Szene war, weinte ich. (Mit Leichtigkeit.) Wenn es eine heitere war, lachte ich (Nicht so leicht – lachen auf Kommando ist schwer.) Erst als ich Else traf, lernte ich zu meiner maßlosen Überraschung, daß eine komische Szene todernst gespielt werden kann, und daß man eine traurige mit einem Lächeln auf dem Gesicht noch trauriger machen kann.
Es war ein Kampf bis aufs Messer. Nach unseren langen Sitzungen sprang ich in meinen kleinen Wagen und fuhr mürbe und laut schimpfend nach Hause. Ich schimpfte auf sie, und ich schimpfte auf mich, ungefähr zu gleichen Teilen. Aber dann, ganz allmählich, nach vielen Monaten abendlicher Schufterei – ich konnte ja nur zu ihr fahren, wenn ich im Studio fertig war – hatte ich doch das Gefühl, daß ich angefangen hatte zu verstehen, was sie meinte.
Inzwischen hatte ich mich an ihre vernichtende Ehrlichkeit gewöhnt und mußte auch sehr bald feststellen, wie recht sie mit ihrer Kritik hatte. Mein

Stück, das sie »fürchterlich« genannt hatte, wurde von der Presse in Grund und Boden verrissen, aber ich wurde in Superlativen gelobt, die ich im Zusammenhang mit mir noch nie gelesen hatte. Das war an sich nichts, worauf man besonders stolz sein konnte, denn Else war eine Zauberin, wenn es darum ging, Leute, die Nieten waren, wie Seehunde zu trainieren, so daß sie, wenigstens auf kurze Zeit, einen guten Eindruck machten.
Da war zum Beispiel ein bildhübsches Mannequin namens Ilona, deren reicher Freund, ein Filmproduzent, Else überredet hatte, das Mädchen auf eine Probeaufnahme vorzubereiten. Er mußte ihr das Doppelte zahlen, aber auch so war Else oft versucht, ihm das Geld an den Kopf und das Mädchen zur Tür rauszuwerfen. Manchmal, wenn ich in der Diele wartete, hörte ich gedämpft, aber unmißverständlich Elses Wutausbrüche. Am Ende flog die Tür auf, das schöne Geschöpf schoß mit hochrotem Gesicht und wildem Haar an mir vorbei durch die Haustür ins Freie – während Else im Zimmer stand und sich mit den Fäusten an die Stirn schlug. »Ich verlier mein Talent. Bei dieser Schwachsinnigen verlier ich mein Talent!«
Der Tag kam, an dem der Kameratest der Schwachsinnigen stattfand und Else von ihr befreit wurde. Mitten in meinem Unterricht klingelte das Telefon. »Hallo«, sagte Else. »O ja, Ilona – Nun, wie ist es gegangen? – Sie haben die Rolle? – Man ist entzückt? Wie bitte? – Was hat man gesagt? – Sie sind was? – Eine große Schauspielerin? – Was ich dazu sage? – Ich sage: Sie können mich am Arsch lecken!« und hing auf.
Ihre Methode war einfach, denn sie hatte keine. Sie hatte nicht einmal die berühmten Bücher von Stanislawski über die Schauspielkunst gelesen. Sie war selbst Schauspielerin gewesen, aber eine schlechte, wie sie mir versicherte. Schwer zu glauben, denn sie konnte so hervorragend vorspielen. Aber sie blieb dabei: Als Schauspielerin hätte sie kein Stehvermögen gehabt, nur kurze brillante Einfälle gezeigt. Aber als Regisseur – und sie war nichts Geringeres als das – halfen eben diese kurzen Blitzlichter, dem Schauspieler eine Szene, einen Satz, manchmal nur ein Wort magisch festzunageln. Aber damit war ihre Arbeit noch lange nicht erschöpft. Sie verbesserte das Manuskript, indem sie kürzte, verlängerte, Sinnloses sinnvoll machte. »Seien Sie nicht eine von den Schauspielerinnen, die sich ihr Leben lang beklagen, daß sie keine guten Rollen bekommen. *Machen* Sie sie gut!«
Vor allem lehrte sie mich, wie man an einer Rolle arbeitet. Sie zeigte mir, worauf ich achten müsse, wenn ich ein Textbuch lese, wie man schwache Szenen erkennen und verbessern kann, wie man es schafft, unlogische Dialogstellen mit der Rolle in Einklang zu bringen (»Der Schauspieler muß dem Autor helfen!«), wie man Mängel im Text in Tugenden ver-

wandelt, wie man schließlich an jedem Satz arbeiten muß, ihn, wenn nötig, vollständig umkrempeln und immer nach der einfachsten und zugleich originellsten Lösung suchen muß.

Kleine, raffinierte Tricks, komisches Gekicher, Persönlichkeits-Mätzchen waren tabu. Das alles mündete – wie mir erst viel später klar wurde – in den Schatz, der für den Schauspieler am kostbarsten ist, nämlich die eigene Technik und der eigene Geschmack.

Natürlich hat mir das oft erbitterte Auseinandersetzungen mit Regisseuren eingebracht, die von mir die Klischees verlangten, die von Else exkommuniziert waren. Aber ich kämpfte, als sollte ich ans Kreuz geschlagen werden, und ließ mich nicht überreden, selbst wenn es um Kleinigkeiten ging, denn ich war von Else in einem entscheidenden Moment meiner Karriere in kleine Stücke geschnitten und neu zusammengeknotet worden.

Gab es zum Beispiel eine Szene, in der man aus irgendeinem Grund Angst zeigen mußte, so verlangte der Regisseur unweigerlich, daß man dies durch heftiges und unregelmäßiges Atmen untermalen sollte. Nichts konnte mich dazu bewegen. Für Else waren Schauspieler, die »schwer atmeten«, ein rotes Tuch – es sei denn, daß sie zu schnell gelaufen waren. »Wenn man sich wirklich fürchtet oder sich zu Tode erschreckt, geschieht genau das Gegenteil. Man hat *keine* Luft in der Lunge!«

Ich atmete regelmäßig und machte mich unbeliebt. Aber als ich mich bei Else über meine Isolierung, auch unter Kollegen, beklagte, blieb sie ungerührt: »Lassen Sie sich nie auf Kompromisse ein. Halten Sie sich an den Text und gehen Sie Ihren eigenen Weg!«

Ich hielt mich dran, aber leicht war es nicht. Die ersten beiden Probenwochen waren immer die schwierigsten, und ich stand täglich zwischen zwei Feuern, den legitimen Forderungen des Regisseurs und Elses unvergleichlich überlegenen Anweisungen. Manchmal war man drauf und dran, mich rauszuwerfen, weil ich mich an Else hielt und nicht an den Regisseur.

Ich wußte, daß ich seinen Zorn ertragen mußte, bis ich ihn – gewöhnlich im Laufe der dritten Probenwoche – davon überzeugt hatte, daß das, was ich da machte, gut war.

Else ihrerseits war ein harter Zuchtmeister und verlangte absolute Unterordnung plus fanatische Arbeitswut. Ich probte acht Stunden am Tag und fuhr dann direkt vom Theater in ihre Wohnung, wo sie »etwas Nahrhaftes« für mich bereithielt. Meistens ein Stück Fleisch und Spinat. Ich mußte riesige Mengen Spinat essen, weil er »gut für die Nerven« war. Sie war eine Gesundheitsfanatikerin und duldete keinen Widerspruch. Noch während ich kaute, las sie mir bereits schwierige Stellen der Szenen vor, an denen wir arbeiten wollten, und dann fingen wir an und fochten

bis spät in die Nacht. Wenn ich nur mehr japste, fragte sie ruhig: »Wollen Sie Karriere machen oder nicht?«
Sie ging natürlich weit über den Rahmen des Unterrichtens hinaus. Wenn die gefürchtete Premiere näherrückte, kam Else während der Kostüm- und Generalproben ins Theater, als »nahe Verwandte« getarnt, was sie haßte. Aber sie wollte sich aus erster Hand überzeugen, was ich da oben auf der Bühne trieb, und so saß sie als unnahbare Verwandte mit finsterem Gesicht im Parkett. Sie wollte sowieso nicht angesprochen werden, denn sie machte sich Notizen. Einige ihrer Reaktionen waren einigermaßen willkürlich und brachten mich in Schwierigkeiten. Zum Beispiel entschied sie während einer Kostümprobe, daß mir ein gewisses weißes Kleid nicht stand. In der Pause erschien sie in meiner Garderobe und verlangte, ich solle Tinte über das anstößige Gewand gießen. Und ich gehorchte, wenn auch mit zitternden Händen, denn ich hatte noch nie im Leben mit Absicht Tinte auf ein schönes, weißes...
»Egal, mein Kind, tun Sie's!«
Aber als ich dem Produzenten gegenüberstand und so tun mußte, als sei ich verzweifelt wegen meiner »Ungeschicklichkeit«, da haßte ich Else und wagte aufzubegehren. Sie blieb unbewegt. »Morgen werden Sie mich lieben«, meinte sie gelassen. Und so war es auch, als ich die Kritiken las.
Der Unterricht war teuer und überschritt bei weitem mein Budget. »Ich bin kein Wohltätigkeitsinstitut«, sagte sie. »Ich tu's sowieso nur ungern. Außerdem backe ich Sie in einer ganz neuen Kuchenform.«
Es dämmerte mir, daß ich hier die einzigartige Chance hatte, mich als Mensch nagelneu zu erfinden. Dicke-Lilli-gutes-Kind im Eimer.
Manchmal ließ sie das Textbuch sinken, sah mich ernst an und sagte: »Lilli, was ich Ihnen eben gezeigt habe, ist der ganze Unterschied zwischen Langweiligkeit und Charme. Das gilt nicht nur für diesen Text. Merken Sie sich: Sie müssen *Charme* lernen! Auf der Bühne wie im Leben.«

Kurz vor dem Krieg verließ Else Schreiber London, um mit ihrem Mann, dem Regisseur George Schdanoff, nach Hollywood zu gehen und dort weiterzuarbeiten.
Ich brachte sie an die Victoria Station und kam mir verwaist und verloren vor. »Es wird Ihnen guttun, jetzt auf eigenen Füßen zu stehen«, sagte sie. »Sie sind fertig und vorbereitet. Sie wissen, wie Sie an Ihren Rollen zu arbeiten haben. Machen Sie sich nichts draus, wenn Sie keine guten Regisseure haben. Es gibt zu wenige, und vielleicht haben Sie nicht das Glück, einen zu erwischen. Aber hören Sie auch auf die Mittelmäßigen, wenn sie Ihnen nach Abschluß der Probenzeit immer noch sagen, dies oder jenes sei nicht gut. Es kommt nur selten vor, daß ein Regisseur so

verblödet ist, etwas zu kritisieren, was offenkundig gut ist. Aber hören Sie niemals, verstehen Sie, Lilli, hören Sie *niemals* auf das, was man Ihnen statt dessen vorschlägt! Das müssen sie allein herausfinden.«

Sie umarmte mich und stieg in ihr Abteil. Die Lokomotive pfiff, und der Zug fuhr langsam aus dem Bahnhof.

Ich ging ins Theater. Wie fremd es dort von nun an sein würde, da niemand mehr meine Vorstellungen kontrollierte. (»Niemals, Lilli, niemals möchte ich erleben, daß Sie eine schlampige Vorstellung liefern! Auch wenn es ein heißer Tag ist und eine halbleere Matinee. Um so mehr müssen Sie sich für die paar Leute anstrengen, die sich die Mühe gemacht haben, ein Billett zu kaufen.«) Wie seltsam, nicht mehr in der Lage zu sein, ans Telefon zu laufen und zu sagen: »Else, man hat mir ein neues Stück mit einer fabelhaften Rolle angeboten – kann ich gleich mal vorbeikommen?«

Alles, was mir von ihr blieb, war ein Stück Papier, das sie am Abend meiner allerersten Premiere mit einer Reißzwecke am Schminktisch befestigt hatte. Ich sollte es jeden Abend vor der Vorstellung einmal langsam durchlesen. Auf diesem Stück Papier hatte sie meine zehn Hauptmängel verzeichnet – alle die Dinge, auf die ich aufpassen und vor denen ich mich hüten sollte.

1. Sie haben keinen Charme. Vergessen Sie das nicht.
2. »Spielen« Sie keine Adjektive. Sie müssen nicht illustrieren, was Sie sagen.
3. Bügeln Sie Ihre kurzen, hastigen Gesten aus.
4. Nehmen Sie sich *Zeit*. Dann langweilt sich niemand.
5. Nuscheln Sie nicht.
6. Hören Sie Ihren Partnern wirklich zu. Dadurch werden *Sie* interessant.
7. Bleiben Sie trocken. Sentimentalität ist Todsünde Nummer eins.
8. Stehen Sie nicht breitbeinig da. Füße zusammen! Sie sind nicht auf dem Turnplatz.
9. Lebendig bleiben! Monotonie ist Todsünde Nummer zwei.
10. *Mut.* Vor allen Dingen *Mut!*

Ich habe dieses Stück Papier jahrelang behalten. Als ich schon längst nicht mehr mit ihr arbeitete, habe ich es immer noch mit mir herumgeschleppt und an jedem Frisiertisch neu aufgeklebt, bis es in Fetzen auseinanderfiel. Zum Schluß konnte man nur noch den Anfang lesen: »1. Sie haben keinen Charme. Vergessen Sie das nicht...«

Krieg, Rex, Kind

Am 3. September 1939 fuhr ich, wie gewöhnlich, frühmorgens ins Studio. Ich fuhr wie gewöhnlich, alles andere war ungewöhnlich. Die Straßen waren noch leerer als sonst zu dieser Stunde, es war, als sei ich als einzige unterwegs. Der Pförtner am Studioeingang blieb unsichtbar, die Gänge und Hallen waren verlassen. Wo waren die Leute bloß? Schießlich war doch der Parkplatz voller Autos! In meiner Garderobe war niemand, aber im Schminkraum fand ich sie dann. Keiner stand allein, alle drängten sich in Gruppen zusammen und hörten mit fieberhafter Aufmerksamkeit jemandem zu, der was »wußte«. Ich stellte mich dazu. Ich wollte auch hören. Vielleicht wußte jemand tatsächlich was. Zu Hause wußte niemand etwas, auch Fremde nicht oder Bekannte oder Fremde im Bus, die alle seit Wochen leidenschaftlich über dasselbe diskutierten: Würde er – oder würde er nicht. »Er« war Hitler. War es wieder Bluff? Würde es immer nur Bluff sein? Oder war es diesmal doch Ernst? Die abenteuerlichsten Behauptungen wurden mit Autorität verkündet: Hitler fabriziert zehntausend Flugzeuge im Monat. Hitler kann wegen Benzinmangel niemals London bombardieren. Hitler hat doppelt soviel Panzer wie die Engländer und Franzosen zusammen. Hitler hat eine Revolution im Lande, wenn er den Krieg erklärt.

Kein Mensch wußte, was wirklich los war. Jede Zeitung schrieb etwas anderes. Kein Mensch wußte, was er wünschen sollte: Frieden um jeden Preis – oder Krieg, damit endlich die unerträgliche, jahrelange Spannung ein Ende nahm. Die meisten Engländer hofften, heimlich, auf Frieden um jeden Preis. Die meisten Emigranten beteten, heimlich, um Krieg, damit dem Ungeheuer endlich der Garaus gemacht würde.

Heute um elf Uhr würden wir es alle wissen. Um elf Uhr würde Chamberlain »eine wichtige Ansage« über das Radio an die Nation machen. Noch vier Stunden. Wir wollten nicht arbeiten, nur herumstehen wie die Hammel und reden. Ein Regieassistent trieb uns endlich auseinander, aber er hörte auch schnell herum, ob jemand schon was erfahren hatte.

Die Aufnahmen schlichen sich dickflüssig dahin, der Film war sowieso Mist, die Dekoration unmöglich, das Drehbuch schwachsinnig. So schien es uns jedenfalls am Morgen des 3. September 1939. Um 10 Uhr 30 war Teepause, heilig im englischen Arbeitsleben. Wir setzten uns auf ein paar Meter künstliches Gras, tranken und schwiegen. Jetzt wo es gleich soweit war, hatte niemand mehr etwas zu melden. Vielleicht war es alles doch wieder nur »April-April«, und der Olle mit dem Regenschirm (Chamberlain) würde wieder einmal »Frieden in unserer Zeit« verkünden...

Punkt elf ertönte seine wohlbekannte, quäkende und jetzt vor Erregung etwas zitternde Stimme, die in dürren Worten mitteilte, daß das Ultima-

tum abgelaufen sei und daß England sich im Kriegszustand befinde an der Seite seines Verbündeten Frankreich. God save the King.
Ich hatte das Gefühl, daß sich meine englischen Kollegen unwillkürlich durch ein paar Zentimeter künstliches Gras von mir distanzieren wollten. Kein Zweifel, daß sie irgendwie eine »Erklärung« von mir erwarteten. Man sah mich erwartungsvoll an. Schließlich war ich doch eine Deutsche. Nein, meine lieben Freunde, ich bin keine Deutsche. Wollt ihr mal den Brief von der deutschen Botschaft sehen, der mir das bereits vor Jahren amtlich beglaubigte? Der feine Unterschied interessierte niemanden. Ich verstand Deutsch, nicht wahr? Also bitte, erklär uns mal, was »der Mann« eigentlich will! Meine lahmen Ausführungen befriedigten nicht. So was konnten sie täglich und besser im Leitartikel der »Times« lesen. Man wollte ganz andere Dinge wissen, zum Beispiel: Was hat Hitler für einen Akzent? Mit typisch englischem Vorurteil gegen alles, was nicht »The King's English« ist, wurde ich belehrt, daß das Oberhaupt eines Staates dialektfrei sprechen müsse, sonst sei er unmöglich. Also: Hat Hitler einen ordinären Akzent? »Nein«, sagte ich, »nicht ordinär – österreichisch.« Ein Kollege meinte versonnen, er habe da so seine eigene Theorie: Er sei sicher, Hitlers Anzüge »sitzen« schlecht, die »ziehen« wahrscheinlich unterm Arm, wo er den doch immer hochheben muß. Man hätte ihm rechtzeitig einen vernünftigen englischen Schneider rüberschicken sollen. Dann wäre der Mann nicht immer so verärgert...

Niemand wußte in den ersten Wochen, auf welche Weise sich der Krieg nun vorstellen würde. Ob man weiterhin ruhig seines Weges in Stadt und Land gehen konnte und nur durch Lebensmittelrationierung, nächtliche Verdunkelung und das dauernde Mitschleppen der Gasmaske behindert sein würde, oder ob Hitler eine sofortige Entscheidung durch Bombenangriffe plante und daß dann das Blut in Strömen durch die Straßen fließen würde. Alle Filmstudios »ruhten« vorläufig. In London schlossen auch die Theater für alle Fälle, und die Schauspieler gingen auf Tournee durch die Provinz. Mein Vertrag mit Gaumont British wurde gekündigt. Krieg, also *Force majeure.* Kleine, persönliche Katastrophe. Ich fand Unterkunft in einem neuen Stück, das zunächst mal auf eine lange Tournee gehen sollte. Beim Theater verdiente man zwar nicht viel, aber es reichte für Parsifal Road und seine Bewohner. Meine Mutter steuerte sowieso dazu bei, indem sie zwei Zimmer des scheußlichen Hauses vermietete.
Ich war auch aus einem anderen Grund froh, eine Beschäftigung zu haben, die mich von London fernhielt. Rolf und ich hatten uns getrennt, und jede Straße überfiel mich mit Erinnerungen. Wir waren zu jung gewesen, als wir uns kennenlernten, um eine Chance auf Lebensdauer zu haben. Die Emigration hatte uns fest aneinandergekettet, aber als ich wieder brav

mit Mutter und Schwestern in der Parsifal Road wohnte und es Punkt ein Uhr Mittagessen mit Gemüse und Pudding hinterher gab, da sehnte sich Rolf nach dem Boheme-Leben eines Malers, und so wuchsen wir in entgegengesetzter Richtung auseinander.
Ich war sicher, daß mein Leben zu Ende war. Meine Mutter war anderer Meinung. Sie hatte sowieso niemals geglaubt, daß Rolf und ich füreinander geschaffen waren, hatte sich aber nichts anmerken lassen. Aber als ich ihr tränenreich eröffnete, daß es »aus« sei, freute sie sich so darüber, daß sie ihm, als sie ihn das nächstemal sah, zu seinem Erstaunen das »Du« anbot.
In den darauffolgenden schwarzen Wochen versuchte ich, mich über Wasser zu halten und nicht in finstere Löcher abzusinken. Bis jetzt war ich notgedrungen durch die Tage gestürmt, ohne rechts oder links zu sehen. Ich hatte nie den Luxus der Wahl gehabt. Meine Entschlüsse waren durch dringende Notwendigkeit diktiert, und ich hatte immer das Gefühl, mit dem Rücken zur Felswand am Abgrund entlangzutappen. Der Felsen hatte Rolf geheißen. Jetzt stand ich ohne Lehne da.
Das neue Stück, eine gute Rolle, Proben, die üblichen Aufregungen und Probleme halfen, und ich hörte auf zu heulen. Kostümprobe, Generalprobe – und Kofferpacken für die Reise nach Birmingham, wo unsere Premiere stattfinden sollte. Jetzt war es schon November, Bomben waren noch nicht gefallen, wenigstens nicht auf England. Man mußte aber immer noch mit Gasmasken herumlaufen – für alle Fälle. Viele Engländer hofften auf einen Separatfrieden. Die Emigranten lasen jeden Morgen zutiefst deprimiert die Zeitung, während der Kaffee kalt wurde. Alles, was man tat, war von einem dicken Nebel der Vorläufigkeit, des Zeitgewinnens, des Atemanhaltens umgeben, so daß nichts wirklich oder wirklich wichtig erschien. Der Vulkan konnte jeden Augenblick ausbrechen. Auch an diesen Zustand gewöhnte man sich und tat so, als ob das tägliche Tun Sinn hätte.
Ich vermied es sorgfältig, mit meinen Kollegen über den Krieg zu debattieren. Man war auch etwas geniert im Umgang mit mir, wußte nicht recht, wie man mich einordnen sollte. Einige wenige wußten und hielten auf taktvolle englische Weise den Mund.
Bei der Premiere in Birmingham war das Theater ziemlich voll trotz Verdunkelung und Gasmasken-Herumschleppen. Die Menschen wollten sich zerstreuen und sich ablenken, und unser Stück war harmlos-blöd genug, ihnen dabei zu helfen.
Es gab aber noch ein Theater in der Stadt, und das war jeden Abend ausverkauft. Kein Wunder, denn der Autor des Stückes hieß Noël Coward, und drei leuchtende Sterne des englischen Theaterlebens spielten die Hauptrollen. Auch sie wohnten, wie wir, in dem einzigen anständigen

Hotel, das noch offen war. Einer dieser drei Konkurrenten, die nach der Vorstellung, genau wie wir, das rationierte Nachtessen im Hotelrestaurant hinunterwürgten, beäugte mich ungeniert durch sein Monokel. Die Kollegen begrüßten ihn und stellten ihn vor: Rex Harrison.
Ich kannte ihn natürlich dem Namen nach. Reiner Zufall, daß auch er gerade mit seinem Stück auf Tournee in Birmingham war, in demselben Hotel wohnte, zur selben Zeit im Restaurant aß – und mich bereits am nächsten Morgen auf einem Ausflug zu Lord Dudleys Ahnenschloß außerhalb der Stadt begleitete. Dies aber nicht zufällig, sondern vorsätzlich.
»Was tun Sie zum Beispiel morgen früh?« hatte er gleich nach der Begrüßung gefragt.
»Morgen früh fahre ich aufs Land, um mir Dudleys Tiere anzusehen.«
»Da komme ich mit«, erklärte Rex mit Nachdruck.
Ich hatte am Abend zuvor Lord Dudley kennengelernt. »Das ist ein Tiernarr«, so wurde er mir von einem gemeinsamen Bekannten, Captain Buckmaster, vorgestellt. »Ihr werdet euch viel zu sagen haben.« Ich war ein Tiernarr, Mitglied des Klubs »Zoofreunde«, und genoß daher den Vorzug, mich an Feiertagen außerhalb der allgemeinen Besuchszeit im Londoner Zoo aufhalten zu dürfen, mich mit den Wärtern zu befreunden und den Tieren die Pfote zu schütteln.
»Was haben Sie denn für Tiere?« hatte ich Lord Dudley gönnerhaft gefragt. »Hunde? Katzen?«
»Katzen?« meinte er zögernd. »Ja. Große.«
Ich verstand nicht ganz. »Große Katzen? Wie groß denn?«
»Na, ziemlich groß. Der indische Königstiger wird ja beinahe zwei Meter lang.«
Ich starrte ihn an. »Königstiger? Sie haben einen...«
»Ja, einen. Aber ich habe auch noch andere große Katzen: zwanzig Löwen und sechs afrikanische Panther...«
Löwen und Panther – wollte der mich frozzeln?
Buckmaster, der uns lächelnd beobachtet hatte, erklärte: »Lord Dudley hat den größten Privatzoo in Europa. Löwen, Tiger, Hunderte von Affen, ein Terrarium voller Krokodile und Schlangen – und was noch, old boy?«
»Eine schwarze Witwe, aber ich muß sie jetzt leider töten, weil sie während eines Bombenangriffs zu leicht entkommen könnte«, sagte Dudley betrübt.
Dudleys altes, verfallenes Ahnenschloß diente seiner Tiersammlung als Unterkunft. Seehunde schwammen im Schloßgraben, Affen schwangen sich durch die Äste der uralten Bäume, und ein paar Löwen saßen verdrossen und mit triefender Mähne im englischen Regenwetter unter mittelalterlichen Mauern. Der junge Mann mit dem Monokel erwies sich als

Tierliebhaber, und es machte ihm auch nichts aus, wenn sein untadeliger Anzug ruiniert wurde. Ich hing ihm eine Boa Constrictor um den Hals, aber er nahm nicht mal sein Monokel aus dem Auge.
Wir standen vor den Käfigen und taten so, als ob wir uns für die Tiere interessierten, aber am gleichen Abend trafen wir uns nach der Vorstellung, gingen durch die dunklen Straßen und sprachen vom Theater. Nur vom Theater. Er wollte am nächsten Tag kommen und mich in meiner Nachmittagsvorstellung sehen, und ich würde ihn am darauffolgenden Tag in seiner sehen. Seltsam, wie ausgestorben die Stadt nach der Verdunkelung war. Außer uns liefen nur ein paar Hunde über das Pflaster. Wir klönten über Rollen und Kollegen, blieben auch manchmal stehen und freuten uns, daß wir allein waren in der Finsternis. Dann hatten wir plötzlich beide Hunger und fanden ein kleines Restaurant, denn wir wollten nicht zurück zum Hotel und den prüfenden, wissenden, lächelnden Augen der Kollegen.
Über dem »Omelette« aus Eipulver erzählte ich ihm ein wenig von mir und von meinem Leben, von Parsifal Road, von Paris, von Berlin.
Er hörte aufmerksam zu. »Aber wenn es so schwer war für Sie in Paris – warum sind Sie dann nicht nach Berlin zurückgegangen?«
Ich stockte und blieb eine Weile stumm. Er merkte wohl, daß er etwas Falsches gesagt hatte, wußte aber nicht, warum. Wo sollte ich anfangen, es ihm zu erklären? Ich ließ es bleiben. Ein für allemal.
Am nächsten Nachmittag erschien er, wie versprochen, in unserem Theater, spendete Lob und gab auch einige gute Ratschläge, was meine Rolle betraf. Das war offensichtlich etwas, das er genau verstand und was ihn glühend interessierte. Als ich ihn tags darauf in Noël Cowards *Design For Living* sah, war meine Begeisterung groß. Ich hatte ihn natürlich schon früher in verschiedenen Stücken bewundert, aber jetzt sah ich ihn plötzlich mit anderen Augen. Kein Wunder, daß er bereits mit achtundzwanzig Jahren unumstritten der beste Lustspieldarsteller der englischen Bühne war. Er war eine seltene Kombination: ein geborener Komiker, der aussah wie ein Liebhaber.
Ich dagegen hatte bisher noch keine Begeisterungsstürme entfacht. Die Filme und Theaterstücke, in denen man mich gesehen hatte, waren ohne Ausnahme mittelmäßig gewesen, allerdings waren meine persönlichen Kritiken (dank Else) immer so gut, daß ich sofort, nachdem der letzte unrühmliche Vorhang gefallen war, mit den Proben für ein neues Stück beginnen konnte. Das würde sich jetzt ändern, sagte Rex. Wir würden ein Stück für uns beide finden, sowie wir wieder zurück in London wären.
Wir fanden keins, aber das war auch nicht mehr wichtig. Während des Winters und in den Frühlings- und Sommertagen des Jahres 1940 wanderten wir durch die Wiesen und erforschten einander. Es war mein be-

sonderes Glück, daß ich in diesen verhängnisvollen Monaten so versponnen war, daß ich die katastrophalen weltgeschichtlichen Ereignisse nur gedämpft mitbekam. Meine Erinnerungen an dieses Jahr zeigen mir immer dieselben Bilder: Wir stehen auf einem Acker, Rex und ich, recken die Hälse in den Himmel und sehen einem Duell zwischen der Royal Air Force und Görings Luftwaffe zu. Oder wir hocken – etwa im April – in einer kleinen Bar, während aus dem Lautsprecher zum erstenmal die Stimme von Churchill als Premierminister dringt. Wir hören mit Erleichterung, wie er von einem kurzen Besuch in Frankreich erzählt und seinen Bericht schließt mit: »Thank God« – er sagte ›Schank God‹, denn er konnte kein th aussprechen – »for the French Army!« Das war etwa zwei Wochen, bevor Hitler durch diese französische Armee schnitt wie das Messer durch die Butter. Oder, kurz darauf, im Juni, am Tag nach dem französischen Waffenstillstand, eine gespenstische Fahrt in Rex' Wagen durch Piccadilly, das am hellichten Tag wie ausgestorben dalag, kein Auto, kaum ein Fußgänger, die riesige breite Straße wie von einer Naturkatastrophe leergefegt.

Rex meldete sich zum Militärdienst wie alle anderen gesunden Männer, wurde aber wegen seiner schlechten Augen abgelehnt. (Er sah beinah nichts auf einem, daher das Monokel.) Aber nach Dünkirchen nahm ihn die Heimwehr an, denn überall bildeten sich kleine Korps, die zwar keinerlei Waffen hatten außer alten Gewehren aus dem Ersten Weltkrieg, meist ohne passende Munition, aber täglich antraten und »übten«. Rex wurde zum »Kommandanten« gewählt. Warum, wußte er nicht. Vielleicht, weil man seinen Namen kannte. Es stellte sich aber schnell heraus, daß er von militärischen Dingen noch weniger Ahnung hatte als die Männer mittleren Alters, darunter einige Veteranen aus dem Ersten Weltkrieg, die um ihn herumstanden und ihn erwartungsvoll ansahen.

»Tja«, meinte er schließlich und lächelte liebenswürdig im Kreise, »was wollen wir eigentlich machen? Ich würde mich freuen, wenn Sie sich alle einmal in – in – na, in Reih und Glied aufstellen würden...«

Worauf ihn ein Veteran anbellte: »Freuen Sie sich nicht, sondern erteilen Sie Befehle!«

Rex wurde ab- und der Veteran an seiner Stelle eingesetzt. Später gelang es ihm aber doch, an der Musterungskommission vorbei zum Bodenpersonal der RAF zu kommen. Da waren wir bereits verheiratet und lebten außerhalb von London, nicht weit von seiner Einheit, auf dem Lande. Es war 1943, totaler Krieg, Rationierung, nachts Bombenangriffe, tagsüber Schlange stehen – mir war alles recht, denn ich war schwanger. Nicht zu fassen. Egal, daß mir übel war, egal, daß wir keinen Pfennig Geld hatten, alles ganz egal. Das Übelsein hielt an, dem Geldmangel konnte ich vielleicht abhelfen. Man drehte nämlich wieder Filme, obwohl man bei

Fliegeralarm viel Zeit verlor und es an Material, Verkehrsmitteln, Labors fehlte. Man bot mir, nichtsahnend, eine Rolle an. Ich unterschrieb schleunigst den Vertrag und gestand erst hinterher, daß ich schwanger sei.

Schwangerschaft gilt in unserem Beruf als *Force Majeure*, wie Krieg, Streik und die Pest. Beide Parteien, Arbeitgeber wie -nehmer, können in diesem Fall den Vertrag brechen, gesetzlich gestützt auf den angelsächsischen Präzedenzfall und *Cause Celèbre* der »Affäre Helen Hayes«. Amerikas berühmteste Schauspielerin ihrer Zeit erklärte eines Tages, mitten in den Proben für ein neues Stück, sie gäbe die Rolle auf, da sie schwanger sei. Entsetzen, Protest und Ungläubigkeit von seiten der Produktion. Gerichtsverfahren, Schlagzeilen, Wetten beherrschten wochenlang die amerikanischen Gemüter. Helen verweigerte die ärztliche Untersuchung, blieb aber eisern den Proben fern. Öffentliche Meinung: Sie sei *nicht* schwanger, hätte nur die Rolle loswerden wollen. Aber siehe da – einen Monat später war sie bereits so dick, daß auch die hartnäckigsten Zweifler kapitulieren mußten. Das Telegramm der für ihren Witz und ihre böse Zunge berühmten Dorothy Parker ging in die amerikanische Theatergeschichte ein: »Dear Helen, ich habe immer gewußt, daß du es in dir hast.«

Ich wußte auch, daß ich es in mir hatte. Die Produktion beschäftigte eine andere Frage: Würde ich die lange Drehzeit durchhalten können? Man beriet hin und her. Ich lebte vor Aufregung nur noch im Badezimmer. Rex' winziger Airforce-Sold reichte nicht mal für unsere Miete, alle Reserven waren bis auf den letzten Pfennig aufgebraucht. Für mich war am schlimmsten, daß ich nichts unternehmen konnte und für neun Monate wie mit Handschellen gefesselt war.

Telefon. Ich stürzte aus dem Badezimmer. Die Produktion. Man wollte mich sehen und sich ein Bild machen. Gut. Das sollte ein ganz wunderbares Bild werden! Ich warf mich in mein bestes Kleid – noch war ich dünn – extra Rouge auf die Backen, siegesbewußter Blick in den Augen. Letzterer verschleierte sich erheblich, als ich unterwegs den Wagen dringend anhalten mußte. Das zu diesem Zweck mitgenommene Eau de Cologne wurde großzügig ausgegossen – dann fuhr ich weiter.

Das Bild, das man sich von mir machte, kann unmöglich verführerisch gewesen sein. Wahrscheinlich hatte man niemand anderes für die Rolle gefunden. Jedenfalls beschloß man seufzend, es mit mir zu versuchen, nachdem ich noch einen ganzen Monat meiner Schwangerschaft weggelogen hatte. Freudig und eilig machte ich mich aus dem Staube. Wir waren gerettet.

Jeden Morgen – morgens ganz früh war's am schlimmsten – auf der Fahrt ins Studio hielt ich an »meinen« Bäumen an, immer an denselben (aus

Aberglauben), etwa im Abstand von einem Kilometer. In der Dekoration hatte man sich daran gewöhnt, daß ich von Zeit zu Zeit, manchmal mitten in der Szene, dem Ausgang zustürzte. Fatal war allerdings, daß ich ein Mädchen in Uniform zu spielen hatte. Während der ersten beiden Drehmonate wurde nur der Ledergürtel öfters neu gelöchert, aber später mußte die ganze Uniform jede Woche um einige Zentimeter weiter gemacht werden. Als der Film endlich abgedreht war, war ich im sechsten Monat.

Plötzlich kam eine Hiobsbotschaft: Nachaufnahmen! Das Ende einer langen, wichtigen Szene mußte noch einmal gedreht werden. Eine neue Uniform wurde extra dafür angefertigt, und ich sah aus wie eine khakifarbene Seekuh. Das Resultat auf der Leinwand war dann eine einmalige schauspielerische Leistung meinerseits: Ich trete als dünnes Mädchen ins Zimmer meiner Eltern, stehe meinen Mann in einem heftigen Wortwechsel – und gleich darauf, beim Verlassen des Hauses, hab ich vor lauter Zorn nicht nur Tränen im Auge, sondern auch zwanzig Pfund zugenommen.

Obwohl man mich schlecht bezahlte, rettete dieser Film zunächst unsere finanzielle Lage. Ich wurde selig dicker und dicker, hatte meine Knie schon seit Wochen nicht mehr gesehen, und als ich mit unserem Scottie spazierenging und es zu regnen anfing, suchte das gescheite Tier Schutz unter meinem Bauch.

Eines trüben Nachmittags saßen wir im Wohnzimmer mit zwei Freunden, dem Regisseur Harold French und der damals erst zwanzigjährigen Deborah Kerr. Jeder hatte einen Drink in der Hand, das heißt einen Gin mit irgend etwas scheußlich Süßem dazu anstelle von Wermut. Gerade war die Entwarnung gekommen, als Rex, der am Fenster stand, plötzlich schrie: »Runter!« Irgendwie schaffte ich das auch, so schnell es mein Bauch erlaubte. Unsere Gäste waren bereits flach ausgestreckt. Rex hatte gesehen, wie ein einzelnes Flugzeug durch die Wolken brach und wie sich – unvergeßlicher Anblick – die Bombe davon löste. Er lag auch ziemlich schnell am Boden. Dann gab es einen gewaltigen Knall, dann Stille und dann ein seltsames, knirschendes Rieseln: Die Mauern unseres Häuschens brachen auseinander und auf uns herunter, denn die Bombe war etwa zwanzig Meter von der Haustür entfernt im Garten eingeschlagen. Nach dem Rieseln wieder Stille, während wir versuchten, uns aufzusetzen. Das war nicht einfach wegen der dicken Schicht von Schutt und Mörtel und zerbrochenen Dachziegeln, die uns zudeckte. Deborah befreite sich als erste und buddelte mich aus. Wir blinzelten uns mühsam an, die Augenlider vom Mörtelstaub verklebt. Sie kratzte mir den Zement vom Kopf, aber als ich ihr denselben Dienst erweisen wollte, faßte ich in eine steife Kruste, denn der Gin war ihr ins Haar geschleudert worden und hatte sich mit Schutt wie Gips schneeweiß verhärtet. Rex und Harold la-

gen unter Balken, aber unser Haus war so leicht und dünn gebaut, daß sein Zusammenbruch uns keinen ernstlichen Schaden zugefügt hatte, und – das war das wichtigste – was dann später mein Sohn werden sollte, bewegte sich ebenfalls und pochte kräftig.
Gleich darauf pochte es auch von draußen, und eine männliche Stimme rief laut: »Irgendwer verletzt da drin?«
»Nein!« riefen wir durch das Geröll.
»Möchte jemand Tee?« ertönte eine weibliche Stimme.
»Jawohl!« rief Harold, ein echter Engländer, mit Nachdruck. Kurz darauf brach der Luftschutzwart die geborstene Haustür auf und watete durch den Schutt auf uns zu, gefolgt von der freundlich lächelnden weiblichen Hilfskraft mit ihrer Tasche voll Verbandszeug und der Thermosflasche mit heißem Tee.

In den letzten drei Monaten vor der Geburt überraschte und verstörte mich ein bisher unbekanntes Gefühl der Unsicherheit, der Angst. Ich hatte auf einmal das Bedürfnis, irgendwas oder irgendwen zu besänftigen, nur ja nicht zu verärgern. Aberglaube? Mein Leben lang hatte ich mich darüber lustig gemacht. Was oder wen wollte man bestechen? Schreibt da oben jemand mit? Plötzlich verbot ich mir derartige Zweifel und tat blind Abbitte vor irgendwas oder -wem für meine frühere Überheblichkeit. Ich ging jetzt sorgfältig um Leitern herum, anstatt munter unten durch zu marschieren, vermied die Nummer 13 und fuhr sogar einmal nach Hause zurück, wenn auch zutiefst beschämt, als mir eine schwarze Katze von links über den Weg lief. War es möglich, daß sich plötzlich alttestamentarische Ahnen meldeten? Die Juden sind durch die zweitausend Jahre der Diaspora notgedrungen zu Pessimisten geworden. Ihr Optimismus hieß: »Schlimmer kann's nicht werden.« Mit der Zeit kroch der Zweifel am Wohlwollen des Schicksals auch in ihr Gefühlsleben. Während andere Völker einfach irgendeine Silbe an einen geliebten Namen hängten, um eine Liebkosung auszudrücken – die Engländer kürzen und hängen ein »ie« an (Robert – Robbie), die Franzosen setzen eine »ette« ans Ende (Jeanne – Jeanette), die Spanier oder Italiener verlängern mit »ita« oder »ina« (Mama – Mamita) –, so fanden die Juden das albern. Sie hingen nichts weniger als das Wort »Leben« an (Fritz – Fritzleben), weil das Leben, nichts weiter als das nackte Leben, bereits die zärtlichste Liebkosung für sie bedeutete.
Endlich gestand ich es dem Doktor. Ich hatte meine Zweifel, ob ich jemandem das »nackte Leben« schenken, ob ich ein normales Kind zusammenbrauen könnte. »Ich werde bestraft werden, gerade weil ich immer glaube, daß ich alles fertigbringe, was ich mir vornehme. Jetzt wird sich's zeigen, daß ich versage. Was jede Bauersfrau kann, ohne auch nur hinzusehen,

nämlich ein gesundes Kind in die Welt setzen – ich werde es *nicht* können!«
»Unsinn«, sagte der Doktor, »Sie sind kerngesund. Das Kind auch.«
Ich bohrte meine Augen in seine, die sich hinter der Brille zu verstecken schienen. »Sie garantieren mir ein gesundes Kind?«
Hinter den Brillengläsern funkelte es vor Zorn. »Was ist das für eine dumme Frage! Garantie! In der Medizin! Was hätte Ihr Vater gesagt? Schämen Sie sich und machen Sie, daß Sie raus kommen.«
Ich schämte mich, aber es nützte nichts. Heimlich fing ich an zu beten. Erinnerte mich an meine Kindergebete: »Lieber Gott im Himmel du...«, bis zum Anhängsel: »Beschütze Eltern, Schwestern, Fräulein und mich und laß mich meinen linken Turnschuh finden, dreimal bitte, Amen.«
Jetzt betete ich auf englisch: »... und laß mich ein gesundes Kind zur Welt bringen, dreimal bitte, Amen.«
Als ich im achten Monat wie verordnet zum Röntgen ging, saß ich nach der Aufnahme mitten unter anderen dicken Müttern im Wartezimmer. Gleich würde der Röntgenologe erscheinen und mich aufrufen. Er würde mich forschend ansehen, meine Hand nehmen und vorsichtig sagen: »Also, Mrs. Harrison, ich muß Ihnen leider mitteilen, daß auf der Röntgenaufnahme etwas ganz Seltsames zu sehen ist...«
Der Röntgenarzt erschien in der Tür, rief meinen Namen, fügte beiläufig hinzu »alles okay« und wollte gerade wieder verschwinden, als ich mich auf ihn stürzte und ihn leidenschaftlich und tränenreich vor allen anderen dicken Müttern abküßte.
Ich war meinem Arzt mit meinen »Vorahnungen« derart auf die Nerven gegangen, daß ich ihn schließlich ansteckte und er der Klinik strikte Anweisung gab, mir keinerlei Betäubungsmittel zu verabreichen, die das Baby unter Umständen gefährden könnten. So würde die Geburt bis auf die letzten paar Minuten praktisch mittelalterlich sein. Auch die gescheite und erfahrene Krankenschwester, die bereits während der letzten zwei Wochen bei uns auf dem Lande wohnte – wie das in England üblich ist –, beobachtete mich extra sorgfältig. Während des Krieges wurde so eine Schwester oft zur Geburtshelferin, wenn der Arzt nicht rechtzeitig eintreffen konnte. Ich liebte diese Sister Racle, ihre Schweigsamkeit und ihren trockenen Humor. Auf unseren täglichen Zwangsmärschen (zwei Kilometer am Tag laut ärztlicher Verordnung) hörte sie sich meine Alpträume und Ängste geduldig an. »Blödsinn!« war ihr einziger Kommentar.
Eines Tages fragte sie unvermittelt: »Wie lange ist Ihre Köchin schon bei Ihnen?«
»Mary?« sagte ich. »Drei Monate. Ich weiß, sie kocht schlecht, aber man hat doch keine Auswahl hier auf dem Lande.«

Sister Racle antwortete nicht.
Eines Abends war Rex gerade von seinem Dienst nach Hause gekommen, wir saßen zu dritt um das Radio und hörten die Neun-Uhr-Nachrichten. Plötzlich und ohne sanfte Warnung erfaßte mich ein solches Grimmen in meinem Untergestell, daß ich glaubte, wir würden jeden Augenblick zu viert dasitzen.
Die Nacht zum 19. Februar 1944 war besonders kalt, und die Straßen waren mit Glatteis bedeckt. Der Krankenwagen, der mich in die Londoner Klinik bringen sollte, schlitterte hin und her, und Rex schlitterte in unserem kleinen Auto hinterdrein. Ich schrie, so laut ich konnte, und hörte, wie Sister Racle dem Fahrer zuflüsterte, ob es eine Schüssel im Wagen gäbe, denn sie glaube nicht, daß ich es bis zum Krankenhaus schaffen würde.
Ich schaffte es, wenn auch mit knapper Not. Ich hatte mir einen eleganten Einzug in die Klinik vorgestellt, erhobenen Hauptes, nach allen Seiten lächelnd, winkend – statt dessen lag ich mit dem Gesicht nach unten auf einer Tragbahre und bemerkte unsre Ankunft vor der Klinik nur an dem eiskalten Luftzug, als ich über den Bürgersteig getragen wurde. Ich biß in das schwarze Leder der Bahre, um den Portier nicht durch mein Gebrüll zu erschrecken, aber die Oberschwester, die zufällig in der Nähe war, hörte meine Gurgeltöne und rannte ans Telefon, um meinen Arzt zu holen. Geburtshelfer kommen meistens zu früh und müssen stundenlang warten, besonders bei Erstgeburten. Meiner hätte den großen Augenblick beinahe verpaßt, obgleich er nur ein paar Minuten später als ich eintraf. Dieses Baby hatte es so eilig, daß zwischen den Neun-Uhr-Nachrichten und seinem Erscheinen noch keine zwei Stunden vergangen waren.
Noch ehe man mir das Bündel brachte – in ein altes Krankenhaushandtuch gewickelt (mein Babykorb mit all meinen selbstgestrickten Sachen war in der Eile und Aufregung zu Hause geblieben) –, hörte ich draußen ein gewaltiges Rumpeln. »Fliegeralarm?« flüsterte ich heiser. (Ich hatte tagelang keinen Ton in der Kehle, so laut und lange hatte ich geschrien.) Ja, Fliegeralarm. Die letzte Serie der Bombenangriffe auf London begann in dieser Nacht. Viele Londoner erinnern sich noch heute an den 19. Februar 1944, weil sie in dieser Nacht Verwandte oder ihr Zuhause verloren hatten. Es regnete Brandbomben auf das Krankenhaus. Wen ich auch ansah – allen stand die Angst im Gesicht geschrieben.
Trotzdem – mitten in dem Getöse und Durcheinander fand der Augenblick statt, den ich mir seit so vielen Monaten in allen Einzelheiten und Variationen vorgestellt hatte, der Augenblick, an dem ich endlich sehen würde, was ich da so lange mit mir herumgetragen hatte. Jetzt war er da. »Hier ist Ihr großer Moment!« sagte Sister Racle und legte das Bündel neben mich aufs Kissen. (Es war auch ihr großer Moment. Sie war es, die

das Bündel aufs Kissen legte und damit Mutter und Kind einander vorstellte.)
Mein Sohn hatte die Augen fest zugekniffen und machte den Mund wie ein kleiner Fisch schweigend auf und zu. Ich wußte natürlich, daß Neugeborene häßlich sind, aber auf diesen Anblick war ich nicht vorbereitet. Rex setzte sich aufs Bett und sagte: »Darling, er gehört uns, und wir werden ihn lieben – aber wir können ihn niemandem zeigen, verstehst du?«
Mein erster Besucher, strahlend und um sechs Uhr früh am nächsten Morgen, war eine Meldebeamtin, die den Namen des Kindes zu wissen verlangte. »Aber – wir haben uns da noch gar nicht entschieden«, sagte ich verschlafen, »wir waren sicher, es würde ein Mädchen werden ...«
»Sie haben zehn Minuten Zeit, während ich die anderen Eintragungen mache«, sagte sie streng. »Vielleicht ist heute abend wieder ein Angriff, und das ist Ihre letzte Chance, man weiß ja nie, oder?«
Mit einem herzhaften Knall schloß sie die Tür. Zehn Minuten. Ich hatte nicht das Herz, Rex anzurufen, der die halbe Nacht über während des Brandbombenangriffs im Korridor auf und ab gegangen war. So nannte ich das Kind Rex Carey Alfred, mit Carey als Rufname, denn das war Rex' Familienname, und Alfred war der Name meines Vaters.
Die Meldedame hatte recht. Die Sirenen ertönten früh am Abend, und sofort erschienen Krankenschwestern, um alle Mütter mit Neugeborenen in einen fensterlosen Kellerkorridor zu schieben. Zum Zeitvertreib reichten die Schwestern die Babys herum, und ich bewunderte die kleinen Mädchen – meins war der einzige Junge – voller Haare und Grübchen und erkundigte mich, ob nicht jemand mit mir tauschen wollte. Vielleicht brauchte jemand einen Sohn, der meinige sei zu vergeben.
Am folgenden Tag wurden wir alle evakuiert. Der Angriff war zu schwer gewesen, und die Brandbomben, die auf das Krankenhaus gefallen waren, hatten gehörigen Schaden angerichtet. Ein Krankenwagen fuhr mich zurück aufs Land, und dort, in Ruhe und Frieden, konnte ich meinen Sohn auswickeln und mir zum erstenmal genau ansehen. Er hatte kein einziges Haar und keine Wimpern, und die sonst so berühmten reizenden, kleinen Händchen waren bei ihm nur winzige graue Klauen. Die Haut hing in großen Falten um ihn herum, als säße er in einem Anzug, der einige Nummern zu groß war. Er brauchte drei Monate, um hineinzuwachsen. Dann wurde er allerdings sehr ansehnlich.
Trotzdem – auch in diesem ersten Monat der sachlichen Inventuraufnahme war ich hingerissen von der Tatsache, daß es alles hatte, was nötig war. Niemals zuvor – und seither auch nicht mehr – habe ich eine derart überwältigende Befriedigung empfunden.
Ich durfte im Bett bleiben und von dort aus zusehen und lernen, wie Sister Racle mit dem Baby umging. Am fünften Tag ließ sie mich aufstehen.

»Aber heute hat doch die Köchin Ausgang«, sagte ich erstaunt.
»Eben«, sagte Sister, »sie ist schon weg. Haben Sie einen zweiten Schlüssel zu ihrem Zimmer?«
»Hat sie denn abgeschlossen?«
»Wir müssen die Tür aufbrechen lassen.«
Und ehe ich noch fragen konnte, warum, ging sie bereits aus dem Zimmer und gleich darauf aus dem Haus.
Die Mary? Was hatte Sister Racle gegen unsere dicke Mary? Eine halbe Stunde später wußte ich's. Ein Handwerker brach mit einem Stemmeisen die Tür zum Mädchenzimmer auf, während ich von einem Stuhl aus zusah. Sister Racle stand daneben, das Baby auf dem Arm.
Die Tür ließ sich leicht aus den Angeln heben, und Sister sah als erste hinein. »Dachte ich's mir doch«, sagte sie und gab mir den Weg frei.
Ich blieb sprachlos vor Staunen im Türrahmen stehen und drehte den Kopf von einer Seite zur anderen. Das Zimmer war vollgestopft mit Sachen, die lose übereinander auf Stuhl, Bett, Kommode, Tisch und Boden lagen. Zivilanzüge von Rex, die wir in den Koffern auf dem Speicher glaubten, Schlipse, Socken, Schuhe und Hemden, Kleider von mir, die ich der Schwangerschaft wegen seit Monaten nicht mehr gebraucht hatte, Mäntel, Blusen, Unterwäsche – und eine Vorratskammer voller Lebensmittel. Was ich an nichtrationierten Büchsen erworben hatte, stand auf dem Fenstersims oder unterm Bett. Am meisten regte mich der Anblick der »Extra-Freuden« für werdende Mütter auf, meine wöchentliche Ration Äpfel, die – wie Mary mir versichert hatte – »nicht mehr ausgeteilt wurden«. Da waren sie, mindestens drei Kilo rotbackiger Borsdorfer, ordentlich aufgehäuft, in Marys großem, goldumrändertem Nachttopf.
Sister Racle brachte mich wieder ins Bett. »Regen Sie sich nicht auf. Überlassen Sie alles mir.«
»Wer wird jetzt kochen?« fragte ich schwach.
»Ich. Das ist beileibe nicht das erstemal, daß mir das passiert«, sagte sie grimmig. »Wenn die Hausfrau schwanger wird, tanzen die Mäuse. Ich hab die Adresse von einer Agentur, die wird uns jemand Anständigen schicken. Die kennen mich.«
Ich legte mich in die Kissen zurück. Wie schön, dachte ich, jemand kümmert sich, jemand ordnet an, jemand ist Herr der Situation. Ich darf hier liegen bleiben, schwach und feige. Wie schön.
Gegen Abend, als es dunkel wurde, hörte ich Marys Schlüssel in der Haustür. Sister gab gerade dem Baby die Flasche. »Hier«, sagte sie, übergab mir das Bündel und verließ das Zimmer. Über Careys zufriedenem Glucksen hörte ich bald darauf einen durchdringenden Schrei. Mary hatte ihre Tür weit offen gefunden und in der Mitte des Zimmers – Sister Racle. Marys einzige Zuflucht war eine Reihe spitzer, hoher Verzweiflungstöne.

Dazwischen hörte ich Sisters ruhige Stimme. Dann noch ein paar gellende Schreie und das Geräusch von Laufschritten den Korridor entlang. Die Haustür fiel ins Schloß. Ich stand vorsichtig auf, das Bündel mit der Flasche im Arm und ging zum Fenster.
Mary lief durch den Garten zum Tor, immer noch schreiend, beide Arme ausgestreckt. »Hilfe! Hilfe!« schrie sie. »Ich Unglücksrabe! Hilfe!«
Ich sah, wie sie die Straße entlanglief, bis zwei wild gestikulierende Hände in der Dunkelheit verschwanden.

Gut, daß sich mein Sohn schon, bevor er geboren wurde, an Bomben gewöhnt hatte, denn er bekam gleich noch eins über den Kopf, bevor er vier Monate alt war. Das war dann aber auch die damals allermodernste Waffe, nämlich eine V2. Ich drehte gerade meinen ersten Film zusammen mit seinem Vater *(The Rake's Progress)* und saß frühmorgens um sieben Uhr unter der Trockenhaube im Schminkraum, als Rex sein etwas verstörtes Gesicht darunter steckte.
»Reg dich nicht auf«, sagte er, »alles ist in Ordnung – aber eine V2 ist in der Nähe vom Haus eingeschlagen – das Baby ist völlig unverletzt, ich schwöre es dir!«
Wir ließen alles stehen und liegen und fuhren zurück aufs Land zu unserem Haus, Rex ohne Mantel, ich noch in Lockenwicklern.
»Alles in Ordnung« war übertrieben. Das Haus hatte weder Fenster noch Türen, und die meisten Dachziegel lagen auf der Erde herum. Aber das Kind war tatsächlich unverletzt, ja, es war nicht einmal aufgewacht. Es hatte in seinem Kinderwagen auf der Wiese gestanden und an einem weichen Tuch gekaut, denn es zahnte. Die V2 hatte etwa einen Kilometer vom Haus entfernt eingeschlagen, mit einer Stärke, der gegenüber unsere erste Gartenbombe nichts als ein lustiger Knallbonbon war. Das Kind und auch das Haus wurden durch eine riesige Rhododendronhecke gerettet, die vor dem Eingang stand, mindestens fünf Meter hoch und etwa acht Meter breit, so daß man mit dem Auto im Kreis drum herumfahren mußte. So ein großer Rhododendron ist in England nichts Ungewöhnliches. In Cornwall gibt es noch doppelt so hohe in den schönsten Farben, weiße mit roten Kelchen oder gelbe und orangefarbene. Unsere war, wie die meisten, lila und, da es gerade Mai war, von oben bis unten mit Tausenden von Blüten bedeckt gewesen. Der Luftdruck des Einschlags hatte das haushohe Gewächs im Nu entblättert. Nun stand es da, völlig nackt, wie ich es noch nie gesehen hatte – Rhododendron behalten die Blätter auch im Winter –, ein Gewirr von schwarzen Zweigen, die es dreckbespritzt zum Himmel reckte. Der Lebensretter.
Der Kinderwagen war umgefallen, aber da das Baby angeschnallt war, lag es zwar unbequem seitwärts, aber in tiefem Schlaf. Halb in seinem Mund

und halb über sein Gesicht ausgebreitet, fand man sein Tuch – voller Glasscherben, wahrscheinlich von einer Fensterscheibe. Aber das hat man mir erst am nächsten Tag erzählt.

Dieses Kind, das ich mit soviel Angst und Bangen erwartet hatte, war gleich von Anfang an unabhängig, heiter und gescheit. Rex meinte manchmal: »Der ist bestimmt schon einmal hier gewesen.« Das hatte aber wahrscheinlich mit der außergewöhnlichen Frau zu tun, die sein Kindermädchen war.

Während der ersten sechs Monate hatte ich notgedrungen »jemand« engagiert. Ich wußte, daß sie nicht ideal war. Aber man hatte wenig Auswahl im Krieg. Rex mochte Janno gern, weil sie einen guten Cocktail mixte, der aus Gin und künstlichem Orangensaft bestand. Gin war die Kriegsjahre hindurch immer zu haben gewesen, die Frage war nur: Was hineintun? Janno löste Rex' Problem im Handumdrehen. Die Regierung füllte Tausende von Flaschen allwöchentlich mit einer gelben Flüssigkeit, die vage nach Orangen schmeckte – diese Frucht hatte man seit Jahren nicht mehr zu Gesicht bekommen –, und verteilte je eine Flasche wöchentlich an werdende Mütter. Man stellte sich jeden Dienstag mit der Bescheinigung vom Doktor in der Hand vor dem zuständigen Büro an. Diese Schlange war die längste im Lande wegen des »gesegneten« Umfangs der Anstehenden. Hin und wieder stand auch mal ein Ehemann für seine Frau in der Reihe und sah extra dünn und geniert aus.

Meine Ration händigte ich sofort an Janno aus, die die Mischung mit dem Gin besser handhabte als die von Milchpulver und Wasser.

Es gab noch eine andere Sonderration für werdende Mütter. Vom dritten Monat an erhielt man eine Markenkarte, auf der dick gedruckt stand: MUTTER! Teile dieses Extrastück Fleisch nicht mit deiner Familie – ISS ES ALLEIN! (Ich aß es allein, aber Carey wog trotzdem nur fünf Pfund.)

Janno kam aus Wales. Diese Leute sollen alle einen Klaps haben. Janno war keine Ausnahme. Dazu war sie berufsbehindert. Eine Bombe, die etwas zu nahe explodiert war, hatte ihr Gehör beschädigt, und so konnte sie ein Baby nur hören, wenn es in voller Lautstärke brüllte. Sie war aber immer guter Laune und nicht aus der Ruhe zu bringen. Nachts schlief sie unterm Küchentisch und trug tagsüber einen Stahlhelm, den sie niemals ablegte, auch nicht, wenn sie dem Baby die Flasche gab. Da sie dann keine Hand frei hatte, rutschte ihr das Ding meist auf die Nase herunter, so daß sie im Dunkeln saß, was sie nicht störte. Allerdings merkte sie dann nicht, wenn die Flasche leer war und mein Sohn nur noch heiße Luft saugte. Also kündigte ich ihr; Carey verlor seine erste Nanny und Rex seinen besten Barmixer.

Das zweitemal war ich fest entschlossen, keinen Kompromiß zu schließen. Es mußte einfach die Richtige gefunden werden. Während der Dreharbeiten war ich oft wochenlang von zu Hause fort. Das Kind würde einer fremden Person ausgeliefert sein, auf Gedeih und Verderb, daran war nichts zu ändern. Ich nahm mir Zeit und unterhielt mich mit Frauen und Mädchen jeden Alters. Eines Tages kam eine Irin. Ende vierzig, mit negerkrausem, blondem Haar, gescheiten Augen und einem Mund wie eine Messerschneide, über den sie sich Lippenstift gemalt hatte. Da sie keine Lippen hatte, malte sie sich die Haut an. Sie war häßlich, knapp, sachlich. Sie gefiel mir sehr.

Am Ende unserer Unterredung sagte sie plötzlich: »Mrs. Harrison, es gibt da etwas, was ich Ihnen sagen muß und was Sie vielleicht veranlassen wird, mich nicht zu engagieren.«

Aha, dachte ich, ein uneheliches Kind. Na schön. Soll ruhig mitkommen.

»Und was ist das?« fragte ich.

»Ich färbe mir die Haare«, sagte sie.

»Ich auch«, sagte ich, »färben wir sie zusammen!«

Aber sie ging auf meinen Ton nicht ein. »Ich bin nämlich ein Albino. Ich bin häßlich genug, wie ich bin. Wenn ich nun auch noch weiße Haare hätte und weiße Augenwimpern, dann wäre das zuviel. Kinder mögen keine häßlichen Menschen. Deswegen färbe ich mir die Haare.«

Diese, dachte ich, darf ich nicht verlieren.

Das war Pat, Pat Jennings. Sie blieb fünf Jahre bei uns, die ersten fünf Lebensjahre meines Sohnes. Ich lernte von ihr Dinge, über die ich nie nachgedacht hätte. »Wenn Sie strafen wollen«, sagte sie, »dann nie im Affekt. Lassen Sie nie die Hand ausrutschen. Das Kind darf nicht sehen, daß Sie aufgeregt sind, denn das gefällt ihm und dann möchte es Sie wieder so sehen. Wenn es, wie eben, frech war, dann gehen Sie aus dem Zimmer und kühlen Sie einen Moment ab. Wenn Sie ihm dann immer noch einen Klaps geben wollen, dann kommen Sie wieder herein und tun Sie es schnell und ruhig.«

Als Carey sich einmal angewöhnte, abends in seinem Bettchen vor sich hin zu greinen und dann anfing zu brüllen, stand sie draußen auf dem Gang mit ausgebreiteten Armen vor der Kinderzimmertür.

»Gehen Sie nicht hinein«, flüsterte sie eindringlich.

»Aber vielleicht ist er krank...«, flüsterte ich aufgeregt.

»Dann weint er anders«, sagte Pat. »Halten Sie durch. Ich weiß, es ist nicht leicht.«

So standen wir beide im Dunkeln und horchten. Nach einer langen Weile wurde es still drinnen. Von da ab blieb er wieder ruhig.

Sie las ihm täglich eine Stunde lang aus seinen Kinderbüchern vor, und er konnte sie alle auswendig, bevor er zwei Jahre alt war. Er merkte sich genau, wann Pat die Seiten umblätterte, und kam gern ins Wohnzimmer

und »las vor«. Zum Erstaunen zufälliger Besucher »las« das winzige Kind, indem es den Kopf vom Beginn bis zum Ende jeder Zeile drehte und dann die Seite umwendete, manchmal – und genau richtig – mitten im Wort.
Ich schrieb ein Tagebuch über ihn, von seiner Geburt an bis zu seinem sechsten Lebensjahr. Meine Mutter hatte das schon mit ihren drei Kindern getan und jedem sein Tagebuch am einundzwanzigsten Geburtstag geschenkt. So ein Tagebuch, das man nicht über sich selbst schreibt, ist ein unparteiisches, unbarmherziges Dokument. Erstaunlich, wenn man Dinge über sich liest, die zwanzig Jahre zurückliegen, von denen man nichts wußte oder an die man sich nur dunkel und oft ganz anders erinnerte – aber da steht unwiderruflich das Datum mit dem Eintrag.
Am 1. März 1948, eine Woche nach Careys viertem Geburtstag, finde ich folgende Eintragung: »Pat fragte heute, ob sie ihm täglich zehn Minuten Unterricht geben dürfe, denn er will durchaus lesen lernen. Ich sagte, ja, zehn Minuten, aber nicht mehr.« Sechs Monate später konnte er fließend lesen. Er las wie ein Erwachsener, ohne kindliche Betonung, wenn auch stark lispelnd. Zu seinem fünften Geburtstag bekam er die »Enzyklopädie für Kinder«, und von diesem Augenblick an wurde es still im Kinderzimmer. Er las.
Pat war zwar ohne Zögern mit uns von London nach Hollywood übersiedelt, aber als wir drei Jahre später nach New York zogen, weigerte sie sich plötzlich mitzukommen. »Jetzt braucht er mich nicht mehr«, sagte sie und sah zum Fenster hinaus. Pat ohne Carey? Carey ohne Pat? So was gab's doch nicht: Hätte man die Gefühle des Kindes analysieren können, so hätte sich seine Liebe vielleicht auf mich, sein Sicherheitsgefühl aber ohne Zweifel auf Pat bezogen.
Ich schüttelte den Kopf. »Wenn das eine Kündigung sein soll, Pat, so nehme ich sie nicht an. Ich kann mir unser Leben ohne Sie gar nicht mehr vorstellen. Sie bleiben bei uns, auch wenn Carey erwachsen ist. Sie gehören doch zu uns!«
»Ich gehöre zu Kindern«, sagte sie. »Es wird schwer sein, ich werde nie wieder ein Kind wie Carey haben.« (Als ich einmal meinte, der Bub sei offenbar nicht sehr musikalisch, hatte sie zwei Tage lang kein Wort mit mir gesprochen.) »Aber ich werde schon die Kraft finden.«
Ich kaufte einen »Freundschaftsring«, drei ineinander verschlungene Bänder aus Gold, Silber und Platin, damit sie wüßte, daß wir Freunde fürs Leben seien.
Sie nahm ihn zögernd und gab ihn mir ein paar Tage später wieder zurück. »Mein Beichtvater erlaubt es mir nicht.«
»Aber warum, Pat? Was kann er dagegen haben? Es ist doch nur ein ganz armseliges Zeichen unserer Dankbarkeit...«
Sie schüttelte stumm den Kopf und sah mich an mit einem Blick, der mir

sagen sollte, daß ich für eine »Erklärung« ja sowieso kein Verständnis haben könnte.
Die letzten drei Wochen vor unserer Abreise nach New York aß sie fast nichts mehr, und ihre Albinoaugen waren rot gerändert. Carey merkte von all dem nichts, freute sich auf New York, denn da würde er endlich in eine »Sule« gehen dürfen, und ahnte nicht, daß Pat nicht mitkommen würde. Wir hofften, daß er im Trubel des Umzuges, dem erstmaligen Anblick einer Großstadt, dem neuen Kinderzimmer, einer Klasse voller Spielkameraden den Verlust von Pat eher verschmerzen würde als im Rahmen seiner gewohnten Umgebung, Pats Sessel, Pats Teekanne, Pats Nähzeug...
Sie sagte ihm nicht auf Wiedersehen, sondern drückte uns nur kurz die Hand auf dem Weg zur Haustür.
»Pat! Ihre Adresse! Wohin kann ich Ihnen schreiben?«
»Gar nicht. Später laß ich von mir hören.«
»Aber Pat! Wenn nun Carey krank sein sollte...«
»Dann müssen Sie allein für ihn sorgen. Ich darf nicht mehr zurück.«
Das Kind fragte, war kurze Zeit mehr verwundert als verstört – und vergaß. Ich hatte es schwer, jemand für ihn in New York zu finden. Die erste, sorgfältig ausgesucht, empfing er neugierig und erwartungsvoll und eröffnete ihr bereits am nächsten Tag, daß sie »ein Dummkopf« sei, womit er absolut recht hatte. Die nächste, eine Schweizerin, jung, resolut und gut gelaunt, nahm er an, obwohl er sie nie liebte. Sie führte gleich von Anfang an ein System ein, das ihm gefiel: Jeden Samstag hing sie ein Zeugnis an die Wand, in dem die verschiedenen »Fächer« seines täglichen Lebens mit Zensuren bewertet wurden: »Aufrichtigkeit«, »Hilfsbereitschaft«, »Reinlichkeit«, »Aufräumen im Kinderzimmer«, »Badezimmermanieren«, »Ton gegenüber den Eltern«, »Ton gegenüber Mademoiselle«, »Benehmen auf dem Spielplatz«, usw. Carey selbst mußte sich die Zensuren erteilen, und es erstaunte mich jedesmal, wie pingelig und streng er mit sich war.
»Benehmen auf dem Spielplatz: Note drei minus«, las ich. »Warum nur drei minus, Darling? Mademoiselle sagt doch, du wärst die ganze Woche über brav gewesen?«
»Ich habe die Juliet hinter der Mülltonne mit der Saufel auf den Kopf gehauen. Mademoiselle hat's nicht gesehen.
»Ah so!«
Er erwähnte Pat nie wieder, und ich auch nicht. Wahrscheinlich war diese Verschwörung des Schweigens die einzige Möglichkeit der Loslösung. Ein paar Jahre später bekamen wir die erste Weihnachtskarte von ihr und hin und wieder einen Brief. Sie wechselte häufig die Stellung in Hollywood, betreute vorzugsweise Säuglinge, wahrscheinlich, weil sie Kinder in die-

sem animalischen Stadium noch am ehesten lieben konnte. Sie war nie ohne Arbeit, wurde hoch bezahlt und benutzte ihr Gehalt, um einem mittellosen Neffen das Medizinstudium in Amerika zu ermöglichen.

Als Carey zwanzig Jahre alt war, besuchte er seinen Vater in Hollywood, der dort *My Fair Lady* drehte. »Aber ich weiß doch nicht mehr, wie sie aussah«, schrieb er mir, als ich ihn bat, Pat aufzusuchen. »Ich kann mich überhaupt nicht mehr an sie erinnern – –« (Ich hatte sie ihm nicht durch ein Foto im Gedächtnis halten können, denn sie hatte niemals erlaubt, daß man sie fotografierte.) Else Schreiber lud Pat, die ihr noch von damals lebhaft in Erinnerung war, zum Kaffee ein – und Carey kam. Statt des schmalen, hellblonden Kindes erschien ein einen Meter neunzig großer, dunkelhaariger und bärtiger junger Mann in der Eingangstür.
»Sie starrte ihn an«, schrieb mir Else, »und ihre Kinnladen zitterten vor Aufregung. Sie konnte nicht einmal die Teetasse halten. Carey setzte sich neben sie aufs Sofa und nahm ihre Hand. Sie hatten sich nicht viel zu sagen. ›Was macht deine Mutter? Was macht dein Vater?‹ – ›Betreust du gerade ein – ein nettes Kind?‹ – ›Erinnerst du dich noch an die drei kleinen Schweine auf dem Fenstersims, Carey?‹ – ›Die drei kleinen Schweine? Eh – ja, ich erinnere mich.‹ – ›Und den Tomatenbrei mit Quark, den du nie essen wolltest...‹ – ›Tomatenbrei mit... Nein, das weiß ich nicht mehr...‹ Nach einer halben Stunde schwiegen beide und sahen sich nur an.«
Das war das einzige Wiedersehen.
Vor kurzem bekam ich einen Brief aus Australien, eine fremde Handschrift, ein fremder Name, kein Fan-Brief. Pats Neffe, der Doktor, dessen Studium sie ermöglicht hatte, schrieb, sie sei zu ihm nach Sidney zum Sterben gekommen. Ob ich ihr noch einen Wunsch erfüllen könnte, denn sie kannte ihren Zustand (Krebs) und wußte, daß sie nur noch kurze Zeit zu leben hatte. Würde Carey ihr noch einmal schreiben? Sie sei sonst ruhig und zufrieden.
Carey schrieb sofort und schickte Fotos von seiner Hochzeit, Fotos von sich und seiner jungen Frau. Etwas später kam wieder eine Nachricht aus Sydney: Careys Brief sei gerade noch zur rechten Zeit gekommen. Man hätte ihn ihr mehrere Male vorlesen müssen, und sie hätte gelächelt. Nur die Fotos hätte sie nicht mehr ansehen können.

Hollywood

Im Sommer 1945, gleich nachdem der Krieg zu Ende war, wurde unser erster gemeinsamer Film *The Rake's Progress* in London uraufgeführt. Das Manuskript – selbstverständlich eine Kriegsgeschichte – war anspruchsvoll, umstritten, anfechtbar. Die Frage war, ob das Publikum schon so kurz nach Kriegsende bereit war, ohne Heroismus oder Sentimentalität zurückzublicken. Der Film wurde ein Sensationserfolg. Er räumte mit Überzeugungen und alten Loyalitäten genauso auf, wie die öffentliche Meinung urplötzlich und radikal Churchill und die konservative Partei zum alten Eisen warf. Er brachte sogar etwas Geld ein. Nicht viel, aber daß nach den neuen Steuern überhaupt noch etwas übrigblieb, war bereits aufregend. Ein kleines Haus, nicht weit von London, wurde gekauft, selbst angestrichen und der Garten bepflanzt. Ich nähte die Vorhänge (schief), und wir stellten unsere ersten eigenen Möbelstücke auf und schoben sie tagelang hin und her, bis es gemütlich war. Wir waren jetzt drei Jahre verheiratet, Careys Kinderwagen stand auf der Terrasse, wir hatten einen Hund, die Himbeeren waren reif im Garten – was hatte das Leben noch zu bieten? Einen Hollywood-Kontrakt.

The Rake's Progress war auch in Amerika gezeigt worden, und das Resultat waren zwei schöne Verträge: einer für Rex bei der 20th Century Fox und einer für mich bei Warner Brothers. Der Abschied von England war schwer. Als das Auto, das uns zum Schiff brachte, aus dem Gartentor fuhr, fing ich an zu weinen. Warum eigentlich? Ein neuer Start in einem neuen Land war doch alter Käse für mich. Und diesmal fuhr ich nicht mittellos aufs Geratewohl ins Blaue, sondern mit einem Vertrag in der Tasche, gehätschelt und verwöhnt, vornehm abgeholt und vornehm in Empfang genommen. Reichtümer erwarteten uns in Hollywood, unsere Gagen klangen astronomisch, wir würden ein anderes Haus finden und einen anderen Hund, Orangen statt Himbeeren, und Carey würde in einem Schwimmbassin planschen. Was war daran so traurig? Nichts Greifbares. Nur ein unbestimmter Argwohn gegen »glückliche Aussichten«.

Unser Schiff, die »Queen Elizabeth«, war außer uns nur von heimkehrenden GIs bevölkert. Wir hatten eine winzige Kabine ohne jede Einrichtung. Es gab nicht einmal einen Stuhl auf dem Schiff, nichts, was Platz wegnehmen konnte, und so saß man auf den wohlgeschrubbten Planken. Das Gepäck war auf ein Minimum beschränkt. Kein Problem für uns. Wir hatten sowieso alle anständigen Kleidungsstücke vor der Abfahrt an Verwandte und Freunde verschenkt, denn noch war die strenge Rationierung in England nicht aufgehoben. Auf uns aber warteten neue Kleider, Orangensaft, Nylonstrümpfe und Kleenex in unrationierten Massen.

Allerdings wurde mir gleich von Anfang an verweigert, unser Bankkonto zu verwalten, so wie ich es brav und preußisch in England getan hatte. Das Amt der unterbezahlten Privatsekreätrin hatte ich gleich nach unserer Heirat übernommen, als sich herausstellte, daß Rex dem Ausfüllen von Scheckabschnitten emotionell nicht gewachsen war. Also füllte ich, stritt mit Steuerbeamten und zahlte Versicherungsprämien. Auf diese

Weise wußten wir wenigstens, wieviel wir auf der Bank hatten. Meistens wenig. Manchmal gar nichts.
Nun aber wurde uns streng von unseren Hollywood-Agenten befohlen, einem sogenannten »Business-Manager« unsere Geschäfte zu übergeben. Dieser würde alles zahlen: Steuern, Gehälter, Fleischer und Friseur. Wir brauchten nur die Rechnungen mit o. k. zu versehen. Der Business-Manager würde für uns »sparen«. Dazu bekamen wir eine gewisse Summe als wöchentliches Taschengeld ausbezahlt. Man müsse sich nur daran gewöhnen...
Wir gewöhnten uns blitzschnell und stürzten uns kopfüber ins Hollywood-Leben. Es wurde ein Haus gekauft mit Swimmingpool, Möbel, Kleider, Autos. Sogar Pat lernte Autofahren, denn in Beverly Hills kann man ohne Auto nicht leben. Es gibt dort in den kilometerlangen Avenues keinerlei Tram oder Bus. Um einzukaufen oder zum Zahnarzt zu gehen, fährt man mit dem Auto. Parks und Spielplätze für Kinder gibt es nicht. Jeder spielt im eigenen Garten. Man geht auch nicht spazieren. Die Geschichte von dem einsamen Ausländer, der abends eine Straße in Beverly Hills entlangschlenderte und Mühe hatte, einer Polizeistreife zu erklären, was er denn da »täte«, ist wahr.
Pat ging natürlich hartnäckig und täglich mit Carey durch die Palmenalleen, so wie sich das für eine britische Nanny gehörte. Sie konzentrierte sich auf drei Dinge: Carey, Gott und ihre Autofahrstunden. Dabei machte Gott mir die größten Schwierigkeiten, denn ich mußte sie jeden Sonntag frühmorgens zur Messe in die nächste Kirche fahren. Da wir jeden Samstagabend auf eine Party gingen, hatte ich schweren Dienst, wenn ich nach ein paar Stunden Schlaf wieder aufstehen mußte. Kaum war Pat in der Kirchentüre verschwunden, schlief ich fest über dem Steuerrad. Wenn sie mich dann eine dreiviertel Stunde später weckte, strotzte sie – im Gegensatz zu mir – voll neuer Kraft und Zufriedenheit und war auf dem Heimweg beinahe gesprächig.

Rex' erster Film bei der Fox war *Anna und der König von Siam*. Man hatte ihm das Manuskript nach London geschickt, und er war fasziniert und gleichzeitig beunruhigt gewesen, denn bisher hatte er nur – wenn auch mit großem Erfolg – in allen seinen Rollen sich selbst gespielt, den eleganten, witzigen, trockenen, jungen Engländer. König Mongkut von Siam aber, den er jetzt in seinem ersten amerikanischen Film darstellen sollte, war ein halbwilder asiatischer Despot Mitte des vorigen Jahrhunderts gewesen, der seine eigenen Frauen verbrennen ließ, wenn sie ihm mißfielen. Niemals, sagte Rex, würde er sich an eine solche Rolle ohne einen großartigen Regisseur wagen, »und in Hollywood gibt es die zu Dutzenden, Gott sei Dank«.

Am Tag nach unserer Ankunft fand bereits das erste Zusammentreffen zwischen ihm und seinem »großartigen Regisseur« John Cromwell statt, und zwar, wie das in Hollywood üblich war, nicht im Büro, sondern bei einem gemeinsamen Mittagessen. Alle wichtigen geschäftlichen und künstlerischen Probleme wurden in Hollywood während des Studio-Lunches erörtert, um eine zufrieden-satte Atmosphäre zu schaffen.
»Mr. Cromwell...«, begann Rex noch während der Suppe, »wie haben Sie sich den König vorgestellt? Ich meine, wie spricht er, was für einen Akzent hat er? Wie bewegt er sich?«
Pause. Man löffelte.
»You know, Rex«, sprach John Cromwell endlich, »machen Sie sich keine Gedanken über so was. Das alles kommt ganz von selbst, wenn Sie erst mal im Kostüm sind.«
Rex erbleichte und hörte auf zu löffeln.
Als er zurück ins Hotel kam, eröffnete er mir, daß wir sofort wieder pakken und zurück nach London fahren müßten, denn der Regisseur sei ahnungslos. Er würde lieber seinen Kontrakt brechen, als sich an eine solche Rolle ohne vernünftige Regie zu wagen.
Ratlos und deprimiert starrten wir aus dem Fenster auf die Palmen und die Bananenbäume.
Abends um acht Uhr kam die Rettung.
Mein erster Telefonanruf in Hollywood hatte natürlich Else Schreiber gegolten. Ich hatte sie nicht mehr gesehen, seit ich ihr vor dem Krieg auf dem Bahnhof in London ein letztes Mal zugewinkt hatte. Selbstverständlich hatte ich versucht, Rex von ihr zu erzählen, sie zu beschreiben, ihm unsere Arbeit zu erklären – aber er hatte nur den Kopf geschüttelt und gesagt: »Erzähl mir nichts von deinem Medizinmann. Ich kann mitteleuropäische Wunderdoktoren nicht leiden!«
Ausgerechnet an diesem ersten, katastrophalen Tag im sonnigen Hollywood sollte Else zum Abendbrot erscheinen – nicht gerade der ideale Moment für die erste Begegnung zwischen den beiden.
Schon ihr Auftritt, war unvorteilhaft. Sie marschierte ins Zimmer, kerzengerade, strotzend vor braungebrannter kalifornischer Gesundheit, während wir kriegsdünn und käsegesichtig dasaßen. Beide Parteien beäugten sich vorsichtig, Else mit ihrem hellen, durchdringenden Blick, Rex hinter seinen überschnittenen, mißtrauischen Augenlidern versteckt. Die Unterhaltung schleppte sich mühsam dahin, denn Else und ich wollten nicht Alte-Freunde-Erinnerungen austauschen, von denen Rex ausgeschlossen war. Daß er an diesem Abend schwer angeschlagen war, erriet sie sofort. Und so nahm sie den Stier bei den Hörnern.
»Interessante Besetzungsidee, daß Sie den König von Siam spielen sollen.«

»Wieso?« sagte Rex argwöhnisch. »Kennen Sie das Manuskript?«
»Ich kenne den Roman. Es ist doch immer reizvoll, wenn man gegen seinen Typ spielen muß, nicht wahr?«
»So?«
»Natürlich. Vorausgesetzt, man ist sich über die andere Person und ihre Eigenheiten im klaren.«
Pause. Rex sah Else prüfend an.
»Was hat der König von Siam Ihrer Meinung nach für Eigenheiten?«
»Viele. Zunächst seine Sprache, sein Akzent...«
Rex unterbrach sie sofort. »Was hat er für einen Akzent?«
Else dachte einen Augenblick nach. »Haben Sie schon mal mit einem Asiaten gesprochen? Für unsere Ohren klingt die Sprache abgehackt und eher hoch – etwa wie Vogelgezwitscher.«
»Vogelgezwitscher?«
»Eben.«
»Und – was hat er noch für Eigenheiten, der König?«
Else überlegte wieder einen Moment. Dann sagte sie ruhig: »Ich glaube, sein Lachen ist das Wichtigste.«
»Sein Lachen?«
»Ja. Der Mann lacht beinah unhörbar, hastig, in einer für uns völlig fremdartigen Weise...«
»Wie?« fragte Rex fast drohend.
Else lachte kurz und stoßweise, etwa wie ein hechelnder Jagdhund, ohne Heiterkeit, eher unheimlich. Jetzt sah sie genau aus wie König Mongkut von Siam.
Rex stand auf und stieß seinen Stuhl zurück. Ohne sie auch nur einen Augenblick aus den Augen zu lassen, ging er rückwärts aus dem Zimmer und kam sofort mit dem Manuskript in der Hand zurück.
»Hier«, sagte er und legte es ihr auf den Teller. »Da ist zum Beispiel eine Szene gleich zu Anfang...«
»Nein«, sagte Else und schob das Manuskript beiseite, »ich muß es erst lesen, bevor ich etwas sagen kann.«
»Können Sie es heute abend noch lesen?«
»Ja.«
»Dann fahr ich Sie jetzt nach Hause.«
»Darf sie nicht erst aufessen?« fragte ich.
»Nein«, sagte Rex und holte seinen Mantel.
»Lassen Sie nur«, meinte Else, »das ist ein Besessener. Ich versteh das.«
Am nächsten Tag erschien Rex schon am frühen Morgen bei ihr in der Wohnung.
Etwas später war er wieder zurück im Hotel und zupfte nachdenklich an seiner Nase.

»Ich werde mit ihr arbeiten«, erkärte er endlich herablassend. »Es kann auf keinen Fall schaden.«

Während der nächsten drei Wochen bis Drehbeginn war Rex unsichtbar. Von früh morgens bis spät abends saß er bei Else und arbeitete mit ihr, bis sogar sie stöhnte: »Ich kann nicht mehr. Der Besessene bringt mich um.«

Endlich kam der erste Drehtag. Rex wurde in der asiatischen Maske geschminkt und der uralten Fotografie des Königs aus dem Jahr 1867 verblüffend ähnlich gemacht. Und nun saß er für die erste Aufnahme mit gekreuzten Beinen auf seinem Thron und hielt seine erste Rede in dem von Else genauestens einstudierten asiatischen Tonfall.

John Cromwell unterbrach ihn voll Entsetzen gleich nach den ersten Worten. »Was, um Gottes willen, treiben Sie da, Rex?« rief er. »Warum sprechen Sie nicht wie gewöhnlich?«

»Ich spreche«, sagte Rex, »wie König Mongkut von Siam.«

»Ausgeschlossen«, sagte Cromwell, »wir haben Rex Harrison engagiert und keinen Vogelstimmenimitator. Sprechen Sie bitte mit Ihrer normalen Stimme.«

Aber Rex war nicht um ein Haar von seiner Darstellung des Königs abzubringen, und so ging der erste Drehtag zu Ende mit Zähneknirschen auf beiden Seiten. Zanuck, der Boß des Studios, wurde selbstverständlich sofort von Cromwell informiert und erwartete die Muster des ersten Drehtags mit Spannung und voller böser Vorahnungen. »Umbesetzung« lag in der Luft. Das Negativ wurde in Windeseile entwickelt, damit Zanuck schnellstens entscheiden konnte, und bereits am frühen Morgen des zweiten Drehtages wurde Rex vom Schminktisch ins Allerheiligste beordert.

Darryl Zanucks Arbeitszimmer hatte die Ausmaße eines Ballsaals. Hinter seinem Schreibtisch hätten sechs Menschen bequem Platz gefunden. Dafür war der Boß selbst klein und unansehnlich von Statur, hatte gescheite, ruhelose Augen und einen Mäuseschnurrbart über den vorstehenden Zähnen, über die es in der Branche viele Witze gab.

»Tja – Rex...«, sagte er und kaute heftig an seiner ewigen Zigarre, »tja – das ist eine ganz schwierige Situation. Tja, also – ich habe eben Ihre Muster gesehen. Die sind hervorragend. Umwerfend. Sie sind der König von Siam, darüber gibt's keinen Zweifel. Was machen wir nun mit John Cromwell? Ich muß dem Schauspieler recht geben und den Regisseur desavouieren. Kann mich nicht erinnern, daß mir je etwas Ähnliches passiert ist. Sind Sie willens, Ihren eigenen Weg zu gehen, ohne jede Regieanweisung?«

»Ja!« sagte Rex begeistert – und sprach während der Drehzeit kein Wort mehr mit seinem Regisseur, außer guten Morgen und auf Wiedersehen.

Als der Film ein paar Monate später in New York uraufgeführt wurde, überschlugen sich die Kritiken ohne Ausnahme in ihrem Lob über Rex' Leistung. Er war mit diesem ersten Film in die vorderste Reihe der amerikanischen Stars gerückt, und am Morgen nach der Premiere schickte er Else ein Telegramm, in dem er seine Dankbarkeit ausdrückte. Abends nahmen wir an einem Essen teil, das ihm zu Ehren gegeben wurde. Allgemeine Begeisterung.

Neben uns am Tisch saß der Regisseur und Schriftsteller Garson Kanin. »Eins versteh ich nicht«, meinte er. »John Cromwell ist ein alter Freund von mir, und ich habe schon recht gute Sachen von ihm gesehen, aber was er da aus Ihnen herausgeholt hat, das ist einfach unglaublich!«

»Nichts hat er herausgeholt«, sagte Rex, »wir haben vom ersten Drehtag ab kein Wort miteinander gesprochen.«

»Was?« sagte Kanin entgeistert. »Sie haben diese Rolle ganz ohne Regie gespielt? Ja, wie sind Sie denn auf den Akzent gekommen, den Tonfall, die Gesten, das Lachen – das ist ja ganz unwahrscheinlich...«

Die Pause dauerte mir zu lange. Selig und eifrig platzte ich hinein: »Natürlich hat Rex Regie gehabt – aber nicht von Cromwell!«

»Wie bitte?« Kanin verstand überhaupt nichts mehr.

Rex schwieg. Ich brach in eine detaillierte Würdigung und Beschreibung von Elses Persönlichkeit und Arbeit aus, aber Kanins Reaktion war nicht so, wie ich sie erwartet hatte. Er zeigte weder Bewunderung noch Verständnis. Im Gegenteil, er schien unangenehm berührt und stocherte schweigend in seinem Essen. Ich begriff plötzlich, daß er sich als Regisseur mit Cromwell solidarisch fühlte, ob der nun den Film geschmissen hätte oder nicht.

Auf dem Heimweg hatten wir unseren ersten Ehekrach. Viele Jahre später erzählte ich diese Begebenheit einem gemeinsamen Freund, dem größten Londoner Theaterproduzenten, der uns beide gut kannte.

»Rex hatte recht«, sagte er, »und du hättest niemals auch nur ein Wort über Else Schreiber sagen dürfen. Rex ist ein Star. Er *darf* keine Pfadfinderbegriffe von ›was ist fair und was ist unfair‹ haben! Er *muß* einzig und allein darauf bedacht sein, eine großartige Leistung zu geben. Wie er das zustande bringt, geht niemanden was an!«

Ich mußte an Shaw denken, der ähnliches gesagt hatte: »Der große Schauspieler darf nur eine einzige Liebe haben, sich selbst.«

Hollywood! Auf meinen Brief an meine Familie in England stand tatsächlich: Hollywood, der soundsovielte. Wir waren schon eine ganze Woche da, aber ich kniff mich noch immer ein paarmal am Tag. Seit den Tagen der *Nibelungen* und meiner Doppelrolle als Siegfried und als Drache hatte ich, trotz aller Umwege, verbissen darauf gewartet: auf Hollywood, den

siebenten Himmel. *Die Nibelungen* waren meine erste Besessenheit gewesen. Es folgten andere, genauso stürmische.
Ich mußte mir Luft machen, also führte ich genau Buch über jeden einzelnen Film, den ich sehen durfte. Titel, Darsteller und dann die wichtigste Rubrik: »Bemerkungen«. Meine Bemerkungen grenzten an Raserei. »Knorke« mit drei Ausrufungszeichen dahinter war das abfälligste Urteil. »Phantastisch« mit fünf Ausrufungszeichen war das übliche. Aber für jeden Film, in dem Gary Cooper mitspielte, fehlten mir die Worte, und es gab nur Ausrufungszeichen, eine ganze Zeile lang.
Ich hatte ihn zum erstenmal neben Marlene Dietrich in *Marocco* gesehen. Der Film war für Jugendliche unter 18 Jahren verboten. Ich war erst vierzehn, aber mit den hochhackigen Schuhen meiner Mutter und mit ihrem Hut und Schleier hatte man mich hineingelassen. Damals war man noch streng, wenn es darum ging, Jugendliche unter 18 von »solchen« Filmen fernzuhalten. *Marocco* war ein »solcher« Film, denn Cooper küßte Marlene zu meiner großen Begeisterung mehrmals heftig auf den Mund. Seither liebte ich ihn – und nur ihn – und versicherte meinen ungläubigen Schulfreundinnen, daß ich eines Tages an seiner Seite spielen würde, komme, was da wolle.
Während der schlimmen Tage in Paris hatte ich mir meine Leidenschaft für Gary Cooper nicht abgewöhnt und lief noch immer in jeden seiner Filme. Darüber hinaus war er für mich eine Art bester Freund und Beichtvater geworden, und ich »berichtete« ihm auf dem Heimweg alle Ereignisse des Tages, alle Hoffnungen und Enttäuschungen. Die Unterhaltung war einseitig. Ich sprach, er saß da und sagte hin und wieder »jap«. Aber ich liebte unsere »Gespräche«. Sie trösteten und leimten mich.
Im Lauf der Jahre, als ich in London langsam auf die Beine kam, rostete unsere Beziehung nach und nach ein. Aber auch während des Krieges ließ ich keinen Film aus, in dem er mitspielte. Er gehörte noch immer zu meiner »eisernen Ration«, und ich beobachtete mit der kritiklosen Liebe des »Fans«, wie er älter wurde, mit Ringen unter den Augen und Falten um den Mund. Als ich mir *Wem die Stunde schlägt* ansah, ging es mir so an die Nieren, wie er da am Boden lag und im Begriff war, den Geist aufzugeben, daß ich trotz lautstarken Protestes in meiner Sitzreihe dem Ausgang zustolperte. Ich war im neunten Monat und wollte das Kind nicht aufregen. Als Carey dann zur Welt kam, begann Coopers Bild zu verblassen, und ich fühlte mich ihm gegenüber schuldig, als hätte ich einem guten Freund lange Zeit nicht mehr geschrieben.
In Hollywood war mein erster Gedanke natürlich: Na, jetzt wirst du ihn endlich zu sehen kriegen. Und während der ersten Wochen dort sah ich oft hoffnungsvoll in den Häusern der fremden Stars zur Tür. Aber er blieb unsichtbar.

Rex schlug sich täglich mit seinem König Mongkut in den Fox-Studios herum, und ich beschäftigte mich mit Carey, Pat und Haushalt, denn wir hatten ein kleines Haus gemietet, hoch über Beverly Hills, mit herrlicher Aussicht über ganz Los Angeles. Nun war es da, auch die Orangenbäume und das Schwimmbassin. Eben hatten wir Weihnachten gefeiert, mit einem Christbaum voll bunter elektrischer Lichter, im strahlenden Sonnenschein und bei glühender Hitze. Trotzdem war man um Weihnachtsatmosphäre bemüht. Auf dem Rasen im Nachbarhaus zur Linken stand ein lebensgroßer Weihnachtsmann mit Bart und gefülltem Rucksack aus Zement. Rechts gab es sogar ein ganzes Rentiergespann mit Santa Claus auf dem Bock und der Kutsche voller Attrappengeschenke. Die Briefe aus England erzählten noch immer von Rationierung, aber der Schnee lag auf den Straßen, und Kerzen hatte man auch kaufen können.
Drei Wochen nach unserer Ankunft, auf den Tag genau, wurde ich von Warner Brothers angerufen. Morgen früh Probeaufnahmen.
»Für was denn?« fragte ich neugierig.
»Für die weibliche Hauptrolle in *Cloak and Dagger*. Regie: Fritz Lang. Partner: Gary Cooper.«

Mein erster Tag in den Warner-Brothers-Studios, mein erster Tag »dabei«. Ich war natürlich schon vorher ein paarmal dort gewesen, schließlich war ich ja unter Kontrakt und bekam ein Wochengehalt, hatte Antrittsbesuche gemacht, von meinem Agenten gesteuert wie von einem Pilotfisch. Hatte sogar das Allerheiligste, das Büro des Bosses Jack Warner, betreten dürfen und war von ihm zwar freundlich begrüßt worden, aber ohne das gewisse elektrische Aufleuchten in den Augen, auf das ich lauerte, denn das hatte bisher immer bedeutet: Jawohl, Miss Palmer, *Sie* sind es und niemand anders. Aber vielleicht leuchtete man nicht in Hollywood. Oder nur innerlich. Auf jeden Fall war ich auf Jack Warners Geheiß zur Probeaufnahme beordert worden.
Ich bekam eine Garderobe angewiesen. Garderobe? Eine Zweizimmerwohnung mit Bad und Küche! Mein Schweigen wurde falsch ausgelegt. Man entschuldigte sich hastig, diese Garderobe sei nur eine Notlösung, man würde mir baldigst eine anständige geben. Ich nickte nur, da mir die Worte fehlten.
Diese erste Probeaufnahme bestand, wie mir zu meiner abgrundtiefen Enttäuschung erklärt wurde, nur aus einer Aufnahme von meinem Aussehen. Keine Szene. Kein Gary Cooper. Nur den Kopf von links nach rechts drehen. Ich wurde geschminkt und in die Dekoration gefahren. Mit einem Studioauto. Die Ateliers waren so riesig ausgedehnt, daß ich eine Viertelstunde zu Fuß gelaufen wäre. In der Dekoration wartete Fritz Lang, der Regisseur, auf mich. Er sprach eisern englisch mit mir und war

abgehackt freundlich. Wenn auch despotisch. Selbst das »Kopf nach links und rechts drehen« wurde zum Examen.
Plötzlich sagte er: »Man bringe ein Leibchen.«
»Ein was?«
»Ein altmodisches Leibchen, wie es arme Leute tragen, um sich warm zu halten«, knurrte er ungeduldig.
Man brachte eins. Der Fundus des Studios – aller Hollywood-Studios – glich einem Warenhaus, in dem es alles gab, auch das Ausgefallenste. Hinter einem Paravent keusch versteckt, wurde mir die Bluse aus- und das Leibchen angezogen. Ich fühlte mich nackt und genierte mich. Dann mußte ich wieder vor die Kamera. Lächerlich. Unten trug ich noch meinen Rock, oben bloß das Leibchen. Das Scheinwerferlicht blendete, ich sah nur Silhouetten um mich herum. Plötzlich stand da eine außergewöhnlich hohe Silhouette neben der Kamera, weit höher als alle anderen, eine Silhouette, die ich genau kannte, denn ich hatte sie hundertmal gesehen: Cooper.
»Mehr nach links, habe ich gesagt«, knurrte Fritz Lang. Es war mir gleich. Dort stand Cooper und sah mich an. Im Leibchen! Ich schielte, heiß unter der Schminke, in seine Richtung, glaubte zu sehen, wie er ein wenig grinste, Fritz Lang kurz begrüßte – und wieder davonging.
Das war's. Ich durfte mich wieder anziehen und bekam, endlich, ein paar bedruckte Seiten in die Hand – eine Szene, *die* Szene, die mein eigentlicher Prüfstein werden sollte. Drei Tage gab man mir, um dran zu arbeiten. Ich fuhr gar nicht erst nach Hause, sondern sofort zu Else. Dort verbrachte ich die drei Tage Gnadenfrist. Abends kam ich spät und völlig ausgelaugt zu Hause an, fiel steif ins Bett und war früh um acht Uhr wieder bei ihr. Sie wurde nicht müde, mich zu kneten und zu braten, bis ich endlich gar war.
Schlotternd vor Angst fuhr ich am vierten Tag ins Studio. Das Leibchen wartete bereits in der Garderobe. Egal. Ich wäre zwar lieber im tollen Abendkleid auf Cooper zugeschwankt, aber das war nun mal in dieser Rolle – eine italienische Widerstandskämpferin – nicht drin. Man hing mir einen züchtigen Schminkmantel um, setzte mich ins Studioauto – und nun kam der große Moment, wo der Affe ins Wasser springt. Da stand die Kamera, darunter saß auf einem Hocker Fritz Lang, Scheinwerfer, ein paar ärmliche Küchenmöbel, zur Szene passend – und ein sehr langer Mann, der mir den Rücken zukehrte. Jetzt drehte er sich um und lächelte verlegen. Der Regieassistent stellte vor: »Mr. Lex Barker. Mr. Barker wird Mr. Coopers Rolle in der Probeaufnahme spielen, Miss P.«
Miss P. war einer Ohnmacht näher als je zuvor in ihrem Leben. Es kam zu brutal unerwartet. Kaum daß ich dem jungen Mann seine vor Aufregung nasse Hand schütteln konnte. Es war auch für ihn eine Probeauf-

nahme. Seine allererste. Vor ein paar Wochen war er aus der Kriegsmarine entlassen worden, und irgend jemand hatte den großen, hübschen Jungen gesehen und ihn »entdeckt«. Vielleicht würde er einmal ein Star werden. Er hatte seinen Text mit dem Studio-Coach für Anfänger brav gelernt, aber das war auch alles.
Als ich ihn während der ersten Probe laut Drehbuch »an mich riß«, gab er vor Entsetzen einen dumpfen Ton von sich, und seine blauen, ahnungslosen Augen starrten mich so entgeistert an, daß ich meinen Text vergaß. Fritz Langs Laune war unter Null gesunken. Später allerdings kam dann ein Solo von mir – von Else mit extra Sorgfalt ausgehämmert –, ein längerer Monolog. Fritz Lang hörte auf zu knurren und sah mich beinah freundlich an. Das war das Ende der Probeaufnahme. »Auf Wiedersehen, Mr. Barker, und vielen Dank.« Das Auto fuhr mich in meine Prachtgarderobe, und ich schminkte mich mit zitternden Händen ab.
Eine ganze Woche Folterqual mußte nun abgewartet und durchlebt werden. Zwecklos, meinen Agenten zu belämmern. Er wußte auch nichts und erstickte mich daher mit einer Fülle von Banalitäten, die man ihm eingetrichtert hatte und die bei solchen Gelegenheiten (Klient wartet händeringend auf Studioentscheidung) anzubringen waren. Der mir zugeteilte Agent gehörte zur Oktopus-Organisation der Agentur MCA, der weitaus größten und mächtigsten der amerikanischen Manager-Firmen. Mächtig, weil sie – bis zu einem gewissen Grade – sogar die großen Studios in Richtung ihrer Klienten beeinflussen konnten, was sie aber nur in außerordentlichen Fällen taten, schon weil sie viele Hunderte von Klienten mit rivalisierenden Interessen zu vertreten hatten. Sie blieben daher meist neutral. In jedem Studio gab es zwei MCA-Agenten, einen Senior und einen Junior, um die jeweiligen Klienten zu betreuen. Die Senioren waren für die großen Stars reserviert. Meiner war natürlich ein Junior. Die Betreuung hatte schon bei unserer Ankunft am Flughafen begonnen. Nach einer Weile konnten wir mit Leichtigkeit auch auf fremden Flughäfen fremde, auf uns wartende MCA-Agenten in der Menge erkennen. Sie hatten etwas von Leichenbestattern: dunkle Brille, dunkle Anzüge und auf dem Bauch gefaltete Hände. Sie sollten diskret wohlhabend, solide und vertrauenerweckend wirken. Der meinige bei Warner Brothers erweckte mein volles Vertrauen, während er mich wiederum von Anfang an »vorsichtig« behandelte. Ich hatte darauf bestanden, daß es in meinem Kontrakt eine Klausel gab, die es mir erlaubte, aus dem Vertrag auszusteigen, falls mein Mann aus irgendwelchen Gründen aus dem seinigen mit der Fox ausbrach. Ich beharrte auf diesen Paragraphen, auch wenn ich mich deswegen zu erheblichen finanziellen Konzessionen bereit erklären mußte. Seither hielt er mich für leicht wahnsinnig.
Das Telefon hatte ein Einsehen und ließ mich, statt einer ganzen Woche,

nur fünf Tage zappeln. Dann ertönte die »vertrauenerweckende« Stimme meines Agenten. »Ins Studio, Miss P.« Dort wartete Fritz Lang und plättete ein richtiggehendes Lächeln auf sein Gesicht, als er mir gratulierte. Und am Nachmittag kam dann endlich die Probeaufnahme mit Cooper. Keine Spielszene, nur mal sehen, wie wir beide zusammen aussahen. Zum Lachen sahen wir aus, denn ich ging ihm nur bis zum Gürtel, und man brachte eine Kiste, auf der ich ihm dann den ganzen Film hindurch gegenüberstand.

»How do you do«, brachte ich zur Begrüßung heraus.

»Hey, kid«, sagte er und blinzelte freundlich.

Selbstverständlich ließ ich kein Auge von ihm während der ersten paar Wochen unserer Dreharbeiten. Er war der ideale Filmschauspieler. Nicht Schauspieler – Filmschauspieler. Es gibt in diesem Beruf zwei Typen, die beide gleich stark auf der Leinwand ankommen. Der eine ist der großartige, gelernte Schauspieler, wie etwa Laurence Olivier, Spencer Tracy, Humphrey Bogart; der andere ist der Nichtschauspieler, die Persönlichkeit, wie Cooper, Cary Grant, Clark Gable. Die gelernten Schauspieler arbeiten ihre Filmrollen wie ihre Bühnenrollen bis ins kleinste aus, Satz für Satz, Wort für Wort. Der Persönlichkeitsschauspieler arbeitet überhaupt nicht, er kennt seinen Text, und damit hat sich's. Alles andere ist dem Magnetismus und der Eingebung überlassen. Dieser Typ ist nervenlos, während der gelernte Schauspieler bis aufs letzte angespannt ist. Cooper konnte vor der Kamera eine längere Rede halten, dabei in der Hosentasche nach einer Zigarette fischen, weitersprechen, während er sich mit dem Feuerzeug plagte, Pausen machen, in denen er scheinbar angestrengt nachdachte, den Faden seiner Rede wieder aufnehmen, Feuerzeug wegstecken, husten, sich die Nase reiben, weiterreden – und dies alles, als ob es keine Kamera gäbe. Charles Laughton, der große englische Schauspieler, der einmal einen Film mit ihm drehte und jede Nuance seiner Rolle, jedes Anheben der Augenbrauen auf einem bestimmten Wort, ja einer bestimmten Silbe ausgearbeitet hatte, soll in Tränen ausgebrochen sein, als Gary sich ganz harmlos und wie gewöhnlich vor der Kamera »benahm«. Er soll ihn umarmt und ein Genie genannt haben.

Cooper wollte das alles nicht wahrhaben, wollte auch meine Lobgesänge auf seine verschiedenen Rollen (zum Beispiel seinen Sergeant York, für den er den Oscar bekam) nicht hören. »Ich mach doch nichts«, sagte er, »ich lerne den Text und paß auf, daß ich nicht an den Möbeln anstoße.«

Er war genauso, wie ich ihn mir immer vorgestellt hatte, nur älter, das Haar schon eisengrau. Er bewegte sich langsam, sprach bedächtig, war schnell müde und schlief dann, den Hut über dem Gesicht, ein, wo immer er gerade saß. Er hatte eine gewisse Unantastbarkeit, eine ruhige Würde, die ihm nie abhanden kam, auch nicht in den albernsten Filmen.

Ich erwähnte niemals die Rolle, die er in meinem Leben gespielt hatte. Was hätte er auch dazu sagen sollen? Aber daß er es sich allmählich zur Gewohnheit machte, während der langen Pausen zwischen den Aufnahmen in meinem Wohnwagen zu sitzen und seine endlosen Beine auf irgendeinem Möbelstück zu verstauen, kam mir ganz natürlich vor. Schließlich waren wir ja uralte Freunde. Und als er anfing zu erzählen – die meisten Hollywood-Stars sprachen gern von den »alten Tagen«, wie Hollywood »damals« ausgesehen hatte und wie die alten Stummfilmstars gewesen waren –, da fand ich es nur gerecht, daß er mir jetzt *seine* Lebensgeschichte anvertraute, nachdem er sich jahrelang meine angehört hatte. Daß er mich niemals aufforderte, etwas über mich zum besten zu geben, paßte auch in mein Bild. Warum hätte ich es ihm auch ein zweites Mal erzählen sollen? Und so machte ich jetzt von Zeit zu Zeit »jap« – und wir waren quitt.

Gleich von Anfang an, schon in der ersten Woche der Dreharbeiten, die laut Arbeitsplan dreieinhalb Monate dauern sollten, merkte ich, daß ich von Tag zu Tag unsicherer und angespannter wurde. Bisher war es immer umgekehrt gewesen. Man tastet während der ersten paar Tage vorsichtig herum, lernt die Namen und Gesichter der Belegschaft kennen, befreundet sich mit den Kollegen während des gemeinsamen Mittagessens, um die unvermeidliche Befangenheit so schnell wie möglich abzuschaffen. Denn es ist nun mal genierlich und unnatürlich, einem wildfremden Menschen formell vorgestellt zu werden und ihm gleich darauf in den Armen zu liegen, weil es das Drehbuch so vorschreibt. Genauso peinlich ist es, daß einem ein Dutzend ebenso fremder Menschen dabei interessiert zuschaut, weil sie als Kameraleute, Beleuchter, Requisiteure etc. dafür bezahlt werden.

Die Schlüsselposition hat der Regisseur. Während alle anderen um ihn herum auf ihre technischen Aufgaben konzentriert sind, sitzt er allein still da und sieht der Handlung zu. Er ist das einzige Publikum, vor dem der Filmschauspieler agiert, und von ihm muß das Ersatzfluidum ausgehen, das man sonst auf die Bühne herauf von den Zuschauern prompt und unmißverständlich geliefert bekommt. Wenn das Publikum im Theater nicht »mitgeht«, so liest man das auf der Bühne so klar wie die brennende Schrift in Belsazars Palast. Wenn im Filmstudio der Regisseur mit verschränkten Armen und kaltem Blick unter der Kamera sitzt, so verschlägt es einem die Laune, die Stimmung, die »innere Seifenblase«, wie Rex das nannte.

Laurence Olivier, unter dessen Regie ich in New York spielte, erzählte, daß er immer gleich am ersten Probentag »die Schranken niederreiße«, um Zeit zu sparen. »Ich zwinge mich, zu übertreiben, jaule, kichere, wälze mich am Boden, ziehe eine so peinliche Schmierenvorstellung vor den Kollegen ab, daß die sich am liebsten abwenden und sich die Nase zuhalten würden. Aber ich habe erreicht, was ich wollte. Unwillkürlich denken alle: Ja, wenn Olivier so einen albernen Clown aus sich macht, dann kann ich mich vielleicht auch ›gehenlassen‹ – und auf das Sichgehenlassen, das Brechen des letzten Widerstandes vor der absoluten Hingabe – *darauf* kommt es an.«

Bei diesem meinem ersten Abenteuer in Hollywood befreundete ich mich, wie immer, schnellstens mit den Kollegen und der Belegschaft. Cooper, der Star, benahm sich nicht als solcher, saß mit uns, hörte zu, sagte »jap« und schlief mehrmals am Tag unter uns ein: ein Zeichen, daß er sich wohl fühlte.

Nicht so Fritz Lang. Er aß nie mit uns und wurde von Tag zu Tag unnahbarer. Jedem Versuch, mich mit ihm zu unterhalten, um »die Schranken niederzureißen«, begegnete er mit kaltem Blick und kurzer Antwort. Eines Tages, als unsere Stühle in einer Drehpause zufällig nebeneinander standen, versuchte ich es auf deutsch. Ich erzählte von dem unauslöschlichen Eindruck, den seine *Nibelungen* auf uns Kinder gemacht hatten, und von meiner ersten Doppelrolle als Siegfried und Drache.

Er sah mich wortlos an.

Vielleicht glaubte er mir nicht? Zum Beweis sang ich ihm das unvergessene »Siegfried«-Motiv des Stummfilms vor, und als er immer noch nicht reagierte, auch das »Hagen«-Motiv. Entzückt von meinem urplötzlich wiedergefundenen musikalischen Gedächtnis, begann ich das »Volker«-Motiv.

Das war zuviel. Er stand auf und unterbrach mich grob auf englisch: »All das interessiert mich nicht mehr.«

Ich hatte in England ein paarmal mit namhaften Regisseuren gearbeitet, darunter Hitchcock, David Lean, Carol Reed. Alle waren, wenn auch manchmal autoritär, ansprechbar und versuchten, ein entspanntes, freundliches Arbeitsklima im Atelier zu schaffen. Fritz Lang war um das Gegenteil bemüht. Er war einer der wenigen deutschen Emigranten-Regisseure, die ohne Delle ihre ruhmreiche Karriere in einem anderen Land und in einer anderen Sprache mit demselben Erfolg weiterführten. Ein Zeichen für die Qualität seiner Regie. Vielleicht brauchte er die Angespanntheit und die elektrisch geladene Atmosphäre. *Ich* brauchte sie nicht. Mit der ersten Klappe für die erste Aufnahme und dem scharfen Ton seines »Action!« fiel mir das Herz in die Hosentasche. Außerdem hatte ich das Gefühl, daß er mit den Kollegen weniger knarrte und Cooper gegenüber einen beinah normalen Ton benutzte. Nur wenn es sich um meine Einzeleinstellungen handelte, wurde er schneidend.

Am Ende der ersten Drehwoche gab es eine Party beim Produzenten Wal-

ter Wanger. Seine Frau, Joan Bennett, hatte zwei Filme unter Fritz Langs Regie gedreht und zog mich sofort in eine stille Ecke. »Na«, sagte sie lächelnd, »wie geht's und steht's auf Fritzens Kasernenhof?«
»Ganz gut«, sagte ich vorsichtig, denn ich kannte sie nicht.
»Oh, come on«, sagte sie, »erzählen Sie mir keine Märchen. Hab's schon läuten gehört. Fritz reitet wieder seine alte Tour mit Ihnen. Sind Sie das einzige weibliche Wesen im Film?«
»Ja.«
»Herzliches Beileid«, sagte Joan und lachte schallend. Dann wurde sie ernst. »Wissen Sie, was ich während unserer Dreharbeiten jeden Morgen laut und deutlich zur Begrüßung gesagt habe? ›Morgen, Fritz, du altes Ekel!‹ Da hatte er dann gleich eins auf den Deckel. Vor der ganzen Belegschaft. Danach ging alles wie geschmiert. *Sie* müssen angreifen, verstehen Sie?«
Ich verstand schon. Und auch, daß man so was von Natur aus können muß und nicht erlernen kann. Vielleicht würde Herr Lang mit der Zeit weniger aggressiv sein.
Herr Lang wurde von Tag zu Tag schlimmer. Manchmal brüllte er. Allerdings nur mit mir. Mit den anderen war er kurz angebunden. Nur mit Cooper blieb er höflich. Wohl auch, weil er gleich zu Anfang einmal etwas ungeduldig mit ihm gesprochen hatte. Gary hatte nur langsam den Kopf gedreht und ihn verständnislos angesehen. Er hörte schwer auf einem Ohr, und man konnte nie sicher sein, ob er in Wahrheit oder mit Absicht nichts hörte. Seither war Lang vorsichtig mit ihm, und da bei den meisten meiner Szenen Cooper dabei war, hielt er sich zurück. Nur wenn ich allein vor der Kamera stand, wurde es ungemütlich.
Abgesehen von unserer Belegschaft kannte ich niemand, den ich um Rat fragen konnte. Das Gelände war wie eine Stadt, in der jeder woanders wohnte und woanders seiner Arbeit nachging. Wollte man ein anderes Atelier besuchen, in dem ein anderer Warner-Film gedreht wurde, so stieg man in sein Auto, fuhr durch Studio-»Straßen« und traf dann auf eine Riesensippschaft unbekannter Leute.
Vielleicht hätte ich mich an unseren Produzenten Milton Sperling wenden können. Aber der betrat nie das Atelier, regierte von seinem Büro aus und sah nur allabendlich die Muster in Gegenwart des Regisseurs. Was hätte ich ihm sagen können? Mich über den Regisseur beschweren? Bei meinem ersten Film?
Blieb nur mein Agent, mein Junior-Agent, dem ich mehrere Male mein Herz ausschüttete. Er faltete seine Hände noch fester über dem Bauch, nickte verständnisvoll und sagte, ja, ja, Herr Lang sei dafür bekannt, daß er Sündenböcke in seinen Filmen haben müsse, meist weibliche, aber ich solle doch um Gottes willen die Geduld nicht verlieren und mir nichts

daraus machen. Hauptsache sei, daß ich genügend Großaufnahmen bekäme.
Ende des ersten Monats kam es dann zum Klappen. Ich sah eines Morgens mit Schrecken auf dem Tagesdrehplan, daß Cooper drehfrei hatte und ich allein mit zwei männlichen Nebenrollen arbeiten sollte. Ich wappnete mich gegen Gebrüll. Die Szene spielte in einem Gasthaus, das ich als Widerstandskämpferin mit Hilfe der zwei Nebenrollen gegen eine ganze Horde faschistischer Bösewichter verteidigen sollte. Die Requisite gab mir ein waschechtes Maschinengewehr und zeigte mir, wie es zu handhaben war. Mein »Kurs« dauerte zehn Minuten. Danach, so fand Fritz Lang, müßte ich wie ein Veteran damit umgehen können. Statt mit echten Kugeln schoß es natürlich mit Platzpatronen, die aber ganz schön brannten, wenn sie herausfielen und auf der bloßen Haut landeten.
Das Drehbuch schrieb vor, daß ich als erste durchs Zimmer laufe – »Ich habe gesagt: Mit dem linken Bein zuerst loslaufen!« schrie Fritz Lang –, mit dem Maschinengewehr das Fenster einschlage und zu schießen beginne.
Erstens lief ich mit dem rechten Bein zuerst, womit die Szene für Lang bereits im Eimer war. Zweitens schlug ich zu schüchtern auf das Fenster ein (ich hatte Angst vor den Glassplittern), so daß es nicht gleich beim ersten Schlag entzweibrach. Drittens drückte ich zwar auf den richtigen Hebel an meinem Maschinengewehr, aber als die leeren Hülsen mir, durch die Strümpfe, auf den Beinen brannten, muß ich wohl laut aufgejault haben. Jedenfalls donnerte Fritz Lang: »Stop!« Sodann ergoß sich ein solcher Sturzbach von Wut über mein glassplitterbedecktes Haupt, daß ich von einem Augenblick zum anderen ganz ruhig wurde. In der darauffolgenden tiefen Stille, während der Regisseur auf meine Entschuldigungen wartete, stellte ich das Maschinengewehr ohne Hast ab und untersuchte meine verbrannten Nylonstrümpfe. Dann rückte ich meinen Rock zurecht, schüttelte das Glas aus meiner Baskenmütze und ging an Lang und der Kamera vorbei zum Ausgang.
Es war Juni. Das Warner-Studio liegt im Kessel des heißen Tals von San Fernando. Im eisgekühlten Atelier war die Temperatur immer erträglich, aber sowie man ins Freie trat, schlug einem die Hitze ins Gesicht, als hätte man den Kopf in einen Backofen gesteckt. Die Wohnwagen der Stars, alle mit Klimaanlagen, standen direkt vor der Ateliertür. Aber selbst die wenigen Schritte verschlugen einem den Atem. »Erreicht den Hof mit Müh' und Not...«, dachte ich, als ich an der Klinke riß. Drinnen war es bei geschlossenen Vorhängen dunkel und herrlich kühl. Ich schloß ab und fiel der Länge nach auf mein Sofa.
Aus. Kein Zweifel. Mein erster Hollywood-Film, die Erfüllung meiner Kindersehnsucht: »Gary Coopers Partnerin« – alles aus. Ich heulte still

vor mich hin. Was würde jetzt geschehen? Man würde einfach umbesetzen. So was gab's in Hollywood. Alle meine Szenen würden nachgedreht werden. Mit jemand anderem.

Es klopfte an der Tür.

Eine fremde Stimme.

»Miss Palmer?«

»Ja?«

»Dürfen wir hereinkommen?«

»Wir?«

»Belegschaft. Machen Sie auf, wir braten hier draußen.«

Drei schwitzende Männer in Hemdsärmeln drängten sich durch die Tür, die Vorarbeiter der Elektriker, der Requisite und der Kameraverbände.

»Was ist mit Ihren Beinen? Brauchen Sie Brandsalbe? Die Sanitätsschwester ist schon im Anmarsch. – Hör'n Sie mal gut zu. Sie sind doch fremd hier, wie? Also, damit Sie's wissen: Bei uns in Amerika wird nicht herumgeschrien. Vielleicht gibt's so'n Ton noch drüben in der Alten Welt, aber nicht bei uns, verstehn Sie? Sind Sie Mitglied von der Bühnengenossenschaft? Na also. Dann lassen Sie mal jetzt Ihren Agentenfritzen seine zehn Prozent verdienen und die Leute da benachrichtigen. Wir wollen Ihnen nur sagen, daß wir die Arbeit niedergelegt haben. Wiedersehen.«

Damit verschwanden sie und machten meinem Agenten Platz, den man irgendwo auf dem Gelände aufgetrieben hatte, denn ich war ja nicht sein einziges Roß im Warner-Stall. Er erschien zum erstenmal etwas krumpelig und sichtlich bestürzt, als sei er an allem schuld. Eine schöne Bescherung! Wer hätte das gedacht! Tja, die Vorarbeiter wären jetzt auf dem Weg zum Produzentenbüro, das Atelier sei dunkel – ich solle am besten nach Hause fahren und abwarten.

Es klopfte noch ein drittes Mal, und die Sanitätsschwester erschien und klebte Pflaster auf meine (oberflächlichen) Brandwunden, während mein Agent mit viel »ts, ts, ts« den Kopf schüttelte.

Dann fuhr ich tatsächlich nach Hause. Morgens um zehn Uhr.

Den ganzen Tag blieb das Telefon hartnäckig stumm. Dafür kam ein großer Blumenstrauß mit den besten Wünschen der Produktion. War das der Abschied?

Abends gingen wir zu einer Party. Alle wußten bereits Bescheid. Woher? Um acht Uhr abends hatte das Radio die sensationelle Nachricht gebracht, daß im Warner-Studio die Arbeit niedergelegt worden war aus Protest gegen den Regisseur. Auch Einzelheiten waren bekannt, und meine Heftpflaster wurden inspiziert.

Tyrone Power zog mich beiseite. »Und Coop?« sagte er. »Was hat Coop getan?«

»Der war heute nicht da.«

»Na, und?« sagte Ty angriffslustig. »Das geht doch schon seit Wochen, nicht wahr, daß der Mann brüllt! So was würde ich in meinen Filmen nie erlauben.«
»Er brüllt nicht, wenn Coop dabei ist«, sagte ich lahm. Und betrübt, daß ich meinen Helden verteidigen mußte.
Drei Tage lang dauerte der Streik. Man verhandelte und suchte nach einem Kompromiß. Resultat: Fritz Lang durfte weiter Regie führen, aber in jeder Szene, in der ich zu tun hatte, würde ein spezieller Repräsentant der Produktion neben der Kamera sitzen, um für »angemessene« Arbeitsatmosphäre zu sorgen. Wäre ich damit einverstanden? Ja.
Als ich am Morgen des vierten Tages in der Dekoration erschien, saß ein grauhaariger Mann mit Schlapphut diskret neben der Kamera. Während der folgenden zwei Monate, bis zum Drehschluß, saß er da und paßte auf. Manchmal schlief er ein und schnarchte leise durch die Proben. Vor der Aufnahme wurde er von der Tonabteilung aufgeweckt.
Lang richtete nie wieder ein Wort an mich außer sparsamen Regieanweisungen. Es war jetzt auch egal, ob ich mit dem linken oder mit dem rechten Fuß zuerst marschierte.
Der letzte Drehtag, die letzte Szene: Cooper hat seine Mission bravourös beendet und muß nach Amerika zurückkehren; die Motoren des kleinen Flugzeuges laufen schon auf vollen Touren; wir stehen (im Atelier) auf einem (künstlichen) Weizenfeld, und ich verspreche ihm unter Tränen, auf ihn zu warten, bis der Krieg aus ist und er mich holen kommt. Cooper weint auch – dies war eine Spezialität von ihm und sehr wirksam bei einem so großen Mann –, wir weinen zusammen, eine letzte Umarmung; die Motoren heulen wild auf – er läuft davon – wird er's noch schaffen? Er schafft es und klettert im allerletzten Augenblick ins Flugzeug – ich winke, der Weizen wogt mit Hilfe der Windmaschine um mich herum, das Flugzeug rollt langsam davon (abfliegen kann es nicht, wir sind ja im Atelier, aber es sieht so aus, als würde es) – ich winke, ich winke ... »Cut!«
Die letzte Klappe fällt. Der Film ist abgedreht.
Cooper klettert wieder aus dem Flugzeug, Bühnenarbeiter laufen hin und her und tragen den Weizen ab, ich drehe mich um und gehe zum Ausgang. Plötzlich steht Fritz Lang vor mir. Ich bleibe auch stehen. Schweigen. Dann streckt er die Hand aus, schüttelt meine und sagt auf deutsch: »Ja, also dann auf Wiedersehen. – Ich werde mein Bestes für Sie tun. Im Schneideraum.« Und geht.
Er hat es auch getan. Er hat selbst in meinen Szenen mit Cooper soviel wie möglich, und manchmal auch mehr wie möglich, von meinen Einstellungen benutzt.
Die Hitzewelle war vorbei. Man konnte sogar, wenn man Lust hatte, zu Fuß vom Atelier zur Garderobe wandern, ohne klitschnaß anzukommen.

Ich hatte Lust und auch Zeit, niemand hetzte mich mehr, und so ging ich langsam die engen Straßen zwischen den Atelierhallen entlang. Ab morgen würde ich wieder ausschlafen können, statt um sechs Uhr früh verschwiemelt und benommen ins Auto zu steigen. Allerdings – es gab da doch einige Entschädigungen, wenn ich den Motor startete. Erstens mal das Gefühl der Tugend (gutes Kind), so früh aufgestanden zu sein, was ich haßte – und noch dazu ohne Frühstück! – zweitens: die Fahrt durch den Cañon bis zur Hauptstraße. Ich fuhr oft extra langsam, um die Luft und die Stille zu genießen. Rechts und links lagen die einstöckigen, weißen kalifornischen Häuser, eins neben dem andern, von bunten Gärten umgeben. Die japanischen Gärtner waren schon im ersten Licht von Garten zu Garten gegangen und hatten die Wasserhähne aufgedreht. Die Rasensprenger drehten sich im Kreis und warfen das Wasser in regelmäßigen Garben über die Blumen und den Rasen. Die niedrigen Sonnenstrahlen fingen sich darin und spiegelten sich in Tausenden von bunten Tropfen in der Luft, und ganze Geschwader von Kolibris schwirrten wie winzige Helikopter vor den Hibiskussträuchern.
Diese Herrlichkeit dauerte nur fünf Minuten. Dann bog ich aus dem Cañon in die Hauptstraße ein und verschwand auf volle vierzig Minuten zwischen monströsen Lastwagen- und Autoschlangen bis zum Studioeingang.
Gary wartete vor meiner Garderobe. Er war in ein Spiel vertieft, das darin bestand, einen Kieselstein von einem Fuß zum anderen hin- und herzustoßen.
»Hey, kid«, sagte er, ohne den Stein aus den Augen zu lassen, »sag – du weißt schon, die Sache mit Lang – ich hätte da wohl doch – aber weißt du, ich bin nun mal nicht sehr gut mit solchen Sachen, ich meine – mir fehlen dann immer die richtigen Worte. Ich brauche eben ein Manuskript und meinen Text – verstehst du?«
Ich verstand sehr gut. Eigene Worte waren bei Gary Mangelware. Er ging sehr sparsam mit ihnen um. Wußte wohl auch, daß ein Schweigen am wirkungsvollsten war. Man soll von anderen Menschen nicht erwarten, daß sie über ihre eigenen Schatten springen. Cooper und ich blieben Freunde.
Jahre später traf ich ihn zufällig im Neubau eines Hauses, das gemeinsame Bekannte gerade bauten. Ich war eben aus Deutschland angekommen. Wir hatten uns lange Zeit nicht gesehen. Freudige Begrüßung. Dann zog er mich durch die leeren Fensterhöhlen ins Freie. »Hey, kid«, sagte er und sah mich mit seinen schwarzgefransten, blauen Augen aufmerksam an, »wie steht's bei dir?«
Ich wußte, was er meinte: Meine Ehe mit Carlos, den er noch aus früheren Hollywood-Zeiten und nur als eingefleischten Junggesellen kannte. »Es

steht gut, Gary«, sagte ich und hoffte, daß er den Schock in meinen Augen nicht bemerkt hatte. Ich hatte keine Ahnung, daß er nur noch ein paar Monate zu leben hatte, aber ich fand ihn ganz seltsam verändert, beinah durchsichtig.

Er sah mich weiter prüfend an. »Ehrenwort, kid?«

»Ehrenwort, Gary.«

Er nickte zufrieden, und wir stiegen ins Haus zurück.

Ich bekam einen Brief »Lilli Palmer, Warner Brothers, Hollywood«, mit einer ungarischen Briefmarke. Unterschrift: Miriam. Miriam! Von allen meinen Schulfreundinnen war sie mir die liebste gewesen. Ich wußte, daß sie kurz vor dem Krieg einen ungarischen Arzt geheiratet hatte und in Budapest lebte. Weiter nichts. Der Brief hier war das erste Lebenszeichen seit acht Jahren. Ich las voller Aufregung, daß sie den Krieg und die russische Besatzung in Budapest durchlebt hatte. Von der Außenwelt völlig abgeschnitten, malte sie Puppenaugen in einer russischen Spielzeugfabrik. Wie hatte sie erfahren, daß ich bei Warners unter Kontrakt war? Eines Abends, schrieb sie, habe sie, erschöpft von der langen Tagesarbeit, wie immer Schlange an der Bushaltestelle vor einem Vorstadtkino gestanden. Dort hing ein Plakat, das die nächste Attraktion ankündigte: Ein sehr großer Mann, Revolver in der Hand, trug ein sehr kleines Mädchen auf dem Arm, sah grimmig drein und schützte sie vor allen Bösewichtern. Darunter stand: »Gary Cooper und Lilli Palmer in...«, wie immer der ungarische Titel lautete. Sie hätte eine halbe Stunde vor dem Kino gestanden. Busse kamen und fuhren wieder ab, aber sie konnte sich nicht losreißen. Schließlich stellte sie sich wieder an, drehte sich aber beim Einsteigen noch ein letztesmal um und sagte dann zu ihren erstaunten Mitfahrern, überwältigt und ganz laut: »Es gibt doch einen Gott.«

Der Film hätte ein Riesenerfolg sein müssen: Gary Cooper unter Fritz Langs Regie, ein ganz vernünftiges Drehbuch – er war es nicht. Die Kritiken waren lauwarm für den Film sowie für Cooper, und was mich, den Neuling, betraf, so war man zwar freundlich lobend, verfiel aber keineswegs in den Begeisterungstaumel, auf den ich gehofft hatte.

Immerhin, ich war Coopers Partnerin gewesen, also gab man mir sofort eine neue Rolle in einem Ding mit dem Namen *My Girl Tisa*. Ich war die Tisa, aber nicht einmal Else konnte diese Rolle retten, in der ich als barfüßige Einwanderin einen langen und herzzerreißenden Dialog mit der Freiheitsstatue im Hafen von New York haben mußte.

Aller guten Dinge sind drei, dachte ich und wartete. Wahrscheinlich hätte ich sehr lange warten müssen, wenn man nicht für ein fertiges Drehbuch mit dringendem Anfangstermin eine weibliche Hauptdarstellerin gesucht hätte. Kein einziger Star war scharf darauf gewesen, eine nichtssagende

Rolle in einem sonst sehr guten Drehbuch mit dem Titel *Body and Soul* zu spielen. Schließlich kam man auf mich und änderte notgedrungen das Drehbuch. Aus einem alltäglichen Brooklyngirl wurde eine junge französische Malerin, womit die Rolle bereits interessanter war. Else tat das übrige. John Garfield, der Hauptdarsteller, ein Prototyp der amerikanischen Arbeiterjugend, verliebt sich in das »Klassemädchen« aus der Alten Welt, und die Gegensätze in unserer Persönlichkeit machten die Beziehung erst recht attraktiv. Der Film war bei seiner Premiere in New York ein außergewöhnlicher Erfolg. Er gehört zu den »alltime«-Klassikern des amerikanischen Films und wird noch heute regelmäßig im Fernsehen gezeigt. Für mich war es der erste Volltreffer. Jetzt stand ich »oben«.

Damals gab es fast jeden Abend eine Party. Anlaß – falls man das dem Business-Manager erklären mußte – war meist die Heimkehr irgendeines Filmstars aus dem Krieg. Und da traf man sie noch: die echten, einmaligen Stars, eine Gattung, die wie einige wilde Tiere heutzutage ausgestorben ist. Stars dieser Art – originelle, mysteriöse, begabte Geschöpfe – brauchen für ihre Aura ein Publikum, das bereit ist, sie von weitem anzubeten. Niemals hätten die Studios erlaubt, sie zu »entschleiern«, weil sie wußten, daß das Geheimnis um einen Menschen die größte Anziehungskraft besitzt. Hätten Greta Garbo und Clark Gable jemals nackte Liebesszenen gespielt, so hätten sie den wichtigsten Teil ihrer Anziehungskraft eingebüßt. Erotische Szenen wurden angedeutet, niemals ausgespielt. Die Phantasie sollte angeregt werden, Schluß. Überdruß wäre eine Todsünde gewesen. Das Publikum sollte »Mehr! Mehr!« wollen. Und nie genug bekommen.
Allabendlich saßen wir in den Häusern der Stars, die Neulingen – soweit sie auch Hauptrollen spielten, sonst nicht – gastfreundlich geöffnet waren. Man stürzte sich geradezu auf europäische Stars, die eigenen kannte man ja zur Genüge. Wir aber kannten niemand, nahmen gerührt und geehrt jede Einladung an und sahen erwartungsvoll zur Tür, durch die immer neue, von der Leinwand her so aufregend bekannte Gestalten hereinkamen. »Hollywood«, hat Ernst Lubitsch gesagt, »ist ein Dorf, dessen Einwohner aus Professionellen ohne Publikum besteht.« Nach dem Essen setzte sich dann jemand wie Hoagy Carmichael oder Eddy Duchin ans Klavier, Judy Garland sang »Over the Rainbow«, Bing Crosby, Frank Sinatra, Dean Martin probierten neue Chansons aus, Danny Kaye referierte und Charlie Chaplin erzählte eine Geschichte. Bei Basil und Ouida Rathbone waren die Wände zur Feier des Abends noch mit Gardenien *tapeziert!* So lang und breit sie waren. Tausende der weißen Blüten, auf Band geheftet und dicht nebeneinander aufgehängt, dienten als Hintergrund, erstickten einen beinah mit ihrem starken Geruch.

Das waren die letzten Atemzüge der sagenumwobenen Hollywood-Partys. Sie waren vor dem Krieg gang und gäbe. Jetzt starben sie in der Atmosphäre der allgemeinen Nachkriegs-Ernüchterung langsam aus.
Es gab so etwas wie eine gesellschaftliche Hierarchie in Hollywood, ein streng eingehaltenes Kastensystem. Tagsüber, in den Studios, war es nicht zu merken, und Stars wie Statisten agierten nebeneinander und zusammen auf das freunschaftlichste. Aber abends bewegte sich das gesellschaftliche Leben rigoros in den Bahnen der gleichen Wochengehälter. Stars luden Stars ein. Dazu natürlich Produzenten, Regisseure oder Schriftsteller. Eintrittsbedingung: Erfolg. Hin und wieder begegnete man auch einem Gast, dessen Name noch niemals »über dem Titel« genannt worden war, aber dann handelte es sich wahrscheinlich um einen Junggesellen, und die waren Mangelware in Hollywood. Sie waren gefragt, wenn eine Ehe gerade auseinandergegangen war und der weibliche Teil plötzlich einen Begleiter brauchte, der ihn abholte und zur Party brachte, denn ein weiblicher Star erschien niemals allein.
Dazu gab's noch eine national orientierte Cliquenwirtschaft, die besonders unter englischen und französischen Stars eifrig betrieben wurde. Wenn aber prominente ausländische Diplomaten oder gar Königliche Hoheiten im Anmarsch waren, dann wurde das gesamte kosmopolitische Starmaterial vereint in die Festungen der Studio-Oberhäupter beordert.
Manchmal ging so etwas daneben. Eines Abends trat die Hollywood-Ehrengarde geschlossen im Strandhaus von Darryl Zanuck an. Man denke da nicht an einen Bungalow am Meeresufer, sondern stelle sich ein Riesending vor, das zwar direkt am Meer lag, aber nicht von Sand umgeben war, sondern von ein paar hundert Quadratmetern künstlichem Gras, Studiogras, denn Darryl Zanuck spielte leidenschaftlich gern Krocket. Wer baden wollte, stieg über steife, grüne Papierschnitzel, Krocketreifen und Holzbälle hinweg ins Wasser.
An diesem Abend war man zu Ehren von Lord Harewood erschienen, dem Neffen des englischen Königs, einem schüchternen, vor Verlegenheit hochroten jungen Mann. Ich saß neben ihm, wahrscheinlich weil ich »Engländerin« war.
Nach längerem Schweigen eröffnete er zaghaft die Konversation. »Gibt's die Krolloper noch?«
»Die was?« fragte ich verstört.
»Die Krolloper. In Berlin.«
»Woher kennen Sie die?« fragte ich, platt vor Erstaunen. Das Wort »Krolloper« war garantiert noch niemals in Darryl F. Zanucks Haus am Pazifischen Ozean ausgesprochen worden. Es stellte sich heraus, daß er sie gut kannte, die Staatsoper und die Städtische Oper auch, sowie alle Sänger und Sängerinnen, die dort vor dem Krieg aufgetreten waren.

»Ich liebe die Oper«, sagte er und verfärbte sich noch dunkler bei diesem gewagten Geständnis. Inzwischen hat er die Musik zum Beruf gemacht und ist heute Direktor der englischen National-Oper. Damals aber war er erst dreiundzwanzig Jahre alt, frisch vom Militär, verhältnismäßig arm und seiner Leidenschaft zur Musik wegen so gut wie leprakrank, was sein Garderegiment anbetraf. Er hatte nichts weiter als seinen erlauchten Familienhintergrund, dessentwegen man ihn ehren wollte.

Mitten in unsere hitzige Debatte über die Qualität der verschiedenen Isolden-Interpretinnen ertönte plötzlich langsam und feierlich die englische Nationalhymne, vom diskret hinter Palmen verborgenen Orchester hingelegt. Zur gleichen Zeit erschien ein extra großer Servierwagen, auf dem das Wappen des englischen Königshauses in Eis gegossen, mindestens einen Meter hoch, ebenso langsam wie feierlich hereingerollt wurde.

Alles applaudierte und sah ergriffen auf die eisigen Wappentiere – mit Ausnahme von Harewood, der vor Schreck eine beinah normale Gesichtsfarbe bekam –, als etwas Unvorhergesehenes den andächtigen Augenblick torpedierte: Der Servierwagen war zu nah an einem der unvermeidlichen Holzkohlenfeuer – in Hollywood sind die Nächte kalt – abgestellt worden, und die Hitze fiel die königlichen Tiere von hinten an. Man schob sie eilig woandershin – zu spät. Der stolze Löwe und das Einhorn verloren langsam an Haltung, ließen den Wappenschild fallen und sanken hilflos zischend in sich zusammen. Eine große Wasserlache war alles, was übrigblieb.

Harewood sah mich ratlos an. Ich konnte ihm auch nicht helfen, denn lachen durfte man nicht. Die anderen Gäste litten unter demselben Problem, und so entstand eine abgrundtiefe Stille, während man die Lache aufwischte und den Servierwagen wegrollte. Dann setzte das Orchester mit einem herzhaften Boogie-Woogie ein.

Jeder Sonntagabend war für die jüngeren Mitglieder der englisch-französischen Clique speziell reserviert. Wir versammelten uns schon am späten Nachmittag im Haus von Tyrone Power und seiner französischen Frau Annabella zum frühen Abendbrot. Früh, damit wir so schnell wie möglich »spielen« konnten. Die älteren Semester nahmen erst später und nur widerstrebend die Sitte an, daß von jetzt ab auf Partys nicht mehr nur getrunken, getanzt und geschwatzt wurde, sondern »gespielt«. Sie genierten sich zuerst, fürchteten, sich lächerlich zu machen oder die Abendkleider zu ruinieren, mußten aber schließlich doch mitmachen, fingen Feuer und »spielten« wie wir. Jahrelang. Das Spiel hieß »The Game«, ganz einfach »Das Spiel«.

Es bestand darin, daß zwei Parteien eine Art Scharade aufführten, wie früher im Kindergarten. Der einzige Unterschied waren die komplizierten Spielregeln. Die Mannschaften stellten abwechselnd ein Mitglied, das ein Sprichwort, ein Zitat, eine Fabrikmarke oder ein Schlagwort in genau drei Minuten nach der Stoppuhr stumm mimen mußte. Stars wie Humphrey Bogart, Jennifer Jones, James Stewart, Henry Fonda, Lana Turner, die tagsüber für ihr Talent Tausende von Dollars kassierten, gaben abends beim »Spiel« ihre Bestes umsonst. Im Studio, vor den Kameras, waren sie oft miesepetrig und knausrig, aber abends beim »Spiel« blühten sie auf, hüpften auf einem Bein, feixten wie Idioten oder gestikulierten tobsüchtig, je nach Bedarf.

Das »Spiel« wurde mit der Zeit immer raffinierter. Es gab Dutzende von Handzeichen, die bedeuteten: »Es reimt sich mit...«, oder: »Ich halbiere und mime die erste oder die zweite Silbe...«, oder: »Ich spiele den ganzen Satz dem Sinn nach...« usw. Der »Mime« wurde von der eigenen Partei mit Fragen überhäuft, man dachte blitzschnell, drängte, schrie, schimpfte – während die Stoppuhr tickte. Dabei waren die professionellen Schauspieler keineswegs immer die besten. Große Stars waren oft Nieten, wie zum Beispiel Clark Gable, der so »langsam« war, daß er die kostbaren drei Minuten verbrauchte, nur um die Silben in seinem Satz zu zählen. Oder Jennifer Jones, die »Chili-con-carne« spielen sollte und sich hilflos im Kreise drehte und »vor Kälte« bibberte. Aus ihr war nichts herauszukriegen. Erstaunlicherweise taten sich die obskuren Ehehälften – männliche oder weibliche – am meisten hervor, die, die sonst nur Anhängsel waren, im Hintergrund herumstanden, oft einfach zur Seite geschubst wurden, während man sich um die berühmte Hälfte drängte. Wir staunten, wie wenig etepetete sie waren und mit welcher Wonne sie in die Luft sprangen oder auf allen vieren auf dem Boden krochen. Jetzt war endlich *ihr* Stichwort gekommen!

Niemand spielte besessener als die rund 25 Gäste in Tyrone Powers Haus. Man riß sich um Einladungen, aber Ty und Annabella konnten nicht mehr als 25 Leute verköstigen, und so blieben wir unter uns, exklusiv und beneidet. Bis es an einem Sonntagabend im Mai 1946 jäh sein Ende nahm. Niemand »spielte« jemals wieder im Haus von Tyrone und Annabella.

Unter den Mitgliedern der Dauermannschaften befand sich auch David Niven, englischer Star unzähliger amerikanischer Filme. Seine 25jährige Frau, Primmie, war gerade aus England eingetroffen. Sie hatte drüben allein warten müssen, bis ihr zweites Baby alt genug war, um reisen zu können. Nun war sie endlich da, einen dreijährigen Buben an der Hand, das Baby auf dem Arm, die veilchenblauen Augen weit aufgerissen vor Staunen.

Sie war eine WAC beim weiblichen Heereshilfsdienst gewesen, hatte den Krieg als »Soldat« mitgemacht, in Schützengräben gelegen, Ambulanzen

bei Bombenangriffen gefahren. Dabei hatte sie David getroffen. Liebe auf den ersten Blick. Alle früheren Hollywood-Glamourgirls in Nivens Freundeskreis verblaßten vor diesen Augen und diesem Lächeln.
An diesem Sonntag war sie zum erstenmal in Tyrones Haus, um feierlich in eine der Mannschaften aufgenommen zu werden. Es war ein warmer, sanfter Tag gewesen, und man wollte eigentlich gar nicht »hinein« gehen. Primmie und ich wanderten noch ein paar Minuten allein im Garten. Sie pflückte eine Orange, roch an ihr, drehte sie hin und her in den Händen, pflückte auch eine Orangenblüte und staunte über den Baum, der zu gleicher Zeit Frucht und Blüten anzubieten hat. »Ich kann's noch nicht fassen«, sagte sie, »ich komme nicht mit! Es ist einfach – zuviel!«
»Daran gewöhnt man sich schnell, Primmie.« Zu schnell, dachte ich. Wir waren erst sechs Monate in Hollywood, und ich erinnerte mich, daß mich der Anblick eines Orangenbaumes auch einmal in Ekstase versetzt hatte...
»Mag sein«, sagte Primmie, »aber du weißt ja noch nicht das Schönste! David hat ein Haus für uns gefunden – ich hab's gestern gesehen – es heißt ›Das Rosa Haus‹ – es ist einfach... Ich kann's nicht beschreiben – man kann das Meer sehen und die Catalina-Insel! Da werden wir von jetzt ab leben, David und die Babys und ich, zum erstenmal in Frieden, ganz ohne Sorgen – stell dir vor! Lil – wirst du mir das Kinderzimmer mit Disney-Tieren ausmalen wie deins?«
»Okay. Mein Einzugsgeschenk fürs neue Haus.«
Dann gingen wir hinein, denn »Das Spiel« sollte beginnen. Da rief ein Dauermitglied der Sonntagsrunde, Cesar Romero: »Kinder – spielen wir doch mal was anderes! Nur eine halbe Stunde, als Hors d'œuvre!«
Was?
»Sardinen.«
Was ist das?
Cesar erklärte: Das Haus wird verdunkelt, alle verstecken sich außer einem, der die anderen finden muß. Wer zuletzt entdeckt wird, hat gewonnen und heißt »Sardine«.
Schwachsinnig. Eigentlich nur ein Vorwand, im Dunkeln herumzuknutschen. Andere fanden das auch, murrten. Wieder andere lachten und wollten nicht Spielverderber sein. Also gut – aber nur ein einziges Mal! Tyrone knipste alle Lichter aus, und wir versteckten uns. Ich kroch unter den Flügel. Von allen Seiten unterdrücktes Gekicher und »Scht!«-Rufe. Noch waren keine drei Minuten vergangen, als eine Stimme rief: »Licht! Jemand ist die Kellertreppe hinuntergefallen!«
Licht. Ich blinzelte geblendet wie die anderen und fragte, wie, wo, wer. Da brachten sie sie schon. Bewußtlos. Primmie hatte sich in der Garderobe verstecken wollen und eine Tür geöffnet, neben der Mäntel hingen. Sie

kannte ja Hollywood-Häuser nicht, konnte nicht wissen, daß die Kellertreppe meistens zu einer Tür direkt *neben* der Garderobe führte, und war kopfüber hinunter auf den Steinboden des Kellers gestürzt.
Man legte sie flach auf den Boden, den Kopf in meinen Schoß. Die anderen standen verstört im Kreis um uns herum. Niven untersuchte sie vorsichtig und ängstlich, konnte aber nichts finden, kein Blut, keine Schramme, nichts. Dann raste er mit seinem Wagen davon, um einen Arzt zu holen.
»Kommt!« sagte Tyrone. »Es hat keinen Zweck, herumzustehen. Helfen könnt ihr doch nicht. Es würde sie nur erschrecken, wenn sie aufwacht. Kommt – wir fangen an zu spielen!«
Die anderen gingen ins Nebenzimmer, Annabella brachte eine Schüssel mit Eiswasser für Kompressen. Ganz langsam schlug Primmie die Augen auf und sah sich mühsam um, ohne sich zu rühren. »Primmie«, sagte ich und streichelte ihr vorsichtig die nassen Haare aus der Stirn, »mach dir keine Sorgen – du bist die Kellertreppe hinuntergefallen – weiter nichts!«
Es dauerte eine Weile, bevor sie sprach. »Lil – ich fühl mich ganz – sonderbar... Nicht mal bei den Babys hab ich mich so – sonderbar...« Dann schloß sie die Augen wieder.
Tyrone öffnete die Tür, fragte flüsternd, ob sie schon zu sich gekommen sei. Wir machten weiter Kompressen. Sie öffnete wieder die Augen und sah mich fragend an. »David holt den Arzt, Primmie – für alle Fälle, verstehst du?«
Sie nickte und versuchte zu lächeln. »Wir werden nie mehr eingeladen werden...«, sagte sie leise und schloß die Augen wieder.
Niven kam mit dem Arzt, und Annabella und ich verließen das Zimmer. Kurz darauf sahen wir durchs Fenster, wie sie Primmie in den Wagen trugen. »Los!« sagte Tyrone. »Sitzt nicht da wie die Trauerweiden. Wir spielen, bis David zurückkommt. Annabella zu ihrer Mannschaft – und Lil zu ihrer, los!«
Wir spielten, aber Augen und Ohren blieben auf das offne Fenster gerichtet. Knappe zwei Stunden vergingen, dann hörten wir Nivens Auto. Tyrone lief zur Haustür – wir standen alle auf. Niven erschien, freudestrahlend, und umarmte jeden einzelnen.
»Es ist nichts!« rief er. »Nichts! Nur eine kleine Gehirnerschütterung! Sie haben sie geröntgt – kein Schädelbruch, keine Knochenverletzung! Sie muß eine Woche im Krankenhaus bleiben – dann darf sie wieder nach Hause. Ach Kinder – gebt mir einen Drink!«
Und er fiel glückselig in einen Sessel.
Niemand wollte mehr spielen. Wir saßen noch ein paar Minuten und tranken auf Primmies glückliches Davonkommen. Dann fuhren wir alle erleichtert nach Hause.

Ich drehte gerade meinen Film mit Cooper und mußte am nächsten Morgen früh aufstehen. Rief vom Studio aus bei Nivens an. Gab's Nachricht aus dem Krankenhaus! Nichts Neues. Mr. N. sei schon zu ihr gefahren. Alles in Ordnung. Während der Mittagspause rief ich wieder an. Mr. N. sei noch im Krankenhaus. Alles in Ordnung. Abends kam Niven selbst ans Telefon. Nichts Neues. Sie läge ganz still, schliefe meistens. Aber das sei nur zu erwarten, sagten die Ärzte.
Das war um acht Uhr abends. Um zehn rief man ihn aus dem Krankenhaus an, er möge kommen. Sofort. Ein Blutgerinnsel habe sich im Gehirn gebildet. Man müsse operieren. Niven saß eine Stunde vor dem Operationssaal. Dann öffnete sich die Tür. Zwei Ärzte kamen heraus. Einer hob beide Hände hoch – und ließ sie wieder fallen.
Primmie war tot.
Tyrone und Annabella verkauften das Haus. Man konnte dort nicht einmal zum Mittagessen hingehen, ohne daß die künstlich frohe Unterhaltung allmählich verkümmerte und man sich am Ende doch verstohlen umsah und dachte: »Hier also war es, daß…«
Ich verbrachte jeden Sonntag auf einer Leiter im Kinderzimmer des »Rosa Hauses«, malte Mickymaus, Donald Duck und Dumbo, den Elefanten, an die Wände und sah durchs Fenster, wie David auf den Stufen der Terrasse saß und aufs Meer starrte. Ich wußte genau, was er dachte: Dutzende von Malen war Primmie während des Krieges in Todesgefahr gewesen und ohne eine Schramme davongekommen – und auf ihrer ersten Hollywood-Party…
Nach einer Weile nahmen wir auch wieder Einladungen an, denn die Partyrunde in Hollywood riß nicht ab. Fast täglich kamen Telegramme, die uns zu einer Gesellschaft »zu Ehren von Soundso« einluden, und wir sagten immer zu. Rex liebte abendliche Menschenansammlungen. Mir ging schon bald der Atem aus, und ich fing an, mich zu langweilen.
»Das kommt davon, daß du nicht trinken kannst«, sagte Rex. »Glaub mir, wenn man einen braunen Drink in der Hand hat, wird der stumpfsinnigste Partner hochinteressant.«
Also übte ich. Ich hielt mir die Nase zu und goß mir ein Glas Whisky in die Kehle. Das endete entweder im Badezimmer oder in tiefem Schlaf quer über dem Bett.
Eines Nachts, es dämmerte schon draußen, saß ich mit Lauren Bacall, Humphrey Bogarts Frau, auf einem fremden Sofa in einem fremden Haus. Die Bogarts hatten uns aus einer anderen Party heraus zu diesen Leuten geschleust.
»Macht dir das eigentlich Spaß?« fragte ich.
Lauren Bacall sah mich erstaunt an. »Wahrscheinlich nicht«, meinte sie dann, »aber Bogey macht's Spaß.«

Wir sahen unseren Ehemännern zu, die sich mit dem x-ten Whisky in der Hand köstlich amüsierten. Plötzlich hatte ich das Gefühl, ich müßte sofort aufstehen, nach Hause fahren und dieser sinnlosen Nacht ein Ende machen. Seltsam – schließlich war ich doch an die Verhältnisse gewöhnt, hatte Hunderte von Partys mitgemacht und mich damit abgefunden, daß sie mir nur ganz selten Spaß machten.

Rex hatte einen Grundsatz, dem er die Treue hielt: Solange beide Gastgeber auf den Beinen waren, ging er nicht nach Hause. Erst wenn Hausfrau oder Hausherr endgültig verschwunden war, holte er sich befriedigt seinen Mantel. Das war gewöhnlich gegen fünf Uhr früh. Ich hielt nie so lange aus mit meinem einzigen Gin-Tonic. Um zwei Uhr herum hatte ich meistens genug und ging auf die Suche nach einem Sofa, das gewöhnlich in der Bibliothek zu finden war. Alle Hollywood-Villen sind ähnlich konstruiert, ähnlich möbliert, mit ähnlichen Bildern an den Wänden. Je nach kulturellem Ehrgeiz hängen da echte französische Ölbilder: Impressionisten, Expressionisten und Abstrakte. Die unterste Bildungsstufe brachte es bis zu einem Utrillo (Postkartenstil), vielleicht auch zu einem Dufy (die Riviera) und einem (kleinen) Renoir (eine Nackte). Anspruchsvollere Typen verstiegen sich zu Rouault und Modigliani. Hin und wieder gab's auch einen Renommier-Picasso. In der sogenannten »Den«, der Bibliothek, hing unweigerlich ein amerikanischer Primitiver über dem Sofa, etwa eine Grandma Moses oder frühe Leinwände aus der Pionierzeit, damit der Vaterlandsliebe Genüge getan war.

Unter diesen Indianer- oder Cowboy-Porträts lag ich und schlief. Von Zeit zu Zeit wachte ich auf, versuchte mich zu erinnern, in welchem Haus ich mich befand, und unternahm einen Erkundigungsgang ins Wohnzimmer. Falls beide Gastgeber noch zugegen waren, verschwand ich sang- und klanglos wieder in Richtung »Den«. Bis es endlich soweit war und ich Rex im Morgengrauen nach Hause fahren konnte.

Zu Anfang hatte er darauf bestanden, selbst am Steuer zu sitzen. Da gab's dann einige Abenteuer. Zum Beispiel merkte er nicht, daß das Gartentor der Sam-Goldwyn-Villa bereits geschlossen war, als wir durchsegelten. Und so fuhren wir durch die Straßen, das Gartentor symmetrisch auf unserem Kühler drapiert. Die schmiedeeisernen Stangen erschwerten zwar die Sicht, aber irgendwie sind wir doch zu Hause angekommen. Ein anderes Mal gab er sich ein noch größeres Handikap, indem er erklärte, er sei Engländer und führe links. Daher fuhr er sorgfältig den ganzen Heimweg lang auf der falschen Straßenseite durch die glücklicherweise stillen, frühmorgendlichen Alleen. Aber nach ein paar weniger lustigen, dafür aber um so haarsträubenderen Episoden ließ er sich überzeugen, daß sein Platz im Auto neben dem Chauffeur sein mußte. Und so tat ich Nachtdienst am Steuer.

Bis es an jenem frühen Morgen auf dem fremden Sofa neben Lauren Bacall bei mir plötzlich klingelte und mir der revolutionäre Gedanke kam, daß das eigentlich nicht meine Berufung sei und es vielleicht auch noch eine andere Existenz für mich geben könnte. Vorläufig war es aber noch nicht soweit. Es blieb beim einmaligen, wenn auch unvergessenen Klingeln.

Es gibt eine Literatur über die Verruchtheit der Hollywood-Mores. Dutzende von Zeitschriften und Illustrierten in allen Sprachen leben davon. Unzählige Menschen haben es sich zum Beruf gemacht, das Ehe- und Liebesleben der Stars zu beobachten, zu beargwöhnen, zu verfälschen und manchmal auch beinah wahrheitsgetreu zu schildern. Es ist ihr Broterwerb, ihr Betätigungsfeld, die Quelle ihrer Existenz und bezahlt das Schulgeld für ihre Kinder. Das begann vor mehr als einem halben Jahrhundert und erreichte seine Blütezeit in den dreißiger und vierziger Jahren. Inzwischen ist das Geschäft mit dem Klatsch erst sanft, jetzt aber steil im Abstieg begriffen: weil Ehebruch heute nicht mehr dieselbe Katastrophe ist wie früher, aber auch weil das Starsystem kaum noch existiert und die Pressebüros zusammen mit den großen Studios eingegangen sind. Es gibt noch ein paar Klatschspalten, aber sie bieten nur einen milden Kitzel im Vergleich zu dem Erdbeben, das sie einmal verursachen konnten.
Als wir Ende 1945 nach Hollywood kamen, wurde das Privatleben eines Stars immer noch vom Studio aus nach puritanischen Prinzipien gesteuert. Wenigstens nach außen hin. Beinahe alle Stars waren verheiratet, die meisten hatten Kinder. Beinahe alle waren ihren Männern oder Frauen untreu, aber alle, ohne Ausnahme, versuchten, ihre Seitensprünge geheimzuhalten. Noch existierten in Amerika die berüchtigten Frauenorganisationen, die den Stab über einen brechen konnten. Wenn auch nicht mehr ganz so drastisch wie in den Tagen des Stummfilms. Damals gab's zum Beispiel den Fall des armen dicken Komikers Fatty Arbuckle, eines hochbezahlten Publikumslieblings, der eigentlich nur Pech hatte. Während einer Party in seinem Haus kam eines der lustigen Mädchen auf die Idee, ein Bad zu nehmen, und ertrank in der Wanne. Fatty durfte nie mehr auf der Leinwand erscheinen und starb, recht elend, nicht lange danach. Noch viele Jahre später bot der Studio-Boß Jack Warner eine ganze Batterie von Verteidigern auf, um seinen Star Errol Flynn vor dem sicheren Untergang zu bewahren. Ein noch nicht sechzehnjähriges Mädchen behauptete, von Flynn abends auf seine im Hafen liegende Jacht gelockt und in seiner Kajüte von ihm überfallen worden zu sein, während es am Fenster stand. Ein berühmter Strafverteidiger rettete Flynn, als er das Mädchen, das mit langen Zöpfen und Wadenstrümpfen im Gerichtssaal erschien, fragte, ob es den Mond vom Fenster aus gesehen hätte.

»Natürlich«, antwortete »das Kind« voller Überzeugung, »ganz deutlich.« Und damit war der Fall erledigt, denn es wurde einwandfrei bewiesen, daß man von Flynns Kajütenfenster aus keinen Mond sehen konnte. Es war dem faszinierten amerikanischen Publikum klar, daß Flynn es mit dem Mädchen getrieben hatte, aber man konnte ihm legal nichts nachweisen, also war er unschuldig, durfte weiter Filme drehen und Amerikas Idealmann – rechtschaffen, freimütig, furchtlos, einen Meter neunzig groß, mit schneeweißen Zähnen – verkörpern.

Das war's überhaupt, darum ging es. Die Bosse der großen Studios waren überzeugt, daß es ihre verdammte Pflicht und Schuldigkeit war, der Welt zu zeigen, wie man leben, lieben und sterben soll. Und das gelang ihnen auch jahrzehntelang, solange die Welt noch unschuldig und filmbegeistert war. Der berühmte Johnson-Moral-Codex war ein zwar ungeschriebenes, aber ehernes Gesetz, dem sich alle unterwarfen. »Sexuelle Ausschreitungen« waren seine Spezialität, und da trieb er die seltsamsten Blüten: Als Rex und ich *Das Himmelbett* drehten – eine von bürgerlicher Moral geradezu triefende, blütenweiße Geschichte –, wurde uns von vornherein befohlen, streng darauf zu achten, daß wir niemals nebeneinander im Himmelbett zu sehen waren, ganz gleich, ob mit oder ohne Ehering. Wenn einer von uns im Bett lag, so mußte einwandfrei zu sehen sein, daß der andere »mit einem Fuß auf dem Boden stand«. Was der andere Fuß tat – das wurde nicht kontrolliert.

Der Johnson-Moral-Codex war nicht ausschließlich für Fragen der Erotik zuständig. Man strich uns in demselben Film einige Sätze, die vom Bühnenstück her berühmt waren. Situation: Hochzeitsnacht. Die achtzehnjährige, jungfräuliche Braut sitzt nun endlich nach vielem Getue und Geziere im Himmelbett, während der Bräutigam im Nachthemd auf dem Stuhl sitzt und sich gerade die Pantoffeln auszieht.

Verängstigte Braut: »Du – ich habe noch nie einen Mann gesehen – so richtig vollständig, weißt du...«

Darauf der Bräutigam gemütlich: »Na, da hast du nicht viel versäumt.«

Allabendlicher Lachsturm. Im Filmmanuskript gestrichen. Empört gingen wir zu Herrn Johnson persönlich, einem freundlichen, beinahe humorigen Mann. »Das ist doch kein unmoralischer Dialog!« protestierten wir.

»Richtig«, sagte Herr Johnson, »deshalb hätte er auch drin bleiben können. Wir mußten ihn aber aus religiösen Gründen streichen, denn der Mensch ist als Ebenbild Gottes geschaffen, verstehen Sie?« Das gab uns eine ganz neue Vorstellung vom lieben Gott...

Solcherart waren die Sorgen des Johnson-Moral-Codex. Das Publikum interessierte sich viel mehr für das Tun und Treiben, besonders das Treiben, im Privatleben der Hollywood-Stars, weil man darin seine eigenen

Wunschträume austoben konnte, so sehr man sich auch nach außen hin entrüstete. Was wäre aber geschehen, wenn man so eine ehrenwerte Hausfrau oder einen braven Familienvater plötzlich nach Hollywood entführt und in die Schuhe der Filmstars geschoben hätte? Was hätten sie getan, wenn ihnen täglich die schönsten Menschen – und immer wieder andere – im Arme gelegen wären? Hätten sie »nein, danke vielmals« gesagt?

Es war schwer, beinahe unmöglich, eine glückliche und monogame Ehe in Hollywood zu führen. Die Hürden waren zu hoch. Die besten Chancen hatten noch diejenigen, die nach vielen Irrfahrten erst spät zueinander gefunden hatten. Sie waren dann vielleicht schon satt. Oder müde.

Eines Abends gab sich ein beliebter Star älteren Jahrgangs die Ehre, alle Ehepaare einzuladen, die »mehr als zehn Jahre glücklich verheiratet waren«. Wir paßten offenbar, durften also mitmachen. Etwa fünfzig Paare feierten im Beverly Hills Hotel. Ich sah in die Runde und kannte beinahe alle. Und alle, die ich kannte, waren ihren Ehepartnern untreu, entweder gewesen oder gerade jetzt. Der Gastgeber hielt eine Rede voll lustiger Scherze am Mikrophon und holte »Musterexemplare« aufs Podium, die viel beklatscht wurden. Sie hielten sich an den Händen, lachten und umarmten sich – und jeder erinnerte sich still an die Zeiten, als sie weder gelacht noch sich umarmt hatten. Wichtig war eigentlich nur, es durchgestanden zu haben. Zum Schluß stieß unser Gastgeber auf die eheliche Treue an. Er war seit zwanzig Jahren verheiratet, hatte erwachsene Kinder, lebte aber schon einige Zeit mit einer jungen Frau, die er später heiratete. Er war bester Laune. Es ging ihm gut, denn er war nie erwischt worden.

Rex wurde. Er hatte Pech. Und als es herauskam, gab es einen solchen Wirbelsturm, daß verschiedene nervös gewordene Stars eilig ihren Freundinnen den Laufpaß gegeben haben sollen.

Als wir im November 1945 ankamen, waren männliche Stars noch Mangelware. Viele der jüngeren amerikanischen Schauspieler waren noch nicht aus ihren Kampfeinheiten entlassen worden. Dazu kam, daß Rex Engländer war, etwas, was die Amerikaner besonders gern hatten, denn es roch nach »Klasse«. Gleich zu Anfang, während einer der ersten großen Partys, als ich in meinem neuen Abendkleid voller Erwartung neben ihm in den Ballsaal trat, wurde ich unsanft von einem spektakulären Mädchen zur Seite geschubst. »Komm«, sagte sie zu Rex, bevor er noch vorgestellt werden konnte, »komm, ich bring dir mal bei, wie man hier Rumba tanzt.« Damit zog sie ihn auf die Tanzfläche, schlang beide Arme um seinen Hals und »tanzte«.

Neben mir stand plötzlich eine Frau, die ich bereits kannte: Mary Lee Fairbanks, mit dem jungen Douglas Fairbanks verheiratet, dem Sohn des

alten Douglas, der mich damals in Paris nicht ansehen wollte. »Machen Sie sich nichts daraus«, sagte Mary Lee in ihrem weichen Südstaatenakzent, »das bedeutet nichts. So benimmt man sich hier – manchmal.«
»Wer ist denn das Mädchen?« wollte ich wissen.
»Lana Turner«, sagte Mary Lee. »Die macht das mit jedem. An so was muß man sich gewöhnen.«
Ich gewöhnte mich.
Meistens hatte »so was« wirklich nichts zu bedeuten. Man amüsierte sich im Vorübergehen, nahm mit, um nichts auszulassen. Manchmal allerdings wurde »so was« zu intensiv betrieben und wurde zum Problem. Dann saß man in der Patsche. Das Mädchen, das sich »zu intensiv« an Rex anschloß, hieß Carole Landis. Der Vater, ein Eisenbahnwärter, hatte die Familie verlassen, als sie drei Jahre war. Carole heiratete einen Polizisten, bevor sie sechzehn war, wahrscheinlich, weil sie glaubte, daß er sie vor der Welt schützen würde. Ein Jahr später war sie wieder unbeschützt. Die nächsten paar Jahre sind undurchsichtig, obgleich das Fox-Studio, das sie später unter Kontrakt nahm, ein Dossier besaß, das dem Polizisten angeblich für viel Geld abgekauft worden war. Es soll Einzelheiten über Caroles Call-Girl-Vergangenheit enthalten haben. Sicher ist nur, daß Carole ein wasserstoffblondes, herrlich gewachsenes Idealbild des Hollywood-Filmstars war, überall zu sehen, überall beliebt, überall nur zu gut bekannt. Als sie Rex kennenlernte, war sie 29 Jahre alt und am Ende ihrer vierten Ehe.
Von dem Augenblick an ging es zu, wie sich das so gehört. Rex verbrachte viel Zeit außerhalb des Hauses, aber seine Erklärungen waren immer einleuchtend. Das interne Hollywooder Klatschblatt »The Hollywood Reporter« hielten wir nicht. Darin hätte ich schon seit einiger Zeit lesen können, daß man das Treiben des englischen Stars, »dessen Name mit H. beginnt«, im Zusammenhang mit der eingesessenen Schönen, »deren Name mit L. beginnt«, beobachtete. Gute Freunde wußten, schwiegen aber. Bis Rex es mir selbst erzählte. Worauf ich tat, was in solchen Fällen immer das beste ist: Ich räumte das Schlachtfeld und flog nach New York. Meine Schwester Hilde war dort verheiratet, und ich entdeckte zum erstenmal, daß sie nicht mehr meine »kleine Schwester« war, sondern eine Freundin und eine Stütze.
Mein Abgang durch die Mitte komplizierte die Lage noch mehr, statt sie zu entspannen und jeder Partei eine Atempause zu geben. Rex war seines besten Alibis – »Ich muß nach Hause« – beraubt, und Caroles Hoffnungen waren endgültig enttäuscht, denn er »mußte« trotz meiner Abwesenheit immer noch nach Hause, wo Pat und Carey ihrem ordentlichen, gewohnten Alltag nachgingen. Abwesenheit kann ein beredter Fürsprecher sein. Rex rief täglich in Hildes Wohnung an, um die Nabelschnur nicht ver-

kümmern zu lassen. Das dauerte zwei Wochen. Dann klingelte das Telefon ein zweites Mal an diesem Tag: Das Mädchen, »dessen Name mit L. anfängt«, hatte sich umgebracht.
Ich packte meinen Koffer und wartete auf dem Flughafen auf das nächste Flugzeug nach Los Angeles. Um Mitternacht konnte ich einsteigen. Man machte die Lichter aus, damit die Passagiere schlafen konnten. Ich konnte nicht schlafen, setzte mich ans Fenster und sah in die Nacht hinaus. Um drei Uhr früh landeten wir für einen kurzen Stop in Chicago. Ich wanderte in der menschenleeren Flughalle umher. Man ordnete gerade die Morgenblätter im Kiosk ein. Plötzlich sah ich im Vorbeigehen etwas. Etwas, das niemand übersehen konnte. Jede einzelne Zeitung trug eine Schlagzeile, riesig, rot gedruckt, zehn Zentimeter hoch: Carole Landis' Selbstmord. Darunter, nur wenig kleiner, schwarz: Rex Harrison findet die Leiche im Badezimmer. Dazu ein Foto: Das Mädchen in einer Art Dirndlkleid am Boden liegend. Ich kaufte hastig ein Exemplar, sah mich um, als ob man mich jeden Augenblick festnehmen würde. Kein Mensch erkannte mich, obgleich es auf den Innenseiten eine ganze Reihe Fotos nicht nur von Rex, sondern auch von mir und Carey gab. »Einsteigen«, dröhnte der Lautsprecher, und ich schlich mich zu den Passagieren. Einige hatten auch die Morgenblätter gekauft und lasen so eifrig, daß sie kaum hochsahen, während wir uns in der Reihe vorwärtsschoben. Niemand sah mich an, die Geschichte war zu aufregend schön. Im Flugzeug versteckte ich mein Gesicht hinter der Zeitung, bis es wieder dunkel wurde. Dann machte ich meine Leselampe an und las.
Das meiste wußte ich schon. Rex hatte eine Verabredung zum Lunch mit Carole gehabt, versuchte aber abzusagen, weil er sich mit dem Schriftsteller Maxwell Anderson treffen wollte, der ein neues Stück für den Broadway vorbereitete. Als sich in Caroles Haus niemand meldete, hatte er kurzerhand mit Anderson geluncht. Danach, so gegen drei Uhr, war er zu ihrem Haus gefahren und fand sie im Badezimmer tot auf. Er hatte die Polizei und einen Arzt angerufen und gewartet, bis sie kamen. Auf ihrem Nachttisch standen zwei leere Medizinflaschen für Schlafmittel – auf der einen stand: »Schnell wirkend«, auf der andren: »Langsam wirkend«. Daneben eine leere Flasche Whisky. Der Arzt bestätigte den Tod, die Polizei schrieb seine Adresse auf. Dann »mußte« er nach Hause. Und rief mich an.
Die Zeitungen berichteten ähnliches, bestickten noch alles mit Lebensläufen der Verstorbenen und der Lebenden, Betroffenen. Der Ton war mitleidig, was Carole betraf – eine schöne, arme, unglückliche Amerikanerin –, und gehässig gegenüber Rex, dem arroganten, gefühllosen Ausländer.
Langsam wurde es draußen heller. Am Rande des dunkelblauen Himmels

begannen sich rote Farben abzuzeichnen, und von einem Augenblick zum andern flutete Licht in die Flugkabine. Die Passagiere wachten auf, räkelten sich und nahmen dankbar den Kaffee an, den die Stewardeß anbot. Ich am dankbarsten. Dann ertönte die Stimme des Kapitäns über den Lautsprecher: »Meine Damen und Herren, wir haben Rückenwind und daher ein paar Extraminuten Zeit. Ich werde mir das Vergnügen machen, Ihnen den Grand Cañon zu zeigen, wie Sie ihn sicher noch nie gesehen haben.« Damit bog er scharf in südlicher Richtung ab. Kurz darauf erschien in der Ferne die Skulptur der riesigen, kahlen roten Steinklötze, die ein Flußbett einrahmten, das vor Urzeiten ausgetrocknet war. Die Sonne hing noch einen Augenblick als einsame rote Tomate am Horizont, dann begann sie, sich schnell aufzulösen und ihre Strahlen auszusenden. Auch die grauen Tragflächen des Flugzeuges leuchteten plötzlich brennend auf. Und jetzt fiel das rote Morgenlicht auf die gewaltigen nackten Steinwände des Grand Cañon, denen wir uns näherten. Sie flammten auf, als hätte man eine Brandbombe hineingeworfen. Die Passagiere drängten sich um die Fenster. Der Kapitän flog eine Kurve und zog die Maschine langsam und genüßlich den langen, tiefen Schacht entlang. Nicht nur die Gebirgswände, auch der Geröllboden und die umliegende steinige Landschaft – alles war in einen einzigen, blutroten Guß getaucht. Die Passagiere schrien laut vor Entzücken. Ich schrie mit – und faßte mich an die Gurgel. Mir war auf einmal sterbensübel, vielleicht vom Kaffee – ich hatte seit gestern mittag nichts gegessen –, vielleicht von der scharfen Kurve, die der Kapitän jetzt einschlug, um wieder auf seine Flugroute zurückzukehren, vielleicht von dem vielen Rot unter mir. Aber vielleicht auch von dem Gedanken an die Schlaftabletten, die sie mit dem Whisky hinuntergegossen hatte, eine nach der anderen, bis die Flaschen leer waren. Das Bild ließ mich nicht los, und mein Magen krampfte sich zusammen. Das Flugzeug flog völlig ruhig dahin, und die Passagiere waren mit Recht verdutzt, als ich sie grob zur Seite stieß, um den Gang in Richtung Toilette entlangzulaufen. Ich wollte alles loswerden, was sich da verkrampfte, alles, alles loswerden.

Um sechs Uhr früh Los-Angeles-Zeit landeten wir. Der Flughafen schien ausgestorben. Ein einziger Mensch wartete im trüben Morgenlicht. Ich erkannte ihn und fiel ihm um den Hals. Leyland Hayward sah mich an, fand, ich brauchte einen Cognac, und führte mich zur Flughafenbar. Er war so früh erschienen, weil er in dieser Nacht gar nicht erst schlafen gegangen war. Leyland war ein alter Freund von uns, außerdem wollte er Maxwell Andersons Stück am Broadway produzieren, er hatte also, abgesehen von seinem persönlichen, auch ein geschäftliches Interesse. Rex hatte ihn gestern sofort angerufen, und Leyland hatte den Abend und die

halbe Nacht in unserem Haus verbracht. Während ich den Cognac tropfenweise schluckte, gab er mir ebenso tropfenweise einen Einblick in die Situation.
»Haben Sie denn überhaupt eine Ahnung, was jetzt auf Sie wartet?« fragte er als erstes.
»Wieso? Was soll auf mich warten?« sagte ich verständnislos.
Daraufhin bestellte er sich auch einen Cognac.
Zunächst mal, so sagte er, warteten an die hundert Journalisten und Fotografen auf mich.
»Auf *mich?*«
»Auf Sie.«
»Wo denn?«
»Vor Ihrem Haus.«
Man wußte glücklicherweise nicht, wo ich war, sonst hätte meine Ankunft am Flughafen anders ausgesehen. Rex, berichtete Leyland vorsichtig, sei all right. Erst hätte er sich in unserem Haus verbarrikadieren müssen…
»Verbarrikadieren?«
Aber am Abend sei bereits die Polizei anmarschiert und habe verhindert, daß man ins Haus einbrach.
»Wer wollte einbrechen?«
Die Journalisten. Es sei schließlich ihr Job, ein Interview mit Rex und auch mit mir für ihre Zeitungen zu bekommen. Auf welche Weise, sei gleichgültig. Die Zeitung würde für eventuelle »Hausfriedensbruch-Bußen« jederzeit aufkommen. Auch für eingeschmissene Fensterscheiben. – Nein, keine Sorge, Carey und Pat seien absolut okay. Tja – und nun gäbe es aber ein wirkliches Problem, nämlich: Wie sollte ich ins Haus kommen? Würde ich vielleicht lieber zu Freunden gehen? Allerdings, auf die Dauer könne man das nicht geheimhalten, und dann würde man das Haus der Freunde umstellen und…
»Ich will nach Hause«, sagte ich.
Das hätte er sich gedacht, meinte Leyland. Nun, er würde ja an meiner Seite bleiben, und ich müßte nur auf Püffe und Geschubse gefaßt sein, aber solange ich die Nerven behielte und kein einziges Wort sagte, würden die Kerle am Ende doch aufgeben müssen und mich durchlassen.
»Kann die Polizei nicht einen Weg bahnen?«
Tja – das wäre so eine Sache mit der Polizei. Die wäre zunächst mal sicher beleidigt, daß er, Leyland, ihr nicht gesagt hatte, daß und wann ich ankäme…
»Und warum haben Sie nichts gesagt?«
Weil man ihr nicht trauen konnte. Die Polizei würde diese Information garantiert an die Journalisten verkauft haben.

Die Cognacgläser waren leer, es war sieben Uhr, eine günstige Zeit, nach Hause zu fahren. Vielleicht waren die Zeitungsleute nach der langen, vergeblichen Nachtwache schläfrig! Aber Leyland schüttelte den Kopf. »Die kommen und gehen in Schichten«, sagte er. »Die sind das Warten gewöhnt.«

Während der langen Fahrt nach Hause fand er dann den Mut, mir auch die wirklich ernsten, unsere ganze Existenz bedrohenden Gefahren auseinanderzusetzen. Selbstmord sei in Hollywood etwas ganz außerordentlich Furchtbares, sagte er, viel furchtbarer als in der übrigen Welt. Und da der Zorn der Gemeinde dem Toten nichts mehr anhaben konnte, sich aber irgendwie entladen müsse, richte sich die allgemeine Empörung um so heftiger und oft ganz sinnlos gegen die Person, die so einen Selbstmord »auf dem Gewissen« habe. Hie und da hätte es einen Selbstmord in Hollywood gegeben, aber erstaunlich selten, wenn man bedenkt, was hier alles an Hysterie und Hemmungslosigkeit aufeinanderpralle – aber wenn, dann bedeutete das regelmäßig das Ende der Karriere für den »schuldigen« Überlebenden. Es ist, als ob ein Selbstmord dem »Image« von Hollywood als dem sonnigen, segenspendenden Paradies vor aller Welt ins Gesicht schlägt. Es wird eher aufgebauscht als vertuscht. Und ganz bestimmt nie verziehen.

»Rex ist also seinen Vertrag mit der Fox los«, sagte ich bedrückt.

»Wahrscheinlich«, sagte Leyland düster, »obgleich ich glaube, daß Zanuck kämpfen wird für ihn. Er hat ja seinen letzten Film noch nicht herausgebracht, würde also eine Menge Geld verlieren. Ich habe gestern lange mit ihm gesprochen, auch mit Harry Brand, dem Chef des Pressebüros. Übrigens – Brand schickt heute früh einen seiner Rechtsberater für Rex, und Warners schicken einen für Sie. Die beiden werden jetzt täglich bei Ihnen sein ...«

»Wie lange?«

»Na, bis zum Begräbnis mindestens. Tun Sie nichts ohne diese zwei Männer. Sprechen Sie mit niemandem. Auch nicht am Telefon.«

Unser Haus lag im Mandeville Cañon, nicht weit vom Meer, ein typisches amerikanisches Landhaus, Bungalow-Typ, weiß mit weißen Fensterläden, umgeben von einem teilweise wilden Garten mit alten, hohen Bäumen. Man fuhr durch ein hölzernes Tor, dann im Schatten der Platanen einen kurzen Weg zur Garage, die direkt am Haus lag. Dahinter gab es einen Pferdestall und eine Manege voller Unkraut, da sie niemand benutzte. Der Stall beherbergte ein halbes Dutzend Palominopferde, beigefarben, mit langen weißen Mähnen. Der frühere Besitzer hatte uns gebeten, sie als Untermieter zu behalten, und wir sahen ihnen zu, wie sie im Garten grasten, zwar abgezäunt, aber in Reichweite. Befreunden konnte man sich nicht mit ihnen. Sie fletschten ihre gelben Zähne und schnaubten vor Zorn, wenn man den Stall betrat, und so dienten sie nur als Kulisse.

Das Eingangstor stand weit offen, als Leylands Wagen langsam hindurchfuhr. Leyland hielt an und überlegte einen Augenblick – ich sah niemanden und dachte, vielleicht sind sie doch alle weggegangen –, dann gb er plötzlich heftig Gas und raste auf das Haus zu. Im selben Augenblick standen an die hundert Männer um den Wagen herum. »Aussteigen!« sagte Leyland zwischen den Zähnen, aber meine Tür war bereits blockiert. Er stieß seine auf und versuchte, sich einen Weg zu meiner Seite zu bahnen. Blitzlichter flammten wie ein Feuerwerk um mich herum. Jemand riß meine Tür auf.

»Hierher! – Nein, hierher! – Lilli, sieh mal hierher! – Sehen Sie zu mir, sehen Sie mich an – Hier, zu mir! – Jetzt zu mir...«

Ich sah nichts und niemanden in dem Weißglühen der Blitzlichter.

»Laßt sie aussteigen! – Nein, drinbleiben! – Hierher, sieh mich an, hierhersehen – Aussteigen!«

Jemand zerrte mich heraus, aber der Andrang war so stark, daß die vordersten zu dicht an mich gepreßt waren, um Aufnahmen machen zu können. Kameras hoch gehalten, tief gehalten, direkt vor meiner Nase, Blitzlichter – ich kniff die Augen fest zu. Dazu die Fragen: »Was haben Sie zu sagen? – Was ist Ihr Kommentar? – Kannten Sie Carole Landis? – Hatten Sie Ihren Mann verlassen? – Gehen Sie zu ihm zurück? – Wo waren Sie? – Kommen Sie zur Beerdigung?« Alle schrien gleichzeitig. Der Lärm war ohrenbetäubend, die Kameras klickten immer noch, man stieß mich hin und her.

Auf einmal gab es Luft, denn Leyland hatte zwei Polizisten im Schlepptau (jeder hatte fünf Dollar bekommen). »Break it up, boys«, dröhnten sie. »Zurück, zurück! Loslassen und durchlassen, verstanden?«

Schimpfend ließen sie von mir ab. Die Polizisten spreizten die Arme weit auseinander – und dann stand ich vor der Haustür. Sie öffnete sich einen Spalt, und Leyland stieß mich hinein.

Es ist erstaunlich, was man alles kann, trotz Gemütsaufruhr und Bedrohung. Man kann zum Beispiel frühstücken. Der berühmte Bissen bleibt einem nicht im Hals stecken. Ich hatte meine gewöhnliche Riesenmahlzeit mit doppelter Portion Kaffee, die auch Rex dringend nötig hatte. Dann ging ich ins Kinderzimmer, wo Carey aufgeregt am Fenster stand und die Männer mit den Kameras draußen vor der Tür beobachtete. Pat stand daneben mit verkniffenem Gesicht. »Was sind denn das für Menschen«, sagte sie und hielt mir eine »Los Angeles Times« unter die Nase. »Die schreiben da von Mr. Harrison und seinem ›mate‹ (Weibchen), damit sind Sie gemeint! Sind wir denn unter den Gorillas?«

»Gorillas!« jauchzte Carey, schleppte seine Bilderbücher an und zeigte mir eine Gruppe fotogener Menschenaffen. »Das bist du. Das ist das Weibchen«, sagte er und zeigte auf ein unverkennbar weibliches Exemplar mit Hängebusen.
»Woher weißt du denn das?« fragte ich erstaunt.
»Es sieht freundlicher aus«, erklärte er mit Nachdruck.
Angesichts der männlichen Gorillas vor dem Haus hatte er recht. Keiner sah freundlich aus, alle waren böse auf uns. Wir spielten nicht fair. Sie waren doch nicht zum Vergnügen hier!
»Pat«, sagte ich, »Sie werden heute nicht spazierengehen können.«
»Warum nicht?«
»Man wird Sie nicht durchlassen.«
»Mich?« Ganz Irland, fünfhundert Jahre Revolution, lagen in der Verachtung ihrer Stimme. »Mich kann niemand zurückhalten – und wehe, wenn einer Carey anfaßt! – Hier!« Sie holte ihren großen, schwarzen englischen Regenschirm. »Damit haue ich sie über'n Kopf.«
»Pat – man wird versuchen, Sie auszufragen...«
»Mich?«
Vor so viel Mordlust im Blick strich ich die Segel.
Etwas später stieß sie mit Wucht die Haustür auf – ich zuckte zusammen, als ich den Tumult draußen hörte –, dann war Pat im Gedränge untergegangen. Aber nur für einen Augenblick, dann sah ich ihren Regenschirm hoch in der Luft – und gleich darauf gab es eine Bresche und auch eine gewisse Stille, durch die sie erhobenen Hauptes marschierte, das Kind an der Hand, auf das Gartentor zu.
Irgendwann erschienen dann auch die versprochenen Studio-Rechtsanwälte, von der Polizei und ihren Studio-Leibwachen geleitet. Alles war uns willkommen, auch Rechtsanwaltgesichter. Das Telefon läutete pausenlos, aber Leyland hatte uns geraten, den Hörer nicht abzuheben – wahrscheinlich die richtige Strategie, aber schlecht für die Nerven. Stattdessen hoben die Anwälte ab, sprachen beruhigend mit Freunden, gaben vage Antworten auf Presseanrufe. Gut, daß unsere Nummer geheim war, sonst hätten die anonymen Beschimpfungen schon angefangen. (In Hollywood machen sich manche Leute daraus einen Zeitvertreib, wenn sie die privaten Nummern der Stars herausbekommen. Mich rief jahrelang eine tiefe, weibliche Stimme an, zu Hause sowie im Studio, die »Sie Schwein« brüllte, bevor ich auflegen konnte.)
In den Telefonpausen erklärten sie uns dann die rechtliche Situation. Irgend jemand hatte behauptet, die Handschrift auf den Medizinflaschen – »Schnell wirkend«, »Langsam wirkend« – sei die von Rex gewesen. Pure, sinnlose Erfindung. Aber ausreichend, um den Untersuchungsrichter zu veranlassen – jeder Selbstmord ist ein krimineller Akt –, die Er-

laubnis für ein sofortiges Begräbnis zu verweigern. Wir sollten uns keine Sorgen machen, dies würde noch heute aufgeklärt werden.
Die Autopsie habe übrigens ergeben, daß der Alkoholspiegel im Blut sehr hoch gewesen sei.
Die Schwierigkeit läge ganz woanders: Die Hearst-Presse, die mächtigste im Lande, sei im Augenblick stark antibritisch und nicht gewillt, diesen Fall so schnell in der Versenkung verschwinden zu lassen. Erstens könne man eine Menge Zeitungen damit verkaufen, zweitens böses Blut gegen England machen. Wir sollten also darauf gefaßt sein, diese Sache einige Tage durchstehen zu müssen.
»Einige Tage?« Wie die Ratten in der Falle, buchstäblich gefangengehalten von den Leuten da draußen?
Nun – die Journalisten könnten wir loswerden, wenn wir uns zu einem Interview bequemen würden. Beide zusammen. Vors Haus treten, etwa fünf bis zehn Minuten stehen und fotografiert werden, und vor allen Dingen: Fragen beantworten. Wären wir dazu bereit?
Wir gingen allein in die »Den« und berieten. Es nützte nichts, in diesen sauren Apfel mußte gebissen werden. Aber dann so schnell wie möglich, damit wir es hinter uns hatten. Beide Anwälte traten vor die Tür, wurden zunächst mal fotografiert, und dann wurde verhandelt. Ergebnis: Abzug sämtlicher Journalisten und Fotografen für ein einziges, aber ausgiebiges Interview. Zeitpunkt: in zehn Minuten.
Ich kämmte und schminkte mich. Ich wollte nicht wie ein Stück Käse auf den Fotos aussehen. Dann traten wir vor die Tür, eingerahmt von den Anwälten.
Sie wahrten eine Entfernung von etwa vier Metern, standen im Halbkreis, nahmen sich Zeit, drängten nicht. Warum auch – das Wild stand ja da und rührte sich nicht. Dann gaben sie ihre Anweisungen und knipsten.
»Sehen Sie sich an. – Sehen Sie uns an. – Halten Sie sich an den Händen. – Lächeln Sie. – Lächeln Sie uns an. – Legen Sie den Arm um Ihre Frau. – Legen Sie den Arm um Ihren Mann. – Küssen Sie sich.« Andere Positionen fielen ihnen nicht ein.
Jetzt kamen die Fragen an die Reihe.
Wo und wann wir Carole zum ersten Mal getroffen haben. War es eine Liebe?
Nein, eine Freundschaft.
Lieben Sie Ihren Mann?
Ja.
Lieben Sie Ihre Frau?
Ja.
War ich auch mit Carole befreundet?
Ja.

Was für Gefühle haben Sie über ihren Tod?
Traurige.
Warum hat sie sich umgebracht?
Keine Ahnung.
War sie unglücklich?
Keine Ahnung.
Fanden Sie sie attraktiv?
Natürlich.
Wo war ich gestern gewesen?
In New York.
Warum?
Meine Schwester besuchen.
Waren Sie eifersüchtig?
Nein.
Würden Sie beide zum Schwimmbassin gehen und aufs Wasser zeigen?
Ja.
(Fotos am Schwimmbassin)
Würden wir die Pferde streicheln?
Die lassen sich nicht streicheln.
Würden wir in die Leichenhalle fahren, damit man uns mit der Leiche zusammen fotografieren könne?
Nein!
Dann zogen sie wahrhaftig ab. Alle. Nur die Polizei blieb. Und die Rechtsanwälte. Auch Leyland verabschiedete sich. Er wollte gerne schlafen gehen.
Ich stand am Fenster und sah den Palominopferden zu, die dort drüben so ruhig grasten. Sie schnaubten und stampften und schüttelten ihre herrlichen Mähnen. Wie schön sie waren. Und wie friedlich an diesem blauen Sommertag. Ich sah durchs Fenster, wie Pat und Carey vom Spaziergang zurückkamen, Carey sichtlich enttäuscht, daß alle Gorillas verschwunden waren. Dann lief er zum Zaun und hielt den Pferden auf der flachen Hand ein Stück Zucker hin. Pat gleich hinterher, den Schirm parat, um auf die Pferdeschnauzen zu schlagen, falls nötig.
Ein Anwalt kam und meldete, eine Mrs. Haymes aus New York sei am Apparat. Rex ging sofort zum Telefon, schloß die Tür hinter sich und blieb lange verschwunden. Als er wiederkam, sah er besser aus. Mrs. Haymes, die Mutter des Schlagersängers Dick Haymes, war Caroles beste Freundin gewesen. Sie wollte ihm sagen, daß Carole schon öfters versucht habe, sich umzubringen, lange bevor sie Rex kennengelernt hatte. Das heißt, sie habe öfters zuviel Schlaftabletten geschluckt. Dann habe sie aber immer angerufen, und Mrs. Haymes habe Zeit genug gehabt, einen Doktor mit Magenpumpe zu alarmieren. Vorgestern sei sie erst spät nachts nach

Hause gekommen und habe einen Zettel vorgefunden, aus Los Angeles sei angerufen worden. Aber sie habe nicht zurückgerufen, es sei zu spät gewesen.
Das Spiel mit dem Tod, das Vabanquespiel mit den Schlaftabletten. Vielleicht – vielleicht auch nicht. Schmerzloses russisches Roulette. Eine Mutprobe, ein Wagnis, ein Abenteuer – eine Spekulation, ein Racheakt (»Du sollst an meiner Leiche stehen und weinen!«) – alles zusammen beduselt und ineinander verflochten durch den Alkohol. Von Carole Landis bis Marilyn Monroe wurde diese Lotterie häufig in Szene gesetzt, meistens war es »April-April«, aber manchmal fiel die Tür ins Schloß, trotz der Spielregeln.
Carole hatte nicht nur Mrs. Haymes angerufen, sie hatte auch andere Maßnahmen getroffen. Zwei kleine Koffer voller Dinge, die sie »verschenken« wollte, plus Fotoalben und Mementos, hatte sie nachts Freunden vor die Küchentür gestellt. Sie konnte annehmen, daß die Freunde, oder deren Mädchen, frühmorgens die Milch hereinholen und die Koffer und den Abschiedsbrief entdecken würden. Es wäre dann noch Zeit gewesen, denn sie muß am Morgen noch aufgewesen sein: Die Vorhänge in ihrem Schlafzimmer waren aufgezogen, und nirgends im Haus brannte Licht. Was sie vergessen hatte, war das Datum: der 4. Juli. Feiertag. Die Freunde schliefen extra lange, das Mädchen erschien überhaupt nicht, und die Milch sowie die Koffer blieben bis zum Nachmittag unentdeckt. Die Tür war ins Schloß gefallen.

Abends gingen endlich auch die Anwälte. Wir schliefen ohne Schlaftabletten, erschöpft, wie tot. Morgens waren sie wieder da. Mit Kummermienen. Die Begräbniserlaubnis war immer noch nicht bewilligt worden, obwohl einwandfrei feststand, daß die Aufschrift auf den Medizinflaschen von Caroles Arzt stammte. Der Untersuchungsrichter ließ sich einfach nicht sprechen. Es sei klar, daß die Hearst-Presse dahintersteckte. Man wolle unter allen Umständen »den Fall« noch ein paar Tage hinausziehen. Sie zeigten uns ein Exemplar des »Los Angeles Examiner«, der kalifornischen Hearst-Zeitung. Die rote Schlagzeile auf der Titelseite lautete: WARUM HAT SICH CAROLE UMGEBRACHT? Darunter die gestrigen Fotos von uns, wie wir freundlich und scheinbar unbeteiligt in die Kamera lächeln (der arrogante Engländer und seine kaltherzige Frau) und auch eins von Carey und Pat mit fuchtelndem Regenschirm. Der dazugehörige Artikel beschäftigte sich in der Hauptsache mit Spekulationen über die Motive für den Selbstmord. Sich mit dem naheliegenden Motiv, den enttäuschten Hoffnungen, abzufinden, das hätte die Sache milde im Sand verlaufen lassen können, und das sollte um jeden Preis verhindert werden. Da mußte einfach mitgespielt werden, vom Untersuchungsrichter über das Studio – bis zu uns. Drücken gab's nicht. Die Anwälte hatten Anweisung, uns dahin zu bringen, daß wir der Situation »Rechnung trugen«.

Wir verstanden nicht. Waren unsere Studios nicht auf unserer Seite? Aber ja doch! Nur – die Partie war sowieso verloren, also hatte es keinen Sinn, wider den Stachel zu löcken. Das gescheiteste sei, der Hearst-Presse ein paar Tage lang die Zügel zu lassen, das heißt, ein bißchen Material zu geben, verstehen Sie?

Wir verstanden überhaupt nichts mehr. Aber da klingelte das Telefon, und dieses Gespräch sollte uns schnell aufklären. Harry Brand, Chef des Pressebüros der Fox, war höchstselbst am Apparat und wollte mich sprechen – nicht Rex, sondern mich.

»Hallo, Lil«, sagte Mr. Brand. Ich kannte ihn nicht persönlich, aber sein Ton war sehr herzlich. Wie es mir ginge, wollte er wissen.

»Okay«, sagte ich.

»That's fine«, sagte er. Dann kam er zum Thema. Er hätte gerade erfahren – er habe da so seine Beziehungen –, daß die Überschrift auf der ersten Seite des »Los Angeles Examiner« für den kommenden Tag heißen würde:

MOTIV DES LANDIS-SELBSTMORDS: LILLI PALMER SCHWANGER.

»Aber davon kann doch gar keine Rede sein!« rief ich ärgerlich.

»Darauf kommt's nicht an«, sagte Mr. Brand begütigend. »Sie können ja am nächsten Tag sagen, Sie hätten sich geirrt. Aber das gibt der Presse noch zwei ergiebige Zeitungsauflagen, und dann sind sie gewillt, die Sache fallenzulassen. Also tun Sie ihnen schon den Gefallen und spielen Sie Ball mit denen.«

»Ich spiele nicht Ball«, schrie ich. »Sagen Sie dem ›Los Angeles Examiner‹, daß ich klagen werde, wenn diese Meldung gedruckt wird. Ich klage auf Berufsschädigung.«

Harry Brand war hörbar verärgert. »Regen Sie sich ab«, knurrte er. »Ich wollte Ihnen was Gutes tun und Sie warnen, damit Sie morgen keinen Schock kriegen. Das hat man von seiner Anständigkeit.«

Ich schrie noch einiges, voller Zorn, sinnlos wütend, und er legte auf.

Wir »spielten nicht Ball« mit der Hearst-Presse. Mit denen schon gar nicht. Unser Becher war am Überlaufen. Nachmittags tat er das denn auch. Wir saßen im Garten und sahen den Palominopferden zu. Zwei umarmten sich, das heißt, sie schlangen die Hälse umeinander und rieben sich die Schnauzen. Vielleicht liebten sich die beiden. Es tat gut, ihnen zuzusehen.

Die Anwälte kamen auf uns zu. Sie sahen nicht wie sonst kummervoll drein, sondern geniert. Wir wappneten uns. Sie setzten sich zu uns und

ließen die Köpfe hängen. Dann kam's: Ein Polizist sei da. Er behaupte, daß man in Caroles geballter Hand einen Zettel gefunden habe.
»Man?«
Nun ja – der Polizist selber habe ihn während des Transports ins Krankenhaus gefunden und in die Tasche gesteckt. Es stehe etwas sehr Kompromittierendes darauf. Er wolle es deshalb lieber uns als – als der Obrigkeit – na gut, lieber als den Zeitungen geben. Allerdings koste es etwas.
Wieviel?
Fünfhundert Dollar.
Augenblick bitte, wir müssen uns das überlegen. Wir gingen in die verlassene Manege, die Schutz zu bieten schien, verriegelten die hölzerne Tür und setzten uns ins Gras. Fünfhundert Dollar war damals viel Geld, besonders für uns, die wir im Begriff waren, unsere Verträge loszuwerden. Auf der anderen Seite: Was konnte auf dem Zettel gestanden haben? Irgendeine furchtbare Anklage? Ein Verzweiflungsschrei?
Wir gingen zu den Anwälten zurück und sagten, daß wir es riskieren wollten. Der Mann solle mit dem Zettel machen, was er wolle. Die beiden blickten bedenklich drein, sahen sich an, zuckten die Achseln und gingen. Wir blieben sitzen und sahen wieder den Pferden zu.
Wenig später waren sie wieder da, ein Kuvert in der Hand. Der Zettel sei drinnen. Nun ja – der Mann hätte mit sich reden lassen ... Wir öffneten das Kuvert. Ein winziges, zerdrücktes Stück Papier fiel heraus. Darauf stand kaum leserlich: »Die Katze hat eine schlimme Pfote. Sie muß zum Tierarzt.«

Am nächsten Morgen kam endlich die Erlaubnis, das Mädchen zu begraben. Dem Untersuchungsrichter war die Sache denn doch wohl zu weit gegangen. Uns brachte man schonend bei, daß dieses Begräbnis noch einmal eine hitzige Schlacht werden würde. Zum Beispiel sei ein Mann aufgetaucht, der behaupte, Caroles Vater (der Bahnwärter?) zu sein. Er sei gekommen, um ihrem Begräbnis beizuwohnen – und ihre Erbschaft anzutreten. Niemand wußte, ob er wirklich der Vater war, denn Caroles Mutter war schon lange tot, und andere Familienmitglieder gab es nicht. Der »Los Angeles Examiner« trug statt PALMER SCHWANGER die Schlagzeile: CAROLES VATER DROHT REX HARRISON UMZUBRINGEN. Wir müßten uns auf einiges gefaßt machen, Steine, Prügel, Beschimpfungen – eine Riesengaudi. Wollten wir nicht lieber davon absehen, persönlich zu erscheinen? Ein schöner Kranz mit Schleife: »In tiefer Trauer Rex und Lilli« würde es doch auch tun. – Nein? Sie wollen wirklich hingehen? – Also gut. Extra Polizeiaufgebot.
Es gab auch kleinere Probleme. Was sollte ich anziehen? Ich rief Mary Lee Fairbanks an. Sie lebte seit vielen Jahren in Hollywood, hatte viele

Filmstar-Begräbnisse mitgemacht, sie würde Bescheid wissen. »Mary Lee – was trägt die ›elegante Dame‹ zum Begräbnis der Freundin ihres Mannes? Schwarz?«
Mary Lee zögerte. »Well, dear«, sagte sie endlich, »das würde vielleicht doch zu weit gehen. Hast du was in Dunkelblau?«
Ich hatte was.
»Trag das. Das trauert genug.«
Es war ein schlimmer Tag für Rex. Er war sehr blaß und sprach kein Wort. Zwei Freunde saßen mit uns in der Limousine auf dem langen Weg nach Forest Lawn, dem Friedhof von Hollywood. Vorne beim Chauffeur saßen dichtgedrängt zwei Leibwächter. Jetzt, wo es soweit war, wo sie im Sarg liegen und die Erde auf sie fallen würde – jetzt war sie wirklich tot. Sinnlos tot. Mit 29 Jahren.
Wir hatten noch nie ein Hollywood-Begräbnis mitgemacht, aber wir wußten ungefähr, was uns erwartete. Tausende von Menschen vor der Kirche, das übliche Heer der Journalisten und Fotografen, die überall postiert waren, um die Stars zu fotografieren, die in ihren Limousinen vorfuhren, genau wie bei einer Hollywood-Premiere. Nur daß sich dies alles am Tage abspielte, also ohne Scheinwerfer, und daß die Stars nicht in Abendkleid und Diamanten, sondern in Tageskleidern und dunkler Brille erschienen, die sie aber für die Fotografen einen Moment abnahmen. Sie lachten und winkten nicht wie sonst, sondern nickten nur gemessen und würdig in alle Richtungen. Eine erstaunliche Reihe von Stars war erschienen, auch wenn sie Carole nicht sehr nahegestanden hatten. Die Fotos in den Zeitungen am nächsten Tag bezeugten die solidarische Trauer der Gilde um eine in und an Hollywood Gescheiterte.
Wir wußten auch, was innerhalb der Kirche auf uns wartete. Die Amerikaner lassen ihre Toten durch ihre »Leichenkosmetiker« schminken und schmücken, so daß es den Anschein hat, als ob sie »nur träumten«. Der Sarg ist offen, man defiliert langsam vorbei und nimmt seinen numerierten Platz ein, wie im Theater. Man gibt einer »lebenslustigen« Toten zum Beispiel gern ein Cocktailglas in die starre Hand und massiert in ihr Gesicht ein freundliches Lächeln hinein, während wiederum ein Geschäftsmann im Flanellanzug im Sarg liegt, die Brille auf der Nase und einen Telefonhörer am Ohr. Das ist naiv und lächerlich und grotesk. Es ist aber ohne jeden Zweifel trostreicher für Millionen von Hinterbliebenen als der Anblick des geschlossenen Sarges und der Gedanke an den Toten da drinnen im weißen Totenhemd und mit grauem Gesicht. Die Ausstaffierung und das Zubehör – wie die Grabbeigaben aller primitiven oder kultivierten Völker des Altertums – haben weder Aufklärung noch Intellektualismus völlig ausrotten können. So und nicht anders wollen die Amerikaner ihre Leute bestatten. Lächerlich oder nicht – es ist ihnen ein Bedürfnis.

Wir stiegen kurz vor der Kirche aus dem Wagen, um den roten Tepppich zu vermeiden, der zum Kirchenportal hinaufführte und jeden Ankömmling der Menge und den Fotografen präsentierte. Vielleicht würde es uns gelingen, unbemerkt hinter jemandem die Treppe hinaufzuschlüpfen. Vor und hinter uns Leibwächter, an den Seiten Freunde, wir in der Mitte. Vergebliche Hoffnung. Wir wurden sofort erkannt, und die Fotografen sprangen uns von allen Seiten an. Die Blitzlichter zuckten so wild, daß ich die Treppe nicht sah und stolperte. Ein Leibwächter hob mich schnell auf. Die Menge drängte, aber die berittene Polizei bildete eine undurchdringliche Phalanx. Wir stiegen die Stufen zur Kirchentür hinauf, ohne Hast, sahen weder rechts noch links. Keine Steine, keine Schimpfworte – Stille.

Aus der weit offenen Tür dröhnte Orgelklang. Schuberts »Ave Maria« – was denn sonst? Gleich zweimal hintereinander. Unsere Billetts wurden abgerissen, und wir stellten uns an der Schlange an, die sich langsam zur »Bühne« vorschob. Das Podium war mit Blumenkränzen bedeckt, der Sarg stand in der Mitte, leicht hochgekippt, damit man besser sehen konnte. Carole war sehr schön frisiert mit langen blonden Locken, das Gesicht geschminkt wie zur Filmaufnahme. Sie trug etwas Weißes, Glänzendes, Langärmeliges, ob Nachthemd oder Abendkleid war nicht zu erkennen. Kein Requisit in den Händen, nur weiße Rosen. Sie sah sehr schön aus und lächelte friedlich. Ich mußte wieder an die vielen Schlaftabletten denken – es roch stark nach Gardenien und Tuberosen und Weihrauch –, und ich hatte Angst, daß mein Magen sich wieder umdrehen würde wie im Flugzeug – aber da waren wir endlich am Podium vorbei. Man wies uns unsere Plätze an, diskret an der Seite. Als die Kirche voll war, bestieg der Pfarrer die Kanzel. Er sagte, daß Carole vielen Menschen viel Freude in ihrem kurzen Leben gemacht hätte und daß alle sie geliebt hätten.

Ich nicht. Ich hatte sie nicht geliebt. Mir hatte sie keine Freude gemacht. Ich dachte an die vielen »Gespräche«, die ich mit ihr gehabt hatte, wenn ich frühmorgens aufwachte oder wenn ich irgendwohin im Auto fuhr. Im Auto »sprach« ich besonders gern mit ihr. Da konnte ich brüllen. Meine Freunde hatte ich gebeten, mir nie zu sagen, wo sie wohnte. Ich wußte, es war irgendwo ganz in unserer Nähe. Ich wollte nicht in die Versuchung kommen, eines Nachts das Küchenmesser zu nehmen...

Ich sah hinüber zu dem weißen Sarg und machte meinen Frieden mit ihr.

Ein Kollege stieg aufs Podium – ich weiß nicht mehr, wer es war – und las einen Abschnitt aus der Bibel. Die Orgel dröhnte wieder, und wir standen alle auf. Es war zu Ende.

New York I

Rex kaufte sich aus seinem Fox-Vertrag heraus. Wir wollten nach New York übersiedeln, damit er wieder zum Theater zurückkehren konnte. Sein erstes Broadway-Stück sollte Maxwell Andersons *Anna der tausend Tage* sein, dasselbe Stück, das Max ihm beim Lunch vorgelesen hatte, während Carole tot im Badezimmer lag.

Zanuck machte ihm den Abschied nicht schwer. Er hatte alles getan, um Rex' Hollywood-Karriere zu retten, aber angesichts der einstimmig feindlichen Presseallianz war auch er machtlos. Als die Titelseiten uns endlich fallengelassen hatten, hoben uns die Klatschspalten wieder auf, gierig, fauchend, lügnerisch. Wir taten, als könnten wir nicht lesen, hielten uns an ein paar Freunde, bemühten uns, das Haus mit den Palominopferden zu verkaufen.

Rex sollte so schnell wie möglich in New York eintreffen, um mit den Vorbereitungen für das Stück zu beginnen. Ich flog mit, um eine Wohnung zu finden, denn falls das Stück ein Erfolg werden würde, so bedeutete das eine Spielzeit von mindestens einem Jahr vor täglich ausverkauftem Haus. Leyland veranstaltete eine Pressekonferenz in unserem Hotel, um uns den New Yorker Journalisten vorzustellen. Und während dieser ersten offiziellen Aussprache platzten wir plötzlich und »sprachen«.

New York hatte sich bedeutend weniger über Caroles Tod aufgeregt. Sie war dort kaum bekannt, und Hetzjagden auf das Privatleben von Schauspielern wurden dort nur verhalten betrieben. Die Journalisten fragten zunächst mal nach dem Stück, wollten Einzelheiten wissen über Stoff, Rolle, Probenbeginn – lauter vernünftige, sachliche Themen.

Zum Schluß sagte aber dann doch einer: »Na – wie stellen Sie sich zu der Pressekampagne gegen Sie in Hollywood?«

Worauf wir erklärten, daß es uns scheißegal sei, was beschwipste Analphabeten wie Louella Parsons (Hollywood-Orakel und Erzklatschtante) und ihre ebenbürtigen Kollegen über uns schrieben.

Dies wurde wörtlich gedruckt.

Der letzte Damm in Hollywood brach ein. Der »Hollywood Reporter« schrieb einen Leitartikel. Noch nie in der Geschichte der Filmmetropole, so hieß es, sei man dort von Ausländern, die man mit offenen Armen aufgenommen hätte, derart brüskiert worden. Nie wieder, so schrieb Herr Wilkerson, der Chefredakteur, dürften wir es wagen, die geheiligten Studios zu betreten.

In Hollywood gab es zwei Hauptklatschtanten. Die eine hieß Louella Parsons, die andere Hedda Hopper. (Wenn wir auf beide schimpften, nannten wir sie kurz »Lulu Popper«.) Louella sah aus wie eine uralte Kaulquappe. Sie saß bei Gesellschaften den ganzen Abend über in ein und derselben

Sofaecke, und niemand konnte mit Gewißheit sagen, ob sie sternhagelvoll oder nur verdattert war. Trotzdem schnappte sie erstaunlich viel skandalösen Tratsch auf, den sie dann unter dem Deckmantel sanfter moralischer Empörung in ihren täglichen Artikeln ausgoß, die wiederum von Hunderten der amerikanischen Provinzzeitungen treulich kopiert wurden. Weshalb sie steinreich war. Sie hatte auch eine Sonntagabend-Radiostunde, die sich Millionen anhörten. Es lohnte sich, denn manchmal war sie unfreiwillig komisch. Eines Sonntagsabends, nachdem bereits am Morgen die aufregende Nachricht, daß Ingrid Bergmann unverheirateterweise ein Kind von Roberto Rosselini erwartete, durch die Zeitungen gegangen war, klagte Louella mit quäkender Stimme: »Ingrid, Ingrid! Was ist nur in dich gefahren...!«

Die andere, Hedda Hopper, gab sich gar nicht erst die Mühe, ihre Bosheit zu verdecken. Sie hatte einen Solo-Schmähartikel gegen Rex losgelassen, der mit der Prophezeiung endete: »Rex Harrisons Karriere ist so tot wie ein gesalzener Hering.«

Der Hering begann mit den Proben in New York. Er spielte König Heinrich den Achten von England, eine schwierige, anspruchsvolle Rolle, mit der er sich Tag und Nacht herumschlug. Um so besser. So hatte er keine Zeit zum Nachdenken.

Ich flog allein zurück nach Hollywood, um aufzuräumen. Erstmal wurde ich aus meinem Kontrakt mit Warner Brothers formell entlassen – Klausel: Ehegatte wechselt den Wohnsitz –, dann setzte ich Annoncen in die Zeitungen, um unser Haus recht oder schlecht loszuwerden. Den Leuten, die daraufhin kamen, um es sich anzusehen, und die mich sofort erkannten, mißfielen entweder die Erinnerungen an die jüngsten Ereignisse oder die Palominopferde. Niemand machte ein Angebot. Trotzdem begann ich, stur unsere Sachen zu packen. Auch Pat packte ihre Sachen – sie kam ja nicht mit uns nach New York, ein schlimmer Gedanke, gerade jetzt! –, und Carey packte seine Spielsachen. Abends, allein in dem stillen Haus, haderte ich mit dem Schicksal. Ich haderte auch mit Carole und brach meinen Friedensvertrag mit ihr. Sie hatte schließlich in Hollywood gelebt, sie mußte doch, trotz Alkohol, gewußt haben, daß Rex sie finden und was es für sein Leben bedeuten würde. Ich haderte, nächtelang.

Wir packten gerade das Küchengeschirr, Pat und ich, als plötzlich eine große Frau mit Hut und roter Nase, in Rock und alter Jacke im Türrahmen stand. Sie hätte gelesen, das Haus sei zu verkaufen.

»Ja!« rief ich aufgeregt.

Es gefiele ihr aber nicht, meinte sie. Sie hätte sich etwas anderes vorgestellt.

Was?

Tja, eben was anderes. Dieses sei nicht gemütlich.

»Kein Haus ist gemütlich«, sagte ich, »wenn es ohne Möbel und voller Kisten steht.«
Na ja, meinte sie, aber es gefiele ihr nicht.
Ich nickte und packte weiter. Keinen Sinn, ihr die Zimmer zu zeigen. Sie ging.
Plötzlich stand sie wieder in der Küchentür. »Ich hab mich doch umgesehen«, sagte sie, »und es gefällt mir nicht. Aber da ist so ein Bild in der Bibliothek – das gefällt mir. Das werde ich kaufen.«
Ich ging mit ihr in die »Den«. Über dem Kamin, in die Täfelung eingelassen, hing das Bild eines Malers namens Schoop, ein Bub à la David Copperfield, der auf einer Kiste sitzt und aus einer Tasse trinkt. Kitschig, aber anständig gemalt. Fünfhundert Dollar hatte es gekostet.
»Das möchte ich haben«, sagte die Frau mit einer Stimme, die keinen Widerspruch kannte. »Nehmen Sie es aus dem Holz heraus.«
»Das kann ich nicht«, sagte ich, »das ist da hineingelassen.«
»Was?« sagte die Frau. »Soll das heißen, ich muß das verdammte Haus kaufen, damit ich das Bild kriege?«
Pause. Eine Sekunde lang dachte ich, ich hätte es mit einer Irren zu tun. Dann wußte ich's. »So ist es«, sagte ich. »Ohne Haus kein Bild.«
Sie kaufte das Haus. Aus ihrer häßlichen alten Handtasche zog sie ihr Scheckbuch und schrieb einen Scheck über 85000 Dollar. Dann kletterte sie in ihren alten Kombi, der vor der Tür stand, und ratterte davon. Ich ratterte hinterher. Zur Bank. Man telefonierte und erkundigte sich: Der Scheck war gedeckt! Laut singend fuhr ich nach Hause.
Am nächsten Tag sang ich nicht mehr. Unser Hollywooder Business-Manager, unsere »Vertrauenssparkasse«, erklärte kühl, daß wir nicht nur keinen Pfennig Geld besäßen trotz frisch verkauftem Haus – da müßten wir ja erst mal die Hypotheken abzahlen! –, sondern auch noch einen Riesenbatzen Steuerschulden hätten.
»Wieso?« fragte ich entsetzt. »Wir haben doch regelmäßig Steuern abgezogen bekommen!«
»Das ist nur eine vorläufige Maßnahme. Die ›wirklichen‹ Steuern werden erst zwei Jahre später ausgerechnet und eingefordert.«
Und warum hatte man uns nicht gewarnt? Die Antwort steht immer noch aus. Vielleicht will man auf diese Weise die Stars daran hindern, Hollywood zu verlassen, denn nun hätten wir uns doppelt ans Geldverdienen machen müssen, um die Steurschulden abzuzahlen, und das wäre dann das erste Glied in der endlosen Kette gewesen.
In unserem Fall hieß das: 35000 Dollar innerhalb eines Jahres an die kalifornische Steuerbehörde in wöchentlichen Raten abzustottern. Beide zusammen, denn ich hatte auch gerade ein Angebot bekommen und sollte zum erstenmal in New York auf der Bühne stehen. Ein französisches

Stück. Autor: Der Schauspieler Jean-Pierre Aumont, einer unserer intimsten Freunde. Wahrscheinlich wurde ich auf sein Drängen hin engagiert. Vielleicht sollte ich – genau wie Rex – wegen der Proben und der dazugehörigen täglichen Probleme keine Zeit zum Denken haben. Probenbeginn in einem Monat. Innerhalb dieser Frist mußten eine Wohnung gefunden werden (schwierig, unserer Finanzen wegen), ein »Ersatz« für Pat (hoffnungslos, aber irgendeine vernünftige Person würde sich schon auftreiben lassen) und eine Schule für Carey (kein Problem, dachte ich).
Rex' Probenzeit war abgelaufen. Er dachte, sprach, aß, trank, schlief nur als König Heinrich der Achte von England. Nun ging er auf eine kurze Tournee in drei große Provinzstädte. Jedes neue Stück geht in Amerika während einiger Wochen auf Probetournee in die Provinz, bevor es in New York herauskommt. Während dieser Wochen wird das Stück »in Ordnung« gebracht. Man hat bereits lokale Kritiken erhalten, nimmt allabendlich die Reaktion des Publikums zur Kenntnis und geht ans Werk. Szenen werden gekürzt oder gestrichen oder umgestellt, Aktschlüsse ausprobiert und geändert, neue Szenen geschrieben und auch Rollen umbesetzt. Jeder Schauspieler, auch der Star, ist in Amerika zunächst nur probeweise engagiert. Während der ersten fünf Probentage muß er jeden Augenblick gewärtig sein, daß man ihm kündigt. Der Ersatz steht dann meist schon in den Kulissen und wartet... Erst nach Ablauf dieser berühmten fünf Tage darf er sich sicher fühlen. (Sollte er sich später doch noch als unzulänglich erweisen, so muß man ihm eine anständige Entschädigung zahlen). Daher stammt die Geschichte von dem Schauspieler, der nach langer Dürrezeit endlich wieder eine Rolle bekommt, aber während der ersten fünf Probetage voll böser Vorahnungen ist. Und wirklich reicht ihm am Ende des fünften Tages der Regieassistent einen Zettel und nickt vielsagend. Er entfaltet das Stück Papier mit zitternden Händen, die Kollegen stehen um ihn herum, er liest – und ruft erleichtert: »Freunde – alles ist in Ordnung! Meine Mutter ist tot.«
Die Probetournee ist eine nerven- und kräftezersägende Zeit, in der man den ganzen Tag über probt und abends spielt. Während dieser »Schwangerschaftsperiode« erlebt man etwas Phänomenales: Von allen Seiten kommen »Geburtshelfer« – namhafte Schriftsteller und Regisseure, die mit dem Stück an und für sich nichts zu tun haben – und helfen. Sie tun das, ohne Geld zu verlangen, aus Solidarität mit dem leidenden Autor oder Regisseur und aus Begeisterung für das Theater. Amerikas beste Seite: Beispiellose Großzügigkeit und Neidlosigkeit. In keinem anderen Land habe ich Kollegen so über Kollegen sprechen hören – mit rückhaltloser Anerkennung der Leistung eines Konkurrenten und ehrlicher Freude über den Erfolg eines anderen Stars, Regisseurs oder Produzenten.
Dazu kommt, daß man drüben eine ganz andere Einstellung zum Erfolg

der Konkurrenz hat: »Wenn einer einen schönen Abend beim Stück meines Rivalen verbracht hat, dann wird er bald wieder ins Theater gehen wollen – und dann kommt er vielleicht zu meinem Stück!«
Rex stak tief im Chaos des täglichen Umarbeitens und der abendlichen Verwirrungen irgendwo in der Provinz und erfuhr am Telefon voller Erleichterung, daß ich eine »passende« kleine Wohnung gefunden hatte und auch ein Ersatz für Pat in Aussicht stand. Blieb nur noch die Frage, welches die beste Schule für Carey sein würde. Das Kind zitterte schon seit Wochen vor Aufregung und freudiger Erwartung, wenn man davon sprach. Ich war auch seinetwegen froh gewesen, daß wir nach New York übersiedelten. Es gab damals keine guten Schulen in Los Angeles, keine, die unseren Vorstellungen von Disziplin und anspruchsvollem Lehrplan entsprach. In den ersten Nachkriegsjahren experimentierte man in Amerikas Schulen unter dem Motto: »Das Kind hat immer recht.« Später – und nicht zufälligerweise nach dem Erscheinen des ersten russichen Sputniks – ließ man diese Idee wieder fallen.
Hunter College! Das Hunter College, so sagte man mir, das ist die beste Schule für Carey, die anspruchsvollste, fortschrittlichste. Gleich nach unserem Einzug in die neue Wohnung ging ich mit dem Kind zum Direktor ins Hunter College, einem modernen, langgestreckten Gebäude aus viel Glas und wenig Holz. Ich nahm Carey mit ins Büro, damit er sehen konnte, daß es keine Geheimnisse gab. Er saß mit atemloser Spannung neben mir. Der Direktor grüßte freundlich und wollte Auskunft. Ich sagte das Wenige, das man von einem Kind sagen kann, nämlich, daß der Bub genau fünf Jahre alt sei, gesund und gescheit. Er sei noch nie in einer Schule gewesen, könne aber lesen.
Der Direktor sagte: »Du kannst lesen? Na, dann lies mal, mein Sohn!«, griff nach einem Buch auf seinem Schreibtisch und öffnete es aufs Geratewohl.
Ohne Zögern begann Carey von der obersten Zeile ab, mitten in einem Satz, einen komplizierten wissenschaftlichen Aufsatz zu lesen, fließend und mit ständig wachsendem Interesse.
Der Mann sah ihm sprachlos zu und unterbrach ihn schließlich beinahe grob: »Genug, Junge, genug! Geh raus und warte draußen einen Augenblick. He! Laß das Buch hier, ja?«
Carey wanderte enttäuscht durch die Tür ab, und der Direktor wandte sich mir zu.
»Den Jungen kann ich unter keinen Umständen aufnehmen. Ich müßte ihn unter die Zwölfjährigen stecken, und die würden ihn nur verprügeln. Versuchen Sie's mal im Lycée Français. Auf französisch wird er dann genausowenig wie die anderen wissen und einigermaßen auf derselben Stufe sein.«

So wurde Carey ins Lycée gebracht und nahm es uns lange übel, daß er kein Wort verstand oder sprechen konnte, denn Französisch war die Unterrichtssprache. Seine einzige Entschädigung war, daß er wie alle anderen mit »Monsieur« angeredet wurde. Außerdem gab es auch kleine »Mademoiselles« in der Klasse, und das machte ihm Spaß. Sechs Monate später öffnete er eines Tages den Mund und lispelte auf französisch.
Er war jetzt ein Schüler, wurde »geschult«, was er so heiß ersehnt hatte. Sein Charakter, sein Wesen, seine Zusammensetzung standen fest. Er war ernst, nachdenklich, konzentriert und von Anfang an unabhängig. Er beklagte sich nie, heulte nur ganz selten und machte niemandem das Leben schwer. Aber ich fühlte eine Anwandlung von Neid, als eine Freundin klagte, sie müsse nach Hause, da sonst ihr Kind das Essen verweigere. Carey aß, ob ich da war oder nicht.
Er hatte nie viele Spielsachen, wollte auch keine. Einmal nahm Rex ihn zu »Schwartz« mit, dem größten Spielwarengeschäft der Welt. Er sollte für irgend etwas belohnt werden und sich was aussuchen. Was auch immer. »Schwartz« ist ein ganzes Haus mit sieben Stockwerken voller Spielsachen. Ein Kinderschlaraffenland. Gleich am Eingang sah Carey ein kleines, rotes Auto. »Dieses!« sagte er.
Rex war verblüfft. »Nun warte doch mal. Sieh dir doch erst die anderen Sachen an!«
Widerwillig ließ sich das Kind durch die sieben Stockwerke ziehen, an den bunten Herrlichkeiten vorbei, mit denen sogar Rex sich gern beschäftigt hätte. »Das kleine rote Auto bitte«, sagte Carey zum Schluß und brachte es im Triumph nach Hause.
Ich hatte mir eingebildet, daß ich eine von den Müttern sein würde, die mit dem Kind auf dem Boden sitzt und phantasievolle Spiele erfindet. Das würde dann mich ebenso wie das Kind glücklich machen. Irrtum. Erstens hielt ich es nie sehr lange auf dem Boden aus, und zweitens hatte ich den Verdacht, daß er lieber allein spielte. Vor seinem abendlichen Bad wurde er täglich ins Wohnzimmer geschickt, um »mit seinen Eltern zusammenzusein«. Länger als zehn Minuten hielt er es nie aus. Dann stand er auf und sagte höflich, aber mit fester Stimme: »Ich glaube, ich hab jetzt genug von euch« und verschwand in Richtung Kinderzimmer.
Hin und wieder saß ich aber doch auf dem Linoleum und erfand dramatische Begebenheiten, die sich zwischen seinen Cowboys und seinen Indianern abspielten. Der Gang der Handlung verlief bei mir immer verhältnismäßig friedlich: Die Cowboys und ihre Familien wurden im letzten Moment gerettet und fuhren in ihren Planwagen davon. Es gab höchstens zwei oder drei tote Indianer und die gleiche Anzahl von Cowboyleichen. Aber meine pädagogischen Versuche, sein kindliches Gemüt auf die richtige Denkweise zu lenken (Friede auf Erden), scheiterten je-

desmal. Er sah stumm zu und fragte immer artig, ob ich jetzt mit meiner Darbietung zu Ende sei. »Ja, darling«, sagte ich dann und stand auf. Aber bevor ich noch die Tür erreicht hatte, hörte ich bereits das Getöse eines allgemeinen Hinschlachtens. Es fing mit Kanonenschüssen an, wobei er selig der Verwüstung zusah, die er in den Planwagen anrichtete. Aber dann dauerte es ihm zu lange, und er riß eigenhändig jeden Häuptling vom Pferd und ruhte nicht, bis alle Beteiligten mausetot auf dem Linoleum herumlagen. Daraufhin stieß er mit leuchtenden Augen einen Seufzer der Befriedigung aus, mit dem er mir den Laufpaß gab.

Ich nahm ihn zum erstenmal ins Theater mit, wo er seinen Vater in der Rolle des Königs Heinrich des Achten in *Anna der tausend Tage* von Maxwell Anderson sehen sollte. Er war gerade fünf Jahre alt und saß auf meinem Schoß in einer Loge. Der Zuschauerraum faszinierte ihn. »Leute in S-ichten!« rief er aufgeregt, als sich die Ränge zu füllen begannen. (Er konnte noch immer weder »sch« noch »s« ohne Lispeln aussprechen.) Vorher hatte er in der Garderobe seines Vaters gesessen und ihm beim Schminken und Maskenmachen zugesehen. Deshalb war er nicht sonderlich überrascht, als er ihn auf die Bühne treten sah in der erstaunlichen Aufmachung des Königs, mit falschem Bauch, Bart und Federhut. Er folgte dem schwierigen Text ohne viel Interesse bis zu der Bemerkung eines Höflings, der zum Fenster zeigte und sagte: »Majestät, es gibt dort draußen Rehe und Hirsche in Fülle...« ein Satz, dem bisher noch niemand die geringste Aufmerksamkeit geschenkt hatte. Aber Carey fiel beinah aus der Loge, weil er auch »die Rehe und die Hirsche« sehen wollte...

Dann aber trat Anne Boleyn auf in der Tracht des 16. Jahrhunderts: im Brokatgewand voll schwerer Falten, mit lang herunterhängenden Ärmeln, die Haare unter der dreispitzigen Haube verborgen. Ich konnte an Careys verdutztem Gesicht ablesen, daß er nicht draus klug wurde, was das nun für eine Gattung Mensch sei. So ein Geschöpf war in seiner »Enzyklopädie« nicht aufgeführt. Bereits während der ersten Szene zwischen Heinrich und seiner widerspenstigen Geliebten schlägt der König sie voller Zorn zu Boden. Entsetzt verbarg das Kind den Kopf an meiner Schulter und verlangte, sofort nach Hause gehen zu dürfen. Dort brütete er dann finster über seinem Abendbrot. Endlich vertraute er sich aber doch seiner Mademoiselle an. »Weißt du«, sagte er, sichtlich geniert und ohne die Augen zu heben, »Papa hat sich heute nachmittag sehr s-lecht benommen gegen – diesen Erdbewohner!«

Später, als er zehn Jahre alt war, wurde er in England ins Internat geschickt, das heißt, er kam erst in eine sogenannte »Prep-School«, die ihn vorbereitete. »Engländer gehören in ein englisches Internat«, sagte Rex, »sonst sind sie keine Engländer.«

Vom britischen Standpunkt aus gesehen hatte das Kind sowieso einen Minuspunkt: eine ausländische Mutter. Anrüchig und nicht wiedergutzumachen. Zweiter Minuspunkt (aber wiedergutzumachen): erste Schuljahre im Lycée Français. Ich dachte daran, wie wichtig es war, einem Land »anzugehören« – und schickte mich drein.
Die Schule lag in Sunningdale, gar nicht weit von London. Ein ehemaliger feudaler Privatbesitz aus dem 18. Jahrhundert, ein schöner alter Bau, herrliche Gärten und Ländereien drum herum, getäfeltes Eßzimmer, keine Zentralheizung. Rex und ich brachten den Jungen in seiner neuen, hellgrauen Schuluniform hin. Tagelang hatte ich sein Monogramm in jedes seiner Besitztümer genäht oder geklebt oder gemalt. Dies unter Seufzern und traditionellem Geschniefe. Die erste, wirkliche Trennung. Das Kind seufzte nicht und schniefte nicht, war, im Gegenteil, hochinteressiert und aufgeregt. Une nouvelle école! – Nein, Carey-boy, a new school! Er konnte sich noch nicht daran gewöhnen, englisch zu sprechen, wenn es sich um »Schule« handelte.
Wir übergaben ihn am Eintrittstag seinem neuen »Housemaster« (Klassenlehrer), der ihn gleich zu den anderen »Neuen« führte. Im Billardsaal durften alle Neuen – und nur die Neuen – Billard spielen. Die Eltern wurden höflich hinauskomplimentiert. Während Rex ein paar belanglose Worte mit dem »Headmaster« (Direktor) sprach, schlich ich mich zur »Matron« (Aufseherin und stellvertretende Mutter). Ich wollte ihr Carey besonders ans Herz legen, aber sie gab mir lächelnd zu verstehen, daß das alle Mütter täten. Beschämt zog ich ab.
Wir durften beide noch einmal für eine Minute ins Billardzimmer. Aufgeregt beugten sich zwanzig Kinderköpfe über den grünen Tisch, wurden in den Spielregeln instruiert und hatten die Eltern vergessen. Welcher war Carey? Unmöglich zu erkennen. Alle waren gleich groß, trugen die gleiche Uniform, hatten alle die gleichen kurzgeschnittenen, blonden, englischen Köpfe. Ich rief: »Carey-boy!« Ein Kopf hob sich eilig, eine kleine Hand winkte »Bye-bye!« Dann verschwand der Kopf schnell wieder unter den anderen. Ich heulte von Sunningdale bis London.
Schon innerhalb eines Jahres hatte sich das Kind in der Schule eingewöhnt, sprach nur noch englisch, hatte neue Freunde, mochte seine Lehrer. Auch die barbarischen Schulsitten machte er mit. Als ich ihn eines Sonntags besuchte, erklärte er, heute sei »Blubb-Sunday« (Heul-Sonntag).
Heul-Sonntag? Wer heult?
»Die Neuen«, verkündete er freudestrahlend. »Heute heulen alle Neuen, weil es der erste Sonntag ist, an dem sie von ihrer Mutter weg sind – und da verhauen wir sie.«
»Was tut ihr?«

»Wir verhauen sie. Sie verstecken sich überall – aber wir kriegen sie doch, und wer geheult hat, wird verhauen.«
Ich sah ihn lange an. Nicht die Spur von Reue. Reine Freude leuchtete aus seinen blauen Augen. »Na, dann hoffe ich«, sagte ich langsam, »daß du dir den richtigen ausgesucht hast. So einen kleinen, weißt du, den du gut verkloppen kannst, weil er sich nicht wehren kann.«
Er verstand und maulte. »Ich bin ja auch verhauen worden. Da, unter der Rhododendronhecke, hatte ich mich versteckt, aber sie haben mich gefunden.«
»Und heute hast du unter dieser Hecke gesucht, was?«
Er nickte, konnte den schlauen Triumph nicht ganz aus der Stimme kriegen. »Ich hab mir gedacht, da sitzt sicher wieder einer, wie ich voriges Jahr...«
Der Inbegriff der demokratischen englischen Kindererziehung: Erst wirst du verhauen. Dann darfst du jemanden verhauen.
Carey hatte vorher nur ein einziges Mal eine Tracht Prügel bekommen, als er noch ins Lycée Français ging. Er hatte aus unerfindlichen Gründen die Unterschrift seiner Mademoiselle auf dem wöchentlichen Zeugnis gefälscht und wollte und wollte es nicht eingestehen. Der Fall war klar, ein Irrtum ausgeschlossen. Wir gaben ihm Zeit, »bis nach der Matinée« die Wahrheit zu sagen, er würde dann nicht bestraft werden.
Während der Matinée fragten wir jeden einzelnen Kollegen, ob er je von seinen Eltern verhauen worden sei. Die Ernte war erstaunlich: Ja, beinahe alle waren verprügelt worden, beinahe alle fügten hinzu: »Aber nur einmal«, und dann kam der gleiche Satz bei jedem der Befragten: »Und ich hatte es redlich verdient!« Manche fügten noch hinzu, daß es ihnen »gutgetan« hätte. Alle sprachen mit leuchtenden Augen, wie von einem Markstein in ihrem Leben.
Also schön. Wir würden Carey heute auch einen Markstein setzen. Rex holte verschiedentlichen Rat ein, wie man so was am besten täte. Einstimmiges Urteil: Übers Knie, mit einem Ledergürtel, »sonst spürt er's nicht«.
Wir saßen nervös im Taxi. Ein Zurück gab es nicht. Im Kinderzimmer aß Mademoiselle mit Carey Abendbrot. Bei unserem Eintritt hob sie vielsagend die Augenbrauen in die Höhe. Auf Befragen, ob er nun endlich die Wahrheit sagen wolle, schwieg das Kind beharrlich. Er hatte sich da auf etwas festgefahren, und wir konnten ihm keine »goldenen Brücken« bauen, wie meine Mutter das nannte.
Wir gingen aus dem Zimmer. »Also los«, sagte ich. »Damit wir's hinter uns haben.«
»Moment«, sagte Rex, »ich geh einmal um den Block. Dann werd ich's können.«

Er zog sich wieder an, verließ die Wohnung und kam zehn Minuten später mit entschlossener Miene zurück, zog seinen Ledergürtel aus der Hose und ging ins Kinderzimmer. Ich, feige, verkroch mich in der Küche. Abends im Bad zeigte Carey stolz seine rote Hinterseite vor. »Und weißt du«, sagte er triumphierend zu Mademoiselle, »ich weiß, daß es Daddy mehr weh getan hat als mir. Ich weiß es!«
Womit er recht hatte.

Eines Nachmittags lag er neben mir auf dem Sofa und erzählte mir, wie üblich, was ihm durch den Kopf ging. An diesem Tag hatte er gerade ein Kapitel über die »Diaspora« in seiner Kinder-Enzyklopädie gelesen.
»Und nachdem der Kaiser Titus den heiligen Tempel von Jerusalem zers-tört hatte«, verkündete er, »vers-wanden die Juden, und niemand hat je wieder etwas von ihnen gehört...«
»Oh, da irrst du dich aber!« unterbrach ich ihn. »Da muß ich dich wirklich berichtigen. Man hat sehr häufig von ihnen gehört!«
»Wirklich?« meinte er. »
»Gibt es noch welche?«
»Aber natürlich«, erwiderte ich. »Ne ganze Menge!«
»Kennst du welche?«
»Ja«, sagte ich, »ich kenne welche. Du übrigens auch.«
Er setzte sich auf und sah mich an. »Ich?« wiederholte er ungläubig. »Ich kenne welche? Wen denn?«
»Mich«, sagte ich.
Ein unvergeßlicher Augenblick. Ich sah in die weit offenen, intelligenten und unschuldigen Augen meines Sohnes und konnte jedes einzelne seiner Gefühle darin ablesen. Erst Verblüffung, dann Zweifel, dann Staunen und schließlich ein ganz neuer Respekt. Ich beobachtete das alles schweigend und mit Genuß. Es dauerte eine ganze Weile, denn auch er sah mich an, als sähe er mich zum erstenmal.
»Das ist ja fas-sinierend!« sagte er endlich.

Rex hatte mit seinem König Heinrich einen Riesenerfolg gehabt, als das Stück schließlich nach schwerer Geburt am Broadway herauskam. Die gescheiten und ernsten Kritiker kümmerten sich nicht darum – wußten vielleicht nicht einmal –, was da in Hollywood vor sich gegangen war. Hollywood war dreitausend Meilen entfernt und eine andere Welt. Sie widmeten seiner Darstellung ganze Absätze voller Freude, noch einen großen Schauspieler für die New Yorker Bühne gewonnen zu haben. Rex freute sich auch. Die Wunden begannen zu heilen.
Wir hatten eine Wohnung, Carey ging täglich zur Schule und mochte seine neue Mademoiselle, Rex genoß die abendlichen Vorstellungen – ich

sah mich um wie der liebe Gott am siebenten Tag der Schöpfung, fand alles gut und ruhte mich aus. Drei Tage lang. Dann begannen meine Proben für Jean-Pierres Stück *Mein Name ist Aquilon.*
Gleich von Anfang an stellte sich heraus, daß wir schwere Probleme hatten. Französische Stücke reisen wie Landweine: schlecht. Auch die bedeutenden zeitgenössischen französischen Bühnenautoren wie Anouilh, Camus, Sartre, Roussin haben in Amerika nur Erfolg bei der Kritik, niemals beim Publikum. Das puritanische amerikanische Theaterpublikum fühlt sich von dem uralten Raffinement der Franzosen herablassend begönnert. Es merkt, daß es nicht »wirklich« mitkommt. In unserem Stück zum Beispiel stand im Programm: Monsieur X, Madame X (seine Frau), Mademoiselle Y (seine Geliebte). Für die Amerikaner ist das bereits eine Dreieckssituation. Für die Franzosen ist das das Personenverzeichnis, nichts weiter. Jean-Pierres Stück ist ein Erfolg in Paris gewesen. Man hatte keine Schwierigkeiten, es zu verstehen. In Amerika fing die Verständnislosigkeit bereits beim Übersetzer an.
Ich vergrub mich in meine Rolle, hatte keine Hilfe vom Regisseur und war dementsprechend schlecht. Als wir in Philadelphia herauskamen und katastrophale Kritiken erhielten, schrie ich um Hilfe – und Else kam aus Hollywood und sah sich die Bescherung kopfschüttelnd an. Die »Hebammen« kamen angereist, schrieben täglich neue Szenen und stellten das Stück auf den Kopf, aber es half nur wenig. Glücklicherweise war an meiner Rolle nicht viel zu ändern, und Else ging sofort und resolut an die Arbeit. Das Resultat war erstaunlich. Als wir zwei Wochen später in New York Premiere hatten, wurde das Stück verrissen, aber alle Kritiker überschlugen sich vor Freundlichkeit über meine Darstellung. Die »New York Times« schrieb: »...Wenn das New Yorker Ausländeramt seine fünf Sinne beisammen hat, so wird es zu verhindern wissen, daß das Ehepaar Harrison-Palmer jemals ein Ausreisevisum erhält...«

Mein Stück wurde nach vier Wochen abgesetzt. Das von Rex lief auf vollen Touren. Anfang des Jahres war die Verleihung des »Tony«. Der »Tony« ist für die amerikanische Bühne, was der »Oscar« für Hollywood ist. Man prämiiert mit großem Zeremoniell das beste Stück und die besten Darsteller. Rex wurde schriftlich aufgefordert, sich um Mitternacht im Festspielhaus einzufinden, was bedeutete, daß er einer der Nominierten war. Der Zeremonienmeister – so lasen wir betroffen – würde dieses Jahr Hedda Hopper sein, Hollywoods Klatschtante Nr. 2, Rex' Erzfeindin und von allen bösen Zungen die böseste. Einmal hat ihr ein aufgebrachter Kollege ein totes Stinktier in Geschenkverpackung per Post geschickt.
Die Preisträger des Tony wie auch des Oscar bleiben streng geheim. Der Zeremonienmeister reißt einen versiegelten Umschlag auf und erfährt

den Namen mit derselben Spannung wie das Publikum. Um Mitternacht, nach Rex' Vorstellung, saßen wir in der ersten Reihe des vollgepackten Festspielhauses. Fernsehkameras und Mikrophone standen um das Podium herum. Komiker und Sänger traten auf, Orchestereinlagen – und endlich erschien die Dame, die alle erwarteten, auf der Bühne, in rosarotem Chiffon und goldenem Haar, mit ausgebreiteten Armen und hinreißendem Lächeln: Miss Hedda Hopper, einst Schauspielerin des Stummfilms, immer noch hübsch anzusehen, wenn auch etwas üppig. Sie trug eine Glasschale im Arm voller versiegelter Umschläge, stellte sie auf den bereitstehenden Tisch und hielt zunächst mal eine kleine Rede. Wie schön es doch sei, in New York zu sein (Applaus), wie aufregend für eine arme Journalistin aus der Provinz Kalifornien (Gelächter), wie einmalig der kulturelle Standard des amerikanischen Theaterlebens (Applaus) und wie groß die Ehre, der Elite dieser Kultur den verdienten Preis aushändigen zu dürfen. Dies sei ein Ehrentag in ihrem Leben (lang anhaltender Applaus).
Wir sahen auf das rosige Charmebündel auf dem Podium und dachten an den Artikel in der »Los Angeles Times«, den »die arme Journalistin« Rex gewidmet und der mit dem Gleichnis vom toten Hering geendet hatte. Das war vor sechs Monaten gewesen. Es kam uns wie sechs Jahre vor.
Das Orchester spielte einen Tusch, dann einen Trommelwirbel. Die Fernsehkameras rückten nah an die Glasschale heran. Hedda zeigte alle Perlenzähne und griff nach dem obersten versiegelten Umschlag. Genau wie beim »Oscar« in Hollywood fängt die Preisverteilung mit den Prämien für die Nebenrollen an, erst die weiblichen, dann die männlichen, dann folgen die Stars des besten Musicals – und zum Schluß der Clou des Abends, die Nominierung der besten Hauptdarsteller des Jahres. Hedda machte eine dramatische Pause, ein extra Trommelwirbel, dann las sie mit strahlendem Lächeln den Namen der besten Schauspielerin vor: Martita Hunt, eine Engländerin, die in Giraudoux' *Die Irre von Chaillot* einen persönlichen Triumph gefeiert hatte. Martita, die neben uns saß, stieß einen kleinen Seufzer des Entzückens aus und stolperte die Stufen zum Podium hinauf. Applaus. Fernsehkameras in Nahaufnahme, während Hedda Miss Hunt innig umarmte und ihr die kleine Tony-Statue aushändigte.
Und nun war es soweit. Der beste Hauptdarsteller des Jahres ist – ich wappnete mich gegen Enttäuschung und sah so gleichgültig wie möglich drein. Rex' Hand auf meinem Knie zitterte, Hedda griff zum letztenmal in die Glasschale und riß den Umschlag auf, Tusch, Trommelwirbel – Pause.
Dann hob sie den Kopf und sagte heiser: »Mr. Rex Harrison.«
Aus dem Publikum kamen Rufe: »Wer? Wer? Lauter, bitte!«

Sie wiederholte tonlos: »Mr. Rex Harrison.«
Mit einem Satz sprang Rex auf die Bühne, drehte ihr den Rücken zu und verbeugte sich zu donnerndem Applaus. Wieder und wieder mußte er sich verbeugen und streckte schließlich beide Arme aus, als wollte er sie alle umarmen. Ich heulte unten, aber das merkte niemand. Dann drehte er sich in aller Ruhe zu Miss Hopper um.
Sie hatte inzwischen Zeit gehabt, sich zu fassen und sich daran zu erinnern, daß die Kameras sie in Großaufnahme beobachteten. »Gratulation, Rex«, sagte sie und gab ihm seine Statue.
Er nickte ihr kurz zu und sprang die Stufen zum Parkett hinunter.
Hinterher gingen wir mit Martita feiern. Wir feierten so intensiv, daß die Tony-Statue bei der Heimfahrt im Taxi liegenblieb.

Mein Stück war zwar sang- und klanglos gestorben, aber man erinnerte sich an die Kritiken, die ich dafür bekommen hatte, und bot mir etwas Neues an. Und dieses Neue war etwas Altes: *Cäsar und Cleopatra* von George Bernhard Shaw.

George Bernhard Shaw

Als ich GBS kennenlernte, war er zweiundneunzig.
Zu seinen Lebzeiten ging man, wenn irgend möglich, zu ihm und bat ihn formell um Erlaubnis, in seinen Stücken auftreten zu dürfen. Er war zu alt, um ins Theater zu gehen – er hörte nicht mehr gut, war aber zu eitel, einen Hörapparat zu tragen –, und so hatte er es gern, wenn Schauspieler gelegentlich zu ihm zu Besuch kamen. Besonders Schauspielerinnen.
Rex war Shaw schon vorher begegnet, während des Krieges, als er *Major Barbara* filmte, und der alte Mann hatte gesagt, von allen zeitgenössischen Schauspielern sei ihm Rex der liebste. Er könne in jedem seiner Stücke spielen, weil er mit dem jungen Shaw die größte Ähnlichkeit habe. Denn in allen Shaw-Stücken sind ja die männlichen – und manchmal auch die weiblichen – Figuren nur verkappte Abwandlungen seiner selbst. Als Rex dann später den Professor Higgins in *My Fair Lady* spielte, war das Abziehbild perfekt, denn Higgins ist Shaw in Reinkultur.
Während der langen Fahrt zu Shaws Landhaus begleitete mich Miss Patch, seit vierzig Jahren Shaws Sekretärin. Miss Patch sah aus, wie eine alte englische Dame auszusehen hat. Sie war so dünn, daß sie kaum einen Schatten warf, und bestand eigentlich nur aus zwei zusammengeklebten Profilen. Scharfe blaue Augen, eine Nase wie eine Messerschneide, Mund ohne Lippen, im Tweedkostüm trotz der Wärme, Pullover und Perlenkette. Sie hatte sich im letzten Augenblick entschieden mitzukommen,

um mich »vorzubereiten«. Es gab da einige elementare Spielregeln: »Lassen Sie sich nicht aus der Fassung bringen, widersprechen Sie, wenn nötig. Vor allem: nicht heulen.«
Ich wartete vergeblich auf einen weiteren Ratschlag: »Gehen Sie nicht mit ihm allein auf den Balkon, wenn Sie nicht in den Hintern gekniffen werden wollen.« Diese Vorsichtsmaßregel war mir von einigen Kolleginnen übermittelt worden, die ihre Erfahrungen gemacht hatten. Wahrscheinlich war das seit langer Zeit – wenn nicht schon immer – Shaws einzige sexuelle Betätigung. Aber Miss Patch wußte scheinbar nichts von Shaws Freiluftübungen.
Ich sah sie von der Seite an. Sie sah zum Fenster hinaus mit der gelassenen Ruhe der Engländer, ohne die geringste Anstrengung zu machen, mich zu »unterhalten«.
»Miss Patch«, sagte ich – nicht um das Schweigen zu brechen, sondern weil ich's wissen wollte, »haben Sie Shaws Manuskripte abgetippt?«
Sie nickte.
»Dann waren Sie die erste, die sie gelesen hat!«
Sie nickte wieder und errötete ein wenig.
»Wie war das? Erzählen Sie.«
»Nun – er schreibt ja täglich sein Pensum, und wenn er eine Szene fertig hatte, dann gab er sie mir am Abend. Er wollte sie gedruckt sehen, bevor er die letzten Korrekturen machte. Er ist ja sehr pingelig. Jedes Semikolon ist von Bedeutung.«
»Und dann haben Sie die Szene gelesen und sofort getippt...«
»Manchmal habe ich die ganze Nacht durchgetippt, wenn ich wußte, daß er einen Akt fertig sehen wollte.«
»Miss Patch, Sie haben ein herrliches Leben gehabt.«
Pause.
»Mag sein«, sagte sie trocken, »aber es wäre noch herrlicher gewesen, wenn er ein einziges Mal in den vierzig Jahren danke gesagt hätte.«
Shaws Haus, Ayot St. Lawrence, war ein häßlicher viktorianischer Wohnsitz mittlerer Größe, umgeben von Blumengärten, Wäldern, Rasenflächen und riesigen Gemüsebeeten, die Shaw mit der nötigen Nahrung versorgten, denn es war ihm ernst mit seiner vegetarischen Lebensweise. Die einzige Ausnahme in seiner fleischlosen Existenz war der tägliche Löffel Leberextrakt, den er »die Chemikalie« nannte.
Wir warteten im Wohnzimmer. Eine Fülle von Polstermöbeln und Kommoden, vollbepackt mit Fotos und Nippes, dazu eine reiche Auswahl von Porträts und Büsten des Hausherrn. Man hätte seine Lebensspanne an den Namen der Künstler ausrechnen können, die ihn porträtiert und gemeißelt hatten, von Sergent und Augustus John (noch mit brandrotem Bart) bis Topolski (mit weißem), von Rodin (mit glattem, hinterhältigem

Gesicht) bis Epstein (schmal und zerfurcht). Ich ging von Kommode zu Kommode, las die Namen auf den Widmungen, ehrfürchtig und erdrückt von dieser Ansammlung unvergänglichen Ruhms. Hier standen nicht die Porträts oder die Fotos der Berühmten, sondern der Unsterblichen. Marie Curie, Einstein, Anna Pavlova, die Duse, Sarah Bernhardt, Diaghilew, Lenin, Churchill, Clemenceau, d'Annunzio, Ibsen, Strindberg, Gerhart Hauptmann, Yvette Guilbert, Toulouse-Lautrec, Renoir, Tolstoi, Gorki... Es wäre mir ganz natürlich vorgekommen, wenn da eine Miniatur gestanden hätte mit der Inschrift: »Meinem lieben GBS getreulich J. W. von Goethe.«
Ein knappes Jahrhundert hatte dieses Leben bereits gedauert, mehr als die Hälfte davon in engster Beziehung zu den Großen der ganzen Welt. In engster Beziehung? Oscar Wilde hat von ihm gesagt: »Ein hervorragender Mann, dieser Bernard Shaw. Er hat keine Feinde, und keiner seiner Freunde kann ihn leiden.«
Die Tür zum Arbeitszimmer wurde vom Diener aufgemacht, und dort saß, mit dem Rücken zu mir und sehr gerade, ein schmächtiger Mann in altmodischer Kleidung, Kniehosen, dunkelgrünen Wickelgamaschen und einer lavendelfarbenen Jacke, die bis zum Krawattenknoten zugeknöpft war. Er machte keine Anstalten, sich zu erheben und mich zu begrüßen, drehte nur den Kopf in meine Richtung und sagte kalt: »Rex nicht mitgekommen?«
»Er hat einen Sohn aus erster Ehe, Mr. Shaw, und den mußte er heute besuchen...« Die weißen, buschigen Augenbrauen schossen in die Höhe. »Der Junge ist im Internat – wissen Sie, und Rex hat ihn seit drei Jahren nicht gesehen – und heute ist der einzige Tag, an dem er ihn besuchen darf...«
»So, er zieht es also vor, seinen Sohn zu besuchen. Großer Irrtum. Seinen Sohn kann er noch oft sehen. Mich vielleicht nicht mehr.« (Er hatte recht. Rex hatte keine Gelegenheit mehr, ihn wiederzusehen).
»Und jetzt zu Ihnen!« Seine hohe Altmännerstimme schnappte in wütendem Gegacker über. »Man hat mir berichtet, daß Sie und Cedric (Sir Cedric Hardwicke) sich bereit erklärt haben, ihre Gagenforderung zu reduzieren, um dem Produzenten zu helfen. Sonst kann die Produktion nicht finanziert werden. Man sagt mir, daß alle Mitwirkenden die Gürtel enger schnallen werden. Das erlaube ich nicht!« Er trommelte sich mit beiden Fäusten auf die Knie und krakeelte noch eine Oktave höher.
»Meine Stücke wurden nicht geschrieben, damit Schauspieler finanzielle Opfer bringen, um sie aufführen zu können. Meine Stücke sind keine künstlerischen Extravaganzen. Meine Stücke sind kommerzielle Unternehmungen! Ich werde meine Erlaubnis auf der Stelle zurückziehen, wenn Sie mir nicht nachweisen können, daß Sie dieselbe Summe verlan-

gen, die Sie für Ihr Auftreten in irgendeiner schwachsinnigen Broadway-Bagatelle bekommen...«
Ich hatte höflich ein paar störende Geräusche von mir gegeben, um ihn zu unterbrechen, und meinen rechten Zeigefinger in die Höhe gehoben, doch ohne Erfolg. Jetzt mußte er aber für den Bruchteil einer Sekunde innehalten, um nach Luft zu schnappen, und ich schaltete mich rasch ein: »Mr. Shaw – wissen Sie, wieviel ich für die Cleopatra bekomme?«
Er sah mich scharf an, lehnte sich vor und hielt die Hand hinters Ohr, um besser hören zu können.
»Wieviel?«
»Siebeneinhalb Prozent von den Gesamteinnahmen.«
»Was? – Zuviel.«
Damit sank er in seinen Stuhl zurück und bot mir endlich einen Platz an. Ich setzte mich und sah ihn mir ganz genau an. Rothaarige bekommen gewöhnlich das schönste weiße Haar, und Shaws schmaler, hochgewölbter Kopf war immer noch voll bewachsen, obgleich der Zwischenraum zwischen jedem einzelnen Haar groß genug war, um die Kopfhaut durchscheinen zu lassen. Er hatte Ziegenbockaugenbrauen. Wahrscheinlich half er nach und zwirbelte sie zu dem mephistophelischen Dreieck hinauf, unter dem zwei kalte, blaue Augen saßen, die etwas von einem toten Huhn hatten. Das Gesicht war schmal, die Haut, wie immer bei Rothaarigen, zart und nicht sehr verrunzelt, der Mund mit den violettfarbenen Lippen nicht großzügig.
Ich kannte das Gesicht in- und auswendig. Während des Krieges hatte ich ein kleines Shaw-Porträt von Felix Topolski als Geburtstagsgeschenk für Rex gekauft, und es begleitete uns, wo immer wir unsere Zelte aufschlugen. Shaw hatte es für ihn signiert. Er hatte mit roter Tinte auf die Leinwand geschrieben: »G. B. S., der nur sechsundachtzig ist, sieht zehn Jahre jünger aus und bedeutend ordentlicher.«
Einen Moment lang herrschte Schweigen. Ich wollte gerade mit einem meiner wohlpräparierten Eisbrechersätze beginnen, als er mit einer gebieterischen Handbewegung auf seinen Schreibtisch deutete.
»Sehen Sie mal!« sagte er. »Gehen Sie dorthin und schauen Sie sich das an! Sie werden es nicht für möglich halten.«
Ich stand zögernd auf und trat an den Schreibtisch.
»Nun«, drängte er, »was sehen Sie?«
Ich sah nichts außer einem peinlich ordentlichen Tisch, einem Tintenfaß, altmodischen Federhaltern und Bleistiften, sorgfältig gestapelten Briefen, ein paar Büchern, einer Schreibunterlage und einem losen Scheck auf dem Löschpapier, von dem ich meinen Blick rasch abwandte, weil ich sicher war, daß er nicht für meine Augen bestimmt war.
»Na los«, sagte der alte Mann ungeduldig. »Sehen Sie es nicht?«

»Nein«, sagte ich schwach.
»Das Papier!« krächzte er. »Das Stückchen Papier da!«
»Den Scheck?« stammelte ich.
»Was denn sonst? Sehen Sie ihn an. Was steht darauf?«
»An die Finanzverwaltung«, las ich verlegen.
»Na und? Weiter, junge Frau, weiter!«
»Die Summe von 15000 Pfund – George Bernard Shaw.«
»Wie finden Sie das?« sagte Shaw. »Ich habe ihn gerade ausgeschrieben. Die Tinte ist noch nicht trocken. 15000 Pfund Steuern für ein Jahr. Was sagen Sie dazu?«
»Also«, sagte ich, »ich finde, das zeigt, daß Sie letztes Jahr eine Menge eingenommen haben, Mr. Shaw.«
Er warf mir einen Blick zu, der nicht hundertprozentig amüsiert war, und knurrte, daß man die Sache natürlich auch so sehen könnte.
Wieder eine Pause. Zeit für einen meiner Eisbrecher. Zur Sache, so spontan wie möglich.
»Mr. Shaw«, begann ich resolut, »ich bin hergekommen, um Sie um die Erlaubnis zu bitten, Ihre Cleopatra am Broadway zu sein. Ich kann Ihnen gar nicht sagen, wie begeistert ich von der Aussicht bin, daß ich – ich – meine, wenn ich...« Ich begann, unter dem kalten Blick der Huhnaugen abzusacken. »Ich weiß nicht – ob Sie mich jemals auf der Bühne gesehen haben – oder ob Sie jemals etwas über mich gelesen haben – ob Sie – wahrscheinlich haben Sie meinen Namen noch nie gehört...«
Er ließ mich bis zum bitteren Ende ablaufen, ehe er antwortete: »Cleopatra kann jeder spielen. Die Rolle spielt sich von selbst.«
Damit war mein Eröffnungsschachzug erledigt. Auch alles Restliche verschwand aus meinem Kopf. Ein Vakuum blieb zurück, in dem nur noch eine wichtige Mahnung schwebte: Nicht heulen!
Glücklicherweise wollte Shaw etwas wissen: Würden wir seinen (selten benutzten) Prolog spielen oder nicht? Ich raffte mich zusammen und konnte antworten. Wir würden. Das schien ihn zu freuen, und er erkundigte sich nach Cedric, der einst unter seiner Regie im Royal Court Theatre in London in demselben Stück den Cäsar gespielt hatte. Ich erholte mich noch etwas mehr und erinnerte mich an ein anderes meiner Rezepte für schwierige heilige Kühe. Es war immer angebracht, sich zu erkundigen, wie es in den »guten, alten Zeiten« gewesen war. Das verfehlte selten seine Wirkung und sorgte auf lange Zeit für Unterhaltung. Besonders in Hollywood war es nützlich, wenn man beim Essen neben einem berühmten Star älteren Jahrgangs saß. Ich bat dann immer, mir zu erzählen, wie es gewesen war, als die einzige gepflasterte Straße in Hollywood zum Haus von Douglas Fairbanks führte. Das beschäftigte uns gewöhnlich bis zum Kaffee.

Shaw war keine Ausnahme. Ich fragte ihn, wie es bei der Uraufführung von *Cäsar und Cleopatra* zugegangen war, und er blühte auf wie eine Distel (die eine besonders schöne Blüte hat). Er erinnerte sich an Einzelheiten der Inszenierung, sogar noch an das Make-up der Hauptdarstellerin, und gab eine Reihe von Anekdoten über den Cäsar der Uraufführung, Sir Johnston Forbes-Robertson, zum besten, von denen keine einzige schmeichelhaft war. Er beschrieb voller Enthusiasmus die Mängel dieser Aufführung, zum Beispiel die unzulängliche Art und Weise, in der der Verräter Pothinus sein verdientes Ende fand. Zugegeben, der Mord an Pothinus findet hinter der Szene statt und das Publikum hört nur seinen Todesschrei, als er von Ftatateeta, Cleopatras Dienerin, auf Veranlassung ihrer Herrin erstochen wird. Aber, wie GBS sehr richtig bemerkte, wenn dieser Schrei nicht wirklich durchdringend ist in seiner Angst und Qual und dem Publikum nicht durch Mark und Bein fährt, dann hat die anschließende Konfrontation zwischen der schuldigen Cleopatra und dem grimmigen Cäsar kein dramatisches Gewicht.

Nach Shaws Beschreibung war das Todesgeheul des ersten Pothinus nicht derart, daß es jemandem eiskalt den Rücken hinuntergelaufen wäre, und so fühlte sich der Autor persönlich verpflichtet, in die Bresche zu springen.

»Eines Abends ging ich hinter die Bühne«, sagte er, und plötzlich war in den trüben, alten Augen ein fröhliches Funkeln, »und hieß diesen Burschen Pothinus das Maul halten, als das Stichwort kam. Und dann stieß ich einen solchen Schrei aus! Einen Schrei!« Vor lauter Begeisterung schlug er sich wieder mit der Faust auf die knochigen alten Knie.

»Es war ein so großartiger Schrei, daß Forbes-Robertson in der Pause sagte: ›Mein lieber Bernard, wenn wir den Schauspieler ersuchen würden, so zu schreien wie du, wäre er sofort heiser, und wir müßten für den Schrei jeden Abend einen anderen Mann engagieren. Das hieße zusätzliche Kosten von zehn Shilling, und das ist im Budget einfach nicht drin.‹ « Und er gackerte drauflos und hieb sich noch ein paarmal auf die Knie.

Ich beschloß, noch mehr Saft aus dem Thema »Theaterschreie« zu quetschen, und fragte ihn, ob er jemals einen der berühmtesten erlebt hätte, nämlich den von Laurence Olivier als Ödipus, wenn er feststellen muß, daß er mit seiner eigenen Mutter verheiratet ist.

»Nein«, sagte der alte Mann und hielt wieder die Hand hinters Ohr. »Was war das? Was war das?«

Woraufhin ich mich auf eine – wie ich hoffte – unvergeßliche Beschreibung von Oliviers langgezogenem, tierischem Stöhnen in seiner ganzen Breite und Vielfarbigkeit einließ.

Als ich fertig war, schnaubte Shaw einmal kurz und höhnisch, lehnte sich zurück und sagte: »Hm – also, ich sage, das ist alles Quatsch.«

»Quatsch?« rief ich verstört.
»Ich will Ihnen mal was sagen«, sagte er. »Ich habe Sophokles nie gemocht. Er hat keinen Sinn für Humor. Euripides – sehen Sie, *das* war ein Mann! Ich wollte immer schon mal den *Ödipus* neu schreiben.« Er hielt inne und sah mich verschlagen an. »Können Sie mir vielleicht erklären, warum der Ödipus so aus der Fassung gerät, wenn er entdeckt, daß er seine Mutter geheiratet hat? Das hätte seiner Zuneigung doch nur bekömmlich sein sollen!«
Noch mehr entzücktes Gackern und Knieschlagen. Ich faßte mir ein Herz und versuchte einen oder den anderen meiner Eisbrecher, hatte aber wenig Erfolg. Sie waren alle zu gemeinplätzig und achtbar und positiv, und so was langweilte ihn. Er war nicht geneigt, seine kostbare Zeit ans Diskutieren über »nette« Leute zu verschwenden. Er lebte aber sofort auf, als ich Gabriel Pascal erwähnte, den ungarischen Schauspieler-Regisseur-Abenteurer, der ohne einen Pfennig in England angekommen war mit der fixen Idee, aus Shaws Schauspiel *Pygmalion* einen Film zu machen, und der es geschafft hatte, GBS übers Ohr zu hauen und sich bereits bei der ersten Begegnung die Optionsrechte buchstäblich hatte schenken lassen. Es gibt mehrere Versionen dieser Begegnung, und sie sind alle gut. Mir gefällt die am besten, die »Gaby« selbst berichtete: Wie er die berühmte Whitehall-Telefonnummer angerufen hatte und Shaw zufällig am anderen Ende der Leitung erwischte, und wie er dann eine Verabredung treffen konnte, weil der alte Mann einfach hingerissen war von Gabys unglaublichem, selbst in der Geschichte der ungarischen Emigration einzig dastehendem Akzent. Wie Shaw entzückt Gabys Berichten über sein Leben zugehört hatte, Berichten, die im wahrsten Sinn des Wortes phantastisch waren, und wie Gaby ihn schließlich um eine Option auf *Pygmalion* bat (was vor ihm sehr viele und sehr viel prominentere Produzenten ohne Erfolg getan hatten). Shaw hatte sich den Bart gestrichen, hinterhältig gelächelt und gefragt: »Wieviel können Sie denn für eine sechsmonatige Option bezahlen?« Und Gaby hatte prompt geantwortet: »Zwanzig Shillinge.« Worauf der alte Mann gelacht und gesagt hatte: »Abgemacht!« Und als er dann die Hand ausstreckte, um das Geld in Empfang zu nehmen, hatte Gaby seine letzten zehn Shillinge aus der Tasche gefischt und frech und gottesfürchtig gefragt: »Können Sie mir zehn Shillinge leihen, Sir?«
Kein Wunder, daß Gaby in Shaws Augen nichts falsch machen konnte. Dazu kam, daß *Pygmalion*, sein erster Film, ein großer Erfolg war, und GBS liebte ihn mehr denn je. Der nächste, *Major Barbara*, war nicht annähernd so gut, und der dritte, *Cäsar und Cleopatra*, war ein Reinfall. Aber er hatte bei dem alten Mann einen Stein im Brett, und Shaw verfügte, daß nur Gaby, und Gaby allein, seine Stücke verfilmen dürfe. Am

seltsamsten war, daß er es fertiggebracht hatte, Shaw zu überzeugen, daß er, Gaby, von Finanzen »nichts verstünde« und keine Ahnung habe, wie er seine eigenen Interessen vertreten könnte.
»Ich muß für Gaby die Verträge machen«, sagte Shaw zu mir. »Jeder nutzt ihn aus, wenn ich nicht für ihn einstehe. Er ist ein wirkliches Kind. Ein Naturkind!«
Ich hatte da einige Zweifel. Meine Gedanken gingen in die Zeit kurz vor Kriegsende zurück, als Rex und ich einmal Gaby auf seinem schönen Gut, nicht weit von uns, besuchten. Ich war im achten Monat, und Gaby betrachtete mich väterlich und nannte mich »Mutter kleines«. Plötzlich leuchteten seine Augen auf, was immer wirkungsvoll war, weil er eine Menge sehr weißer Zähne in einem dunkelgraubraunen Gesicht hatte und tiefliegende, pechschwarze Augen unter einem Wust schwarzer Haare. (»Wann ich warr jung und warr Kavallerieoffizier von ungarische Garderegiment, ich warr schön wie griechischer Gott!« pflegte er sich bescheiden zu erinnern.)
»Die Mutter kleines muß haben gutes Milch«, verfügte er. »Ich mache dir Geschenk von gute Kuh. Ich suche beste Kuh in meine Stall. Du wirst haben beste Milch von England.«
Wohlwollend nahm er unsere geräuschvollen Dankesbezeigungen entgegen. Im letzten Kriegsjahr gab es nicht viel gute Milch, und wir waren tief gerührt über seine Fürsorge.
Am nächsten Tag klingelte das Telefon. Gaby.
»Wegen Kuh!« sagte er mit seiner tiefen, gutturalen Stimme.
»Ja, Gaby, nochmals recht vielen Dank...«
»Ich denke, ich behalte Kuh in meine Stall. Besser für Kuh. Du kriegen zehn Prozent von seine Milch, und du schicken mir Scheck von sechzig Pfund. Okay?«
Ich stotterte, der Arzt hätte Zweifel, ob ich augenblicklich überhaupt so fette Milch trinken sollte – und bedankte mich noch einmal für sein »Geschenk«.
Diese Geschichte entzückte Shaw, und solange er nicht genötigt wurde, über Cleopatra oder andere berufliche Angelegenheiten zu diskutieren, schien er sich wohl zu fühlen.
Aber ich behielt die Uhr im Auge. Miss Patch hatte gesagt: »Ermüden Sie ihn nicht. Bleiben Sie nicht länger als eine Stunde, sonst wird er plötzlich von einer Minute zur anderen unfreundlich.« Deshalb stand ich auf und gab ein paar Abschiedslaute von mir. Shaw sah überrascht aus.
»Gehen Sie schon?« Erfreut setzte ich mich wieder hin.
»Möchten Sie, daß ich noch etwas bleibe, Mr. Shaw?«
Er erwog die Möglichkeit.
»Nein«, sagte er schließlich. »Ich hab's immer gern, wenn Leute gehen.«

(Miss Patch hatte mir erzählt, er habe, als König Georg V. ihm einmal einen längeren Besuch abstattete, seine goldene Uhr aus der Westentasche gezogen und lange und aufmerksam das Ziffernblatt studiert.)
Ich erhob mich. Plötzlich griff er nach seinem Hut und stand auch auf. »Ich zeige Ihnen noch den Garten«, sagte er.
In der Halle nahm er einen Stock mit, brauchte ihn aber kaum. Ich machte ihm Komplimente über seinen Gesundheitszustand.
»Ja«, meinte er selbstgefällig, »es geht mir gut. Und ich habe die Absicht, es mir auch weiterhin gutgehen zu lassen. Ich lebe vernünftig« – er wies auf die Gemüsebeete –, »warum also nicht? Leben ist normal, sterben ist anormal. Ich werde noch weit über hundert Jahre alt werden.«
Wahrscheinlich hätte er das auch geschafft, wenn er nicht zwei Jahre später gestürzt wäre und sich dabei den Oberschenkel gebrochen hätte. Er mußte im Bett liegen, eine Krankenschwester um sich haben – und plötzlich hatte er keinen Spaß mehr am Leben und fand, es stände nichts mehr dafür. Ein paar Tage später war er tot.
Als wir durch das kleine Gehölz gingen, wandte er sich plötzlich mir zu und sagte: »Sie müssen wissen, ich bin der einzige Autor, von dem noch nach seinem neunzigsten Geburtstag ein Stück uraufgeführt wurde!«
Ich war entsprechend beeindruckt.
»Ich behaupte nicht, daß es ein gutes Stück ist«, fügte er hinzu *(Der gute König Karl)*, »aber es wurde aufgeführt!« (Beim Malvern-Festival.)
Ich glaubte, eine kleine Woge freundlicher Gefühle auf mich zuströmen zu fühlen, und zeigte, ermutigt, auf ein großes Beet voll Gemüseerbsen, an denen wir vorübergingen. Sie waren eben reif, und Tausende schaukelten sanft im Sommerwind.
»Darf ich eine haben, Mr. Shaw?« fragte ich. (Eine!)
»Nein«, erwiderte er streng und ging weiter. Nach einer Weile blieben wir vor einer kleinen Hütte stehen, die wie ein Hühnerstall auf Rädern aussah. Zwei Stufen führten zu einer Tür hinauf. Ein Fenster – sonst nichts.
»Gehen Sie rein«, sagte Shaw zu mir. »Schauen Sie sich's an. Da drin habe ich in den letzten vierzig Jahren meine Stücke geschrieben. Ich komme jeden Morgen um acht hierher und schreibe bis um eins. Ich habe sie mir extra bauen lassen, damit sie leicht ist und ich sie allein in die Sonne schieben kann, wenn es kalt ist, und in den Schatten, wenn es zu heiß wird. Gehen Sie hinein!«
Ich öffnete die dünne Tür und blickte ins Innere. Es war gerade genügend Platz für den Tisch unter dem Fenster und für einen Stuhl. Der Tisch war sorgfältig aufgeräumt; etwas Papier lag darauf, ein paar Bleistifte und Federhalter, und auf der Schreibunterlage ein Paar Fäustlinge. Offenbar wurden die alten Finger auch im Sommer kalt. Hier also hatte er *Die*

heilige Johanna, Haus Herzenstod, Don Juan in der Hölle, Zurück zu Methusalem usw. geschrieben ... Ich stand ehrfürchtig da, wie in der Kirche.
Langsam gingen wir zum Auto zurück.
Als ich mich aus dem Autofenster noch einmal bedankte und verabschiedete, beugte er sich plötzlich vor und sagte: »Na – habe ich eine gute Vorstellung gegeben?«
»Wenn meine so gut wird wie Ihre, Mr. Shaw«, sagte ich, »dann wird das Stück ein Jahr am Broadway laufen!«
Er gackerte zufrieden und winkte unserem Auto nach.

Wir hatten Cleopatra zwar nicht mehr erwähnt, aber ich nahm an, daß Shaw einverstanden war, daß ich sie am Broadway spielte. Es war mir klar, daß diese Rolle der endgültige Prüfstein für mich sein würde. Nicht nur, weil Cleopatra eine der wenigen Frauenfiguren ist, der Shaw Leidenschaft und exotische Farbe erlaubt, sondern weil ich zum erstenmal in Amerika ohne Else arbeiten mußte, denn sie war ausgerechnet zu unserer Probenzeit in Hollywood unabkömmlich. Bei jeder schwierigen Passage dachte ich: Was würde Else hier sagen? Denke, denke, würde sie sagen, dreh die Sätze um, pack sie mal von der umgekehrten Seite an, ganz frisch von vorn. Denk an den Charakter, was ist der Sinn dieser Szene, was fühlt sie hier, was denkt sie sich, warum spricht sie so, etc. etc.
Da es sich um eine Neuaufführung eines alten Stückes handelte, wurde uns die Tournee erspart. Wir eröffneten »kalt« am Broadway in New York. Während der Generalprobe verlor unser Cäsar, Sir Cedric Hardwicke, der schon vor beinahe dreißig Jahren unter Shaws eigener Regie die Rolle gespielt hatte, die Stimme. Akute Laryngitis. Er gab aber nicht auf und ließ sich von Spezialisten verarzten, spritzen und pinseln. Er spielte zwar die Premiere, aber man konnte ihn hinter den ersten paar Reihen nicht mehr hören. Die Kritiker erwähnten den Umstand, auch wenn sie sonst seine Darstellung priesen. Zwei Wochen später, als Cedric schon längst wieder bei bester Gesundheit war, kam eine Postkarte von Shaw. (Er schrieb gerne Postkarten. Sie kosteten weniger Porto. Unter keinen Umständen benutzte er jemals Luftpost.)
»Lieber Cedric«, schrieb Shaw, »gurgele allabendlich mit Salzwasser! Freundliche Grüße G. B. S.«
Was mich anbelangt, so tut es mir heute leid, daß ich auch in diesem Fall meinem Grundsatz treu war, keinerlei Kritiken oder Artikel aufzuheben. Ich erinnere mich aber, daß ich am Morgen nach der Premiere aufwachte, sämtliche New Yorker Morgenzeitungen, von Rex besorgt, auf der Bettdecke vorfand, und daß meine Freudentränen in den Frühstückskaffee rollten.

Portofino war zu Beginn der fünfziger Jahre im Sommer der Lieblingsort der internationalen Sonnensucher. Sie stiegen, je nach Bankkonto, in dem teueren Hotel Splendido ab, das vornehm hoch über der Bucht schwebte, oder in den billigeren und lärmenden Hotels des altertümlichen Städtchens am Meer. Sie kamen mit dem Zug von Genua in das benachbarte Santa Margharita, mit dem Auto die enge Zufahrtsstraße zwischen Meer und Felsen entlang oder aber exklusiv und unnahbar in ihren Jachten, die am Kai des winzigen Hafens anlegten.
Als Rex und ich im Jahre 1949 dort ein Haus bauten, das sogar noch ein paar hundert Meter über dem Splendido lag, waren wir noch Pioniere. Portofino bestand (und besteht noch heute) nur aus einem kleinen Hafen wie aus der Spielzeugschachtel, umgeben von ausschließlich alten Häusern. Es war nur den Eingeweihten bekannt, ein paar Malern oder Schriftstellern und einigen wenigen Exzentrikern. Es lag zu weit abseits, hatte keinen Strand und war streng überwacht vom Ministerium zum Schutz antiker und romantischer Ortschaften. Man durfte weder Hotel noch Haus noch Hundehütte errichten ohne Sondergenehmigung, und die gab es beinahe niemals.
Wir erhielten sie nur deshalb, weil dort vor dem Krieg ein altes Haus gestanden hatte, das die deutschen Besatzungstruppen abgerissen und an dessen Stelle einen Kanonenbunker errichtet hatten, eben weil man von dieser Stelle aus nicht nur über den Hafen von Portofino, die Bucht von Paraggi, sondern auch über die ganze Küstenlinie bis nach La Spezia sehen konnte. Wir sprengten die Zementplattform, klebten unser Haus dicht an den Felsen und pflanzten einen kleinen Weinberg drum herum. Die Aussicht von der Terrasse war atemberaubend.
Es war überhaupt so eine Sache mit Portofino. Die wenigen Nichteinheimischen, die dort lebten, waren alle verhext und besessen von dem Ort. Es machte ihnen nichts aus, zu Fuß steile Pfade zu ihren Häusern hinaufzuklettern und ohne Elektrizität oder fließendes Wasser zu leben. Der Anblick der dunkelblauen Bucht mit ihren Felsen, Grotten, Pinien und Olivenhainen ging einem ins Blut. Unsere Gäste verbrachten die ersten paar Tage sprachlos und verzückt auf das Meer starrend.
So muß es wohl auch dem deutschen Kommandanten ergangen sein, der während des Krieges sein Hauptquartier in das alte Schloß gelegt hatte, das von einer kleinen Halbinsel herab, dräuend wie im Märchenbuch, den Hafen bewachte. Als der Befehl zum Abzug kam, konnte er sich nicht mit dem Gedanken abfinden, daß sich von nun an andere Leute an dieser Aussicht erfreuen würden. Er gab daher den Befehl, den ganzen Ort, das Schloß inbegriffen, in die Luft zu sprengen. Der Bevölkerung gab man

48 Stunden Zeit, um zu verschwinden. Jedes Gäßchen wurde einzeln vermint. Den verzweifelten Einwohnern blieb nichts anderes übrig, als ihre Habseligkeiten zu packen.
Aber am Morgen des verhängnisvollen Tages, eine halbe Stunde bevor die Sprengungen stattfinden sollten, erschien der Kommandant mit seinem Gefolge im Hafen, stand einen Augenblick lang schweigend da, blickte auf den leeren Kai, den leergefegten Vorplatz, die menschenleeren Gassen – gab abrupt den Befehl, die Minen zu räumen, sprang in seinen Jeep und fuhr davon, ohne sich umzusehen.

Es war nicht leicht gewesen, unser Haus in die Welt zu setzen. Das kleine Stück Land vor dem Felsvorsprung hatten wir – aber wie sollten die Baukosten finanziert werden? Wir hatten keinen Pfennig auf der Bank, zahlten immer noch Hollywood Steuerschulden ab. Die Antwort fiel vom Himmel: ein englisches Filmmanuskript, »Der lange, düstere Gang«. Der Titel war ein Volltreffer, denn das Drehbuch war »lang« – und zappenduster. Egal. Ebenfalls »egal« mußte auch der Umstand sein, daß Rex einen zu Unrecht des Mordes an seiner Geliebten angeklagten Ehemann spielte – und ich seine händeringende Frau. Unsere beiden Gagen reichten für den Bau. Wir schrieben das Jahr 1949. Bauen war noch erschwinglich.
Jetzt sollte aber auch noch Geld für Möbel herbeigezaubert werden. Woher? Es mußte eben sonntags gearbeitet werden. (Sonntags sind die Theater in Amerika geschlossen.) Ein Sonderkonto »Portofino« wurde auf der Bank eröffnet. Wir boten uns wie saures Bier für jegliche bezahlte Unterhaltung an, die in New York am Sonntag stattfand – Radio, Fernseh-Dramen und Gäste-Spots im Programm anderer Leute. Langsam schwoll das »Portofino«-Konto an, und am Ende der Saison verloren wir den letzten Rest unserer Würde und verdingten uns als »komische Einlage« in einer Bob-Hope-Fernseh-Show (live) vor Tausenden von Menschen, um ein kleines Criss-Craft-Motorboot für Portofino zu erwerben. Wir waren am Ende unserer Kräfte, hohlwangig, unkomisch – und blieben mitten in unserer »Einlage« mit Bob stecken. Nur sein Talent für improvisierte Witze rettete den Abend. (Allerdings hörte ich ihn – außer Mikrophonreichweite – knurren: »Scheiße!«)
Contessa Besozzi überließ uns ihre drei dienstbaren Geister: Vater und Mutter (Joseph und Maria, wie sich das gehört – Gärtner und Köchin) und Tochter Pina. Maria knetete allmorgendlich den besten Pasta-Teig der Provinz Genua. Pasta-Nudeln dürfen unter keinen Umständen *gekauft* werden. Der Teig muß so dünn sein, daß man ihn auf die Zeitung »Corriere della Sera« legen und durch ihn hindurch die Schlagzeilen lesen kann.
Früh am Morgen war der Teig fertig und mit ihm die wichtigste Handlung

des Tages. Dann wartete er (der Teig) auf »das Zeichen«. Das kam von unserem alten Jeep, dessen unverkennbares Krachen beim Anspringen des Motors unten im Hafen bis hinauf auf unseren Berg tönte. Maria wußte dann, daß wir genau sechs Minuten später bergaufwärts durch die Olivenbäume rattern würden und hungrig wie die Raben zur Terrasse drängten. Diese sechs Minuten lag der Teig im kochenden Wasser, nicht eine Minute länger. Dann wurde er mit Grüner Sauce übergossen, à la Genovese (Basilikum und Knoblauch, daß Gott erbarm'), dazu der hauchdünne italienische rohe Schinken (Prosciutto) und Feigen aus dem Garten. Zu trinken gab's unseren eigenen »fußgekelterten« Wein, der so leicht war, daß er nicht einmal einen Säugling beschwipst gemacht hätte. Daher konnte sogar ich ihn vertragen.

Gleich danach fielen sämtliche Einwohner des Hauses nach italienischer Sitte zu mehrstündigem Mittagsschlaf aufs Bett. Alle Fensterläden schlossen sich. Nach der Sonnenhitze plötzliche Kühle, Dunkel, Stille. Paradies.

Die Terrasse war der Schauplatz des täglichen Lebens. Man aß und lebte dort. In einer Ecke stand ein großes Fernrohr, das angeblich von einem japanischen Schlachtschiff stammte. So ein Fernrohr war ein Statussymbol, wenn man ein Haus in Portofino besaß. Alle Terrassenbesitzer, die über die Bucht sehen konnten, spielten dasselbe Spiel: Die Fernrohre waren auf die Schiffe eingestellt, die langsam in den Hafen einbogen. Die Passagiere hingen über die Reeling und glaubten sich unbeobachtet. Das war der Sinn des Fernrohrspiels: Hunderte von Augen folgten jeder Geste, jedem unhörbaren Wort, wie im Stummfilm. Giovanni Falck, ein Nachbar von uns, hatte einmal sein Fernrohr auf einen Freund gerichtet, der gerade auf dem Hinterdeck zu Mittag aß, als sein Schiff anlegte. Als der Mann die Jacht verließ, wurde er zum Telefon des Hafenrestaurants gebeten. »Hallo«, sagte Giovanni. »Wie geht's? Du hast Spinat auf deine Jacke gekleckert. Pfui!«

Wichtig war: Wem gehört die Jacht? Freunden? Feinden? Fremden? Noch bevor die Ankerkette hinunterrasselte, war bereits alles bekannt. Dieselben Jachten kamen Jahr für Jahr mit denselben Passagieren. Noch gab es keine große Auswahl unter den Schiffen, die man für eine Mittelmeerreise mieten konnte. Ganz wenige Leute waren Jachteigentümer. Onassis natürlich, der einzige, dessen Schiff zu groß war, um im Hafen anzulegen. Aber selbst Leute wie der Herzog von Windsor zum Beispiel mieteten einen ziemlich klapprigen alten Kasten, vor dem Krieg gebaut wie alle anderen auch. Die »Sister Ann« kam pünktlich jedes Jahr nach Portofino, mit Windsor, seiner Frau und Freunden an Bord.

Wir kannten Windsor von New York her. Er suchte sich oft ein stilles Plätzchen inmitten einer wild wogenden Party aus, um mit mir deutsche

Gedichte zu deklamieren. Er eine Strophe, ich eine Strophe. Seine Mutter, Queen Mary, war ja eine deutsche Prinzessin gewesen, Mary von Teck, und hat ihr Leben lang mit leicht teutonischem Akzent englisch gesprochen. Windsor hatte als Kind von ihr fließend Deutsch gelernt, auch wenn er es im Ersten Weltkrieg wieder vergessen mußte. Er kramte es aber gern wieder aus, wann immer sich eine Gelegenheit bot. Einmal haben wir unseren Sprechchor sogar auf eine Platte aufgenommen. Im Hintergrund hört man aufgeregten Jazz, im Vordergrund Windsors »Was hör isch draußen vor dem Torr, was auf der Brucke schallen...«

Und so legte er alljährlich für ein paar Tage in Portofino an – »für seine Deutschstunde«. Wenn er zum Abendessen kam, war das zwar eine Ehre, aber kein ungeteiltes Vergnügen. Obgleich er vor 20 Jahren abgedankt hatte, sah er es doch gerne, wenn ein gewisses Protokoll eingehalten wurde. Aber man mußte raten, wo das anzuwenden oder wegzulassen war. Selbstverständlich mußte alles auf die Minute pünktlich sein, und man stand auf, wann immer er sich erhob, selbst wenn er nur auf die Toilette wollte, wobei respektvolle Aufmerksamkeit auf eine Funktion gerichtet wurde, die gewöhnliche Sterbliche gern so unauffällig wie möglich erledigen. Eine Art von leichtem Kniehupfer oder Knicks zur Begrüßung wurde mit Wohlgefallen zur Kenntnis genommen. Allerdings hupfte ich nur für ihn. Seine Herzogin bekam einen kräftigen Händedruck. Außerdem mußte er natürlich beim Abendbrot am Kopfende sitzen, was Rex nur ungern zugestand. Vorher aber hatte er mir zu meinem Erstaunen den Teller mit den Cocktail-Leckerbissen, den ich präsentierte, galant aus der Hand genommen und herumgereicht, was Rex den Appetit verdarb. »Ich hab's nun mal nicht gern«, sagte er später, »wenn mir mein früherer König die belegten Brötchen anbietet.«

Es war dies das erste Mal, daß er bei uns eine Mahlzeit einnahm. Ich hatte Carey, der damals acht Jahre alt war, vorbereitet und ihm Windsors Geschichte erzählt. Daß er einmal der »goldene« Prince of Wales gewesen war, acht Monate lang König von England, und dann alles stehen und liegen gelassen hatte »für die Frau, die ich liebe«, wie er am Radio in seiner berühmten Abdankungsrede sagte: Wallis Simpson, eine zweimal geschiedene Amerikanerin, die das britische Weltreich niemals als Königin akzeptiert hätte.

»Sieh sie dir gut an«, hatte ich dem Kind eingeprägt, »wenn du erst einmal selbst Kinder hast, werden sie dich bestimmt löchern: Wie hat sie ausgesehen, wie war sie, die Frau, für die er den Thron aufgegeben hat.«

Aber als die beiden langsam die Treppe heraufkamen, sah Carey nur den Mann an und starrte und starrte. Vergebens, wie er mir später tief enttäuscht mitteilte. Windsor hatte keine Krone auf.

Er war ein kleiner, eleganter Mann, kaum größer als ich. Von hinten sah

er wie ein Junge aus. Von vorne allerdings glaubte man ihm gerne seine 55 Jahre, obgleich sein Haar blond gefärbt war. Das Gesicht noch immer hübsch, aber kreuz und quer von kleinen Falten durchzogen, mit scharfer, nach oben pointierter Nase, wie ein schnuppernder Hund. Seine Herzogin trug ein blaues Leinenkleid. Nichts war an dem Kleid, keine Falte, keine Tasche, kein Kragen. Nur von seiner Farbe und seinem Schnitt her hätte man beinahe glauben können, eine schöne Frau vor sich zu sehen. Wallis Windsor war aber alles andere als schön. Viele Menschen haben sich den Kopf zerbrochen, was es wohl war, das den König von England damals so unwiderstehlich angezogen hatte. Ich glaube, es war ihre außerordentliche Vitalität, ihre kerzengerade Haltung und ihre aggressive Unabhängigkeit. Wenn sie gerade Appetit gehabt hätte, würde sie einen wahrscheinlich gefressen haben. Immer, wenn ich sie ansah, mußte ich an den Nußknacker denken, mit dem wir als Kinder Walnüsse knackten. Der war aus poliertem Holz gewesen, in Form eines Mannes, der den Mund sehr weit aufsperren konnte – und knack! war die Nuß zermalmt.
Zu ihrem »Hofstaat« gehörte damals Jimmy Donahue, ein Woolworth-Erbe, der sie überallhin begleitete. Die Windsors waren nie allein, immer umgab sie ein Anhängsel von Leuten, die gerade nichts anderes zu tun hatten. Jimmy Donahue war ein unbekümmerter Playboy, der niemals arbeitete und niemals nachdachte, aber er kannte alle Welt und die Vornamen der Oberkellner in den besten Restaurants, war »good company« und amüsierte die Herzogin.
Wie aber amüsierte man den Herzog? Das war schwieriger. Dabei war er von entwaffnender Selbsterkenntnis. »Wissen Sie«, sagte er lächelnd zu mir, »mein Intelligenzquotient ist niedrig.«
Ich protestierte gehorsam. »Aber Sir, denken Sie doch mal an Ihr Buch *The King's Story!* Das ist doch hochinteressant und gescheit geschrieben.«
»Hab's nicht selbst geschrieben«, meinte er. »Außerdem – das ist alles, was ich weiß.«

Da ich nicht in England geboren war, also die allgemeine Verehrung gegenüber der königlichen Familie und dem Prinzen von Wales im besonderen nicht schon in der Wiege mitgekriegt hatte, fühlte ich keine latente Untertanenbeziehung zu ihm. Er war für mich nur eine romantische und skurrile Rarität, und so unterhielten wir uns über Dinge – immer auf deutsch –, die wahrscheinlich im allgemeinen tabu waren.
»Sir«, sagte ich, »haben Sie eigentlich nie Sehnsucht nach England?«
»Nein«, sagte er trocken, »nie.«
»Nicht mal zu Weihnachten?«
»Nein. – Sehen Sie, meine Tragödie ist, daß ich England von Anfang an nicht leiden konnte... (Wie bitte?) Aber als ich zum erstenmal meinen

Mit »Pye« in »Geliebte Hexe« (1950)

Die »Dicke« in zwei Versionen. Kontemplation I (1971) ...

... Sitzende Figur III (1972)

Erster Film mit Carlos (»Zwischen Zeit und Ewigkeit«, 1956)

◁ »O mein Papa« (»Feuerwerk«, 1954)

Zwei Bundesfilmpreise.
Links oben:
Mit Curd Jürgens in »Teufel in Seide« (1955); links unten:
Mit Paul Bildt, als Kammerdiener Wolkow, in »Anastasia« (1956).

Rechts oben: »Julia, du bist zauberhaft« (1961); rechts unten: »Eine Frau, die weiß, was sie will« (1958)

Mit Romy Schneider in »Mädchen in Uniform« (1958).

Mit Johanna Matz in »Frau Warrens Gewerbe« (1959) ▷

Mit Clark Gable in »Bei mir nicht« (1959)

Portofino – die berühmte Aussicht.

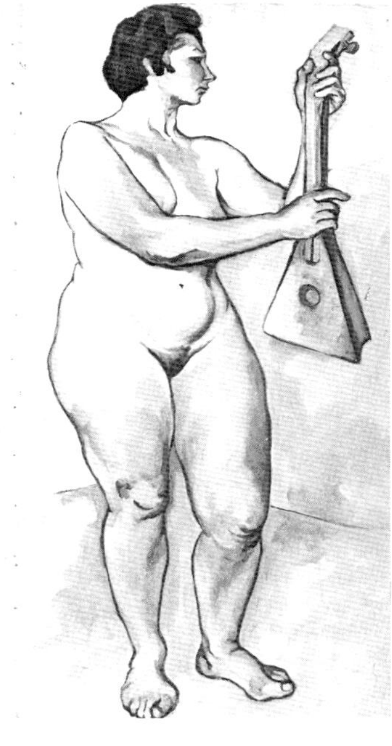

◁ Unsere Köchin in Hollywood

Die allererste »Nackte« mit Mandoline.

Mit Carey während einer Drehpause (1967)

◁ Fritzi

Mit Noël in »Suite in Three Keys« (London 1966)
»La Loma« – das Haus in der Schweiz (links oben);
Noël Coward im Jahre 1940 (links unten).

Mit Carlos (1973)

Bildnachweis (Die Zahlen verweisen auf Seiten)

Alfu-Corona-Hansa – Deutsche London-Krau: 214 unten · Bavaria Film, München: 212, 215 unten · Lutz Bergmann, Oberhaching: 104 unten · Columbia Film, USA: 103 · Europa-Film, Hamburg: 217 · Fono Film – Deutsche London-Krau (Deutsches Institut für Filmkunde, Wiesbaden-Biebrich): 214 oben · Gaumont British Picture: 109 · Arthur Grimm, Berlin: 216 oben · K. L. Haenchen, Hamburg: 215 oben · Annemarie Heinrich, Cordoba: 99 unten rechts · Perlberg Seaton Production: 216 unten · Gerhard Ritter, Breitbrunn: 219 oben · Werner Roelen, München: 222 oben · Sasha, London: 108 · John Seymour Erwin, New York: 209 · 20th Century Fox, USA: 110 unten · K. H. Vogelmann, Weidach: 97 · Warner Brothers, USA: 105, 111 · Warner Brothers, First National Productions, Teddington: 107 · Arnold Weißberger, New York: 223.

Fuß auf amerikanischen Boden setzte – ich war noch ein ganz junger Mann –, da wußte ich mit einem Schlag: Hier gefällt's mir. Hier möcht ich bleiben. (Mein Mund stand offen.) Und dann habe ich eine Amerikanerin geheiratet und hoffte, daß wir in Amerika leben können – aber wie's das Schicksal will: Meine Frau haßt Amerika und will nur in Frankreich leben. So geht's.«
»Aber Ihre Freunde, Sir – man vermißt doch seine Freunde!«
»Meine Mutter war der einzige Mensch, den ich vermißte. Seit ihrem Tod zieht mich eigentlich nichts mehr über den Kanal.« Pause. »Kennen Sie meinen Bruder Gloucester?«
»Nein, Sir, ich hatte nie das Vergnügen.«
»Vergnügen?« sagte er und rollte die Augen gen Himmel. »Kannten Sie meinen Bruder Kent?« (Wie bei Shakespeare: Mein Bruder Gloucester, mein Bruder Kent...)
»Leider nicht«, sagte ich und meinte es ehrlich. Der Herzog von Kent, der jüngste Bruder, im Krieg durch ein Flugzeugunglück umgekommen, war der allgemeine Liebling gewesen.
»Schade«, sagte er, »das war ein feiner Kerl.«
Unsere Zwiegespräche drehten sich meistens um Staatsoberhäupter, die er gekannt hatte und von denen er gern Anekdoten erzählte. Vom alten Kaiser Franz-Joseph, der Schwierigkeiten hatte, einen Diener zu finden, der ihn morgens früh um 4 Uhr badete, weil der Mann dann meist betrunken war, um bis zu dieser unmöglichen Stunde wachzubleiben. Für Franz-Joseph begann der Tag um vier, und seine erste Audienz war um 6 Uhr. Er war, wie alle anderen europäischen Herrscher, ein entfernter Onkel von Windsor, der manchmal um diese Stunde seine Aufwartung machen mußte, was ihm den alten Mann nicht liebenswerter machte. Oder vom »Onkel« König von Württemberg, einem dicken Herrn mit dicker Gemahlin, die Windsor als junger Mann besuchen mußte. »Nach Tisch fuhren beide täglich in der offenen Staatskarosse durch Stuttgart spazieren, um sich leutselig den Untertanen zu zeigen. Ich saß ihnen gegenüber auf dem Klappsitz. Onkel schlief regelmäßig ein und schnarchte laut, den Kopf auf der Schulter seiner Ehehälfte. Wann immer ein Offizier salutierte, puffte ihn Tante mit dem Ellbogen in die Seite – und Onkel grüßte mit der Hand zur Stirn, ohne mit Schnarchen aufzuhören...«

Eines Abends, als Windsor, seine Frau und Jimmy Donahue bei uns zum Abendessen waren, kam plötzlich ein Telefonanruf: Greta Garbo und ihr jahrelanger Begleiter, George Schlee, waren unten im Hafen und wollten wissen, ob sie heraufkommen könnten. Ich informierte Windsor, und zu meinem Erstaunen war er direkt animiert. »Ja, sie sollen kommen!« sagte er begeistert. »Ich wollte sie schon immer einmal kennenlernen.« Die

Herzogin war ebenso entzückt – auch sie hatte die Garbo noch nie persönlich gesehen –, und so sprang Rex in den Jeep und holte beide herauf. Es war ein historischer Augenblick. Beide Frauen saßen sich gegenüber und musterten sich eingehend von Kopf bis Fuß. Beide waren sich bewußt, »heilige Kühe« des zwanzigsten Jahrhunderts zu sein. Ich sah beide an und dachte, wie anders doch das Leben die Rollen verteilt, als das Märchenbuch es vorschreibt. Die Frau, für die man ein Königreich aufgeben könnte, hätte natürlich Greta Garbo sein müssen, die schönste Frau der Welt, die einmalige, unerreichbare. Da saß sie in alten, blauen Hosen und ausgewaschener Bluse, ein einsamer, enttäuschter Mensch. (»Warum habe ich eigentlich keinen Mann und keine Kinder?« hatte sie mich einmal auf einem unserer endlosen Spaziergänge durch die Olivenhaine gefragt. – »Fragen Sie im Ernst?« sagte ich ungläubig. »Eine Million Männer wären doch vor Freude auf allen vieren zum Standesamt gekrochen...« – »Nein«, sagte sie, »ich habe nie einen Mann getroffen, den ich heiraten konnte.«) Und neben ihr Wallis Windsor, exquisit in irgend etwas Weißem, mit wahrscheinlich sagenhaftem Schmuck um den Hals. Gretas Haare hingen lang und braun und vom Meerwasser verfilzt um das Gesicht. Wallis reiste selbstverständlich mit ihrem Friseur. Die Stimme der Herzogin war amerikanisch laut, aggressiv und etwas schrill, Gretas schwedische Stimme tief und dunkel, kaum hörbar. Schwedens Königin Christine gegen Amerikas Nußknacker.
»Ich möchte eine Party an Bord der ›Sister Ann‹ für Sie geben«, sagte Wallis wohlwollend.
»Ich hab kein Kleid«, murmelte Greta.
»Dann wird die Party zwanglos sein«, sagte Wallis mit einem Blick auf ihren Mann, der eifrig nickte. »Abgemacht. Morgen abend um acht Uhr im Hafen.«
Die allgemeine Unterhaltung war etwas breiig. Greta trug sowieso nie etwas bei, Schlee tat sein russisches Bestes, Jimmy war nicht in Form. Und dabei hatte Wallis ein Thema angeschnitten, von dem sie hoffen konnte, daß die anwesenden Schauspieler voller Interesse daran teilnehmen würden.
»Wer wird uns mal eines Tages auf der Leinwand darstellen?« fragte sie. »Es wird doch sicher ein Film über uns gedreht werden, nicht wahr?« Selbstverständlich.
»Also, wer wird uns spielen – was meinen Sie?«
Wir wußten nicht recht und zögerten. Da konnte leicht ins Fettnäpfchen getreten werden.
»Meine Rolle ist leicht zu besetzen«, sagte Wallis, »denn man wird mich natürlich nicht darstellen, so wie ich war, vierzig Jahre alt und weiß Gott keine Schönheit. Sie werden sehen, da wird man einen blondgelockten

Unschuldsengel oder einen Vamp mit langer Zigarettenspitze nehmen, damit unsere Geschichte ›glaubhaft‹ wird.«
Jemand von uns sagte: »Wenn Sie selber die Wahl hätten – wen würden Sie aussuchen?«
»Katherine Hepburn«, sagte Wallis mit Entschiedenheit.
»Und wer soll den Herzog darstellen?«
Wallis schwieg. Aber Windsor neigte sich verbindlich in Richtung Rex und sagte: »Ich glaube, vielleicht würden *Sie* die beste Wahl sein...«
Rex zog heftig an seiner Nase und murmelte etwas Unverständliches, aber sichtlich Geehrtes.
Das Thema war gestorben. Was nun? Ich hatte etwas in Reserve, falls das Schweigen dumpf zu werden drohte.
»Herzogin – wer war der faszinierendste Mann, den Sie je kennengelernt haben? Anwesende ausgeschlossen.«
Wallis sah mich lange an und dachte ein paar Sekunden nach. In die erwartungsvolle Stille, während der auch Windsor seine Frau neugierig betrachtete, platzte sie endlich und unzweideutig mit: »Kemal Atatürk!« heraus.
Wir sahen ehrfurchtsvoll drein, denn der Vater der modernen türkischen Republik lag außerhalb unseres Gesichtskreises. Greta plinkerte ein paarmal mit ihren riesigen Augendeckeln, beschloß aber offenbar, nicht zu fragen, wer denn das sei. Windsor lächelte.
»Aber damit niemand einen falschen Eindruck bekommt – ich traf Atatürk zum ersten- und letztenmal auf der Mittelmeerreise, die der Herzog und ich zusammen im Jahre 1935 machten«, sagte Wallis langsam und betont. »Atatürk wurde der graue Wolf genannt. Sein Haar war grau, seine Augen auch, und er zog sich immer grau an. – Ein Wolf war er sicher, meinst du nicht, David?«
Windsor nickte freundlich. »Ein gefährlicher Mann«, meinte er.
»Ja«, sagte Wallis, und ich hatte das Gefühl, sie meinte was anderes.
Auch dieser Abend ging zu Ende. George und Greta wollten zu Fuß zum Hafen hinunterlaufen. Rex half beiden Windsors in unseren schmutzigen alten Jeep.
»Können Sie nicht mal die Kissen neu beziehen lassen!« sagte Wallis vorwurfsvoll und setzte sich mit ihrem kostbaren Kleid auf den sowieso verbeulten Hintersitz wie auf ein rohes Ei. Der Motor sprang nach gutem Zureden an. Windsor, neben Rex, hielt sich an der Windschutzscheibe fest, und der Jeep verschwand knatternd und zuckelnd abwärts und hafenwärts durch die Oliven.

Am nächsten Morgen holten wir Greta und Schlee von ihrer Jacht ab, die sie am äußersten und verstunkensten Ende des Hafens festgemacht hatten. Sie hoffte, wie immer vergeblich, damit der allgemeinen Aufmerksamkeit zu entgehen. Ihr ganzes Leben war der Aufgabe gewidmet, es irgendwie zu schaffen, unbekannt und anonym wie andere Menschen ihre Tage zu verbringen. Je größer ihre Anstrengung, desto hartnäckiger die Verfolgung durch Presse und Publikum. Sie hatte nun schon seit zwanzig Jahren keinen Film gedreht, aber immer noch hatten die Menschen das dringende Bedürfnis, ihr ins Gesicht zu starren, und zwar so nah wie möglich. Ihre gemietete Jacht konnte nur spät nachts anlegen. Tagsüber trieb sie etwa einen Kilometer vom Ufer entfernt irgendwo auf dem Meer, das Deck soweit wie möglich mit Segeltüchern verhangen, als ob man einen Wolkenbruch erwartete. So versteckte sie sich vor den Fotografen und Journalisten, die in Ruderbooten das Schiff umkreisten.

Wir fuhren in unserem kleinen Motorboot an Gretas Jacht heran und kletterten schnell über die heruntergelassene Leiter an Deck. Greta und Schlee saßen etwas beengt unter den Segeltüchern.

Ich sagte: »Vielleicht – wenn Sie sich nur einmal den Fotografen stellen würden – dann könnten die fünf Minuten knipsen, und dann hätten Sie Ruhe!«

Zwischen Gretas Augenbrauen erschien eine böse schwedische Falte. »Gar keinen Zweck«, sagte sie, »die gehen nie weg. Ich habe alles ausprobiert.«

Jetzt saßen wir alle vier unter den Segeltüchern und schwitzten. Von Zeit zu Zeit spähte ich durch einen Spalt hindurch, ob die Boote das Kreisen nicht endlich aufgegeben hatten. Es waren nur noch einige Hartnäckige da, und die sahen grün aus, denn die See ging hoch.

»Wird nicht mehr lange dauern«, sagte Schlee im Ton der Erfahrung.

Wir warteten. Einmal wollte ich mir die Hände waschen und stieg die schmale Treppe zu den Kajüten hinunter. Auf der Suche nach Gretas Badezimmer betrat ich das erste rechts, aus dem mir Wohlgerüche entgegenschlugen. Die Glasplatten bogen sich unter der Last der vielen Eau-de-Cologne-Flaschen und Parfümflakons. Seifen in allen Farben und flauschige Badetüchter lagen neben der Badewanne, Badesalze, Badeöle – und ein wohlgeputzter Rasierapparat. Irrtum, dachte ich, dies ist Georges Bad. Und ging in das gegenüberliegende. Kein Zweifel, das war Gretas Bad, denn da hing ihr Badeanzug. Ansonsten war es fast kahl: eine Zahnbürste, ein Kamm, dem einige Zinken fehlten, und ein halbes Stück Lux-Seife ...

Als ich wieder nach oben kam, war das letzte Ruderboot verschwunden. In Windeseile kletterten wir alle vier in unser Motorboot und rasten zurück in den Hafen. Vergeblich versuchten wir, unbemerkt zwischen zwei fremden Jachten anzulegen. Die Fotografen warteten triumphierend, umgeben von einer beträchtlichen Menschenmenge. Greta sah ein, daß

es aussichtslos war, und ging als letzte, steingesichtig, hinter mir die St fen zum Kai hinauf. Oben wartete die Menge, Kopf an Kopf.
Und dann wurde es fürchterlich. Zum erstenmal in meinem Leben spürte ich physische Angst. Ich glaubte, jeden Augenblick erdrückt, erstickt oder zumindest zurück ins Wasser gestoßen zu werden. Der wilde Andrang der ganz hinten Stehenden stieß die vorderen in uns hinein, und wir konnten nicht ausweichen. Hinter uns war kein Platz mehr, nur Boot und Wasser, ein paar Meter tiefer. Glücklicherweise ging es den Fotografen in der ersten Reihe genau wie uns. Sie wurden in uns hineingedrängt und konnten keine Fotos machen, kaum ihre Apparate beschützen. »La Divina!« schrie die Menge wie besessen und schubste vorwärts. Gleich würden wir alle im Wasser liegen, die Fotografen und etliche Fans auf uns drauf.
Schlee hatte seine Arme um die Garbo gelegt, Rex schlug mit den Fäusten um sich – aber die Rettung kam von den Fotografen, die, wild auf italienisch brüllend, mit ihren Stativen wie mit Stöcken auf die Menge einhieben, soweit sie die Arme bewegen konnten.
Es gab dann doch endlich eine Bresche, durch die wir kämpfend und Fußtritte nach allen Seiten verteilend in Richtung Jeep durchbrachen. Der sprang ausnahmsweise sofort an, und wir rasten knatternd davon, alle vier atemlos und total entnervt.
Es war eben doch schlimmer, als ich es mir vorgestellt hatte. »Ich kenne nur den Hintereingang der Hotels, in denen ich wohne«, hatte Greta mir einmal gesagt. »Ich steige immer über Abfalleimer und Wäschekörbe und schleiche mich zu Fuß oder im Gepäckfahrstuhl nach oben in mein Zimmer.« Sie hat alles versucht, um wenigstens in den Ferien Ruhe zu haben. Zur Zeit der verrücktesten Garbo-Jagd, als sie, mit dem Dirigenten Leopold Stokowski, zum erstenmal Italien bereiste, gab man ihr den Rat, ein Gentlemen's Agreement mit der Presse zu machen: Sie würde eine Stunde lang zur Verfügung stehen, Interviews geben und für Fotos ohne schwarze Brille stillstehen – und dafür sollte man sie ein paar Tage lang in Ruhe Venedig genießen lassen. Die Journalisten stimmten begeistert zu, Ehrenworte wurden ausgetauscht, und Greta stand geduldig Rede und Antwort und Modell. Als sie sich nach einer Stunde verabschiedete und das Hotel zu Fuß verließ, folgte ihr, wie immer, der lachende Schwarm der Fotografen. Als es durchsickerte, daß sie uns in Portofino besuchen würde, entsandte die Post Extraangestellte, die mit Körben voller Briefe und Pakete den steilen Pfad zu uns heraufschwitzten.
»Was soll ich damit tun?« hatte ich sie gefragt.
Sie würdigte den Körbeturm im Eingang keines Blickes. »Ins Meer werfen«, sagte sie.
»Aber die Pakete!« sagte ich. »Da steht drauf ›Geschenk‹ und die Adresse des Absenders!«

»Ins Meer werfen«, sagte Greta unbewegten Gesichts.
Oben bei uns war sie sicher. Nur der Jeep konnte heraufklettern, und ein großes Gitter hielt Bergsteiger in weitem Abstand. Wir verbrachten den ganzen Tag auf der Terrasse, schwatzten und schwiegen und gingen auch mal in den von der Garbo so geliebten Olivenwäldern hinter unserem Haus spazieren.
Sie lebte nun schon seit Jahren in New York, weil das der einzige Ort war, wo man sie beinahe ganz in Ruhe ließ. Dort konnte sie ungestört ihren täglichen Morgenspaziergang durch den Central Park machen, allerdings mit altem Hut und Regenmantel und hinter dunkler Brille. Als sie von Stokowski erwartete, daß er sie dabei begleitete, sagte der Maestro erstaunt: »Aber ich habe doch jeden Morgen Probe mit meinem Orchester! Das New York Philharmonic hat 120 Mann!«
»Sag ab«, sagte Greta, und das soll das Ende der Beziehung gewesen sein.
Abends um acht Uhr also wurden wir auf der »Sister Ann« erwartet, und das hieß acht und nicht eine Minute später. Gutes Kind wie immer, machte ich mehrere Male darauf aufmerksam, daß es Zeit sei, sich umzuziehen, die Badeanzüge mit langen Hosen zu vertauschen.
Umsonst.
Greta war bei ihrem dritten Martini angelangt und freute sich des Lebens.
Als wir endlich in den Jeep stiegen, war es bereits halb neun. Während der wenigen Minuten rasender Fahrt zum Hafen hinunter berieten wir, was wir als Entschuldigung vorbringen könnten, fanden nichts, lachten viel und einigten uns schließlich auf die alte Ausrede, der Jeep sei mal wieder nicht angesprungen.
Fünf Minuten später erschienen wir atemlos am Kai. Die »Sister Ann« war hell beleuchtet. Menschenmassen ballten sich am abgesperrten Eingang, aber Windsor hatte die Hafenpolizei alarmiert, die dafür sorgte, daß wir unbeschädigt passieren konnten. So schnell wie möglich steuerten wir den kleinen Salon der Jacht an und hofften, unter den anderen Gästen möglichst unbemerkt unterzutauchen. Es gab aber kaum andere Gäste. Außer den beiden Windsors, die steif nebeneinander auf dem Sofa saßen, waren nur zwei ältliche Amerikaner da, ein früherer Senator und seine Frau, die mürrisch das Eis in ihren Drinks schaukelten.
Wallis' Gesicht war eine einzige Donnerwolke.
Ich tat meinen Kniehupfer vor dem Herzog und murmelte zerknirscht: »Der Jeep, Sir – Sie wissen ja – das olle Ding – der ist wieder mal nicht...«
Aber Wallis war nicht interessiert. »Es handelt sich um Jimmy«, unterbrach sie eisig mein Gestotter. »Er ist nachmittags in den Hafen gegangen und ist noch immer nicht zurückgekommen. Dabei weiß er genau, der

Herzog besteht auf Pünktlichkeit. Er ist einfach ein ungezogener Junge!«
In diesem Augenblick erschien der ungezogene Junge mit lärmendem Hallo in der Tür, die Arme voller Gardenien, die er als Friedensopfer der Herzogin auf den Schoß legte.
Sie fegte sie auf den Boden, stand auf und zischte: »Hast du mal auf die Uhr gesehen?«
Jimmy hielt sich seine Armbanduhr im Abstand von zwei Zentimetern vor die Augen. »Potz Blitz«, sagte er mit übertriebenem Erstaunen, »ist denn das die Möglichkeit!«
Mit hocherhobenem Kopf schritt Wallis an ihm vorbei zum Achterdeck, der Herzog, die Amerikaner, wir vier und Jimmy im Gänsemarsch hinterher.
Das Achterdeck, auf dem der festlich gedeckte Tisch stand, war vor den Menschen am Kai nicht zu verstecken. Wir waren in voller Sicht, wenn auch in einer Entfernung von etwa 20 Metern. Mir war das Arrangement nicht ganz klar: Einerseits hatten die Windsors die Hafenpolizei zum Schutz ihres Privatlebens engagiert, andererseits hatten sie volle Bordbeleuchtung angestellt, und wir saßen im Scheinwerferlicht wie auf der Bühne, orchestriert vom gedämpften Gebrummel und Gekicher der Zuschauer.
Ich saß zwischen Windsor und Jimmy, und während der herrlichen kalten Suppe erfreute sich Windsor an einer harmlosen »Deutschstunde« über das Wetter, das Schwimmen und seine drei vielgeliebten Möpse. Allmählich bekamen wir aber doch beide etwas von der Konversation der anderen mit, die besonders von seiten des amerikanischen Senators mit einiger Heftigkeit geführt wurde. Es war beinahe ein Monolog, denn Wallis blickte abwesend auf das Meer hinaus, Jimmy – in Ungnade – widmete sich dem Wein, Schlee und Greta waren sichtlich nicht interessiert, und Rex war scheinbar tief in seine Suppe versunken. Langsam wurde mir klar, daß der Senator nicht nur betrunken war, sondern auch aggressiv und stur seinem Affen Zucker gab. Der »Affe« war seine Abneigung gegen England, das »wieder und wieder die braven Amerikaner benutzt hatte, um sein Weltreich zu retten«. Vielleicht glaubte er in seinem Suff, daß Windsor ebenfalls einen tiefen Groll gegen sein früheres Volk hegte, wovon natürlich keine Rede war. Er lebte lieber woanders, aber er empfand keinerlei Bitterkeit oder gar Feindschaft.
Der Senator ließ sich sein Glas auffüllen und war bereits dunkelrot im Gesicht. Rex war auch rot, aber aus anderen Gründen. Jede kritische Anspielung auf England traf ihn persönlich, und seine Augen waren jetzt bedrohlich auf den Amerikaner gerichtet. Der war gerade bei den alten Kreuzern angelangt, die Roosevelt noch vor der amerikanischen Kriegs-

erklärung Churchill zu Hilfe gesandt hatte. »Damit hat's angefangen«, krakeelte der Senator, und ich wußte plötzlich, daß wir es mit einem eingefleischten Isolationisten zu tun hatten. »Immer haben wir den Engländern die Kastanien aus dem Feuer holen müssen – für was, möcht ich wissen, für was?«
»Sir, der Mann ist ja betrunken«, sagte ich leise auf deutsch, »der weiß ja nicht, was er sagt...«
»Macht nichts«, meinte Windsor ruhig, »das kommt manchmal vor. Da hör ich einfach nicht hin.«
Aber Rex hörte hin, und ich sah, daß er nahe am Platzen war.
Ich drehte mich schnell zu Jimmy, der versunken aus seinem Brot ein Bataillon von kleinen Männchen gemacht hatte. »Jimmy«, flüsterte ich, »ich fleh Sie an, wechseln Sie sofort das Thema, sonst geschieht was Fürchterliches...«
Jimmy nickte verständnisvoll. »He, Freunde!« rief er laut über den Tisch mitten in die Tirade des Senators hinein. »Wer kommt morgen mit mir nach San Fruttuoso? Da soll's einen prima Hummer geben, frisch aus dem Meer gefischt...«
Der Senator warf ihm einen Blick zu, als ob er selbst ein Hummer sei. Er war gerade bei Roosevelt angelangt, offenbar sein Erzfeind, der vom englischen Kapital bestochen gewesen sei.
»Na gut«, sagte Jimmy und lächelte mir ermunternd zu. »Versuchen wir was anderes!«
Damit stand er auf, stieß seinen Stuhl zurück, ging die paar Schritte zur Reeling, schwang sich seelenruhig darüber – und sprang ins Wasser.
»Hurra!« schrie das Publikum am Kai, das genau wie wir fasziniert jeder seiner Bewegungen gefolgt war. Wir saßen alle wie versteinert und starrten auf die Stelle, an der er verschwunden war, als ob er dort auch wieder auftauchen würde. Dabei hatten wir das laute Klatschen, mit dem er etwa fünf Meter unter uns aufs Wasser aufgeschlagen war, deutlich gehört. Die Menge, die vor Vergnügen gröhlte und »bravo« schrie, sah wahrscheinlich, wie er an die Oberfläche kam und zum Kai zurückschwamm. Wir konnten das nicht, denn keiner rührte sich von seinem Platz.
Windsor fand als erster die Sprache wieder. Er zeigte hilflos auf den leeren Stuhl neben mir: »Aber – es müßte doch ein Protokoll geben...«
Da saß der Ex-König von England, den Zeigefinger in der Luft wie ein bestürztes Fragezeichen. Man hatte ihn ganz anders als gewöhnliche Sterbliche erzogen. Er selbst hat noch kurz vor seinem Tod mit entwaffnender Offenheit in einem Interview gesagt: »Ich habe nie im Leben etwas vom Boden aufgehoben. Wenn ich mich ausziehe, dann lasse ich meine Kleider einfach fallen. Ich weiß, es steht immer jemand hinter mir, der sie aufhebt.« Er war gewohnt, alle täglichen Geschehnisse einem ima-

ginären Zeremonienmeister, dem »Protokoll«, zu unterwerfen, dessen Paragraphen aber sicher nicht enthielten, wie man sich zu benehmen hatte, wenn ein Gast im Smoking über Bord sprang.
Keiner rührte sich. Auch die Deutschstunde versagte. Ich sah Wallis an. Ihr Gesicht war weiß vor Schreck und Zorn und die Nase spitz.
»Er ist ein ungezogener Junge«, brachte sie endlich hervor. »Ich möchte Sie alle bitten, kein Wort mit ihm zu reden, wenn er wiederkommt. Wir werden alle so tun, als ob nichts geschehen sei!«
Draußen schwoll das Gejohle plötzlich um das Doppelte an. (»Hoch der kühne Schwimmer!« – »Ihnen war's wohl zu heiß, was?«) Wahrscheinlich war Jimmy gerade dem Wasser entstiegen. Ich konnte mir vorstellen, wie er aussah: Der Hafen war so schmutzig wie alle Häfen, voller Abfälle, toter Ratten und anrüchiger Produkte aus Gummi. Bevor er ins Wasser sprang, hatte er ein untadeliges, dunkelblaues Samtjackett über einem gefältelten Smokinghemd getragen, Lackpumps und Diamanten-Manschettenknöpfe.
Der Senator war der einzige in der Tafelrunde, der Jimmys Abgang nicht mitgekriegt hatte. Sein Weinglas wurde aufgefüllt, und er fuhr in seiner Polemik gegen Roosevelt ungestört fort. »Ein verkappter Bolschewik!« randalierte er. »Amerikas Unglück, Ruin, Untergang...«
Niemand widersprach ihm, denn niemand hörte zu. Die Herzogin gab dem Diener ein Zeichen, und der reichte verstört die köstlichen Gerichte herum, obgleich alle Teller noch voll waren.
Wallis sagte plötzlich laut und grob mitten in des Senators Predigt hinein: »Daran ist natürlich seine Mutter schuld. Alles Jessie Donahues Schuld! Auf der einen Seite verhätschelt sie ihn wie einen Abgott, auf der andern hält sie ihn so knapp, daß ihm alles egal ist...«
»Und als er zum drittenmal gewählt wurde...«, sagte der Senator.
»Gewählt?« fragte Greta verblüfft. »Jimmy wurde gewählt?«
Der Amerikaner warf ihr einen vernichtenden Blick zu, aber bevor er noch zu Roosevelts vierter Amtszeit kam, erschien Jimmy in der offenen Salontür. Er nickte freundlich und unbekümmert nach allen Seiten – so, als sähe er uns zum erstenmal an diesem Abend – und steuerte auf seinen Stuhl zu. Sein Haar war noch klitschnaß, aber er hatte sich umgezogen – ein dunkelgrünes Samtjackett mit ebenso tadellosem Hemd.
»Na?« sagte er zu mir. »Hat's was genützt? Wird jetzt von was anderm gesprochen?«
Wie aufs Stichwort röhrte der Senator: »Pearl Harbour hätte nie stattgefunden, wenn die Engländer nicht so im Dreck gesessen hätten. Ich bin heute noch überzeugt – und ich war nicht der einzige im Senat –, daß Churchill und Beaverbrook und die ganze Bande die Japaner bestochen haben...«

»Na, so was!« sagte Jimmy und klopfte mir tröstend auf die Schulter. »Da müssen wir's eben noch mal versuchen!« Sprach's, stand auf und begab sich schnellen Schrittes zur Reeling.
Diesmal aber gelang ihm sein eleganter Schwung über Bord nicht so untadelig wie das erste Mal, denn Greta war aufgesprungen und hing sich an seine Hosenbeine. »Nicht! Nicht!« rief sie flehend. »Nicht noch einmal! Sie werden krank! Lassen Sie – au!«
Er hatte ihr einen kräftigen Stoß versetzt, der sie rücklings auf den Boden warf, und nun schwang er sich lachend über die Reeling und verschwand in der schwarzen Nacht.
»Klatsch« kam es wieder aus der Tiefe, und die Menschen am Kai brachen in nicht enden wollende Begeisterungsrufe aus: »Hoch! Hoch! Bravo!« kreischten sie oder brüllten einfach ekstatische Urlaute in die Luft.
Da war nichts mehr zu retten. Obgleich der am wenigsten betroffene Gast, der Russe George Schlee, einen tapferen Versuch machte. Er stand auf, hielt sein Glas etwas krampfhaft in die Höhe und rief: »Ich trinke jetzt einen Toast auf das britische Königreich!« Wonach auch dem Senator nichts weiter übrigblieb, als sich ebenfalls mühselig zu erheben und sein Glas zu leeren, wobei er etwas Unverständliches murmelte. Wir andern standen bereits alle mit erhobenem Glas und riefen extra laut: »To the British Empire!« Es war eine Erlösung, aufstehen zu dürfen und unserer Erregung irgendwie Luft zu machen.
Wallis setzte sich gar nicht erst wieder hin, und so kamen wir um die Süßspeise. Sie ging schnurstracks in den Salon zurück, und wir mußten hinterhertrotten. Dort standen wir ratlos herum, denn Kaffee gab's noch nicht, und die Windsors waren beide durch eine andere Tür verschwunden.
»Gehen wir«, sagte Greta.
»Ohne auf Wiedersehen zu sagen?«
»Ohne.«
Aber in meiner Dauerrolle als gutes Kind wollte ich unseren Rückzug wenigstens einigermaßen decken und machte mich auf die Suche nach den Gastgebern. Stimmen kamen aus der kleinen Bibliothek nebenan. Ich klopfte und öffnete vorsichtig die Tür. Glücklicherweise hatten sie mich nicht gehört, denn beide waren leidenschaftlich in ein »Gespräch« vertieft...
Ich schloß die Tür so geräuschlos wie möglich. Geduckt und auf Zehenspitzen schlichen Schlee, Greta, Rex und ich über die Laufplanke der Jacht und rannten im Laufschritt zum Jeep.
»Ich brauch einen schwarzen Kaffee«, sagte Greta.
»Ich brauch einen Brandy«, sagte Rex.
Und damit knatterte der Jeep hinauf in die rettenden Olivenwälder.

Lunch mit Helen Keller

Warum wohnten wir eigentlich dort oben an dem Felspfad, den man nur zu Fuß, auf einem Maultier oder per Jeep erklimmen konnte?

Als Rex und ich im Sommer 1949 zum erstenmal diesen Pfad atemlos hinaufkletterten, war das unser erster Ausflug an unserem ersten Tag in Portofino zu Beginn unserer ersten Ferienreise nach Italien. Alles war neu und aufregend, das Hotel Splendido hoch über der blauen Bucht, die Palmen, die Zypressen, die Olivenbäume, lila Bougainvilleas überall – »Italien«, genauso, wie wir es uns vorgestellt hatten. Die Sonne brannte auf uns nieder, und wir suchten nach Schatten, um uns auszuruhen. Ein paar Meter höher gab es einen Felsvorsprung und davor ein kleines Plateau, mit Oliven bewachsen. Erschöpft warfen wir uns der Länge nach unter die Bäume.

Als wir uns wieder aufsetzten, war unser Schicksal besiegelt. Die Aussicht war so umwerfend, so aufregend, daß wir beide stumm immer wieder von einer Seite zur andern sahen. Tief unter uns zur Rechten lag der blaue Hafen von Portofino mit seiner romantischen Halbinsel und dem alten Schloß, links die smaragdgrüne, winzige Bucht von Paraggi mit ihrem weißen Strand, eingerahmt von Zypressen. Irgendwo hier herum, so beschlossen wir, müßte man versuchen, ein kleines Stück Land zu erwerben.

»Irgendwo« war gar nicht nötig. Als wir wie im Traum wieder zum Hotel hinunterkletterten, stellte sich heraus, daß eben dieses kleine Plateau zu verkaufen sei. Es gehörte einer Contessa Margot Besozzi, die weiter oben an demselben Pfad in ihrem Castello Besozzi lebte.

Noch am selben Abend trafen wir uns mit der Contessa und kauften das Plateau. Im folgenden Jahr baute sie unser Haus – Innenarchitektur war ihr Hobby –, während wir am Broadway spielten. Das Haus wurde zur fixen Idee in unserem Leben. Jahrelang strichen wir vom Kalender in der Theatergarderobe in New York die Tage bis zum 1. Juni ab, wenn die Saison am Broadway zu Ende war und wir nach Portofino aufbrechen konnten. (»Tun Sie das nicht«, hatte meine schwarze Garderobiere gesagt, wenn sie mich am Kalender beobachtete. »Sie wünschen ja Ihr Leben vorbei!«)

Es gab jedoch eine Schlange in unserem Paradies, und das war der Felspfad. Die Gemeinde Portofino weigerte sich hartnäckig, uns die Erlaubnis zum Bau einer vernünftigen Straße zu geben. Das einzige Gefährt, das den schmalen Pfad erklimmen, die Haarnadelkurven bewältigen, das starke Gefälle und die Löcher überstehen konnte, war ein alter amerikanischer Armee-Jeep, den wir in Genua erstanden hatten. Er besaß weder Federung noch Bremse. Wenn man anhalten wollte, legte man den Rück-

wärtsgang ein und lehnte den Wagen irgendwo an. Aber er war unverwüstlich, und man konnte sich bei jedem Wetter auf ihn verlassen.
Eines Tages rief mich Margot Besozzi an, notgedrungenerweise ebenfalls Jeep-Besitzerin, ihre Cousine wäre angekommen. Ihr Jeep sei aber kaputt. Würde ich ihr helfen und die Cousine, eine alte Dame, und deren Begleiterin in unserem Jeep heraufholen? Beide seien bereits im Hotel Splendido.
Natürlich würde ich. Nach wem sollte ich im Hotel fragen?
»Nach Miss Helen Keller.«
»Nach wem?«
»Miss Helen Keller, K-e-l-l...«
»Margot – Sie meinen doch nicht – Helen Keller?«
»Doch, natürlich«, sagte sie, »sie ist meine Cousine. Ich bin eine geborene Keller – haben Sie das nicht gewußt?«
Ich lief in die Garage, sprang in unseren Jeep und raste den Berg hinunter.
Ich war zwölf Jahre alt gewesen, als mir mein Vater das Buch über Helen Keller gegeben hatte, das weltberühmte Buch, das Ann Sullivan geschrieben hatte, die vom Schicksal ausersehen war, dem blinden und taubstummen Kind als Erzieherin zu begegnen. Sie hatte das rebellische, vertierte kleine Wesen in ein zivilisiertes Mitglied der menschlichen Gesellschaft verwandelt, indem sie ihm beibrachte, sich auszudrücken. Ich erinnerte mich noch genau an die Beschreibung der ersten Monate des Kampfes mit dem Kind, an die Bemühungen, ihm begreiflich zu machen, daß es zwischen Menschen Mittel zur Verständigung gibt, wie zum Beispiel die Sprache. Ann Sullivan hatte sich die Finger des Kindes auf die Lippen und an den Gaumen gelegt, damit es die Vibrationen und die verschiedenen Arten fühlen könnte, in der die Zunge die Zähne berührt, um Vokale und Konsonanten auszudrücken. Sie hatte Helens linke Hand unter den laufenden Wasserhahn gehalten und sie mit der rechten die zwei Silben eines einzigen Wortes immer wieder abtasten lassen, bis es schließlich zu jenem unvergeßlichen Augenblick gekommen war, als das blinde und taubstumme Geschöpf – erstmalig in der Geschichte der Menschheit – ein verständliches Wort gestammelt hatte: »Wa-ter.«
Im Laufe der Jahre hatte ich hin und wieder in der Zeitung etwas über Helen Keller gelesen. Ich wußte, daß Ann Sullivan nicht mehr bei ihr war, daß sie jetzt von einer anderen Begleiterin überallhin geführt wurde. Aber die wenigen Fahrtminuten den Berg hinunter reichten nicht annähernd aus, mich an den Gedanken zu gewöhnen, daß ich dieser mythischen Gestalt aus meiner frühen Jugend gegenüberstehen würde, der Legende Helen Keller.
Ich lehnte den Jeep an eine von Bougainvilleas überwachsene Mauer und

stellte mich im Hotel vor, so normal und ruhig wie möglich. Eine große, dralle, muntere Frau erhob sich auf der Hotelterrasse aus einem Sessel und begrüßte mich. Ja, Margot Besozzi habe eben angerufen, daß ich kommen und Miss Keller und sie zum Castello Besozzi hinauffahren würde.
Neben ihr stand langsam eine zweite Gestalt aus einem Sessel auf und streckte die Hand aus. Helen Keller war über siebzig, eine schmächtige, weißhaarige Frau mit weit offenen blauen Augen und einem schüchternen Lächeln. »Guten Tag«, sagte sie langsam mit leicht gutturaler Stimme. Ich nahm ihre Hand, die sie zu hoch hielt, denn noch wußte sie ja nicht, wie groß ich war. Sie machte diesen Fehler bei Leuten, denen sie zum erstenmal gegenüberstand; aber nie ein zweites Mal. Als wir uns später voneinander verabschiedeten, legte sie ihre Hand fest in meine, in genau der richtigen Höhe.
Das Gepäck wurde hinten im Jeep verstaut, und ich bat die muntere Dame, Miss Thompson, daneben Platz zu nehmen, was ihr nur unter Schwierigkeiten gelang. Helen Kellers zerbrechlicher Körper wurde vom Portier in die Höhe gehoben und auf den Beifahrersitz neben mich gesetzt. Erst jetzt fiel mir ein, daß dies ein gefährliches Unternehmen war. Unser Jeep war offen, es gab nichts, an dem man sich anständig festhalten konnte. Wie sollte ich die blinde alte Dame davor bewahren, aus dem klapprigen Ding rauszufallen, wenn wir um eine Kurve fuhren, was immer in ziemlichem Tempo zu geschehen hatte wegen der Steigung und des allgemeinen Zustandes des Jeeps?
Ich drehte mich zu ihr und sagte: »Miss Keller, ich muß Sie vorbereiten – wir haben einen sehr steilen Weg vor uns. Können Sie sich ganz fest an dieses Stückchen Blech an der Winschutzscheibe klammern?«
Aber ihre Augen waren weiterhin erwartungsvoll geradeaus gerichtet. Hinter mir sagte Miss Thompson mit ruhiger Stimme: »Sie kann Sie nicht hören, mein Kind, und sehen auch nicht. Ich weiß, man kann sich zu Anfang nur schwer dran gewöhnen.«
Ich schämte mich so sehr, daß ich wie ein Idiot stotterte, um die Probleme zu erklären, die auf uns zukamen. Die ganze Zeit über drehte Miss Keller nicht einmal den Kopf und schien sich auch nicht über die Verzögerung zu wundern. Sie saß einfach nur bewegungslos da, ein leichtes Lächeln auf dem Gesicht, und wartete geduldig.
Miss Thompson beugte sich über das Gepäck vor und nahm ihre Hand. Mit schnellen Griffen bewegte sie Helens Finger auf und ab und zur Seite und sagte ihr in der Blinden-Taubstummen-Sprache, was ich eben erklärt hatte.
»Mir-macht-das-nichts-aus«, sagte Helen und lachte. »Ich-halte-mich-fest.«

Ich nahm meine Courage zusammen, ergriff ihre Hände und führte sie an den Metallstummel vor ihr. »Okay!« rief sie vergnügt, und ich drehte den Zündschlüssel um. Der Jeep startete mit entsetzlichem Lärm und einem heftigen Sprung nach vorn, und Miss Thompson auf dem Rücksitz fiel von ihrem Platz zwischen das Gepäck. Es war nicht möglich, anzuhalten und ihr aufzuhelfen. Der steile Pfad, der Jeep im ersten Gang, die nahende gefährliche Kurve – und keine Bremsen. Wir brausten bergauf, meine Augen auf dem schmalen Pfad, die hilflose Dame wie ein Käfer auf dem Rücken.

Ich hatte schon viele Passagiere in dem Jeep befördert, und alle hatten sich beklagt, daß die Federung fehlte. Kein Wunder, bei der Fülle von Felsbrocken und Schlaglöchern. Dazu kamen die Haarnadelkurven durch die Olivenbäume, die die steilen Abgründe nur teilweise verdeckten und schon manche zartbesaiteten Gäste entnervt hatten. Helen war die erste, die neben mir saß und keine Ahnung von der Gefahr hatte. Die heftigen Sprünge des Jeeps fand sie hinreißend und lachte, als sie bei der ersten Biegung gegen meine Schulter geschleudert wurde. Als wir eine besonders unangenehme Kurve durchsausten, hörte ich das Gepäck hinter mir über die unglückliche Miss Thompson poltern, während Helen tatsächlich zu singen anfing. »Das ist ja – großartig...«, trällerte sie vergnügt und hüpfte auf und nieder. Einmal wurde ich sehr nervös, als ich eines der Vorderräder in der Luft hängen sah, während wir eine Schwenkung machten. Vor meinen Augen waren die Schlagzeilen in den Zeitungen, wenn das Vorderrad nicht wieder zur Vernunft kommen würde. Mit halsbrecherischer Geschwindigkeit sausten wir an unserer Villa vorbei – aus den Augenwinkeln sah ich unseren Gärtner Guiseppe, der sich bekreuzigte –, und weiter ging's bergauf. Ich hatte keine Ahnung, in was für einem Zustand sich Miss Thompson befand, denn das Dröhnen des Motors hatte ihre ängstlichen Proteste schon vor einiger Zeit erstickt. Immerhin hatte ich die Gewißheit, daß Helen noch neben mir saß. Ihr dünnes weißes Haar hatte sich aus dem Knoten gelöst und flatterte ihr ums Gesicht, und sie genoß die wilde Fahrt wie ein Kind, das während der Kirmes auf einem Holzpferd reitet.

Endlich bogen wir um die letzte Kurve zwischen zwei riesigen Feigenbäumen, und ich konnte Margot Besozzi und ihren Mann sehen, die bereits vor dem Tor auf uns warteten. Helen wurde aus dem Wagen gehoben und umarmt, das Gepäck ausgeladen und Miss Thompson auf dem Rücksitz freigelegt und abgestaubt. Sie entpuppte sich als mannhafte alte Forelle und lehnte es ab, sich in ihrem Zimmer hinzulegen, obwohl sie übel zugerichtet und durchgeschüttelt war. Sie wußte, daß Helen ohne sie in Wahrheit blind und taub war. (Damals, als Ann Sullivan heiraten wollte, hatte sie ihre Ehe jahrelang hinausgeschoben, um die richtige Person zu finden und sie so auszubilden, daß sie an ihre Stelle treten konnte. Denn ohne einen anderen Menschen, der sie führen und zu ihr »sprechen« und so die Unterhaltungen anderer Leute und ihre Fragen übersetzen konnte, hatte Helen kein eigenes Leben.)

Man lud mich zum Lunch ein. Während die beiden alten Damen in ihre Zimmer geführt wurden, damit sie sich frisch machen konnten, erzählte mir Margot Besozzi von ihrer Cousine und ihrem Leben. Natürlich wußte Helen nichts vom Glück und der Erfüllung der gewöhnlichen Frau – Liebe, Ehe, Kinder, Beruf –, aber sie hatte zumindest einigen Ersatz dafür. Helen war in der ganzen Welt berühmt, und in jedem zivilisierten Land rissen sich die Menschen darum, sie kennenzulernen und etwas für sie zu tun. Staatsoberhäupter ebenso wie Wissenschaftler und Künstler waren begierig darauf, sie zu empfangen, und sie war durch die ganze Welt gereist, um ihre eigene brennende Neugier zu stillen. »Aber vergessen Sie nicht«, sagte Margot, »sie nimmt an alldem nur im Geist teil. Sie sitzt in einem schwarzen, stillen Loch, ob sie nun hier ist, in New York oder in Indien.«

Arm in Arm, so als wären sie einander zufällig zugetan, erschienen die beiden alten Damen und kamen durch den Garten auf die Terrasse, wo wir auf sie warteten.

»Das müssen Glyzinien sein«, sagte Helen, »und zwar viele. Ich kenne den Geruch.«

Ich pflückte einen großen Strauß der Blüten, die die Terrasse umgaben, und legte sie ihr in den Schoß. »Ich wußte es!« rief sie glücklich, als sie sie berührte. »Was steht sonst noch im Garten?«

Wie ein Dummkopf fing ich an: »Also, da sind große Lilien und ...«, hörte aber sofort auf, als ich sah, wie Miss Thompson sich rasch umblickte und dann diskret und unglaublich schnell Helens Finger in der Zeichensprache auf und ab bewegte. Helens Aussprache war natürlich nicht ganz normal. Sie sprach stockend, wie jemand, der einen Schlaganfall erlitten hat. Besonders die Konsonanten kamen nur langsam und extra deutlich.

»Wissen Sie«, wandte sie sich an mich und richtete ihren Blick dabei tatsächlich genau auf mich, da sie vorher gespürt hatte, wo ich saß, »wir sind auf dem Weg nach Florenz, um uns Michelangelos David anzusehen. Ich bin schon sehr gespannt. Ich wollte ihn mir schon immer einmal ansehen.«

Verblüfft sah ich Miss Thompson an, die nickte. »Ja«, sagte sie, »die italienische Regierung hat rings um die Statue ein Gerüst errichten lassen, damit Helen hinaufsteigen und sie berühren kann. Das nennt sie ›sehen‹. In New York gehen wir oft ins Theater, und ich ›sage‹ ihr, was auf der Bühne vor sich geht und beschreibe die Schauspieler. Und manchmal gehen wir auch hinter die Bühne, damit sie die Bühnenbilder und die Schauspieler ›sehen‹ kann. Dann geht sie nach Hause und hat das Gefühl, die Vorstellung wirklich erlebt zu haben.«

Die ganze Zeit über, während wir uns unterhielten, saß Helen da und wartete. Nur manchmal, wenn es zu lange dauerte, bemerkte ich, wie sie mit ihren dünnen Fingern nach der Hand der Freundin griff. Aber niemals ungeduldig, nur fragend.

Das Essen wurde auf der Terrasse von einem Diener in weißen Handschuhen serviert. Helen wurde an ihren Platz geführt, und ich beobachtete, wie sie das Gedeck vor sich »sah«. Blitzschnell fuhren ihre Hände über die Gegenstände auf dem Tisch, über den Teller, das Glas, das Besteck. Dadurch prägte sie sich ihre Lage ein, so daß sie während der Mahlzeit kein einziges Mal unsicher herumtastete, sondern genauso selbstverständlich und sicher danach griff wie wir.

Die Unterhaltung während der Mahlzeit war sehr schwierig.

Da sie nicht wußte, ob jemand sprach, stellte Helen plötzlich eine Frage mitten in jemandes Wort hinein, wodurch automatisch jegliche Unterhaltung ins Stocken geriet. Miss Thompson, die natürlich neben ihr saß, hörte dann auf zu essen und übersetzte die Antwort in Helens Hand. Trotzdem hatte ich das Gefühl, daß Helen den Unterschied in der Atmosphäre spürte, ob gesprochen wurde oder nicht. Obgleich sie noch nie ein einziges Geräusch gehört hatte, war sie für die Schwingungen der sie umgebenden Dinge empfindlich. In New York ging sie manchmal ins Konzert und saß dort, überströmt von einem Gefühl des Wohlbehagens, während ein Pianist oder ein Cellist spielte.

Nach dem Essen blieben wir im Schatten auf der Terrasse sitzen, umgeben von den Blütentrauben der Glyzinien, die uns wie ein dichter, lilafarbener Vorhang umgaben. Unten glänzte das Sonnenlicht auf dem Meer. Helen saß da wie immer, den Kopf leicht erhoben, als würde sie auf etwas hören, die blauen, blinden Augen weit offen. Ihr Gesicht – wenn auch das einer alten Frau – hatte etwas von der Unschuld eines Schulmädchens. Es war ein Gesicht, auf dem sich keine Erfahrungen eingegraben hatten, ein Gesicht, das nicht gelebt hatte; welche Leiden sie auch gequält haben mochten, es zeigten sich keine Spuren davon. Es war ein isoliertes Gesicht, wie auf Heiligenbildern.

Ich fragte sie durch die Freundin, was sie sonst noch alles in Italien sehen wollte, und fügte hinzu, daß ich hoffte, sie nicht mit meinen Fragen zu ermüden.

»Mich ermüden?« sagte sie und lachte. »Haben Sie je von einer Frau gehört, die vom Reden müde geworden ist?«

Dann sprach sie von dieser ihrer italienischen Reise, die natürlich nicht ihre erste war, zählte alle Orte auf, die sie besuchen wollte, alle Menschen, die sie treffen würde. Unglaublicherweise sprach sie gut französisch und konnte sich auch auf deutsch und auf italienisch verständigen. Statuen waren ihre Lieblingsobjekte, denn sie konnte sie berühren und so ohne Übersetzung erleben. »Es gibt noch so viel, was ich sehen möchte«, sagte sie. »Man müßte noch so viel lernen, und dabei wartet der Tod schon hinter der nächsten Ecke. Nicht, daß mich das beunruhigt. Ganz im Gegenteil.«

»Glauben Sie an ein Leben nach dem Tod?« fragte ich.

»Selbstverständlich!« sagte sie nachdrücklich. »Der Tod ist nichts weiter als ein Gang von einem Raum in den anderen.«

Wir saßen schweigend da. Die Hitze und der schwere Duft der Blüten machten uns schläfrig.

Auf einmal sprach Helen wieder. Langsam und sehr bestimmt sagte sie: »Aber für mich gibt es da einen Unterschied. Denn in dem anderen Raum – da werde ich sehen können!«

New York II

Die fünfziger Jahre waren das letzte Jahrzehnt der alten Broadway-Tradition. New York liebte sein Theater, wie keine andere Stadt der Welt, leidenschaftlich und eifersüchtig, wie ein Bräutigam. Jede Premiere war eine Brautnacht.

Zwei Männer, die Kritiker der »New York Times« und der »Herald Tribune«, hatten absolute Macht über Gedeih und Verderb einer Aufführung wie einst die römischen Kaiser mit ihrem Daumen über Leben und Tod der Gladiatoren. Beide waren unbestechlich und objektiv. Es existierten noch weitere fünf Zeitungen in New York, darunter drei Abendblätter. Diese fünf Theaterkritiker sprachen im Vergleich zu den zwei Mächtigen mit gedämpfter Stimme. Manchmal kam es vor, daß alle fünf gemeinsame Sache gegen die zwei Großen machten. Ausschlaggebend war dann, ob es sich um leichte oder gewichtige »Ware« handelte. Ein Musical zum Beispiel konnte am Leben bleiben, wenn die kleinen fünf sich amüsiert hatten, selbst wenn »Times« und »Tribune« Verrisse lieferten. Aber kein anspruchsvolles Stück hatte eine Chance, wenn die gelehrten Häuser nein sagten. Der Tod kam dann immer schnell, manchmal schon am ersten Wochenende.

Interessant wurde es, wenn »Times« und »Tribune« entgegengesetzter Meinung waren, was aber nur selten vorkam. In solchem Fall wurde es plötzlich wichtig, was die ruhmlosen fünf zu vermelden hatten.

In Europa sind Zeitungskritiken keineswegs ausschlaggebend. Ein Star oder ein beliebter Autor kann das Theater füllen, ganz gleich, was die Kritik zu meckern hat. Die acht Millionen Einwohner der Stadt New York hingegen entsandten ihre Rezensenten quasi als »Vorschmecker« in die Premiere. Wenn denen der Abend bekömmlich war, dann bildeten sich schon am frühen Morgen Schlangen vor der Theaterkasse. Lag dem Kritiker aber das Stück schwer im Magen, wurden sogar vorher bestellte Billetts nicht abgeholt. Der Jubel über einen Erfolg war lauter in New York als in jeder anderen Stadt, aber auch das Risiko war dementsprechend größer.

Für die Schauspieler gab's am Premierentag drei entscheidende Momente. Der erste kam, gleich nachdem der letzte Vorhang gefallen war. Der Beifall hat verschiedene Klangfarben: Er kann »toben«, er kann »laut erschallen«, »freundlich ertönen« oder »spärlich tröpfeln«. Das ist der erste Hinweis. Der zweite kommt gleich darauf in der Garderobe. Prüfstein ist die Garderobentür: Sie kann »eingedrückt« werden von ekstatischen Menschenknäueln, sie kann sich »immer wieder« öffnen, um Freunde und Bekannte wohlgeordnet eintreten zu lassen, und sie kann geschlossen bleiben, um höflichem Klopfen einiger Verwandter und mutiger Freunde nachzugeben, die dann von den »schönen Kostümen« schwärmen. Der Schauspieler ahnt dann schon, was ihm blüht, aber er hofft noch. Der dritte und entscheidende Augenblick kommt später, um 0 Uhr 30. Man wartet entweder auf einer Party oder im Restaurant auf diesen Zeitpunkt, denn um 0 Uhr 30 erscheint die erste Ausgabe der »Times« und der »Tribune«, von einem ganz bestimmten Zeitungsjungen extra zum Treffpunkt gebracht, nämlich zur Laterne vor dem Eingang zum Theaterrestaurant »Sardi«. Taxis halten um 0 Uhr 29 vor dieser Laterne, und die Tür zum Restaurant öffnet sich. Schamlos steht man im Laternenlicht und liest das Urteil, ganz gleich, wer einen dabei beobachtet oder über die Schulter kibitzt. Die Schinderei, der Alptraum, die Panik der letzten Monate sind nun in zwei Spalten Druckerschwärze auf Sein oder Nichtsein zur Ruhe gekommen.

Rex mit seinem König Heinrich und ich mit meiner Cleopatra hatten mit den gleichen zitternden Händen die Zeitungsseiten vor »Sardi« auseinandergerissen und im Schein der Laterne mit den gleichen seligen Seufzern unsere Kritiken der gefürchteten zwei verschlungen. Wir hatten beide Glück gehabt. Beide Stücke liefen vor ausverkauften Häusern durch die Saison. Als ich Cleopatras schwarze Wollperücke zum letztenmal aufsetzte und Rex seinen Federhut endgültig an den Nagel hängte, kam die unvermeidliche Frage: Was nun?

Seit Wochen lasen wir Manuskripte. Jeder für sich. Vorsicht war geboten. Vielleicht war unser Erfolg Zufall gewesen. Die zweite Broadway-Saison würde ausschlaggebend sein. Wenn wir zweimal hintereinander einen Volltreffer landen konnten, dann würden wir zu den Broadway-Institutionen zählen, die für das New Yorker Theaterpublikum zum Menü ge-

hörten. Täglich lasen wir verbissen Manuskripte, die entweder an Mr. H. oder Miss P. gerichtet waren, und fanden nichts, was in Frage kam.
Eines Tages erschien ein dicker Umschlag für mich. *Bell, Book and Candle (Geliebte Hexe)* hieß das Stück. Der Autor, John van Druten, war seit Jahren einer der erfolgreichsten Dramatiker der angelsächsischen Theaterwelt. Ich las voller Spannung und Hoffnung – und war tief enttäuscht. Ich verstand es nicht. Sollte die Geschichte realistisch sein, oder gab's da verborgene Symbolik? Meine Rolle war eine Hexe, eine moderne Hexe, die durch ihre siamesische Katze ihre Umwelt behext. Blödsinn. Außerdem war die männliche Rolle so blaß, daß sich bisher kein anständiger Schauspieler gefunden hatte, der sie spielen wollte.
»Gib mal her«, sagte Rex, »van Druten schreibt doch keinen Unsinn. Ich werd's mal lesen.«
Zwei Stunden später erschien er wieder und zupfte an seiner Nase. »Das mußt du unbedingt spielen«, sagte er, »das wird garantiert ein Erfolg. – Und ich werde den Mann spielen. Aus dem kann man auch was machen.«
Die Proben zur *Geliebten Hexe* waren lang und bitter für mich. Nicht, daß mir das Zusammenspiel mit Rex Schwierigkeiten gemacht hätte. Im Gegenteil. Wir hatten schon in England zusammen auf der Bühne und vor der Kamera gestanden. Aber *Geliebte Hexe* war ein Lustspiel, und das Lustspiel war bisher nicht meine starke Seite gewesen. Weinen kann man in jeder Sprache. Lachen ist eine rein nationale Angelegenheit. Der englische Humor ist besonders heikel, weil er aus der berühmten »throw-away«-Technik besteht. »Throw-away« heißt »wirf es weg«. Man soll also wegwerfen. Aber nicht in den Eimer. Sei trocken, heißt es, aber nicht vertrocknet, sprich gelassen – und doch nicht ohne eine gewisse Spannung. Vor allen Dingen: Ruh in dir selbst und pflege die innere Seifenblase.
Rex konnte das alles bis zur Perfektion. Nicht umsonst war er zehn Jahre lang in der englischen Provinz umhergezogen und hatte dort die Komödienrollen gespielt, die in London den Stars die großen Erfolge brachten. Pausen, Tonfall, »timing« waren ihm zur zweiten Natur geworden, während ich mich vor jedem meiner Lacher fürchtete, aus Angst, er »käme« nicht. Rex konnte seine mit dem Rücken zum Publikum wie Äpfel von den Bäumen pflücken und auch welche herauskitzeln, von denen nicht einmal der Autor etwas gewußt hatte. Schon beim Lesen konnte er auf jeder Seite die Lacher ankreuzen.
»Woher weißt du, daß das hier ein Lacher ist?« fragte ich verzweifelt.
»Weil's da steht.«
»Aber er sagt doch nur: ›Wo ist der Lichtschalter?‹ Was ist daran komisch?«
»Weil er es wütend brüllt, anstatt höflich zu fragen. *Das* ist komisch!«

Aha.
Allerdings – die Qualität des Lustspielschauspielers liegt darin, daß selbst seine Wut noch komisch wirkt. Im Lustspiel darf weder Zorn noch Trauer ganz ernst genommen werden, so echt das auch gespielt werden muß.
Aha.
»Aha« wurde zum Leitmotiv für mich nicht nur während der Proben, sondern auch während der vierwöchigen Tournee, bevor wir in New York Premiere hatten.
Am liebsten hätte ich mir eine Ohrentrompete angeschafft, um besser zu »hören«. Meine Ohren mußten sich auf ganz neue Schwingungen einstellen, ich lernte, daß ein Bruchteil einer Sekunde Erzeuger oder Mörder eines Lachers sein kann. Niemand kann einem das beibringen; aber man kann ein Ohr für »timing« entwickeln, außer man ist völlig unmusikalisch.
Ich lernte auch, daß manchmal fest etablierte Lacher, die Abend für Abend an einer bestimmten Stelle lautstark ertönten, ganz plötzlich und unerklärlich abhanden kommen können. Das schlimmste, was man dann tun kann, ist, ihnen nachzujagen (lauter sprechen, dicker auftragen), denn dann verkriechen sie sich für alle Zeit. Man muß sich zwingen, so zu tun, als ob es an dieser Stelle nie einen Lacher gegeben hätte, und einfach drüber wegspielen, auch wenn's einem das Herz bricht. Und siehe da – eines Abends ist er wieder da, rund und schön, und man geht nach Hause, als ob man eine Schlacht gewonnen hätte.
Am wichtigsten ist, daß man leicht bleibt, leicht, leicht, entspannt, leicht wie eine Feder, die man ohne Anstrengung über die Bühne blasen könnte. Diese Schwerelosigkeit auch am Abend der Premiere vorzutäuschen, wo alles an einem schlottert, wo die Kehle trocken und die Stimme heiser ist und man vor Aufregung kaum ein Stichwort hört, ist fast unmöglich. Selbst Rex war am zweiten Abend immer besser als am ersten.
Ich hatte in diesem Stück noch ein Extraproblem: die siamesische Katze Pyewacket, genannt Pye. Während der Proben hatte ich um ihre Gunst gebuhlt, sie gefüttert, mit nach Hause genommen, mit ihr gespielt – umsonst. Sie sah mich mit ihren hellblauen Augen lauernd an und zerkratzte meine Nylons. Aber sie hatte Talent, darüber waren sich alle einig. Wenn der Vorhang aufging, saß ich im dämmrigen Abendlicht vor dem Kaminfeuer, die Katze auf dem Schoß, und unterhielt mich mit ihr. Es kam dann oft vor – zum Beispiel bei der Premiere –, daß Pyewacket den Kopf hob und laut miaute, was das entzückte Publikum als Antwort auf mein Stichwort auffaßte. Es wußte nicht, wie schwierig es war, das Tier ruhig auf meinem Schoß zu halten, wenn es lieber runter wollte. Der Bühnenassistent, dessen Aufgabe es war, mir Pye im letzten Augenblick, bevor der Vorhang aufging, zu reichen, trug dicke Lederhandschuhe, denn Pye

haßte ihn. Wir hatten auch ein »Understudy» für Pye, eine andere siamesische Katze (untalentiert), für den Fall, daß Pye mal nicht zu handhaben war. Auch dieses »Understudy« hatte ein »Understudy«, und das war ausgestopft, eine Tatsache, die ich Pye öfters unter die Schnauze rieb. Ohne Erfolg. Sie war ein Star und blieb schwierig.
Am Abend der New Yorker Premiere benahm sie sich erstaunlich verständnisvoll. Der Vorhang hob sich mit dem üblichen aufregenden Rauschen, und meine Knie zitterten derart, daß Pye heftig auf und ab wippte. Anstatt – wie ich fürchtete – sich in meine Schenkel zu verkrallen, drehte das Tier den Kopf zu mir herum und sah mich mit seinen durchsichtigen Augen so erstaunt an, daß ich beinah lachen mußte, was mir etwas von meiner Premierenangst nahm.
Die vier Wochen unserer Tournee und meine Anstrengungen, »hören« zu lernen, waren nicht umsonst gewesen. Meine Lacher kamen ungerufen, das Stück mit seiner Hexerei behexte auch das Publikum vom ersten Augenblick an, der Beifall am Ende »tobte«, die Garderobentür wurde »eingedrückt«, und um 0 Uhr 30 lasen wir das einstimmige Urteil der beiden Diktatoren: Dieses Lustspiel sei eine Kostbarkeit, und das Ehepaar Harrison-Palmer gäbe einen »Pas-de-deux« zum besten. Etc., etc.
Dieser Pas-de-deux dauerte weitere vier Jahre. Von jetzt ab suchte man Stücke für uns beide zusammen. Wir wurden ein »Bühnenehepaar«, etwas, was das New Yorker Publikum besonders liebte. Unsere unmittelbaren Vorgänger und Zeitgenossen waren die berühmten »Lunts«, Alfred Lunt und Lynn Fontanne, zwei erstklassige Schauspieler, die seit undenklichen Zeiten privat und auf der Bühne verheiratet waren. Das amerikanische Publikum ist puritanischer als das europäische. Jedenfalls war es das damals noch. Die Lunts spezialisierten sich auf »gewagte« Liebesszenen (heute wären sie zahm) und auf physische Intimitäten. Beispiel: Eine Szene, in der Alfred Lunt der Länge nach auf dem Sofa liegt und Lynn ihm seine Schuhe auszieht, woraufhin er beginnt, ihr Gesicht mit seinen Füßen (in Socken) zu streicheln, eine Zärtlichkeit, die man vielleicht nicht ganz so gern von einem x-beliebigen Kollegen allabendlich hingenommen hätte. Als nach einer ähnlichen Szene einmal der Vorhang fiel, hörte man eine alte Dame im Publikum erleichtert zu ihrer betagten Freundin sagen: »Wie beruhigend zu wissen, daß sie verheiratet sind!«

Ein paar Monate nach der Premiere der *Geliebten Hexe* kam eines Morgens der etwas verklemmte Anruf unseres New Yorker Agenten. Er wollte nicht recht mit der Sprache heraus. Endlich druckste er aber doch hervor, daß er eine erstaunliche Nachricht seines Kollegen in Hollywood in den Händen halte: Stanley Kramer, ein unabhängiger, anerkannter Produzent, wollte wissen, ob wir einen Film nach Saisonschluß für ihn

drehen wollten, *Das Himmelbett* von Jan de Hartog. – Sollte der Film in New York gedreht werden, fragten wir verblüfft? – Keineswegs. In Hollywood.
Der Haß, der rein persönliche, daher unverminderte Haß, hatte uns noch vor kurzer Zeit bewiesen, daß Hollywood nicht vergessen wollte. Es ist dort üblich, daß die zwei Fachzeitungen »Variety« und »Hollywood Reporter«, regelmäßig über New Yorks Theatererfolge oder -mißerfolge berichten. Uns hatte man totgeschwiegen.
Woraufhin unsere Produzentin, Irene Selznick, kurzerhand zwei volle Seiten beider Blätter für eine »Annonce« kaufte: Dort druckte sie unsere Kritiken in der »Times« und in der »Tribune« in ihrer ganzen Länge ab. Man wußte also in Hollywood, ob man wollte oder nicht.
Wir berieten. Sollten wir oder sollten wir nicht? Die Vorstellung, auf dem Flugplatz in Los Angeles zu landen und noch einmal der Horde Journalisten ausgeliefert zu sein, war nicht verlockend. Aber konnten wir es uns leisten, einen Film abzulehnen? Wir stotterten immer noch allwöchentlich alte Steuerschulden ab.
Wir sagten zu. Noch war es Winter. Die Saison lief auf Hochtouren, der Sommer und das dräuende Hollywood lagen in weiter Ferne.

Am Broadway hat jedes Stück acht Vorstellungen pro Woche. Sonntag ist Ruhetag. Dafür gibt's mittwochs und samstags eine Matinee. An diesen beiden Tagen kann man nichts anderes unternehmen außer ins Theater gehen und überleben. Zwischen den Vorstellungen schläft man in der Garderobe. Samstagabends, nach der achten Vorstellung der Woche, ist man am Umsinken. Besonders, wenn man eine lange Rolle hat, wie zum Beispiel die meinige in *Geliebte Hexe*. Zeitdauer der Vorstellung: Zweieinhalb Stunden, zwei Pausen à zehn Minuten mit eingeschlossen. Ich stand den ganzen Abend über ununterbrochen auf offener Bühne, mit Ausnahme von einer Minute und zwanzig Sekunden, in denen Rex ein vielbeklatschtes Solotelefongespräch führte. Während dieser einen Minute und zwanzig Sekunden saß ich mit geschlossenen Augen auf einem extra dafür hingestellten Stuhl hinter den Kulissen und japste still vor mich hin.
Es blieb nicht bei den acht Vorstellungen pro Woche. Für jeden Erfolg mußte man Tribut zahlen in Form von unentgeltlichen Wohltätigkeitsaufführungen, die entweder sonntags oder wochentags nach Mitternacht stattfanden. Für Schauspieler-Waisenkinder, fürs Heim für alte Mimen oder für die Opfer irgendwelcher Katastrophen. Jeder Star, ohne Ausnahme, wurde aufgefordert, sich einer bestimmten Wohltätigkeit persönlich anzunehmen, nicht nur durch Geldspenden, sondern durch aktive Beteiligung. Darüber gab es nie eine Klage, denn Auswahl gab es leider

Gottes genug: Kinderlähmung (damals noch unverhütbar), Arteriosklerose, geistig Behinderte, Blinde, Taubstumme. Ich suchte mir die Blinden aus, wurde Mitglied im Vorstand eines Heimes, sprach bei Versammlungen, half Basare zu organisieren.

»Wohltätigkeit« ist eine anrüchige Funktion. Der Staat sollte in der Lage sein, für alle seine Bedürftigen ausreichend zu sorgen. Wenn er das nicht kann, so muß die dubiose Wohltätigkeit herhalten. Besser als nichts. New York gehört wahrscheinlich zu den reichsten, ganz sicher aber zu den wohltätigsten Städten der Welt. »Wohltätigkeit«, d. h. Geld zu geben plus Zeit und Mühe zu widmen, wird dort keinesewegs als lobenswert, sondern als selbstverständlich angesehen. Täglich und unermüdlich arbeiten Leute, die es sich leisten können, für die, die es nicht können, als eine Art von Buße.

Der wöchentliche Stundenplan des Broadway-Schauspielers läßt keine Freizeit übrig. Man schläft lange, mindestens bis 11 Uhr, nicht aus Faulheit, sondern weil man spät ins Bett kommt. Zwangsläufig, denn man kann erst nach der Vorstellung essen. Damit die Stimme in den riesigen Theaterhäusern noch in der letzten Reihe des höchsten Ranges zu hören ist, muß der Magen so leer bleiben wie bei einem Sänger. »Nach der Vorstellung« heißt frühestens um Mitternacht. So lange dauert es, bis man mit Besuchern fertig wird und sich abgeschminkt hat. Dann erst kommt die einzige entspannte Stunde: Man hat die Vorstellung – vor der man sich tagsüber im Unter- wie im Oberbewußtsein fürchtet – glücklich hinter sich. Nun darf man endlich essen und, wenn man das kann, trinken. Viel trinken. Vor zwei Uhr früh kommt man nicht nach Hause.

Schauspielerinnen haben es noch schwerer. Ein Nicht-Matinee-Tag der Woche muß für den Friseur reserviert bleiben. Man muß auch täglich Zeit für das Kind finden. Schlimm genug, daß es trainiert ist, sich frühmorgens auf Zehenspitzen am Schlafzimmer der Eltern vorbei zur Schule zu schleichen.

Reiner Wahnsinn also, daß ich einwilligte, an jedem Donnerstag, Punkt sieben Uhr, meine eigene Fernseh-Show (fünfzehn Minuten) vor der Kamera zu haben. (Hinterher raste ich dann wie eine Besessene ins Theater und hatte genau zwanzig Minuten Zeit, mich zu schminken, anzuziehen und Pyewacket auf meinem Schoß zu installieren.) Meine einzige Bedingung: Ich durfte selbst schreiben und mir meine Themen völlig frei wählen. Solange ich »anständig« blieb, hatte ich freie Hand und brauchte nicht einmal meine Manuskripte vorher zur Korrektur beim Sender abzugeben. Diese Show hatte ein völlig unerwartetes Echo beim Publikum wie bei der Kritik. Ein Kritiker schrieb, er würde am liebsten eine Riesenschlafpille nehmen und sich nur jeden Donnerstag fünf Minuten vor sieben Uhr für eine Viertelstunde wecken lassen.

Meine Themen nahm ich ausnahmslos aus Europa. Ich erzählte den Amerikanern wahllos von Leuten und Dingen, die mich interessierten. Von Schliemann zum Beispiel (aber nicht nur von den Ausgrabungen, sondern von seiner seltsamen Ehe), von der Duse (nicht von ihren Triumphen, sondern von ihrer zwiespältigen Moral und ihrem Tod in Pittsburgh), von Sarah Bernhardt (und ihrer Leidenschaft für langausgesponnene Todesszenen), von Sibelius (und finnischen Saunabädern), von Shaw (und seiner Liebe zu der Schauspielerin Ellen Terry, die er niemals gekannt hatte) – sechsundzwanzig Folgen. Eine Viechsarbeit, aber es machte Spaß.
Einmal erzählte ich von Plato und seinem »Symposium«. Von seiner genialen Idee, daß es ursprünglich drei Menschenarten gegeben hatte, alle »doppelt«, d. h. mit zwei Köpfen und vier Augen und vier Beinen: Doppelmann, Doppelfrau und Mann-Frau. Daß sie auch Doppelkräfte gehabt hätten und die Götter sie daher ausrotten wollten. Und daß Zeus ihnen gnädig eine Lebenschance gewährte, indem er sie halbierte und so Einzelmann und Einzelfrau schuf, wie wir es heutzutage sind. An dieser Stelle machte ich eine Pause, sah so unschuldig wie möglich drein und verkündete meinen Schlußsatz: »Und das, meine Damen und Herren, erklärt Ihnen die ewige Einsamkeit des Menschen. Wir alle sind nur Hälften und sehnen uns in aller Ewigkeit nach der anderen (Pause) Hälfte.«
Das war damals eine Bombe. Wohlverpackt, aber nichtsdestotrotz.
Ich »kriegte« es hinterher vom Sender. Mein Trost: ein Brief eines Kapuzinermönches aus einem Kloster in Kanada, der mir schrieb, nach dieser Sendung hätte er endlich sein Problem verstanden...

Eines Tages rief unser Agent wieder an und wand sich noch mehr als beim ersten Mal. Ob ich zufällig allein sei. Ja. Warum? Tja, entsetzlich peinlich, aber – Produzent Kramer hätte gerade angerufen. Die Nachricht, daß wir einen Film in *Hollywood* drehen würden, hätte einen solchen Sturm der Entrüstung entfacht, daß er das Gefühl habe, er säße auf einem Vulkan. So hätte er sich das nicht vorgestellt. Der Agent solle doch »vorsichtig« herausfinden, ob ich gewillt sei, *Das Himmelbett* statt mit Rex mit jemand anderem zu drehen. Mich könne er allenfalls durchkriegen, aber Rex – nie. Ich sagte gemütlich, ich sei nicht gewillt.
Es kam noch ein dritter Anruf. Rex ging ans Telefon. Es handelte sich um einen Brief, den man für uns aufgesetzt hatte – die Hollywood-Agentur war so freundlich gewesen – und von dem man hoffte, daß wir ihn unterschreiben und abschicken würden.
An wen denn?
An Louella Parsons.
An *wen?*
An Louella Parsons. Weil wir sie doch so tief beleidigt und eine »be-

schwipste Analphabetin« genannt hatten. Das hätte sie bis ins Herz getroffen und müßte gesühnt werden.
»Lesen Sie mal«, sagte Rex. Er hörte eine lange Weile stumm zu und wurde immer röter im Gesicht. Dann sagte er etwas nicht Druckreifes, aber absolut Zutreffendes und legte auf.
Danach war Ruhe. Und paradoxerweise sogar Friede. Alle unsere vertraglichen Forderungen wurden erfüllt, freundliche Telefongespräche geführt und der Termin festgesetzt. Winter und Frühling waren nur zu schnell vergangen, und der 1. Juni, der Saisonschluß, drohte. Der Schauspieler – mit Ausnahme von Musical-Stars – hat die Wahl, ob er den Sommer über und die nächste Saison durchspielen will oder nicht. Wir wollten nicht, obgleich die *Geliebte Hexe* allabendlich bis auf den letzten Platz ausverkauft war. Ganz abgesehen von unserem kommenden Hollywood-Termin zog es uns mächtig nach Portofino. *Geliebte Hexe* wurde weitergespielt ohne uns.
Vor dem Abflug nach Kalifornien setzten sich verschiedene Hollywood-gewitzte Freunde mit uns zusammen, um uns gute Ratschläge und Verhaltensmaßregeln mit auf den Weg zu geben. Wir waren am Ende bis an die Zähne gerüstet.
Im Morgengrauen landete das Flugzeug in Los Angeles. Wir spähten durch die Fenster – die Rollbahn war menschenleer. Wir gingen durch die Sperre und hielten Ausschau – keine Seele. Wir nahmen unser Gepäck in Empfang und traten durch den Ausgang – der Vorplatz war wie ausgestorben. Wir sagten dem Taxichauffeur die Adresse des kleinen Hauses, das wir in Santa Monica am Meer gemietet hatten, und ratterten durch die leeren, frühmorgendlichen Straßen. Kein Mensch hatte uns erkannt, niemand hatte auch nur den Kopf gedreht. Herr und Frau Unbekannt. Das schönste Geschenk.

Carlos

Das Haus in Santa Monica lag direkt am Strand, vom Meeressand umspült, manchmal auch vom Meereswasser. Alles war klein an diesem Haus: die Zimmer, die Möbel, der Garten, als wäre es für Zwerge entworfen gewesen. In Wirklichkeit war es vor vielen Jahren von der Multimillionärin Barbara Hutton gebaut worden, eigens für ihre Flitterwochen mit dem einzigen ihrer vielen Ehemänner, der sich ohne jede Abfindung von ihr getrennt hat: Cary Grant. Sie bestellte vom Architekten wenige und enge Räume statt der offenen, weiten Paläste, die sie bisher immer bewohnt hatte. Vielleicht wollte sie alles so klein haben, um sich in ihr Glück zu verkapseln. Es half auch nichts. Cary zog aus.

Wollte man sich ausstrecken, mußte man ins Freie treten, am besten durch die winzige Gartentür – der Garten bestand nur aus Sand und zwei Kakteen –, die zum Meer führte. Dort watete ich ganz früh vor der Abfahrt ins Studio und abends nach Drehschluß auf dem nassen Sand entlang zwischen den eilig hin und her laufenden, wippenden Strandvögeln. Einen Kilometer nach rechts und einen nach links, und dabei tief atmend, wie mein Vater es dringend angeraten hatte. Er selbst hatte täglich im Grunewald tief geatmet, wenn er mit meiner Mutter »um's Eck« gegangen war, hatte nicht geraucht, nicht getrunken – und war innerhalb von fünf Minuten ohne jeden Widerstand gestorben. Mit 57 Jahren. Daran dachte ich, während ich watete. Wenn ich ihn jetzt aufwecken könnte – er war beinah seit zwanzig Jahren tot –, was hätte er wohl zu uns gesagt, er, der außer Latein und Griechisch nur Deutsch gesprochen, nur Deutschland geliebt, alles nur aus der deutschen Perspektive gesehen hatte? Meine Mutter lebte seit vielen Jahren in England, dort war sie jetzt »zu Hause«, meine Schwestern waren mit Engländern und mit Amerikanern verheiratet – er hätte jetzt sieben Enkelkinder gehabt, von denen keines auch nur ein Wort Deutsch sprach. Er hätte sich nicht mit ihnen unterhalten können.
Der Strand war um die frühe Morgenstunde und dann wieder in der Dämmerung wie ausgestorben. Nur die Vögel liefen eilig umher, Tausende, in allen Größen, ein Wunder, daß ich nicht auf einen trat. Was hätte er wohl zu mir gesagt, wenn er mich so gesehen hätte, wie ich da allein, statt an der Ostsee, am Stillen Ozean auf dem Gesundheitsspaziergang marschierte und Bilanz machte, wie er das auch so gern getan hatte. »Siehst du, mein Fräulein«, hätte er gesagt, »Medizinerin hättest du werden sollen – wissenschaftlich arbeiten, *das* ist das einzig wirklich Befriedigende, das einzig Bleibende, das Unabhängigmachende. Daß du kämpfen mußt, ist gut für dich. Aber daß du täglich neu erobern mußt, was nicht in deiner Macht steht, das ist kein Kampf, der sich lohnt.«
Lohnt es sich? Die Frage stellte sich jetzt häufiger. Wahrscheinlich, weil ich nun endlich, endlich den heißersehnten Erfolg gehabt hatte. Ich hatte ihn gehabt. Das konnte mir keiner streitig machen. Immerhin etwas. Aber ich besaß ihn nicht. Erfolg ist kein Besitztum.
Was sich ganz sicher lohnte, war meine wachsende Sicherheit, hellhöriges Ohr (endlich!) und unabhängige, kritische Einstellung. Relativ unabhängig, hätte mein Vater gesagt und gelächelt. Relativ oder absolut – jeden Morgen im Studio mußte ich »liefern« nach eigenem Ermessen, es gab keine Zeit für »Aha!« und Ausprobieren. Rex und ich waren die einzigen Schauspieler in diesem Film, es gab weder Charakter- noch Nebenrollen. Nicht einmal ein Hund bellte im Hintergrund. Der Drehplan erlaubte uns 21 Tage Drehzeit, genau die Hälfte der üblichen. Man erwartete, daß wir

aufeinander eingespielt waren und nicht erst vorsichtig proben und versuchen mußten, *zu*einander zu finden, um endlich *mit*einander spielen zu können. Der Produzent hatte sich zwar entschlossen, die beiden Parias den heiligen Hollywood-Hallen aufzuzwingen, aber das sollte kurz und schmerzlos vor sich gehen, ohne viel Aufhebens – und ohne viel Geld. Genau das geschah dann auch. Wir waren (verhältnismäßig) billig und machten uns in keiner Weise mausig. Die Kollegen waren selbstverständlich zur Stelle, luden uns ein wie früher, taten, als sei nie etwas geschehen, erwähnten es nie. Schauspieler lassen sich nicht so schnell beirren, sind rein berufsbedingt liberaler, sind beinahe niemals blinde Anhänger oder gar Anführer einer Hexenjagd. Sie machen mit, wenn sie müssen, wenn es um ihre Existenz geht, aber nur ungern. Die ganz wenigen, die aus Überzeugung verfolgen, zählen nicht.
Wir glaubten ihnen gerne, daß sie mit echtem Vergnügen die »Annoncen« in »Variety« und »Hollywood Reporter« gesehen hatten. Und natürlich auch das Titelblatt der Zeitschrift »Life«, den amerikanischen Adelsbrief. »Life« hatte ein Doppelporträt von uns gebracht. (Nicht ohne Schwierigkeiten. Wir hatten beide die gleiche »Schokoladenseite« – links –, und keiner wollte sich bei dieser stolzen Gelegenheit von der schlechten Seite zeigen. Resultat: eine Medaillonaufnahme von zwei linken Profilen.)
Nicht nur die Kollegen, auch die Produzenten begannen, sich für uns zu interessieren, und die früheren telegrafischen Einladungen kamen wieder ins Haus. Nur für die Presse waren wir nach wie vor Luft. Das sollte sich erst einige Jahre später ändern – und dann radikal –, als Rex mit *My Fair Lady* den Erfolg der Generation davontrug. Als er noch zu allem Übel den »Oscar« gewann, konnten ihn die Fachzeitschriften, wollten sie wirklich Fachzeitschriften bleiben, nicht ignorieren, ohne sich lächerlich zu machen. Sie kapitulierten.
Hollywood gab nur noch selten Monsterpartys. Die Partybesessenheit hatte stark nachgelassen. Das Fernsehen drohte, wenn auch noch in der Ferne, den Filmlebensfaden abzuschneiden, die Steuern waren ernst zu nehmen, Abendkleider kosteten ein Sündengeld. Der einzige traditionelle Hollywood-Empfang, zu dem wir eingeladen waren, sollte in Jack Warners Haus stattfinden. Jack Warner, mein früherer Studio-Boß, gab ein Fest, steuerabzüglich, zu Ehren von Charles de Gaulles Bruder Pierre.
Als wir uns eines Samstagabends auf den langen Weg von Santa Monica nach Beverly Hills machten, hatte ich, als ich in den Wagen stieg, keinerlei Vorahnung, keine einzige »innere« Stimme sprach zu mir. Was mich betraf, so würde dieser Abend, wie alle anderen, ein langer werden, wir würden rund hundert der wohlbekannten und vielleicht ein Dutzend unbekannte Gesichter begrüßen. Ich würde meinen alten Kampf mit meiner

Schlafmützigkeit ausfechten und meinen einzigen Gin-Tonic sorgfältig gegen Übergriffe von seiten pflichtbewußter, nachschenkender dienstbarer Geister schützen. Wahrscheinlich würde ich wieder irgendwo ein stilles Sofa finden. J. W.s Haus war groß genug.

Etwa um die gleiche Zeit fuhr ein junger Mann in Topanga Cañon los, ganz nah an unserem Haus in Santa Monica, um sich ebenfalls zu Pierre de Gaulles Empfang zu begeben. Nach Hollywood-Brauch hatte er erst angefragt, ob er jemanden zur Party begleiten solle. (»Jemand« hieß: eine einzelne Dame.) Er war Junggeselle, einer der wenigen, und daran gewöhnt, daß man ihn gern für solche Zwecke einspannte. Ihm war das recht. Die Damen waren immer hübsch. Diesmal aber hieß es, nein, kommen sie bitte allein. Auch das war ihm recht. Er war gern allein und fest entschlossen, es ein Leben lang zu bleiben. Er war unabhängig, kam und ging, wann er wollte, wurde nichts gefragt, war niemandem Antwort schuldig.

Als er gen Beverly Hills rollte, meldete sich auch bei ihm kein sechster Sinn, keine Intuition, kein Vorgefühl. Vor ihm lag ein Abend der reichen Auswahl. Allein würde er ganz sicher nicht nach Hause fahren.

Jack Warners Haus war ein Palast, von einem standesgemäßen tropischen Park umgeben. Detektive im Smoking standen vor dem scheinwerferbeleuchteten Eingang, baten höflich um Einladungskarten, sahen einem schnell und kritisch ins Gesicht – und ließen passieren. Die Party fand »unten« statt. Im »Playroom«. Viele Hollywood-Villen haben einen solchen Raum im Untergeschoß, tagsüber dem Fitneßtraining gewidmet, abends für Geselligkeit geeignet. In Warners Palast war der Playroom ein Ballsaal.

Als wir eintraten, bemerkte ich einen sehr großen, jungen Mann, der allein an der Bar stand, beiläufig die Tür beobachtete und bei meinem Anblick zufrieden lächelte, als ob er sagen wollte: »Na, da bist du ja endlich.« Ich sah ihn mir genauer an, fand ihn beträchtlich, hatte aber das sichere Gefühl, ihm noch nie begegnet zu sein.

Jack Warner hatte sich angestrengt. Die schönste weibliche Auslese des Landes war versammelt. Zum Essen setzte man sich an einzelne Tische mit Namenskarten. Ich fand mich an Pierre de Gaulles Tisch, wo jeder, der mit der »Lingo« (Französisch) herhalten konnte, sich bemühte, ihn zu unterhalten. Er war genauso zinnsoldatengesichtig wie sein Bruder.

Nach dem Essen, als man aufstand und herummüllerte, kam Rex mit dem sehr großen, jungen Mann, der an der Bar gestanden hatte, und sagte: »Das ist Mr. Carlos Thompson. Er möchte dir was sagen.«

Und verschwand.

Der junge Mann beugte sich zu mir herunter und sagte langsam und deutlich und mit großem Behagen: »Juanita.«

»Wie bitte?« fragte ich.
»Juanita«, wiederholte er mit enormer Befriedigung. »Erinnern Sie sich?«
»Natürlich erinnere ich mich«, sagte ich. »Warum?«
Statt einer Antwort steuerte er mich zielbewußt in eine Ecke des Playrooms, so weit wie möglich vom dröhnenden Tanzorchester entfernt. Er nahm sich Zeit, rückte meinen Ledersessel, schob seinen zurecht.
»Was ist mit Juanita?« fragte ich endlich. »Sie kennen sie? Wo ist sie? Wie geht es ihr?«
Der Mann war schwierig – er antwortete nicht. Eine Gegenfrage seinerseits: »Wann haben Sie das letzte Mal von ihr gehört?«
Ja, wann? Ich wußte es nicht mehr. Vor dem Krieg natürlich. Nein, lange vorher. Vor der Emigration, bevor ich nach Paris ging – ja, da war's. In Darmstadt hatte ich einen Brief von ihr gehabt. Die Münchner Kammerspiele hatten ihr gekündigt (Hitler), sie würde nach Buenos Aires zurückkehren, ihre Familie sei schon dort. Das war das letzte Lebenszeichen. Danach war sie verschüttet für mich, wie so viele andere Menschen, Dinge, Landschaften. Mit Asche zugedeckt und nie wieder ausgegraben.
Der junge Mann studierte mich schweigend. Ich studierte ihn. Einiges fiel mir dabei ein. Carlos Thompson – irgendwo hatte ich gelesen, daß ein argentinischer Filmstar die neueste Errungenschaft in Hollywood war. In diesem Zusammenhang war bei mir der Ausdruck »argentinisches dream-boat« hängengeblieben, als besonders penetrant. Das war also das dream-boat, das »Traumschiff«. Ich hatte es mir anders vorgestellt. Vielleicht hatte es gerade die Segel eingezogen. Zwei helle, schräge, gescheite und hintergründige Augen sahen mich forschend an.
»Ich kenne Sie schon lange«, sagte er.
»Woher?«
»Von Juanita. Ich kenne Sie *gut.*«
Juanita – Buenos Aires – argentinisches dream-boat.
Natürlich.
»Sie haben mit Juanita in Buenos Aires gespielt? Wann war das?«
»Wir haben oft zusammen gespielt. Wir waren befreundet. Nicht wie Sie denken. Wirklich befreundet. Eines Tages hat sie mich ins Kino geschleppt. ›Du mußt mitkommen‹, hat sie gesagt, ›denn da spielt eine Freundin. Diese da, das ist meine Freundin gewesen, damals auf der Schauspielschule in Berlin!‹ Der Film hieß *Body and Soul,* irgendwas über Boxer, ein großartiger Film. Aber Juanita sah nur ihre Freundin. ›Das ist meine Lilli‹, hat sie immer wieder gesagt, ›nicht wiederzuerkennen. Das war früher ein dickes, freundliches Kind gewesen – jetzt sieh sie dir an! Ganz dünn! Warum ist sie so dünn geworden? Gefällt sie dir?‹ Hinterher sind wir irgendwohin gegangen, etwas essen, und dann hat sie angefangen

zu erzählen, von den ärmlichen, herrlichen Jahren in Berlin, im Hinterhaus, ohne Heizung, und von ihrer Freundin Lilli, 16 Jahre alt, dem dikken, braven Kind, das immer mit der Schultasche zum Schauspielunterricht gekommen war. – Waren Sie wirklich einmal dick?«
»Ja«, sagte ich, überwältigt.
»Wo ist das geblieben?« fragte Carlos.
»Ich weiß es nicht mehr«, sagte ich. »Ich habe überall ein paar Pfund gelassen, zum Andenken, erst in Paris, dann in London während des Krieges – den Rest in Hollywood. Ja, hier habe ich den letzten Rest gelassen, hier in Hollywood.«
Carlos nickte. Er hatte viel zu berichten. Jetzt ging es leichter. Es klang wie ein Märchen von Hans Christian Andersen. Der Abend im Restaurant war nur der Anfang gewesen. Juanita hatte nach und nach alles ausgepackt, was sie von mir wußte, und je mehr sie erzählte, desto mehr hatte er wissen wollen. Von meiner Familie, meinem Leben, das ihr damals so fremd war wie mir das ihrige, vom Cello meines Vaters, den blauen Schlitzaugen meiner Mutter und ihrem Lachen, er kannte die Namen meiner Schwester, unsere drei regelmäßigen Mahlzeiten am Tag, das Tapetenmuster im Eßzimmer.
Das Orchester tobte, und die Tanzfläche füllte sich mehr und mehr; die Paare drängten sich, dicht aneinandergeschmiegt, eng an uns vorbei. Ich starrte sie geistesabwesend an. Hier, in Jack Warners Spielzimmer am Stillen Ozean, hier sprach jemand vom Cello meines Vaters.
Carlos sagte plötzlich: »Wollen wir auch tanzen?« Wir tauchten unter die wogenden Paare und traten auf derselben Stelle herum. Dann gingen wir wieder zurück auf unseren Platz.
»Als ich vor einem Jahr bei Nacht und Nebel aus Argentinien entkam und Hollywood und Metro-Goldwyn-Meyer in die Arme fiel, habe ich überall nach Ihnen Ausschau gehalten, aber Sie wohnten nicht mehr hier.«
»Ich wohne in New York.«
»Das macht nichts«, sagte er, »heute ist es ja endlich geschehen. Jetzt haben wir uns getroffen.«
Deshalb hatte er mich so angesehen, als ich in das Spielzimmer kam. Juanita stand plötzlich vor mir, ganz deutlich, sie spielte die Aase in Ibsens *Peer Gynt*, während wir atemlos auf dem Fußboden in der Schauspielschule saßen und zuschauten. Als sie den ersten Monolog »Peer, du lügst!« fertig hatte, waren wir in Tränen aufgelöst und konnten uns vor Begeisterung nicht fassen. Um uns wieder zur Erde zurückzubringen, ertönte Frau Grünings trockene Stimme: »Juanita – welche Schuhgröße haben Sie?«
Carlos sah mich lächelnd an. »Mehr weiß ich nicht über Sie.«
»Ist auch genug – manches hab ich selber nicht mehr gewußt.«

Dann mußte er mir von Juanita erzählen, alles, was er noch wußte. Sie hatte in kurzer Zeit die Bühne ihres Heimatlandes erobert und war jahrelang die beliebteste Schauspielerin in Buenos Aires gewesen. Dann hatte sie, wie ein plötzliches Ungewitter, in einem einzigen Jahr ein Schicksalsschlag nach dem andern getroffen: Beide Eltern und ihre Schwester starben. Zu gleicher Zeit war sie mit Perons Diktatur in Konflikt geraten, wollte nicht mitmachen, verteilte nachts Anti-Peron-Flugblätter in Hausfluren, mußte plötzlich über die Grenze fliehen, um nicht ins Gefängnis zu kommen. Sie ging nach Caracas in Venezuela, wo sie Freunde hatte, und schlug sich dort zunächst als Sprachlehrerin (Deutsch) durch. Eroberte innerhalb weniger Jahre Caracas im Triumph und schuf dort erstmalig, aus dem Nichts, eine Theatertradition. Jetzt spielte sie dort alle großen Rollen, besaß eine eigene Schauspielschule, hatte geheiratet und war – dies am wichtigsten – endlich glücklich. Happy-End.
Ich nickte benommen. Es war zuviel für einen Abend bei Jack Warner. Juanita, Buenos Aires, die Frau, die die grünen Tomaten eingemacht hatte – tot, Anita, die sich mit Beethoven unterhalten hatte – tot, Caracas, Juanita verheiratet, »endlich glücklich«...
Wir blieben in der Ecke, auch als wir nicht mehr von Juanita sprachen. Ich wollte etwas wissen: Warum war er nach Hollywood gekommen? Peron? Ja. Er hatte unter der Diktatur auch nicht leben können, hatte sich auch geweigert, mitzumachen, war ins Gefängnis gekommen. Nur ein paar Tage, als Kostprobe. War wieder auf freien Fuß gesetzt worden, hatte sich immer noch geweigert, Parteimitglied zu werden, durfte aber schließlich doch wieder Filme drehen, seine Familie ernähren. Familie? Mutter und zwei Schwestern. Plötzlich gestand er: Seine Leidenschaft, seine eigentliche Berufung sei das Schreiben. Er hatte in Argentinien drei Romane veröffentlicht – davon einer preisgekrönt und die anderen zwei von Kirche und Staat in Acht und Bann getan – und unzählige Kurzgeschichten und Beiträge für Zeitschriften. Filmschauspieler sei er nur, weil er mußte. Mit der Schriftstellerei – auf Spanisch – konnte man nicht vier Menschen ernähren. Als die Chance eines Hollywood-Vertrages winkte, stand ihm das politische Wasser bis zum Hals. Jede Minute erwartete ihn das »Arbeitsverbot«, Perons Methode, Gegner des Regimes unschädlich zu machen. Der Diktator rühmte sich, niemanden ermordet zu haben. Das stimmte. Man starb unter Peron lautlos ab, auch ohne ins Gefängnis gekommen zu sein. »Ich bin jetzt über ein Jahr hier«, sagte Carlos, »aber ich kann mich noch nicht daran gewöhnen, Brot zu essen, das weiß ist, Straßen entlangzufahren, die jede Nacht erleuchtet sind und nicht nur manchmal auf kurze Zeit. Hier zu sitzen und zu sprechen, ohne mich schnell umsehen zu müssen, ob jemand hinter mir steht und zuhört.«
Wir saßen den ganzen Abend in der Ecke, sprachen von allen möglichen

Dingen, bemüht, einen unauslöschlichen Eindruck zu hinterlassen. Wir ergingen uns über Lieblingsmusik, Lieblingsbücher, Lieblingsmaler. Darunter auch Salvador Dali.
»Wissen Sie, daß oben im Wohnzimmer ein schönes Dali-Porträt hängt? Von Jack Warners Frau Ann.«
Er wußte es nicht. Wir beschlossen, es uns anzusehen, und stiegen die Treppe hinauf, die in die große Halle führte. Dort standen, wie bei allen offiziellen Hollywood-Partys, drei unerschütterliche Butler – von denen sicher zwei gemietet waren –, die Arme auf der Brust verschränkt. Ich nahm den jungen Mann bei der Hand und wandte mich beherzt an den, der uns am nächsten stand.
»Können Sie uns bitte sagen, wo der Dali ist?«
»Zweite Tür links, Madam«, erwiderte der Mann.
Kulturbeflissen und Hand in Hand öffneten wir die zweite Tür links – und standen in der Damentoilette.
Wir fanden den Dali schließlich allein und bewunderten ihn lange von allen Seiten. Plötzlich kramte Carlos noch mehr Erinnerungen an Juanita heraus. Ohne mich anzusehen, immer nur dem Porträt ins Gesicht starrend, sagte er, Juanita hätte wiederholt und mit Autorität erklärt, daß wir uns, sollten wir uns jemals treffen, unweigerlich ineinander verlieben würden. Er sei mir aber schon einmal begegnet, und zwar vor einem halben Jahr, in London, in der Halle des Hotel Connaught. Da hätte er plötzlich neben mir gestanden. Aber er hätte dem Versuch, sich – und Juanita – vorzustellen, widerstanden, denn ich hätte gerade mit dem Hoteldirektor gesprochen, nervös und verärgert, und er hätte das Gefühl gehabt, dies sei nicht der richtige Moment, weder für ihn noch für mich. Selbst auf die Gefahr hin, mir nie wieder zu begegnen. Aber als er mich vor ein paar Stunden bei Jack Warner ins Zimmer treten sah, da hatte er gewußt, daß die Zeit gekommen war.
Ich lachte verlegen, wovon er keine Notiz nahm. Dann sah ich ihn schweigend und bestürzt von der Seite an. Schließlich war ich ja verheiratet, auch wenn ich bereits wußte, daß ich die Hände vor ein großes Loch hielt. Aber noch wollte ich das nicht wahrhaben. Der junge Mann erschien mir erstaunlich kühn und zuversichtlich, wie er da stand und scheinbar vertieft das Dali-Porträt betrachtete.
Drei Jahre später waren wir verheiratet.

Wenn man jung heiratet, macht man Kompromisse, ohne es zu merken. Tagmenschen leben mit Nachtmenschen zusammen, und man fügt sich ohne Schwierigkeit in die fremde Lebensweise des stärkeren Partners. Man liebt, alles andere ist unwichtig. Der Stadtmensch sitzt plötzlich auf dem Land, findet es herrlich, und umgekehrt. Ein Freund klassischer Musik geht auf einmal Nacht für Nacht in Beatlokale, während der Jazzfan sich abends Bach anhören muß. Das geht anscheinend niemandem auf die Nerven. Im Gegenteil. Gegensätze ziehen sich an, heißt es, aber das gilt nur für junge Menschen. Wenn man sich in der zweiten Lebenshälfte noch mal mit einem anderen Partner zusammentut, dann ist es auf einmal wichtig, daß beide desselben Geistes Kind sind. Besonders in Fällen wie dem meinigen, da während der ersten Ehe nur die Liebe die gegensätzliche Mentalität überbrückte.

Ich entschloß mich nur ganz langsam, meine Ehe endgültig zu lösen, weil mein Einsatz fünfzehn Jahre lang total und total stur gewesen war. Ich hatte seit einigen Jahren ein paar handfeste Scheuklappen um den Kopf und unterschied mich von anderen Pferden nur dadurch, daß ich sie mir eigenhändig umgehängt hatte. Ich hegte und pflegte meine Scheuklappen und erlaubte niemandem, sie zu lüften. Als sie mir plötzlich – und unsanft – abgerissen wurden, sackte ich in einen schwarzen Tunnel ab. Dabei wurden die äußeren Umstände zur schwierigsten Hürde. Rex und ich spielten zusammen Theater in London, aneinandergekettet durch einen Vertrag, aus dem wir nicht heraus konnten, und so lagen wir uns allabendlich in Armen, die aus Holz waren. Ich konnte nicht »fort«, saß in der Falle.

Meine Schwestern und andere Freunde waren natürlich zur Stelle. Meiner Mutter – bereits fünfundsiebzig – wurde nur das Nötigste mitgeteilt, aber man brauchte ihr nicht viel zu erzählen. Sie wußte alles sowieso, saß in meiner Garderobe und sah kummervoll zu, wie die Garderobiere mir die Kostüme enger machte, weil sie um mich herumschlotterten.

Eine Freundin wollte sich nicht mit meinen kargen Auskünften am Telefon zufriedengeben: Bebbs Siodmak. Sie kannte mich seit meiner Kindheit, hatte an meinem Leben manchmal aus der Nähe, manchmal aus der Ferne teilgenommen und wußte daher, wie es um mich stand. Sie rief beinahe täglich aus München an, wo ihr Mann, der Regisseur Robert Siodmak, gerade einen Film drehte.

»Sag mal«, sagte sie eines Tages, »hast du denn die ganzen Jahre über niemand kennengelernt, der dir gefallen hat?«

»Nein«, sagte ich, »niemals. – Doch, warte mal: Da war jemand voriges Jahr in Hollywood. Der hat mir schon gefallen, aber ich hab ihn nur einmal gesehen. Auf einer Party. Bei Jack Warner.«

»Wie hieß er?« rief Bebbs.

»Carlos Thompson hieß er, aber ich hab keine Ahnung, wo er ist.«

»Ich finde ihn«, sagte Bebbs, »und wenn er am anderen Ende der Welt ist.«

Am nächsten Morgen war sie wieder am Apparat.

»Ich hab ihn!« sagte sie triumphierend. »Und weißt du, wo er ist? Hier

im Hotel Vier Jahreszeiten! Er spielt Franz Liszt in einem Film über Richard Wagner. Hier in München! Was sagst du nun?«
Ich sagte wenig, denn ich versprach mir nichts, auch wenn der Zufall abenteuerlich und meine Erinnerung an unser Gespräch über Juanita noch sehr lebendig war. Er hatte mir damals ihre Adresse in Caracas gegeben, und ich hatte sofort geschrieben. Postwendend war ihre Antwort gekommen, und wir hatten Pläne geschmiedet, uns irgendwie wiederzusehen. Ich war ihr seit Monaten einen Brief schuldig. Ich war allen Leuten seit Monaten Briefe schuldig.

In Carlos' Zimmer im Hotel Vier Jahreszeiten in München klingelte das Telefon. Eine fremde Dame, eine Frau Siodmak, lud ihn zu einem Drink an der Bar ein. Noch heute. Wäre es möglich – jetzt, sofort? Befremdet begab er sich nach unten. Vielleicht handelte es sich um eine Filmrolle bei ihrem Gatten, Robert Siodmak? Oder . . . ? Aber es war weder von einer Rolle noch von »oder« die Rede. Vielmehr überbrachte ihm die Dame »Grüße«, Grüße von Lilli Palmer aus London. Seltsam.
Carlos verstand nichts mehr. Aber er erwähnte im Lauf der Unterhaltung, daß er vorhabe, nach Drehschluß seines Films London zu besuchen.
Ein paar Wochen später trat er nach der Vorstellung in meine Garderobe. Und in mein Leben. Aber zunächst verbarrikadierten wir uns, jeder hinter seiner Schutzmauer, beäugten einander vorsichtig und entdeckten und erforschten uns gegenseitig voller Zweifel und Mißtrauen, im Gegensatz zu unserer höchst erfreulichen äußerlichen Zweisamkeit. Carlos war nach verschiedentlichen hitzigen Abenteuern zum überzeugten Junggesellen geworden. Seine beiden letzten Erfahrungen waren besonders nachhaltig und bitter gewesen und hatten ihn von Amerika nach Europa getrieben. Jetzt wollte er nichts als seine Seelenruhe, seine Unabhängigkeit – und Zeitvertreib. »Wie herrlich, daß wir nichts voneinander wollen oder erwarten«, sagte er, während wir durch die verschneite Landschaft die Themse entlangwanderten. »Weißt du, was ›Ehe‹ ist? Ehe ist: Komm und halt meine Hand, während ich fernsehe . . .«
Ich stimmte begeistert zu. Noch saß ich in meinem schwarzen Tunnel und glaubte nicht an einen Notausgang. Aber nach einem Monat hatte ich fünf Pfund zugenommen, und die Abnäher in meinen Kostümen konnten wieder aufgetrennt werden. Wir sahen uns täglich, merkten plötzlich, daß wir eigentlich jede freie Minute miteinander verbrachten, wußten gleichzeitig, daß es so nicht ewig weitergehen konnte. Als der Schnee anfing zu schmelzen, unterschrieb Carlos einen Vertrag für einen Film, der in Spanien gedreht werden sollte. Wir wateten durch den Matsch auf unseren täglichen Lieblingswegen und taten so, als ob seine bevorstehende Abreise ganz selbstverständlich sei.

Plötzlich blieb er stehen und legte die Hände auf meine Schultern. »Weißt du«, sagte er langsam und nachdrücklich, »du könntest meines Vaters Tochter sein.«
»Und du meines Vaters Sohn«, sagte ich.
Danach schwiegen wir und stapften weiter, beide maßlos überrascht und überrumpelt von dieser folgenschweren Erkenntnis.
Carlos flog nach Spanien, während ich vertragsgemäß allabendlich ins Theater ging. Wir pflegten und hegten beide noch unsere letzten Zweifel. Die Trennung, mit ihrer plötzlichen, gähnenden Leere, machte unserem Argwohn und Zwiespalt ein radikales Ende. Briefe, Telegramme, Telefongespräche halfen nicht. Ich erbettelte mir eine Woche Ferien von der Produktion, und während die zweite Besetzung meine Rolle übernahm, flog ich nach Spanien. Carlos wohnte, wie immer, weit vom Drehort und Wohnort anderer Kollegen entfernt, in einem kleinen Hotel am Strand. Am Abend meiner Ankunft schwammen wir im dunklen Meer und saßen dann lange auf dem noch warmen Sand. Behutsam, vorsichtig, immer noch ängstlich, tasteten wir uns vorwärts in ein Gebiet, das wir noch vor ein paar Monaten niemals erforschen wollten: Zukunftspläne. Gemeinsame Zukunftspläne.
An diesem Abend schrieben wir beide an Juanita nach Caracas. »Komm nach Europa«, schrieben wir, »wenn jemand auf dieser Welt unser Trauzeuge sein soll, dann bist du es!«
Eine Woche später kam ein Brief mit schwarzem Rand und fremder Handschrift aus Venezuela. Juanitas Mann schrieb in dürren Worten, daß seine Frau vor einigen Tagen gestorben sei. Krebs. Gott sei Dank nur eine kurze Leidenszeit. Die ganze Stadt sei dem Sarg gefolgt. Man habe das Theater, in dem sie bis zuletzt gespielt hatte, »Teatro Juanita Sujo« genannt.

Eines Nachmittags, in Portofino, sagte ich es meinem Sohn. Er war damals elf Jahre alt. Er kannte Carlos seit einem Jahr. Das hatte mir zuerst viel Kopfzerbrechen gemacht. Wie mache ich das am besten, was sagt man in solch einem Fall...? Viele Frauen meiner Bekanntschaft haben sich das gefragt. Ich hatte nie gedacht, daß ich das auch einmal tun müßte. Nun war es soweit. Ich erklärte ihm, daß sein Vater und ich uns trennen würden. Es dauerte eine Weile, bevor er begriffen hatte, was ich meinte.
»Ich versteh's nicht«, sagte er dann, »ihr habt euch doch nie gestritten!«
Ich sagte ihm auch, daß ich Carlos heiraten würde.
Sein Gesicht verfinsterte sich. »Das geht nicht«, sagte er entschieden, »ich kann doch nicht zwei Väter haben!«
»Das wirst du auch nicht. Du wirst immer nur einen Vater haben. Aber einen neuen Freund wirst du bekommen.«

Damit war er einverstanden und kehrte wieder zu seinem Minifußballspiel auf dem Boden zurück.
So wurde es dann auch. Das Kind wurde Carlos' getreuer Schatten, und ich war es zufrieden, daß er oft lieber mit ihm als mit mir umherzog. Männer gehören zusammen.

Das Malen

Wie hat es angefangen? Spät. Viel zu spät, um ausschlaggebend, aber früh genug, um unerläßlich zu werden.
Sommer 1945, der Krieg war seit zwei Monaten vorbei. Rex' alte Air-Force-Uniform hing in der hintersten Schrankecke (»Gib sie nicht der Heilsarmee, vielleicht spiel ich mal einen Air-Force-Offizier.« – »Aber die blauen Hemden! Die sind sowieso eingelaufen.« – »Vielleicht spiel ich mal einen *armen* Air-Force-Offizier...«), während in der Vorhalle, unübersehbar, neue, knallgrüne, hohe Gummistiefel standen: Unsere ersten Ferien sollten in Schottland verbracht werden, irgendwo an einem See, wo man Forellen fischen konnte. Rex hatte noch nie gefischt. Er hatte eine vage Vorstellung von idyllischen Wassern, plötzlicher Aufregung, »wenn was zupft«, darauffolgendem Zweikampf und endlich köstlichem Verspeisen. Ideale Ferienbeschäftigung. Nun war es soweit. Schottland war wie im Reiseführer bergig, grünlich, neblig.
Wohlinstruiert schwang Rex seine Angel in hohem Bogen von hinten nach vorn, aber die ersten Dutzend Mal erreichte die »Fliege« nicht das Wasser. Sie verfing sich weit rückwärts in Bäumen, im Gebüsch, pervers und schmerzlich in seinem Haar und einmal, völlig unerklärlich, in der Gummisohle seiner grünen Stiefel. Ich saß außer Angelweite auf einem Stein und sah, schwach vor Lachen, zu. Endlich schaffte er es. Eine rote Fliege, zärtlich ausgesucht (»Welche würdest *du* fressen wollen, wenn du eine Forelle wärst?«), schwamm auf der stillen Wasseroberfläche. Plötzlich war sie verschwunden, in die Tiefe gerissen – und Rex beinahe mit ihr, so unerwartet war der Schock. Der Kampf war kurz, die Beute klein. Immerhin, sie war etwa 25 Zentimeter lang, rosa, mit schwarzen Punkten.
»Wir sollten sie verewigen!« sagte Rex. »Wollen wir sie ausstopfen lassen?«
Dazu waren wir zu verfressen. Fotografieren? Damals gab's noch keinen Farbfilm, und die Farben waren es, die uns begeisterten.
»Man müßte sie malen«, meinte er, hingerissen.
Im Nachbardorf fand ich eine Leinwand, Ölfarben und Pinsel. Im Hotelzimmer diente ein Stuhl als Staffelei. Das Tier lag still und kalt auf dem

Tisch. Mit wildem Eifer zeichnete ich die Konturen und kleckste Rot, Weiß und Gelb zusammen, um die Lachsfarbe zu bekommen. Jetzt noch die schwarzen Punkte – ja, und was nun? Ich betrachtete mein Werk: Ein kleines rosa Oval hing einsam auf der weißen Fläche. »Mach ihn größer!« gebot Rex. Ich machte ihn größer, noch größer, noch mehr Rosa, mit viel mehr Punkten – jetzt war es bereits ein Lachs, aber es war immer noch kein Bild.

Da kam mir die Erleuchtung. Das Tier war einsam, es brauchte Gesellschaft. Kühn setzte ich zwei Bierflaschen daneben. Besser – aber noch nicht gut. Fisch, Bier und ein Angelhaken wurden auf einen Tisch gesetzt, viel dunkelbraunes Holz, daher starker Effekt des Lachsrosa, und im Hintergrund eine offene Tür, durch die man den See und die Berge sah. Mein erstes Gemälde war fertig – und nicht eine Minute zu früh, denn das Modell begann leise zu stinken.

Die Leinwand trocknete, wurde gerahmt und zu Hause aufgehängt. Freunde und Verwandte kamen und staunten. Aber das war's nicht. Ich hatte plötzlich das Verlangen, noch einmal den Koller zu verspüren, der mich in Schottland gepackt hatte, als ich den Fisch malte. Was da an der Wand hing, war vom künstlerischen Standpunkt aus indiskutabel, das war mir klar. Aber darum handelte es sich nicht. Den Impuls und die Ekstase, das erstaunlich erotische Vergnügen, Blau oder Grün aus der Tube auf die Palette zu pressen und nebeneinanderzusetzen – das wollte ich noch einmal erleben. Ich kaufte eine neue Leinwand, neue Farben, neue Pinsel.

In der Schule hatten wir den damals üblichen, phantasielosen, sturen Zeichenunterricht gehabt. Herr Prinz hieß unser Lehrer. Für mich war er einer, denn er gab mir jedes Jahr eine glatte Eins, und ich fabrizierte zu seiner Zufriedenheit grelle Stilleben nach Modell, rote Äpfel und gelbe Zitronen (aus Seife) auf grüner Schale oder, nach Foto, blühende Mandelbäume gegen blauen Himmel. Am wichtigsten war ihm, daß wir unten rechts unseren Namen in einer von ihm erfundenen, ganz bestimmten Weise hinsetzten: als Visitenkarte mit Schraffierung drum herum.

Ich besaß eine gewisse Fertigkeit. Diese Fertigkeit wurde später (und ist noch heute) mein größter Feind. Fertigkeit verhindert Können, ganz gleich auf welchem Gebiet. Man produziert einen netten Effekt mit Leichtigkeit, oft aus Versehen, und man betrügt sich selbst. Unten drunter ist nichts.

Nach der Forelle posierte unsere Köchin in rotem Kleid und mein Sohn Carey in gelbem Sabberlatz vor blauem Hintergrund. Und sogar meine erste »Nackte«, Linda Christian auf grüner Wiese: ein schönes Modell, aber ein lebloses Bild. Dies alles wurde sofort gerahmt, um mir Mut zu geben. Ich bedeckte eifrig viele hilflose Leinwände mit grellen Farben,

etwa in der Art, wie man als Kind Abziehbilder machte, erwartungsvoll und ahnungslos, was da wohl herauskommen würde.
Immerhin, ich spürte den Drang, mich zu verbessern. Ich ging in Museen und sah mir moderne Bilder mit anderen Augen an, sozusagen als Kollege. Ich »sah«, aber ich verstand nicht, worauf es ankam, hatte keine Ahnung, warum dieses und jenes Bild mir gefiel.
Ich beschloß, zu fragen. Meine beste Quelle war natürlich Rolf, der während des Krieges als Arzt in England gearbeitet hatte und damit der Internierung entgangen war. Nun war er wieder Maler und begann, seine ersten Bühnenbilder zu schaffen, die ihn später berühmt machen sollten.
Mit klopfendem Herzen zeigte ich ihm mein bestes Bild: Garten mit Laube und Gewächs. Rolf würde mir die Wahrheit sagen, das wußte ich. Er hatte es schon einmal getan, vor zehn Jahren, ganz zu Anfang unserer Beziehung, als ich das Abitur machte und noch Schulunterricht im Zeichnen hatte. Damals hatte ich auch meine allerbeste Zeichnung herausgefischt. Um sicherzugehen, denn es war mir schon damals um ehrliche Kritik zu tun, hatte ich behauptet, das vorgelegte Werk stamme von unserem Zeichenlehrer. »Entsetzlich«, hatte Rolf gemurmelt, »ganz entsetzlich.«
Jetzt sah er sich die kleine Leinwand aufmerksam an und fand sie weder gut noch entsetzlich. »Greif nicht immer nach der grünen Tube, wenn du einen Baum malst«, sagte er und öffnete damit Riesenportale. Das wurde zum ersten und wichtigsten meiner Malgesetze und befreite mich mit einem Schlag von allen Zeichenstundefesseln. Bäume durften also gelb oder sogar blau sein! Es kam nur darauf an, welche Farbe man *daneben* setzte. Auf meiner nächsten Leinwand waren alle Bäume blutrot...
Nun saß ich in Hollywood und war Sonntagsmaler. Viele Stars malten. Um Zeit totzuschlagen oder zur Nervenberuhigung. Es hieß: »Sind Sie glücklich verheiratet – oder malen Sie?«
Bei mir lagen die Dinge anders. Ich malte aus Begeisterung und Einbildung. Ich fand mich ungeheuer talentiert und war jedesmal, wenn ich vor einer neuen Leinwand saß, im stillen überzeugt, daß dies ein Cézanne werden würde.
Roland Colman, Star der dreißiger und vierziger Jahre und ebenfalls »Maler«, erzählte seinen Freunden, er hätte mich einmal gefragt, was ich mit meinen mißlungenen Bildern täte, ob ich sie wegwürfe oder wieder übermalte. »Ich habe keine mißlungenen Bilder«, habe ich mit schöner Einfachheit geantwortet.
Das war vor etwa zwanzig Jahren. Ich malte selig und ahnungslos und jede freie Minute. Aber die waren selten. Von Hollywood waren wir nach New York gezogen und spielten acht Vorstellungen in der Woche am Broadway. Blieben also nur unsere Ferien in Portofino. Auch da gab es wenig Zeit, denn Rex hatte weder ein Hobby noch Freude am Lesen, und so lö-

sten sich Freunde reihenweise in unseren Gästezimmern ab und mußten versorgt und unterhalten werden. Die Staffelei vereinsamte, die Pinsel wurden steif.
Sie tauten erst wieder auf, als meine fünfzehnjährige Ehe auseinanderbrach. Ich malte wieder, um meine Lethargie zu brechen. Ich war streng zu mir: »Setz dich hin, sieh in den Spiegel und mal ein Selbstporträt.«
Das war ein Fehler. Was mich aus dem Spiegel ansah, ließ die bunten Farben auf der Palette vertrocknen. Weiß und ein bißchen Grün war alles, was ich benutzen konnte.
Erst als Carlos ein paar Monate später in mein Leben kam, wurde die Palette wieder hervorgeholt, die Trauerfarben abgekratzt und ein leuchtendes Blau aus der Tube gequetscht. Blau. Für mich immer die Farbe der Freude und des Seelenfriedens. Während meiner ersten Ausstellung in London besuchte ein Psychiater die Galerie. »Soll ich Ihnen sagen, warum Sie so viel Blau in Ihren Bildern verwenden?«
»Nein«, sagte ich hastig. »Ich möcht's nicht wissen!« Ich hätte sonst immer an ihn denken müssen, wenn ich nach der blauen Tube griff.
Carlos war der erste Mensch, der meine Malerei lange und ernstlich betrachtete. »Entscheide dich«, sagte er. »Entweder plätscherst du nebensächlich weiter, so wie bisher, oder aber du strengst dich wirklich an und *lernst!* Das heißt viele Stunden am Tag und jeden Tag malen. Das heißt in die Schlacht gehen und schwitzen. Das heißt Verzicht auf die hübschen Farbeffekte und schonungslose Selbstkritik.«
So begann mein neues Leben. Zunächst einmal merkte ich mit Erstaunen, daß Elses »eiserne Gesetze« auf dem Gebiet der Schauspielerei auch für das Malen gültig waren. »Zeig mir nicht immer dein Talent«, hatte sie gesagt. »Talent« war alles, was ich auf meinen Leinwänden zu bieten hatte. Ich besaß noch nichts anderes. Wenn eine Komposition glückte, so war das reiner Zufall, weder Können noch Wissen. Ganz, ganz langsam und wie ein frommer Pilger drei Schritte vorwärts und zwei rückwärts begann ich mir einen Vorrat von »eisernen Gesetzen« anzulegen, die mir allmählich in Fleisch und Blut übergingen.
Carlos griff entscheidend ein. Eines Tages betrachtete er mit gerunzelter Stirn eine italienische Landschaft, über der ich schwitzte.
»Ich glaube«, sagte er, »daß die alte Mauer da besser herauskäme, wenn du das Gestrüpp drum herum abrasieren würdest.«
»Wie kann ich das abrasieren?« fragte ich empört. »Es ist doch *da!*«
»Na und? Was hindert dich, es wegzulassen? Willst du ein Bild malen oder dem Gestrüpp Gerechtigkeit widerfahren lassen? Dicke Lilli, gutes Kind!«
Das Gestrüpp wurde abrasiert, die Mauer freigelegt. Damit war ich zum erstenmal Herr über meine Bilder.

Auf einem Gebiet konnte mir weder Anstrengung noch Geistesblitz helfen ohne ernsthafte akademische Studien: Aktzeichnen, unvermeidliches Requisit jedes Malers. Viele große Meister zeichnen täglich ein paar Stunden Akt, etwa so, wie Ballerinas jeden Morgen am Querbalken üben, um sich gelenkig zu halten. So ging ich, wo immer ich einen Film drehte, in die dort ansässigen Malakademien. Ob in Hollywood oder in Wien – an drehfreien Tagen erschien ich mit Skizzenbuch und Kohle und stellte mich in die hinterste Reihe. Dabei machte ich eine Entdeckung: Als ich zum allerersten mal in Hollywood die Aktklasse betrat und meine allererste Kohlenskizze, eine Negerin, innerhalb der gegebenen fünf Minuten anfertigte, stand der Professor plötzlich hinter mir.
»Wo haben Sie bisher gearbeitet?«
»Das ist das erste Mal.«
»Ich weiß, daß sie neu sind. Aber wo haben Sie studiert?«
»Nirgendwo. Das ist meine erste Aktzeichnung.«
Etwas ungläubig meinte er: »Woher kennen Sie die Zusammenhänge?«
»Ich seh das.«
»Gute Augen«, murmelte er und ging weiter.
Nicht, daß ich etwas Interessantes fabriziert hatte, aber der Akt »stimmte«. Das war schon etwas. Die Kohle wackelte mir in der Hand. Keine Frage, ich »löste« jede Pose der Negerin in den vorgeschriebenen paar Minuten. Die Achsen, Winkel, Kurven stimmten jedesmal. Fasziniert und voller Aufregung entdeckte ich diese Fähigkeit, von der ich bis dahin nichts gewußt hatte. Am Ende der Stunde war ich schweißbedeckt, in Ekstase und überzeugt, daß ich ein Genie war. Von nun an war alles klar. Ich hatte den Schlüssel. Meisterwerke würden am laufenden Band aus der Hand geschüttelt werden.
Gleich zu Anfang der nächsten Unterrichtsstunde wurde ich unsanft ernüchtert. Die Klasse arbeitete an einem Ölbild, und ich verstand kein Wort von den elementaren Grundregeln, die der Professor erwähnte. Was waren »warme« und »kalte« Farben? Ich riet herum. Rot war sicherlich warm. Und Gelb auch. War Blau kalt? »Natürlich!« sagte man und sah mich mitleidig an. Und was meinte der Professor mit Komposition und »aus dem Bild herausrutschen«? Ich verstand kein Wort. Außerdem langweilte mich das aufgebaute Stilleben mit seiner Vase und den zwei Orangen, das die Klasse malen sollte.
Sinnlos, hierzubleiben, dachte ich, lieber murkse ich allein weiter. Packte meine Sachen und verschwand.

Im Jahre 1958 drehte Carlos einen Film in Wien, und ich blieb bei ihm und verbrachte, wie immer, meine Freizeit in der Kunstakademie. Das Modell war eine rundliche Frau mittleren Alters, die die blödsinnigen Posen, die ihr der Professor aufgab – Arme hinterm Kopf verschränkt, Oberkörper nach rechts verdreht –, geduldig einnahm. Die Klasse bestand aus ein paar Dutzend Studenten, von denen nur einige wenige arbeiteten. Die meisten standen mit dem Rücken zum Modell in Gruppen herum, unterhielten sich, lachten laut. Der Professor war meistens abwesend. Ich war die einzige, die still verbissen zeichnete, als ob mein Leben davon abhinge.

Ich ging während einer Pause – das Modell muß nach jeder Pose ein paar Minuten ausruhen – zu der wohlgepolsterten Frau, die nackt und mit geschlossenen Augen hinter ihrem kleinen Bretterverschlag saß und ihre Kräfte sammelte. Zögernd sprach ich sie an. Würde sie vielleicht zu mir ins Hotel kommen und dort für mich Modell stehen? Ich könnte bei dem Lärm nicht arbeiten.

Sie sah mich ruhig an und nickte. Ja, sie würde kommen. Sechzig Schilling die Stunde.

Sie sprach mit dickem, klamotten-französischem Akzent. Begeistert machte ich mein erstes Rendezvous mit ihr ab. Ein Modell für mich allein! Keine lächerlichen, akademischen Posen mehr (nackte Frau mit erhobenem Zeigefinger, eine Mandoline vor dem Bauch) – ich konnte es kaum erwarten.

Am nächsten Tag, nach Akademieschluß, erschien sie, klein und rund, ärmlich angezogen, stand verlegen im Zimmer und sah mich erwartungsvoll an. Ich sah genauso verlegen zurück. Man kann doch nicht einfach sagen: »Ziehen Sie sich bitte aus.« Oder kann man?

Sie löste mein Dilemma. »Kein Sseit verlieränn!« sagte sie, zog resolut ihre Kleider aus und setzte sich aufs Plüschsofa. »Wie soll i-k sitzänn? Oder soll i-k ste-änn?«

»Einfach so, wie Sie jetzt dasitzen, genau so.«

»Abärr meine Bein! Sie wollänn ni-kt meine Bein graziös?« Und sie verdrehte ihre Füße nach auswärts in der ersten Ballettpose.

»Nein, nein, ja nicht! Bitte so, wie Sie vorher waren. Füße einwärts, ganz bäuerlich.«

Sie nickte beifällig. »Gefällt mir bessärr«, meinte sie. »Nur i-k bin gewohnt von die Professor ›graziöse Pose‹.«

Das war unser Anfang. Germaine Landmann wurde für Jahre der Mittelpunkt meiner Malerei. Die erste Verlegenheit verschwand noch während der ersten Sitzung. Ein nacktes Modell könnte genausogut ein Blumenkohl sein. Kaum daß man sich darüber klar wird, ob das nun ein »schöner« oder ein »unschöner« Körper ist. Die Begriffe verschieben sich. Für mich ist zum Beispiel ein sogenannter schöner Körper unbrauchbar zum Malen, wenn er schlank ist, mit engen, eleganten Linien. Ich kann nur »Rundes« gebrauchen, je runder, desto besser.

Germaine war in ihrer Jugend eine Ballettratte der Pariser Oper gewesen. Das Ballett-Training zeigte sich noch heute in ihren Gliedern, den stark ausgeprägten Waden, Schenkeln, Ellbogen, dem Nacken. Meine ganze Begeisterung gehörte ihren Füßen, die breit, stark, noch von den Ballettschuhen her abgestumpft waren, mit dicken Ballen, der große Zeh in kühnem, entgegengesetztem Winkel zu den übrigen. Germaine hatte eine andere Einstellung zu dem malerischen Zeh, denn sie fand nie passende Schuhe.

Die Füße mit dem Zeh wurden auf vielen meiner Bilder zum Zentralpunkt der Komposition. Der Akt ruhte sozusagen auf den Ballen, durchgedrückt von der schweren Last.

Ein weiblicher Maler leidet unter einem Handicap: Man kann seine Modelle nicht voll ausnützen, so wie männliche Maler das zu allen Zeiten getan haben. Picassos künstlerische Perioden lassen sich beinahe ausschließlich in die Zeitabschnitte einteilen, die er mit seinen verschiedenen Frauen oder Freundinnen verbracht hat, die alle seine Modelle waren. Maler sind meistens arm, wenigstens am Anfang ihres Malerlebens. Das unvermeidliche Modell erscheint, sitzt und wird dann weiterhin in Richtung Küche und Schlafzimmer eingesetzt. Dies ist nicht nur zweckmäßig. Man muß eine Beziehung zu seinem Modell haben, zumindest eine freundschaftliche. Man kann nicht jemanden malen, den man nicht ausstehen kann.

Also wurde Germaine zur echten Freundin. Sie hatte in ihrer Jugend in Paris in Malerkreisen gelebt, hatte einen Maler geheiratet, ihm selbstverständlich Modell gestanden, ihn bekocht und ihm Kinder geboren. Dann hatte sie sich scheiden lassen und einen österreichischen Baumeister geehelicht und den Krieg in Wien mühsam (als »Erbfeind«) überlebt. Nach dem Krieg lag das Baugeschäft darnieder, und so verdiente Germaine das Nötigste, indem sie in der Kunstakademie Modell stand. Kein Zuckerlekken. Eine Pose zu halten, selbst wenn das Modell nur dasteht, ist nach den ersten zwei Minuten eine Qual, weil man weder Hand noch Fuß rühren darf. Dazu kommt meist noch die Kälte im ungenügend geheizten Saal; schmutziger Boden, Fliegen und die Gleichgültigkeit der Studenten, die herumstehen, lachen, rauchen, trinken...

Die Wochen, in denen Germaine täglich im Hotel Imperial für mich Modell stand (*saß*, nicht stand), waren für sie ebenso erfreulich wie für mich. »I-k er-ole mir!« erklärte sie selig, während sie auf einem Sofa liegend posierte. Für mich war die Begegnung ausschlaggebend. Ganz abgesehen von ihrer idealen Fülligkeit als Modell, war mir ihr Urteil wichtig. Selbstverständlich »verstand« sie etwas davon und wußte genau, wann und wie sie zu kritisieren und zu ermutigen hatte. Ihr Kommentar war sparsam, meist konzentriertes Schweigen oder ein Nicken, hin und wieder ein trok-

kenes: »Komposition verka-kt.« Ein einziges, unvergeßliches Mal sagte sie: »'eut Sie 'aben Flügel gewachsänn!«
Kurz nach unserer Begegnung wurde sie von anderen, weit wichtigeren Malern entdeckt. Sie stand Modell für Meister wie Kokoschka und den berühmten Wiener Bildhauer Wotruba.
»Sie 'aben mir Gluck gebra-kt«, sagte sie und gab die Kunstakademie auf. Das Baugeschäft in Wien begann, sich zu beleben, ihr Mann arbeitete. Vor ein paar Jahren eröffnete sie eine kleine Malschule. Sie kann es sich jetzt leisten, andere Modelle zu engagieren. Aber einmal im Jahr kommt sie noch immer zu mir zum »arbeitänn«.

Ich malte wahllos alles, was still saß: Landschaften, Akte, Stilleben, Porträts. Porträts waren immer so eine Sache. Es machte mich unruhig, daß jemand still sitzen mußte, ohne dafür bezahlt zu kriegen. Wenn ich im Zuge war, vergaß ich oft, daß ein Modell schon viel zu lange saß, steif und verkrampft.
Außerdem sahen die Leute auf meinen Bildern zehn Jahre älter und ärgerlicher aus. Sie legten nur selten Wert darauf, das Porträt zu besitzen. Ich machte es, ohne Absicht, Picasso nach, dessen Modell, Gertrude Stein, protestierte – sie »sehe nicht so aus«.
»Aber eines Tages wirst du so aussehen, Gertrude«, sagte Picasso. Und behielt recht.

Fritzi Massary saß mir kurz vor ihrem 80. Geburtstag, als besonderes Zeichen ihrer Gunst. Sie kam zweimal und blieb nicht länger als eine Stunde – das war alles. Ich kannte ihr Gesicht so genau, daß ich nicht mehr brauchte. Sie saß – zart, elegant, gerade, als hätte sie ein Lineal verschluckt – auf einem unbequemen Stuhl und sah mich mit ihren großen Augen herausfordernd und angriffslustig an.
»Das letzte Mal, daß ich jemandem erlaubt habe, mich zu malen, war vor vierzig Jahren«, sagte sie mit ihrer tiefen Stimme, halb krächzend, halb samtig. »Da war so ein merkwürdiger junger Mann mit langem Kinn und wildem Haar. Er kam in meine Garderobe und machte überall Dreck mit seinen Farben. Drei- oder viermal. Dann hab ich mir das Ding angesehen. Lauter grüne Kleckse. Da hab ich ihn rausgeworfen.«
»Kannst du dich an seinen Namen erinnern, Fritzi?«
»Kokoschka.«
Nichtsdestotrotz mischte ich meine Farben mit Genuß. »Möchtest du, daß ich mich mit dir unterhalte, während ich male?«
»Nicht nötig.«
Ich arbeitete und fühlte ihre Augen auf mir. Der Kopf war leicht zu skizzieren. Schmal, umgeben von jungem, eisengrauem, kurzem Haar, kost-

bar frisiert. Die unhübschen Züge einem schönen Vogel ähnlich, nicht des Alters wegen, sondern von Natur her. Der Hals lang und königlich, die Figur »faussemaigre«, das heißt, sie machte den Eindruck von Zerbrechlichkeit, aber beim genauen Hinsehen war sie wohlgerundet. Die berühmten Hände über dem Knie gekreuzt, von chinesischer Länge und Zartheit, durch Arthritis etwas deformiert. Ich hatte sie gebeten, alle Ringe abzunehmen, denn sie verbargen die Konturen. Sie wirkte im hohen Alter noch genauso elegant wie vor einem halben Jahrhundert, als der Name Fritzi Massary sprichwörtlich war. Für Millionen von Menschen war sie die personifizierte Vollkommenheit und wurde nachgeahmt und angebetet. Einer ihrer glühenden Verehrer ließ sich einmal zu später Stunde zu der Erklärung hinreißen, daß er mit Wonne sein ganzes Vermögen für eine einzige Nacht mit ihr opfern würde.
»Wirklich?« sagte eine neiderfüllte Kollegin. »Aber die Massary hat doch einen Hängebusen!«
»Wie herrlich!« sagte der Verehrer. »Wie ein Page würde ich ihn hinter ihr her tragen...«

Während der seltenen und kostbaren Stunden, die ich mit ihr verbringen durfte, machte ich mir in Gedanken Notizen »für später«. Wenn man mit sehr alten Menschen spricht, braucht man einen besonderen Ton, schüchtern oder respektvoll, extra deutlich. Nicht mit Fritzi. Man sprach mit ihr, trotz ihrer 80 Jahre, genau wie mit der eigenen Generation. Sie selbst betrachtete ihr Alter lediglich als einen amüsanten Irrtum.
»Weißt du«, sagte sie einmal, »ich lese da in einer deutschen Zeitung (sie hatte gerade das Bundesverdienstkreuz erhalten) einen Artikel über mich, und da steht zum Schluß: ›Die Greisin wohnt jetzt in Hollywood.‹ Die Greisin! Das bin ich!« Und sie lachte aus vollem Halse.
Wie wird man alt, wirklich »alt«, ohne sich in den üblichen Fallen zu verfangen? Wie entgeht man der Versuchung, alles um sich herum an sich zu reißen – aus Widerstand gegen den Tod und aus Abwehr gegen die Vernachlässigung von seiten der Jugend? Wie bleibt man kritisch gegen sich selbst und unsentimental gegenüber der Vergangenheit? Wie richtet man sein Leben ein, um so wenig wie möglich von anderen Leuten abhängig zu sein? Am wichtigsten: Wie bringt man es fertig, gern allein zu sein, ohne nach anderen Menschen zu schielen?
Fritzi kannte die Antworten. Sie wollte keine Extrawurst und auch nicht die Privilegien, die ihrem Alter zustanden. Sie fühlte sich nie von den Aktivitäten der Jugend ausgeschlossen. Einmal verlangte sie, daß Carlos ihr beibringen sollte, wie man taucht und unter Wasser schwimmt. Obwohl er wußte, daß sie täglich im Bassin umherschwamm – à la Frau Kommerzienrat: den Kopf hoch aus dem Wasser gestreckt –, sagte er nein. »Wenn

dir dann plötzlich die Luft ausgeht, dann muß ich dich wie ein nasses Kleenex herausfischen.«
Sie haßte Sentimentalität jeder Art, war trocken und sachlich, ohne jede Spur von Bösartigkeit, über alles und jeden, am meisten über sich selbst. Ihre legendäre und gloriose Vergangenheit wurde in ihren Worten zu einem amüsanten Jugendstreich. Sie brachte es nie fertig, das Wort »berühmt« im Zusammenhang mit ihrer Person auszusprechen. »Ach, das war zu einer Zeit, als ich bereits – ich meine, als man mich schon kannte«, meinte sie manchmal.
Ich fragte sie: »Hast du das immer gehabt – diese Eleganz? Angeboren?«
Sie machte keinen Versuch, mir zu widersprechen. »Ich habe das ein Leben lang studiert. Nämlich – von Kunst versteh ich nichts.«
»Wie bitte?«
»Nichts. Ich weiß nur über mich selbst Bescheid. Ich habe gründlich studiert, was zu mir paßt oder nicht. Ich weiß auch genau, welche Rollen ich singen kann und welche nicht. Aber ich habe keine Ahnung, ob ein Bild gut oder schlecht ist oder wie man eine Wohnung einrichtet oder woran man ein antikes Möbel erkennt. Wenn ich irgendwo einzog, mußte jemand kommen und es für mich einrichten. Jemand, der wußte, was mir gefallen sollte. Der einzige Ort, den ich immer selbst eingerichtet habe, war das Schlafzimmer. Da wußte ich ganz genau, wie es auszusehen hatte.« Sie sah mich mit Rabenaugen an.
Ich lachte und malte weiter. Sie saß ganz still, weit fort, in irgendeine Erinnerung verstrickt. Wie klein sie eigentlich war! Aber wenn sie auf der Bühne stand, hatte man den Eindruck einer königlichen Statur, und wenn sie einen Dialog mit anderen Schauspielern hatte, so sprach sie nicht mit ihnen, sondern erteilte Audienz. Sie regierte auf absoluter Höhe 35 Jahre lang auf der deutsch-österreichischen Operettenbühne. Der Name Fritzi Massary auf den Plakaten bedeutete Ausverkauf für die ganze Saison, und man benannte bereits vor 50 Jahren eine Zigarette nach ihr. Ihr Erfolg beruhte auf einer seltenen Kombination: Starpersönlichkeit plus Stimme plus Schauspielerin. Sie war eine so gute Schauspielerin – wenn auch nur in Operettenrollen –, daß Fritz Kortner sie überredete, Shakespeares Cleopatra unter seiner Regie in der kommenden Saison zu spielen.
»Ich sagte ihm, ich hätte noch niemals Shakespeare gespielt, wie sollte ich mich dann an Cleopatra wagen? Aber er kam mit dem Buch und las mir ein paar Szenen vor, und da konnte ich einfach nicht widerstehen. Am Ende war ich genauso begeistert von der Idee wie er. Die Presse wurde informiert, Plakate gedruckt und das Datum für die Proben festgelegt. Aber vorher fuhr ich meine Mutter besuchen. Ich hatte sie schon ein paar Jahre nicht mehr gesehen. Du weißt doch, wie Mütter sind.« Fritzi schoß

mir einen Rabenblick zu. »Ich mochte meine gern, aber sie ging mir auf die Nerven. Zum Beispiel, wenn sie von mir sprach und sagte: ›Meine Tochter, die Theaterdame...‹ Na ja. – Also damals, als ich zu ihr fuhr, legte sie gerade Patiencen mit einer alten Freundin. ›Sag mal, Fritzi‹, sagte sie, ›ist das wahr, was in der Zeitung steht, du wirst die Cleopatra spielen? Oder ist das nur Pressequatsch?‹
Ich merkte, wie ich wieder nervös wurde, aber ich antwortete so ruhig wie möglich: ›Nein, Mama, das ist kein Pressequatsch, ich werde die Cleopatra spielen.‹
Die beiden alten Damen sahen sich an. Ich spürte, daß sie sich Mut machen wollten. ›Ja, also, Fritzi‹, sagte meine Mutter endlich, ›weißt du, als wir das gelesen haben, die Gretl hier und ich, da haben wir uns den Shakespeare aus der Leihbibliothek geholt...‹ –
›Ja?‹ sagte ich und bereitete mich vor.
›Ja, also, Fritzi, da kommt doch die Szene, weißt du, am Schluß, wenn die Schlange die Cleopatra in den Busen beißt...‹
›Ja – und?‹
›Ja, also, Fritzi, weißt du – Gretl und ich, wir dachten uns – also, wenn *du* die spielst, die Cleopatra, und die beißt dich – also da werden doch die Leute lachen, meinst du nicht?‹«
»Ich saß ganz still«, sagte Fritzi, »und dann ging ich ans Telefon. Ich rief Kortner an und sagte ihm, es täte mir leid, aber... Und dann haben wir schnell die *Lustige Witwe* angesetzt...«

»Erzähl mir von früher, Fritzi«, bat ich sie. »Hast du's leicht gehabt, oder ist es ein harter Kampf gewesen?«
»Es war schon ein Kampf«, sagte sie, »vor allen Dingen hat es viel, viel länger gedauert als heutzutage, wenn irgendein neues Gesicht nur ein einziges Mal im Fernsehen zu erscheinen braucht, und am nächsten Tag kennen Millionen den Namen. Aber zu meiner Zeit, wenn man einmal oben war, dann blieb man länger oben und brauchte keine Angst zu haben, plötzlich in der Versenkung zu verschwinden, wie das heute passiert. Man nutzte sich nicht so schnell ab, damals. Es bestand keine Gefahr, daß man den Leuten zum Halse heraushing, weil sie einen ja nur im Theater sehen konnten, und das war immer exklusiv und teuer. Es waren Jahre und Jahre harter Arbeit, aber mir hat es immer Spaß gemacht. Fast immer.«
»Hast du ein wildbewegtes Privatleben geführt?«
»Ja. Aber ich wußte die ganze Zeit, daß mir etwas abgeht. Ich war nie verliebt.« Nach einer Weile fügte sie hinzu: »Ich war ein ganz schlimmes Mädchen, weißt du, wirklich! Bis ich Bulli traf. Da hat sich alles geändert.«

Bulli war Max Pallenberg, ihr Mann. Er stand ihr an Genie und Beliebtheit nicht nach. Ich habe ihn zweimal auf der Bühne gesehen, beide Male unvergeßlich. Besonders als Ko-Ko-San im »Mikado«, einer seiner berühmtesten Rollen. Ich war damals vielleicht 14 oder 15 Jahre alt, aber ich wußte sofort, daß ich da etwas Einzigartiges sah und daß ich keine Minute die Augen von ihm nehmen durfte. Er saß auf einem Stein in einer japanischen Landschaft am Ufer eines nicht vorhandenen Bachs und sang mit seltsam kindlicher, hoher Stimme: »Am Bach an den Weiden ein Bachstelzchen sang, tirilu, tirilu, tirilu...«

»Bis ich Bulli traf«, sagte Fritzi, »wußte ich gar nicht, wovon die Leute redeten, wenn sie erzählten, wie sie sich verliebt hätten. Ich hörte den anderen Mädchen in der Garderobe zu, wenn sie von ihren Freunden klatschten, und wie glücklich oder unglücklich sie seien. Ich zuckte die Achseln und zählte meine Diamantenarmbänder. Wenn ich sie alle zusammen auf einem Arm trug, konnte ich meinen Ellbogen nicht biegen. Ich sag dir ja, ich war schlimm! Aber dann, eines schönen Tages, bin ich nach der Vorstellung zu einer großen Gesellschaft gegangen, und da sah ich viele Leute um das Klavier herumstehen. Jemand saß da und spielte und sang. Alle lachten und schrien vor Vergnügen, also drängelte ich mich durch, bis ich vorne stand. Am Klavier saß ein kleiner Mann mit roten Haaren – ich kann rote Haare nicht ausstehen – und schmutzigen Fingernägeln. Ich konnte nicht so schnell wieder weg, ich stand da, eingekeilt, und er sang und sang, denn die Leute ließen ihn einfach nicht gehen. Nach einer Weile bemerkte er mich und sah mich so ein-, zweimal von der Seite an. Endlich schlug er den Klavierdeckel zu und schrie, er hätte jetzt genug. Aber da war ich schon soweit, daß ich ihn am liebsten abgeküßt hätte.«

Sie heirateten. Das Berliner Publikum liebte und verwöhnte sie. Sie konnten sich alles leisten. Einmal, als Fritzi ihren Mann auf der Bühne sah, kritisierte sie seine Darstellung in einer Szene. Pallenberg gab zu, daß sein »Muschkele«, wie er sie nannte, recht hatte, und verlangte nur, daß sie sich am darauffolgenden Abend das Stück noch einmal ansehen solle, um zu sehen, ob er es jetzt besser mache. Die Szene kam, und Fritzi war zufrieden. Vor seinem Abgang blieb er stehen, sah in die Intendantenloge, wo sie saß, und rief zu ihrem Entsetzen: »Na – war das besser, Muschkele?« Das ahnungslose Publikum blickte erstaunt zur Loge hin, und jemand sagte laut: »Das ist ja die Massary!« Anstatt sich über den beispiellosen Bruch aller Theatergesetze zu empören, war das Publikum entzückt, etwas von der Privatluft der beiden Stars mitzukriegen. Es klatschte und schrie, bis die zu Tode verlegene Fritzi sich aus der Loge lehnte und sich verbeugte.

Aber es gab auch stürmische Tage. Viele Jahre, sagte Fritzi, war sie sicher,

daß Bulli ihr absolut treu war, so wie sie ihm. Im Klima der zwanziger Jahre in Berlin war das eine Seltenheit unter Bühnenleuten. Eines Abends stand sie in den Kulissen des großen Schauspielhauses und wartete auf ihre Auftrittsmusik. Sie war Madame Pompadour in der gleichnamigen Operette von Leo Fall. Allein ihr Kostüm war eine Sensation: ein perlenbesticktes Rokokogewand mit einer endlosen Schleppe, die von zehn Mädchen, als Pagen gekleidet, hinter ihr her getragen wurde. Die Schleppe war schwer, man mußte bei jeder Bewegung aufpassen.
Das Orchester setzte mit den Auftrittstakten ihrer ersten Arie ein, Fritzis weißgepuderter Kopf schoß noch einige Zentimeter höher. In diesem Augenblick, gerade als sie sich in Bewegung setzte und aus dem Dunkel der Kulisse in das grelle Scheinwerferlicht der Bühne trat – da hörte sie, wie eine ihrer Schleppenträgerinnen zu der Nachbarin sagte: »Und so eine Frau soll man betrügen!«
Wen meinen die wohl, dachte Fritzi, während sie ihren Auftrittsapplaus entgegennahm und zu gleicher Zeit zum Dirigenten äugte. Wer betrügt wen? Von wem sprechen die? Sie atmete tief zum Auftakt und dachte, na, mich können sie nicht meinen! Und schwebte, von den Mädchen gefolgt, elegant zur anderen Seite der Bühne. Gott sei Dank liebt mich mein Bulli genau wie früher und sieht niemand anderen an, toitoitoi. Die erste Strophe war fertig, jetzt begann der Refrain. Wer kann das sein? dachte sie. Gott sei Dank weiß ich ja immer, wo Bulli ist, jede Minute seines Tages kenne ich genau...
Madame de Pompadour begann die zweite Strophe ihrer Arie, die treuen Dienerinnen hinter ihr her. Aber – warte mal, was war eigentlich vorigen Donnerstag los? dachte ihre Herrin und blieb plötzlich stehen. Alle zehn Mädchen mußten ebenso plötzlich stehenbleiben, und das war nicht geprobt worden. Fritzi nahm darauf keine Rücksicht, die Gedanken rasten in ihrem Kopf: Donnerstag war Bulli nachmittags verschwunden, und als ich im Bühnenclub anrief, hieß es, er sei nicht da – und da fällt mir ein, dasselbe war doch vorige Woche passiert, wann war das – Montag? Die Pompadour setzte sich ruckartig in Bewegung, flog geradezu über die Bühne, während die angsterfüllten Mädchen hinter ihr her stolperten. Und als ich ihn fragte, wo bist du denn gewesen, hat er gesagt: »Im Club«, und da hab ich gesagt, du warst nicht im Club, ich hab dort angerufen – da hat er gesagt: »Doch, ich war da, aber die sehen mich nicht immer...«
Fritzi war bei der letzten Strophe angekommen und stand, die Arme zum Himmel gestreckt in einer Geste ekstatischen Entzückens, während ihre zehn Mädchen schreckensbleich und ungeordnet verschnauften. Das Publikum brach in den üblichen Beifallssturm aus, und Fritzi ließ die Arme sinken. Sie verbeugte sich tief und – wie sie mir sagte – verharrte noch

länger als nötig in dieser Pose, mit gesenktem Kopf, denn sie wußte nun ohne jeden Zweifel, daß Madame Pompadour betrogen wurde.
»Und dann?« fragte ich.
»Oh, dann ...«, sagte sie, »dann eigentlich gar nichts. Man macht so etwas durch, und dann findet man heraus, daß es nicht wichtig ist. Ich erinnere mich überhaupt nur daran, weil es so typisch für mich ist, daß ich auf offener Bühne entdecken muß, daß mein Bulli mich betrügt – während das Publikum dazu Beifall klatscht ...«

Im Sommer 1938 befand sich Fritzi in ihrer Villa am Gardasee und wartete auf Pallenberg, der die Ferien ebenfalls dort verbringen sollte. Eines Nachmittags klingelte das Telefon in der Nachbarvilla, die einem guten Freund gehörte, Alexander Moissi. Eine aufgeregte Stimme gab ihm einen entsetzlichen Auftrag: Er müsse sofort nebenan zu Fritzi gehen und sie darauf vorbereiten, daß Pallenbergs Flugzeug abgestürzt sei. Keine Überlebenden.
Fritzi war damals erst 55 Jahre alt, aber sie wollte nicht ohne ihn weiterleben. Jahrelang wurde sie von ihren Freunden bewacht und nicht einen Augenblick allein gelassen. Sie ist nie wieder aufgetreten, mit Ausnahme eines kurzfristigen Engagements auf der Londoner Bühne in einer Rolle, die Noël Coward extra für sie geschrieben hatte, um sie aus ihrer Lethargie zu wecken. Aber sie hatte keine Freude dran.
»Vielleicht habe ich damals einen Fehler gemacht«, sagte sie mir, »vielleicht hätte ich mich zwingen sollen, meine Karriere wiederaufzunehmen, in New York oder in London – aber ich weiß noch genau, daß es mir damals unmöglich erschien, und später war's zu spät.«
Als ich sie zum erstenmal traf, war Pallenberg schon 15 Jahre tot, aber immer wieder kam ihr sein Name auf die Lippen: »Bulli sagte« und »Bulli dachte«.
Eines Tages fuhr ich in Hollywood nach dem Mittagessen zu ihr, um ein Paket für sie abzugeben, aber Ella wollte mich nicht fortlassen. Madame würde sich sicher kränken, wenn ich nicht wenigstens ›hallo‹ sagen würde. Unangemeldet? Unangemeldet.
Fritzi »ruhte« wie immer nach dem Mittagessen in ihrem Schlafzimmer. Ich klopfte vorsichtig.
»Herein«, krächzte die berühmte Stimme.
Ich trat in ein verdunkeltes Zimmer, die Vorhänge waren fest geschlossen. Zuerst konnte ich nichts erkennen.
»Ach, du bist das«, sagte Fritzi. »Setz dich einen Moment her.«
Meine Augen hatten sich an das Dunkel gewöhnt, und ich konnte die kleine Person erkennen, wie sie aufrecht im Bett saß und mit etwas klapperte.

»Was machst du denn da, Fritzi?«
»Ich stricke.«
»Im Dunkeln? Was strickst du denn?«
»Keine Ahnung. Irgendwas.«
Schweigen. Nur die Stricknadeln klapperten. Ich sah mich im Zimmer um. Auf der Kommode stand eine gerahmte Fotografie. Bulli. Die hellen, amüsierten Augen, die wilden, roten Haare. Das war das einzige Foto, das es von ihm im Haus gab, als wollte sie ihn nicht zerstückeln. Nur sie sollte er ansehen, wie sie da im Bett saß. Ich erriet, daß sie jeden Tag nach dem Mittagessen hier im Dunkeln »irgendwas« strickte und sich mit ihm unterhielt und daß ich dieses Zwiegespräch heute unterbrochen hatte.
Ich ging. Wie immer verabschiedete sie mich fast grob. »Du mußt jetzt nach Hause gehen«, sagte sie manchmal brüsk, beinahe mitten im Wort.
Sie erzählte mir einmal, daß Pallenberg ihr beibringen mußte, wie man sich auf der Bühne verbeugt.
»Du wirkst schlecht gelaunt und gelangweilt, wenn du den Vorhang nimmst«, sagte er.
»Um Gottes willen«, hatte sie geantwortet, »wie kann das sein? Ich freu mich doch, wenn die Leute klatschen! Ich bin nur vielleicht etwas verlegen...«
»Das interessiert keinen Menschen«, hatte Bulli streng gesagt, »sieh aus, als ob du dankbar wärst. Lächle!«
Aber in ihrem Privatleben konnte sie nie lächeln, wenn sie sich verabschiedete. Überhaupt rationierte sie einen mit ihrer Gegenwart. Wenn sie eine Einladung annahm, erschien sie spät und ging früh. Höchstens eine Stunde lang bezauberte sie ein paar Leute, die das Glück hatten, neben ihr zu sitzen – und war dann plötzlich verschwunden. Die zwei Sitzungen, die sie mir für das Porträt gab, waren eine Ausnahme. Aber es blieb bei diesen zwei. Ich malte das Bild ohne sie zu Ende. Als ich es ihr zur Besichtigung brachte, sah sie es lange an und meinte dann: »Es ist fürchterlich.«
Erleichtert nahm ich es wieder mit nach Hause. Hätte es ihr gefallen, hätte ich es ihr schenken müssen. So aber hängt es in meinem Schlafzimmer, und ich unterhalte mich täglich mit ihr. Oder besser – ich höre zu.
Als ich vor einigen Jahren bei Noël Coward zu Gast war, lud er jemanden speziell für mich ein: Oskar Kokoschka. Auf den Kaminsims hatte Noël ein Foto meines Porträts von Fritzi Massary gestellt, so daß der Meister es kaum übersehen konnte.
Kokoschka kam und sah. Er hatte ja Fritzi gekannt. Sie hatte ihn doch damals aus ihrer Garderobe hinausgeworfen, weil er bei der dritten Porträtsitzung immer noch »nur grüne Punkte gekleckst hatte«.
Während Kokoschka mein Bild sorgfältig studierte, wagte ich zu fragen,

ob Fritzis Bericht auf Wahrheit beruhte. »Stimmt«, meinte er und lachte in der Erinnerung. Dann sagte er, was ich im stillen gehofft hatte: »Zeigen Sie mir mehr.« Ich hatte nur Fotos dabei, aber das genügte ihm. Damals reiste ich mit den Fotos meiner Bilder wie andere Leute mit denen ihrer Kinder.
Dann sagte er etwas, was ausschlaggebend ist nicht nur für Leistung und Erfüllung auf allen künstlerischen Gebieten, sondern auch für die Lebensweise: »Ob und daß Sie Talent haben, ist unwichtig. Tausende haben Talent. Genausogut könnte ich Sie dazu beglückwünschen, daß Sie Augen im Kopf haben. Es kommt auf eins allein an und auf nichts anderes: *Haben Sie Stehvermögen?*«
Er ahnte nicht, daß er mit einer Tarantel sprach. Mein Stehvermögen wird zur Untugend, denn ich kann nichts »lassen«. Wenn ich vor meiner Staffelei sitze und zum hundertstenmal die Komposition und die Farben und Formen ändere, dann steht vor meinen Augen das Bild Jakobs aus der Bibel, zu dem der Engel zwar kam, doch dann wieder weg wollte. Jakob ließ ihn aber nicht abfliegen, sondern hing sich in die Falten des Engelgewandes, wobei er schrie: »Ich lasse dich nicht, du segnest mich denn!«
Jakob bin ich. Ich lasse nicht, bis ich nicht gesegnet werde. Wie ein Hund mit seinem Knochen zerre ich meine Kompositionen kreuz und quer, hinauf und herunter auf der Leinwand, bis es endlich, endlich stimmt. Das dauert meist Monate, manchmal Jahre. Ich arbeite an einem Dutzend Bilder zu gleicher Zeit, setze mich vor die Staffelei und höre in mich hinein in der Hoffnung, daß jemand »zu Hause« ist. Manchmal klingelt es überhaupt nicht, und das Bild wird zur Wand gedreht. Aber ich »lasse« es nicht. Bald wird es wieder umgedreht und weiter bestürmt. Das meine ich, wenn ich von einer Untugend spreche. Manche »verka-kte« Komposition sollte ich lieber übermalen und damit viel Zeit und Farben sparen. Aber ich kann es nicht. Jede Leinwand ist eine Herausforderung zur Schlacht, nach der man nur als Sieger zum Abendbrot erscheinen darf.

Als ich etwa dreißig Schlachten gewonnen hatte, wurden die Bilder einer namhaften Londoner Galerie, der »Tooth Gallery«, gezeigt. Dudley Tooth und sein Partner stellten alle dreißig neben- und übereinander, um einen Gesamteindruck zu bekommen. Sie nahmen sogar ein Vergrößerungsglas, um die Qualität zu prüfen. Dann sprachen sie das Urteil: Jawohl. Man würde mir eine Ausstellung geben – allerdings unter einer Bedingung: nicht unter meinem Namen. Die Kunstkritiker wären im negativen Sinn voreingenommen, wenn man sie zur Vernissage einer Schauspielerin einladen würde. Sie würden denken: Was kann die schon in ihrer Freizeit zusammengebastelt haben? Wollte ich ernst genommen werden, so müßte ich unter einem anderen Namen ausstellen.

Ich war sofort einverstanden. Wie wäre es, wenn ich mich von nun an »Lissmann« auf meinen Leinwänden nennen würde? (Meiner Mutter Mädchenname.) Ausgezeichnet, hieß es. »Lissmann«. Nichts weiter. Kein Vorname. Man würde annehmen, daß es sich um einen männlichen Maler handelte. Das sei gut. Meine Bilder hatten (und haben) sowieso keine zarte weibliche Handschrift. Ich male wie ein Mann.

»Lissmanns« Bilder wurden in meiner Abwesenheit von der Galerie gerahmt, und man setzte einen Termin fest. Aber dann erhielt ich plötzlich ein Telegramm: »Haben Meinung geändert stop Sie stehen oder fallen unter Ihrem Namen stop Ausstellungskatalog heißt Lilli Palmer stop.«

»Lissmann« verschwand in der Versenkung. Aber meine Zuversicht war stark erschüttert. Die Kritiker hatten mich wahrscheinlich in dem einen oder anderen Stück auf den Londoner Bühnen, auf der Leinwand oder auf dem Bildschirm gesehen. Woher sollten sie wissen, daß ich Jakob war?

Auf dem Flug nach London, am Tag vor der Ausstellungseröffnung, saß ich schlotternd und biß meine Fingernägel vor Angst. Worauf hatte ich mich da eingelassen? Gott sei Dank saß Carlos neben mir und erinnerte mich daran, daß beinahe alle Maler zunächst einmal von der Kritik angefeindet und trotzdem nicht entmutigt waren. Aber war ich ein Maler? »Ja«, sagte Carlos, »in deinen Augen bist du ein Maler, und darauf kommt es an. Denk mal an van Gogh. Der hat nicht ein einziges Bild zu Lebzeiten verkauft!« Dies munterte mich auf. Schlimmstenfalls würde ich unbeachtet und unverkauft, aber in van Goghs glorreichem Angedenken weitermalen.

Die Vernissage fand um 18 Uhr statt. Weit über hundert Leute waren eingeladen. Kritiker, Kunstmäzene, andere Maler und »wichtige« Persönlichkeiten. Fernsehen und Journalisten waren angesagt. Mir war übel. So übel wie nie zuvor bei anderen Examen, nicht einmal vor Theaterpremieren. Eine Stunde vor dem Empfang fuhren Carlos und ich zur Galerie. Hand in Hand gingen wir stumm durch die noch leeren Räume, sahen und staunten. Da hingen sie, meine Kinder, herrlich gerahmt und beleuchtet – ich erkannte sie kaum wieder. Es war ein großer Moment.

In van Goghs Fußstapfen würde ich nicht wandeln, das stellte sich wenig später heraus, denn ich verkaufte sieben Bilder in den ersten zwei Stunden. Im ganzen wurden fünfundzwanzig Bilder ausgestellt, von denen neunzehn ihre Liebhaber fanden, und dazu noch drei, die »in Reserve« gehalten waren. Selig wie noch nie sah ich zu, wie sich die roten »Verkauft«-Etiketten auf den Rahmen häuften. Noch seliger las ich die Kritiken, die einzigen meines Lebens, die ich aufbewahrt und sorgfältig in ein Album geklebt habe. Sie sagten dasselbe. Aber es war das, was ich hören wollte: »Sie ist ein Maler.«

Wie kam ich in diesen Wald? Warum saß ich hier neben meiner Mutter in einem bayerischen Wald? »Don't open a can of beans!« sagen die Amerikaner. »Mach keine Büchse Bohnen auf!« (Weiße) Bohnen haben die Eigenschaft, herauszukullern und aufzuquellen. Man kann nie wieder alle in die Büchse zurückzwängen.
Meine Bohnenbüchse öffnete sich, als das Telefon in unserer Wohnung in New York klingelte und eine Stimme fragte: »Frau Palmer?« Nicht Miss Palmer – *Frau* Palmer. Die hatte es noch nie gegeben. Die Anrede hörte ich zum erstenmal. Fräulein Palmer, ja, die gab es mal in grauen Vorzeiten, vor dem Krieg, vor Amerika, vor England, vor Paris... »Sie werden aus München verlangt, Frau Palmer.«
Gleich darauf ertönte die Stimme meines alten Freundes Erik Charell, der die unvergessene Operette *Im weißen Rößl* geschaffen hatte, herzlich, aufgeregt, energisch.
»Sie müssen sofort nach München kommen.«
»Warum?«
»Weil Sie hier einen Film drehen müssen.«
»Einen deutschen Film? Ausgeschlossen, Erik.«
»Wenn Sie die Rolle lesen und die Musik hören, werden Sie das nächste Flugzeug nehmen. Hören Sie zu, unterbrechen Sie mich nicht: Man hat mich nach Zürich geschleppt, damit ich mir eine Schweizer Operette ansehe. *Der Schwarze Hecht.* Entsetzlicher Titel. Ich solle daraus was machen, etwas wie das *Weiße Rößl.* Weißes Rößl – Schwarzer Hecht – vielleicht glaubten die, ich sei tierlieb. Das Ding war ganz nett, nettes Milieu, nette Musik. Mehr nicht. Ich sagte, nee danke und auf Wiedersehen. Dann flog ich nach Juan-les-Pins, da hatte ich mal ein Haus – erinnern Sie sich?«
Dort hatte ich ihn zum letztenmal gesehen, im Jahre 1937. »Es gibt Krieg, Kinder«, hatte er gesagt, »glaubt mir. Ich fühle das in meinen Knochen, genau wie damals im Jahre 1914.« Ich hatte ihn angesehen und gedacht: Armer Erik, armer Mensch. Leidet an Zwangsvorstellungen!
»Ich erinnere mich, Erik.«
»Jetzt passen Sie auf: Am nächsten Morgen bin ich allein in aller Frühe schwimmen gegangen – und plötzlich, ganz weit draußen im Meer, fange ich an zu singen. Ich denke, was singst du denn da, das kennst du doch gar nicht, was du da singst! Dann habe ich mich auf den Rücken gedreht und mich von den Wellen treiben lassen – und plötzlich wußte ich auch den Text zu der Musik, die ich da sang. Dann bin ich schnell an Land geschwommen und zum Telefon gegangen, triefend, wie ich da stand. Ich dachte, wenn *ich* das am nächsten Morgen singe, dann ist was an dem

Lied, dann singt das Publikum das auch am nächsten Morgen in der Badewanne. Ich hab Zürich angerufen und denen gesagt, ich komm wieder zurück und seh mir die Vorstellung noch mal an. – Ich sag Ihnen, das ist die Rolle Ihres Lebens...«

»Erik – ich habe noch nie einen deutschen Film gedreht, ich hab das Land seit zwanzig Jahren nicht mehr betreten...«

»Ich singe Ihnen jetzt das Lied vor!«

Und er sang. Das heißt, er krächzte, ohne Begleitung, ohne Ton oder Rhythmus, in heiserer Ekstase, über den Atlantik hinweg: »O mein Papa, war eine wunderbare Clown, o mein Papa, war eine große Kinstler...« So überzeugend ist es weder vorher noch nachher erklungen.

Ein paar Tage später kam eine Schallplatte aus München mit dem Lied »O mein Papa«. Es war tatsächlich schwer aus dem Kopf zu kriegen. Auch der Gedanke an Deutschland war schwer aus dem Kopf zu kriegen.

Ich suchte Rat bei dem einzigen Menschen in meiner Bekanntschaft, der längere Zeit im Nachkriegsdeutschland verbracht hatte, bei meinem Schwager, Lordkanzler David Kilmuir. Kilmuir war der englische Staatsanwalt bei den Nürnberger Prozessen gewesen. Er und seine Frau, Rex' Schwester Sylvia, hatten beinahe ein Jahr in Nürnberg verbracht. Kilmuir hieß damals noch Sir David Maxwell-Fyfe. (Man wechselt den Namen in England, wenn man einen Titel annimmt.) Seine WAC (Englands weibliche Rekruten, in diesem Fall seine Chauffeuse) hatte ihn eines Nachts in einen Bombenkrater gefahren. Schädelbruch. Es sah so aus, als ob seine juristische Karriere – er war mit einunddreißig Jahren der jüngste Staatsanwalt im Lande gewesen – zu Ende wäre. Als sein Büro vom Krankenhaus gewarnt wurde, daß man eventuell mit vermindertem Geisteszustand rechnen müßte, sagte sein Prokurist: »Ach Gott, das schadet ja nichts. Dann wird er eben Strafrichter!«

Sein Geist blieb aber unvermindert. Nur ein Ohr funktionierte nicht mehr. Churchill machte ihn rasch hintereinander zum Kronanwalt, zum Innenminister und endlich zum Lordkanzler. Er war nicht nur mein Schwager, er war auch mein Freund. Schotte, mit den schwarzen Haaren und den schwarzen Augen seiner Rasse, dicklich, unförmig, ehrfurchtgebietend.

Ein »Zuhörer«.

Schon während der ersten Nürnberger Tage, so erzählte er mir, habe Julius Streicher gegen seine Gegenwart am Richtertisch protestiert. Er wisse, sagte Streicher, daß drei heimliche Juden sich unter den Richtern befänden, die selbstverständlich voreingenommen seien, besonders gegen ihn, Streicher. Einer hieße sogar David. Als man Streicher darüber informierte, daß alttestamentarische Namen in England seit Jahrhunderten gebräuchlich seien, meinte er, es gäbe noch einen anderen unfehlbaren

Beweis, der allerdings nur wirklichem Kennerblick, wie seinem, vorbehalten sei: das nichtarische Hinterteil. Er könne jeden Juden auf der Stelle von hinten erkennen. Ein Irrtum sei ganz ausgeschlossen.
Davids schottisches Hinterteil saß über ein Jahr in Nürnberg, und sein eines Ohr hörte, was er wissen wollte. Er war einer der ersten, der die Filme über die Konzentrationslager sah. Er brachte die Akten des Verhörs zurück nach London und gab sie mir zu lesen. Das war im Jahre 1947. Erst vor sieben Jahren.
Ich fragte ihn: »Soll ich nach Deutschland gehen?«
»Du sollst nicht nur, du mußt!« sagte David. »Brücken müssen gebaut werden. Alle müssen mitbauen.«

Jetzt also saß ich in einem bayerischen Wald. Morgen sollte mit dem »Bauen« angefangen werden. Vorläufig sah ich noch keine Aussicht auf Brücken. Vielmehr wog die Büchse Bohnen schwer in meiner Hand.

Am nächsten Tag begann mein Studio-Leben. Probeaufnahmen, Musikproben.
Meine Mutter hatte eigene Pläne. Sie hatte am Abend unserer Ankunft das Münchner Telefonbuch aufgeschlagen, einen Namen gesucht und gefunden. Ein »Kind aus ihrer Klasse« in Dresden, die beste Freundin damals. Sie schrieben sich noch bis kurz vor dem Krieg. Die alte Frau hatte am Telefon geweint. »Rosl«, hatte sie immer wieder gesagt, »Rosl – Rosl! Ich kann's nicht glauben.« Gleich am nächsten Morgen wollte meine Mutter nach München fahren.
Der Wagen kam und holte mich ins Studio. Die Bavaria-Studios in Geiselgasteig konnten es mit anderen europäischen Filmfabriken aufnehmen. Moderne Aufnahmehallen, großes Gelände, Gärten, sogar ein Stück Wald. Meine Garderobe hatte ein Bad, Schminktisch, Sofa, war mit Blumen vollgestopft. Willkommensgrüße von der Produktion, von der Studioleitung, vom Regisseur, vom Komponisten, auch ein Strauß vom ersten deutschen Kollegen, Karl Schönböck.
Es klopfte an der Tür.
Draußen standen drei Mädchen. Die ersten drei deutschen Mädchen. »Kommen Sie herein.« Sie kamen, im Gänsemarsch, die Größte vorne, blieben an der Tür stehen und sahen mich an. Was wußten sie von mir? Emigrantin, frühere Deutsche, englische Schauspielerin. Feindlich? Freundlich? Neutral?
Die Große trat vor und lächelte. Sie sei Mascha, meine Garderobiere. »Guten Tag, Mascha.« Kräftig gebaut, blond, konnte, trotz Verlegenheit, Wärme und gute Laune nicht unterdrücken.
Die zwei anderen blieben an der Tür stehen.

»Kommen Sie doch.«
Sie kamen, klebten aneinander. Die Kleinere sagte hastig, sie sei hier, um mich zu schminken und zu frisieren.
»Aha. Gut. Wie heißen Sie?«
»Erika.« Erika, blaß und dünn, mit spitzem Näschen, nervös und verschlossen.
Die dritte war mein Lichtdouble, genau meine Größe, so ähnlich wie möglich in Haarfarbe und Figur. Ute. Ein stilles Mädchen, die Mundwinkel hochgezogen, als ob sie lächeln wollte, aber dazu kam es nie.
Diese drei sollten mir in den nächsten zehn Jahren nicht wieder von der Seite gehen, wann immer ich ein deutsches Studio betrat. Aber das wußte ich nicht, als ich sie ansah. Ich wußte nicht, daß es andere deutsche Filme geben würde. Nicht nur Filme – ein ganzes deutsches Leben. Ich wußte nur, daß ich einen einzigen Film in Deutschland drehen würde. Ein Einzelfall. Gleich darauf würde ich wieder »nach Hause« gehen. Nach New York oder nach London. Rex drehte einen Film in London, ich einen in München. Was hinterher kam, wußte ich nicht, ahnte ich nicht.
Ute verschwand, um für mich ausgeleuchtet zu werden, Erika brachte stumm ein paar Perücken zur Auswahl, Mascha zog mich aus, hängte mir den Schminkmantel um, sprach von Kostümen, lachte und erzählte, als sei sie seit Jahren bei mir.
In der Dekoration wurde es prekärer.
Als ich eintrat, geschminkt und frisiert, gefolgt von Mascha und Erika, verbreitete sich eine merkliche Stille im Atelier. Charell stand neben der Kamera. Gott sei Dank. Unsere Begrüßung, Umarmung, klang extra laut im allgemeinen Schweigen. Alle sahen uns zu. Los – es ließ sich nicht mehr aufschieben. Ich machte einen Schritt zur Kamera hin, um anzudeuten: Hier bin ich, guten Tag, fangen wir an. Charell kam hinterher, nahm resolut meine Hand, drehte mich langsam im Kreise und begann, der Reihe nach die Belegschaft vorzustellen.
So viele Namen, so viele Männer – bei jedem einzelnen, der mir die Hand schüttelte, addierte und subtrahierte ich in Eile. »Guten Tag.« Der ist ungefähr fünfunddreißig oder so, also war er zwanzig bei Kriegsbeginn, der könnte dabeigewesen sein. – »Guten Tag.« Der war jünger, höchstens fünfundzwanzig, also war er nicht im Krieg. Oder doch? Man hat ja auch Sechzehnjährige genommen, heißt es. In der Hitlerjugend war er bestimmt. – »Guten Tag.« Der war viel älter, an die fünfzig vielleicht, der hatte alles miterlebt, mitgemacht, Parteigenosse gewesen. Mußten sie ja alle sein, sagt man. Er sah aber nicht so aus, sah sympathisch aus. Wie sah ein Parteigenosse heute aus? Der Mann hatte mir die Hand geschüttelt, schlurfte zur Seite. Er hatte ein Holzbein. Sympathie im Keim erstickt. Wer weiß, was er getan hat, bevor er das Bein verlor. Der Mann

sah mich noch immer an und lächelte scheu, als sich unsere Blicke kreuzten. Nein, der hat bestimmt nicht... – »Guten Tag.« Der nächste. Ein grauhaariger, müder. Küßte mir die Hand und sah mir intensiv, wie beteuernd, ins Gesicht. Der war vielleicht sechzig, also war er vierzig oder so im Jahre 1933, als es anfing. Wußte, was er tat. – »Guten Tag.« Der hier, der mit der Klappe vor der Kamera, der war höchstens siebzehn. Pfiff frech und vergnügt, nickte nur kurz zur Begrüßung, unbeschwert, uninteressiert.

Eine Stimme vom Atelier-Eingang: »Lillusch! Ist das die Möglichkeit!« Kurt von Molo lief durchs Atelier, drängte sich durch und warf seine Arme um mich. Kurtchen, mein alter Freund. Londoner Zeiten. Er und seine Frau, Beate Moissi-von Molo, hatten zu meinem eisernen Bestand gehört. Zusammen hatten wir Rühreier über dem Gasring in meinem Zimmer in London gekocht. Kurt und Beate, Arier, gehörten zu den wenigen freiwilligen Emigranten, zu der ehrenvollen Elite, die nicht aus Deutschland hinaus mußten, sondern wollten. Kurt war einer der besten Cutter in der Filmindustrie, ganz gleich in welcher Sprache. Es war nur eine Frage der Zeit, bis man ihn brauchen würde. In dieser fraglichen Zeit allerdings übernachtete er in Paris auf einer Bank im Bois de Boulogne. In England gelang es ihm – genau wie mir –, Fuß zu fassen, und bald war er der einzige in meinem Bekanntenkreis, der ein Auto besaß. Plötzlich, von einem Tag zum anderen, wurde ihm die Arbeitserlaubnis entzogen, und er saß auf dem trockenen.

Auch dann konnten sich beide nicht entschließen, nach Deutschland zurückzukehren. Er versuchte es in Rom bei der italienischen Filmindustrie, die es mit der Arbeitserlaubnis nicht so genau nahm. Dort erwischten ihn die Deutschen nach der Kriegserklärung und steckten ihn in die Wehrmacht.

All das wußte ich natürlich nicht, wußte nicht einmal, daß er und Beate noch am Leben waren. Wir lachten und weinten, wo wir standen, mitten im Atelier, ich mit verschmierter Schminke. Die Belegschaft sah wieder zu. Einmal mußten wir ja aufhören. Es sollte schließlich gearbeitet und kein Fest der Vertriebenen gefeiert werden. Die Stille machte sich bemerkbar.

Wir ließen eilig voneinander ab und verabredeten uns zum Mittagessen.

Vor die Kamera. Jeder nahm seinen Platz ein. Die Studiolampen blendeten auf, ich stand im vertrauten grellen Licht, blind und isoliert gegen die Umwelt.

Probeaufnahmen. Rote, rotblonde, blonde Perücken, helle Schminke, dunkle Schminke, dieser Lippenstift, jener Lippenstift – »dies ist meine gute Seite – die andere die schlechte, sehen Sie?«

»Selbstverständlich. Was ist mit den Profilen?«

»Beide gleich.«
»Welches sind die günstigen Einstellungen, mehr von oben oder mehr von unten?«
»Von oben.« Ich wußte. Jetzt wußte ich. Im Schlafe. Beinahe zwanzig Jahre her, daß Hal Rosson mich zum erstenmal gefragt hatte und nur mein verständnisloses Mondgesicht zur Antwort bekam. Manchmal vergaß ich, wo ich war, sprach Mascha englisch an und merkte erst an ihrem fragenden Blick, daß sie mich nicht verstanden hatte.
Mittagspause.
Ob ich einen Wagen wünschte, der mich zur Kantine fuhr? Wie weit? Ein paar hundert Meter. Danke, nein, ich laufe ganz gern.
Ich wanderte langsam durch die rasenumsäumten Anlagen. Blumenbeete. Ich blieb stehen und sah mir die Tausendschönchen an. Die hatte ich zwanzig Jahre lang nicht mehr gesehen. Oder bildete ich mir das ein? Ich stand lange vor den Tausendschönchen. Damals hatte man es mir schriftlich gegeben, daß dieses Land, in dem ich geboren war, nicht meines war, die Sprache nicht meine, nur geborgt, die Menschen nicht meine.
Jetzt war ich plötzlich wieder da, ausgestattet mit einem englischen Paß, englischen Mann, englischen Kind, einem englischen Leben – wurde mit Blumenstrauß empfangen und sprach wieder deutsch. Das alles ließ sich verdauen – aber die Menschen! Wie sollte ich mit den Menschen fertig werden?

Kurt von Molo wartete schon in der Kantine.
Der Saal war vollgestopft mit Schauspielern, Technikern, Musikern. Deutsch, deutsch, deutsch tönte es um mich herum, lachend und lärmend und unbekümmert. Ja, wie sollte es denn auch anders sein! Hatte ich erwartet, daß die Menschen in diesem Land mit Trauermiene herumschlichen, von ihrer Kollektivschuld zu Boden gedrückt? Und leise, vor allen Dingen *leise*, um nicht aufzufallen?
Der Kellner legte die Speisekarte auf den Tisch. Ich sah mir nicht die Karte, sondern den Mann an. Ungefähr vierzig, dachte ich. Wo war der wohl im Krieg gewesen – an der russischen Front? Und vorher? Parteigenosse?
»Komm«, sagte Kurt, »such dir was aus. Das Beinfleisch ist gut.«
Beinfleisch. Das war auch so ein Wort, das ich zwanzig Jahre lang nicht mehr...
Der Kellner verschwand.
»Kurt, kennst du den Mann?«
»Den Kellner? Ja. Wieso?«
»Weißt du was – über ihn?«
»Wie meinst du das?«

»Na, du weißt schon – war der in der Partei – glaubst du?«
Pause.
Kurt legte seine Hand über meine und drückte sie. »Lillusch«, sagte er, »hör mir gut zu: Geh nicht mit der Wünschelrute durchs Land und steh Wache, bei wem sie ausschlägt!«
»Ich kann nicht anders«, sagte ich, »ich kann's nicht loswerden – ich muß es wissen. Verstehst du das?«
»Natürlich«, sagte er, »aber es ist sinnlos.«
»Warum ist es sinnlos?«
»Weil die meisten es selber nicht mehr wissen.«
»Kurt«, sagte ich, »du kennst doch sicher die Leute hier in der Kantine...«
»Ja, natürlich.«
»Wer von denen war ein Nazi?«
»Lillusch«, er drückte wieder meine Hand, »hör zu: Es gab, generell gesprochen, drei Typen in Deutschland. Die echten, überzeugten, die ›Nazis‹. Davon gab's verhältnismäßig wenig, besonders in unserem Beruf. Viele waren Parteigenossen, aber nicht mehr und nicht weniger als Mitläufer, Opportunisten, weißt du, so wie das beinahe alle Menschen bis zu einem gewissen Grade sind. Und dann gab's noch einige, die nicht Parteigenossen waren, weil sie's nicht konnten. Das gab's auch, glaub mir.«
»Kurt, wer war ein Nazi von den Leuten, die in meinem Film arbeiten? Kennst du jemand?«
»Ja. Ich kenne einen in deiner Belegschaft, der war ein überzeugter Anhänger. Er glaubte an den Mann. Er hat's mir selber damals oft gesagt, obgleich er wußte, was ich dachte. Und *ich* wußte, daß er mich nie anzeigen würde.«
»Was denkt er jetzt?«
»Er weiß nicht mehr, daß es eine Zeit gab, in der er an Hitler glaubte wie an den lieben Gott. Dann verlor er den Sohn bei Stalingrad. Das war die erste Erschütterung, und dann ging es rasch abwärts mit seinem Glauben. Jetzt ist er felsenfest davon überzeugt, daß er immer dagegen war. Er kann es sich nicht leisten, etwas anderes zu denken. Und er ist durchdrungen von seiner Aufrichtigkeit.«
»Gedächtnisschwund.«
»Lillusch – erlaub mir eine Gegenfrage: Wenn du zufällig nicht Jüdin gewesen wärst – wärst *du* ausgewandert?«
»Ich weiß es nicht«, sagte ich, »ich hab mich das natürlich oft gefragt.«
»Nun?«
»Vielleicht – nicht. Wahrscheinlich nicht. Denn ich liebte mein Leben in Deutschland – ich fürchte, ich wäre dageblieben.«
»Siehst du.«

»Aber ich wäre nie in der Partei gewesen oder hätte den Rassenwahn mitgemacht oder gar andere Leute denunziert...«
»Klar – aber du wärst hiergeblieben! Und die meisten, die du hier in diesem Raum siehst, die sind alle nur hiergeblieben.«
Als ich abends, durchgedreht vom Stehen und Probieren, ins Hotel zurückkam, saß meine Mutter am offenen Fenster und sah hinaus.
»Nun, wie war's?« sagten wir beide wie aus einem Mund.
Erst mußte ich erzählen. Dann berichtete sie.
Sie hatte die alte Freundin in einer kleinen, dunklen Wohnung wiedergefunden. Allein. Der Mann, an dem sie sehr gehangen hatte, war vor ein paar Monaten gestorben. Der einzige Sohn in Rußland gefallen. Sie hatte genug zum Leben, ging selten aus, hatte noch ein paar alte Freunde, die in ähnlichen Verhältnissen lebten.
Sie hatte Kaffee bereitgehabt, richtigen deutschen Kaffee unter einem dicken Kaffeewärmer, und Apfelkuchen.
Meine Mutter unterbrach sich. »Also weißt du«, sagte sie, »solchen Apfelkuchen habe ich seit zwanzig Jahren nicht mehr...«
»Ich weiß«, sagte ich, »ich habe den ganzen Tag lang ähnliches mitgemacht.«
Nach der Kaffeestunde hatte es eine Pause gegeben, während der sich die beiden alten Frauen schweigend ansahen. Meine Mutter hatte etwas auf dem Herzen. Sie mußte es loswerden.
»Erna«, sagte sie endlich, »ich muß dich etwas fragen. Und du mußt mir ehrlich antworten. Ihr habt doch in München so nah bei Dachau gelebt – habt ihr nicht gewußt, daß es in Dachau ein Konzentrationslager gab?«
»Doch«, hatte Erna geantwortet, »doch, das wußten wir. Wir wußten auch, daß man viele Juden dorthin transportiert hat. Ich hab einmal spät nachts einen Lastwagen voller Menschen gesehen. Da hab ich mir gedacht, vielleicht fährt der nach Dachau... Man sagte, das sei ein Arbeitslager, und daß alle Insassen dort sehr hart arbeiten müßten...«
»Ihr habt nicht gewußt, was dort vor sich ging?«
»Rosl«, hatte die alte Frau gesagt, »du weißt doch, ich habe immer an ein Weiterleben geglaubt. Du nicht, nicht wahr? Und seit Oskar tot ist, weiß ich's ganz genau. Ich werd bald dort bei ihm sein. Darauf warte ich eigentlich jeden Tag. – Ich schwöre dir bei meinem Wiedersehen mit Oskar – etwas Heiligeres hab ich nicht – wir haben es nicht gewußt.«
Meine Mutter sah mich an. »Was sagst du dazu? Hältst du das für möglich? So nah an München – und haben es nicht gewußt?«
»Möglich.«
Meine Mutter schwieg.
»Weißt du«, sagte sie endlich, »ich hab's ihr geglaubt.«

Erstaunlich, wie schnell man sich eingewöhnt.
Der zweite Tag im Atelier war nicht wie ein zweiter Tag, sondern wie ein Alltag. Mascha begrüßte mich, als ob wir uns seit Jahren kennen würden, und auch Erikas stumme, nervöse Art, an meinen Haaren herumzuziehen, war nichts Neues mehr und daher akzeptiert.
Man war freundlich. Ich war freundlich. Die Kollegen, ohne Ausnahme, wie alle Kollegen in allen Ländern: sachlich, fachmännisch, hilfsbereit. Zu Anfang etwas befangen, später auftauend. Nicht neugierig. Niemand stellte Fragen. Ich hatte das Gefühl, man vermied sie ausdrücklich. Ich stellte auch keine mehr. An niemanden und über niemanden. Ich befreundete mich mit keinem, und keiner war mir unsympathisch. Keiner kam mir nah genug, um unsympathisch zu sein.
Es hat Jahre gedauert, Jahre, in denen wir monatelang zehn Stunden am Tag zusammenarbeiteten, bis ich Mascha eines Tages fragte, warum Erika eigentlich immer so blaß und kribbelig sei.
»Ach Gottchen«, sagte Mascha, »die hat's doch schlimm mitgekriegt.«
»Wieso?«
»Na, die war doch erst sechzehn, als die Russen nach Berlin kamen...«
»Und?«
»Na, da haben sie sie erwischt. Gleich drei. Und da hat sie noch Glück gehabt...«
»Glück?«
»Die waren wenigstens nicht krank. Das war noch'n Glück. – Die Ute, die hatte Pech.«
»Unsere Ute?«
»Ja. Die haben sie ausräumen müssen. Ganz und gar.«
»Mascha – wie alt waren Sie, als die Russen kamen?«
»Siebzehn. Aber Muttchen hat mich in unserem Backofen versteckt...« Mascha lachte herzlich in der Erinnerung. »Und da lag ich die ersten paar Tage flach auf'm Rücken. Muttchen hat nur die Luke aufgemacht, um mir was zu essen zu geben.« Noch herzlicheres Lachen. »Nachher konnte ich raus, da war das Schlimmste vorbei.«
Ich hätte schon früher fragen sollen.

Am ersten Wochenende schlug Charell vor, am Samstag nach Drehschluß nach Frankfurt zu fahren. In München war das Bühnenstück *Feuerwerk*, nach dem unser Film gedreht wurde, bereits abgesetzt, aber das Frankfurter Schauspielhaus spielte es noch im Repertoire. Würde es mich interessieren, *Feuerwerk* im Frankfurter Schauspielhaus zu sehen?
»Sehr«, sagte ich. »Es wird mich sehr interessieren, *Feuerwerk* zu sehen – im Frankfurter Schauspielhaus.«
Fahrt über die Autobahnen. Ich erkannte nichts mehr von der Umgebung,

die mir damals in meiner Darmstädter Zeit so vertraut gewesen war. Die Ortsnamen auf den Autobahnschildern kamen mir bekannt vor. Die Landschaft blieb fremd.
Das Frankfurter Schauspielhaus war im Krieg durch Bomben schwer beschädigt und wieder neu aufgebaut worden. Es weckte keine Erinnerung, nicht das Gebäude und auch die Straße nicht. Besser so.
Wir hatten Plätze in der Intendantenloge, nahe der Bühne. Das Haus war schon voll. Noch zwei Minuten.
Ich sah den Vorhang. Laut Vertrag hätte ich dort oben auf der Bühne gestanden, hätte – vielleicht – gute Rollen bekommen, gute Regisseure, wäre nach Berlin ans Deutsche Theater zu Reinhardt gekommen – nein, Reinhardt gab's ja nicht mehr, also zu jemand anderem, aber in Berlin! Hätte alle Segnungen des Dritten Reiches mitgenommen, hätte mich um Propaganda zu drücken versucht, wie viele andere auch, hätte mitmachen müssen, wie viele andere auch, hätte mich geschämt, hätte A gesagt, deshalb auch B, hätte zur Belohnung – vielleicht – eine Villa am Wannsee gehabt – und dann wäre der Krieg gekommen. Und die Russen. Vielleicht hätte ich überlebt. Würde vielleicht jetzt in *Feuerwerk* mitspielen und mir »die da« ansehen, die von draußen kam. Nach dem Film würde ich natürlich dableiben, was denn sonst? »Die da«, die fuhr wieder fort. Wohin? Egal. Sie war überall zu Hause. Durfte überall spielen. Frei.
Sie hatten mir den Gefallen meines Lebens getan, die arischen Großeltern – indem sie fehlten.
Das Orchester setzte ein.
Der Vorhang ging auf.
Meine ungeteilte Aufmerksamkeit für das, was da oben vorging, schaltete erst ein, als die Schauspielerin auftrat, die meine Filmrolle spielte. Diese Iduna war gut, sie hatte eine bedeutend bessere Stimme als ich, und was sie da oben sagte, interessierte mich. Ein Vergnügen zu sehen, wie gut man in Deutschland Theater spielte, sorgfältig und gekonnt. Und warum sollte es mir nicht Vergnügen machen, gutes Theater zu sehen – so wie überall? Sollte es mich kränken, weil es deutsches Theater war?
Die Logentür öffnete sich. Ein großer, eleganter Herr erschien, der sich als Intendant des Hauses vorstellte. Er setzte sich neben mich und wollte unseren Eindruck wissen. Wir waren froh, ehrlich sagen zu können, wie gut es uns gefiel. Aber der Mann war noch nicht zufrieden. Er zögerte, hatte etwas auf dem Herzen.
»Sie sind doch Bühnenschauspielerin – wollen Sie nicht einmal in Deutschland Theater spielen? Ich würde mich ganz besonders freuen, wenn Sie eine Saison hier bei uns auftreten würden...«
Ich starrte ihn an.
Der Intendant war natürlich nicht derselbe, der mir vor zwanzig Jahren

den Brief geschrieben hatte. Er konnte nicht wissen, daß ich schon einmal einen Vertrag mit dem Frankfurter Schauspielhaus gehabt hatte...
Ich suchte nach den richtigen Worten.
Fand aber keine.
»Nein?« fragte er endlich und nahm die Antwort vorweg.
Ich schüttelte den Kopf.
»Schade«, meinte er, »ich hatte gehofft, der erste deutsche Intendant zu sein, der Sie auf der Bühne hatte.«
Ich schüttelte noch einmal.
»Also dann – auf Wiedersehen«, sagte der Intendant. »Gute Unterhaltung!«
Ich sah und hörte wenig von den nächsten zwei Akten. Ich glaube nicht an Schicksal, Vorsehung oder Fügung. Aber es gab keinen Zweifel: Der Kreis hatte sich geschlossen.

Ein paar Stunden, nachdem die Klappe zur letzten Aufnahme von *Feuerwerk* gefallen war, saßen meine Mutter und ich im Flugzeug nach London.
»Es war doch gut, daß ich mitgekommen bin«, sagte sie, als die Räder von der Rollbahn abhoben. Wir schossen steil in die Luft, ließen alles innerhalb von Sekunden hinter uns, unter uns. Keine Zeit für sanftes Abschiednehmen.
»Aber ich bin froh, daß wir heute wieder zurückfliegen«, murmelte sie, mehr zu sich selbst.
»Warum bist du froh?«
»Weil ich zu alt bin. Zu alt für den Zwiespalt, für das Tauziehen. Ich möchte meine Ruhe haben, verstehst du? Es war schwer genug, alles abzuschreiben vor zehn Jahren. – Ich kann nicht mitbauen an deinen ›Brükken‹. Ich seh mir alles an – ich merke, daß da vieles ist, wovon wir nichts wußten. Aber ich will das jetzt nicht mehr auseinanderklauben müssen. Kann es gar nicht. – Erna hat's gut. Sie schiebt alles auf den lieben Gott. *Der* weiß, sagt sie, wie alles wirklich war.«
»Glaubt sie auch, daß *er* alles einrichtet?«
»Ja.«
»Einrichtet oder anrichtet?«
Meine Mutter seufzte, sah aus dem Fenster. Das Flugzeug stellte sich schräg und zog einen gemächlichen Kreis über München.
»Erna stellt keine Fragen.«

Ich flog nach London, um dort einen alten Vertrag zu erfüllen. Rex und ich mußten noch eine Saison lang *Geliebte Hexe* spielen, aber wir waren nur noch auf der Bühne verheiratet. Dies war die Zeit, in der sich meine

Ehe auflöste, die Zeit, die mich zwang, mich mit jedem Aspekt meines Lebens von neuem zu beschäftigen. Mit meinem Leben, das ich so schön unter Dach und Fach wähnte – 24 Stunden des Tages und der Nacht, in denen ich zu wissen geglaubt hatte, zu wem und wohin ich gehörte. Ich wurde täglich, stündlich damit konfrontiert. Daß ich wiederauferstand, mit neuen Augen, neuem Zündstoff an die Zukunft dachte, war allein Carlos zu verdanken.
Ich las keine englischen Zeitungen, weil ich die Klatschspalten nicht sehen wollte, deutsche hatte ich seit vielen Jahren nicht mehr gelesen. Wußte daher nicht, was aus dem Film *Feuerwerk* geworden war, hatte nicht mehr daran gedacht, bis eines Tages ein neues deutsches Filmmanuskript in London ankam mit einem Begleitbrief. Man hoffe, so hieß es, daß dieser neue Film – *Teufel in Seide* – ebenso erfolgreich werden würde.
Das Manuskript gefiel mir sehr. Ich überlegte. Vielleicht war das eine Fügung. Könnte sein, daß es eine gute Lösung wäre, die angelsächsischen Brücken abzubrechen, vorläufig jedenfalls, auf kurze Zeit...
Als der letzte Vorhang über der *Geliebten Hexe* fiel, waren meine Koffer gepackt. Der Film sollte in Berlin gedreht werden.
Berlin. Noch einmal, ein letztes Mal, ein starkes Zupfen an dem Allerinnersten, Weggestellt–und–fest–verschlossenem.
Berlin hieß unsere Wohnung in der Hölderlinstraße, die Waldschule, mein Fahrrad, Freischwimmen, unser Paddelboot, die Schauspielschule, mein erster Freund – die ganze heißgeliebte, ahnungslose Kindheit.
Ich stand in der Hölderlinstraße und sah hinauf zu unserem Balkon, zwang mich die zwei Treppen rauf zur Eingangstür links, beugte mich hinunter und sah noch die Schrammen, die der Spazierstock eines wütenden Mieters geschlagen hatte, dem unser Klavierspiel auf die Nerven gegangen war.
Ich stand eines Sonntags auch vor dem Eingangstor zur Waldschule, die erstaunlich unverändert war, und ging eine Stunde lang einsam durchs Gelände. Fand auch noch den Baum mit meinen Initialen, fand noch den großen Eßsaal, von dessen Bühne ich deklamiert hatte: »Zu Quedlinburg im Dome ertönet Glockenklang...«
Ging auch noch ein zweites Mal hin, aber nicht mehr allein, sondern mit Carlos, Hand in Hand, erstaunt und glücklich, daß es ihn zutiefst berührte. Natürlich. Er war ja auch ein Heimatloser, Enteigneter.
Damit war alles endgültig begraben, und ich fuhr allmorgendlich ruhigen Herzens durch die altbekannten Straßen ins Studio nach Spandau, um *Teufel in Seide* (mit Curd Jürgens als Partner) zu drehen.

Ein paar Monate später erfuhr ich, daß ich mit dieser Rolle den Bundesfilmpreis gewonnen hatte. Ich flog extra zurück nach Berlin, um den Preis

offiziell während der Preisverleihung der Berliner Festspiele aus den Händen der Jury entgegenzunehmen. Das hatte seinen Grund. Ich war ein gebranntes Kind.
Im vergangenen Jahr hatte ich den Preis der Biennale in Venedig für *Das Himmelbett* gewonnen, war aber zur Preisverleihung nicht anwesend. Der Preis, eine Statue des Löwen von Venedig, wurde mir ein Jahr später in London vom italienischen Botschafter ausgehändigt. Die Festlichkeiten in der Botschaft dauerten lange. Ich drückte mich frühzeitig, unbemerkt und ohne mich zu verabschieden (um Carlos zu treffen), versteckte die Schachtel mit dem Löwen unterm Mantel und schlich mich auf die Straße. Nach fünf Schritten wurde ich von zwei handfesten Polizisten mit eisernem Griff von hinten gepackt und sollte erklären, was ich da aus der Botschaft »herausschmuggele«. Was ich vor Schreck hervorstotterte, klang nicht glaubwürdig. Ich wurde zurückgeschleppt und mußte vom peinlich berührten Botschafter persönlich identifiziert werden, bevor man mich wieder laufen ließ.
Diesmal wollte ich sichergehen. Versuchte auch, während der Zeremonie, der Ansprache, dem Applaus der Kollegen und Zuschauer, dem überwältigenden Ansturm von »Erinnerungs-Seelenkisten« nicht zu erliegen, als ich die Treppen zum Podium hinaufstieg, um den Preis der »besten deutschen Schauspielerin des Jahres« entgegenzunehmen. Er bedeutete mir mehr als der Löwe von Venedig.
Bedeutete bedeutend mehr.

Der dritte deutsche Film hieß *Anastasia – die letzte Zarentochter*. Diesmal wunderte ich mich nicht mehr über den Hasenhaken, den mein Berufsleben plötzlich geschlagen hatte. Ich war sogar froh. Es paßte alles zusammen. Die Wohnung in New York war gekündigt worden, die in London auch. Zum erstenmal seit zwanzig Jahren hing ich wieder in der Luft, entdeckte aber, daß auch ein alter Akrobat nur ein bißchen Training braucht, um wieder in Form zu kommen. Mein »Heim« war ein Zimmer im Hotel Gehrhus in Berlin, und mein Privatleben spielte sich brieflich ab, denn Carlos drehte einen Film in Mexiko, und Carey war in England in seinem College. Okay. Arbeit, nichts als Arbeit. Ideal.
Es gibt Schauspieler, die »erleben« ihre Rollen weit über die Zeit des An- und Abschminkens hinaus. Das sagen sie wenigstens. Manchmal stimmt es auch. Manche glauben wirklich, daß ihre echte Existenz sich nur auf der Bühne oder vor der Kamera abspielt, daß sie nur dann fühlen, daß sie leben. Wenn sie Mörder darstellen, so haben sie auch am Sonntag ein brutales Innenleben. Wenn sie einen reinen Tor spielen, schweben sie auch zu Hause zehn Zentimeter über dem Fußboden.
Mir ist es niemals so gegangen. Zugegeben, als ich in London einmal eine

Irrsinnige spielte, war ich nach jeder Vorstellung schweißbedeckt und mürbe und sah Besucher aus verglasten Augen an, aber nicht aus Geistesgestörtheit, sondern aus rein physischer Erschöpfung, da die arme Irre sich auf der Bühne im letzten Akt wie ein Kreisel um ihre eigene Achse drehen muß, bis sie umfällt (immer auf denselben Ellbogen). Ich blieb stur und normal während der langen Monate allabendlicher Schizophrenie. Wenn ich mich abschminkte, war ich immer ich selbst, und es kam mir auch während des Jahres, als ich die königliche Cleopatra spielte, nie in den Sinn, seitwärts auf ägyptisch aus der Bühnentür zu treten.
Ein einziges Mal ging mir eine Rolle an die Nieren, und nicht nur vor der Kamera. Eben weil es keine »Rolle« war, kein Schemen, keine Phantasiegeburt eines rührigen Gehirns, sondern der Versuch, einem Menschen, einem noch immer lebenden Menschen, das Leben nachzuleben. *Anastasia* hieß das Drehbuch, ein Dokumentarbericht über das Leben einer Frau, die sich »Anna Anderson« nennt und erklärt, die Großfürstin Anastasia Romanoff zu sein, Tochter des letzten Zaren. Als wir den Film drehten, lebte sie in einer Holzbaracke auf einem Waldgrundstück des Prinzen zu Altenburg.
Der Film beschränkte sich auf Zeugenaussagen. Der Dialog war soweit wie möglich nicht erfunden, sondern rekonstruiert. Es existierten noch eine Reihe von Menschen, die direkt oder indirekt in dieses Leben verflochten waren. Jeder einzelne war eingehend vernommen worden, jeder einzelne war leidenschaftlich engagiert für die eine oder die andere Partei, pro oder contra Anastasia-Anna Anderson.
Die Geschichte, die sich daraus ergab, übertraf an Abenteuerlichkeit und Dramatik die üppigsten Phantasien eines Hintertreppenromans. Hauptrolle: Eine Prinzessin, siebzehn Jahre alt, schön und unschuldig, wie im Märchenbuch. Hintergrund: Rußlands Paläste, wie in Tausendundeine Nacht. Bösewichter: Die Bolschewisten. Mord und Totschlag brutalster Art. Flucht, Vergewaltigung des hilflosen Mädchens, Maskerade, Kindesentführung, Selbstmordversuch, Irrenanstalt – Rehabilitierung, Hoffnung! Dann Desillusion, Elend und zum Schluß: Resignation und eine Art von Friede.
Letzterer allerdings reine Spekulation. Sonst hielt sich der Film an Tatsachen, Polizeiakten und Zeugenaussagen.
Die Geschichte beginnt in Rußland in einer Winternacht des Jahres 1917, in Jekaterinenburg im Hause eines gewissen Ipatjeff. Die dort gefangengehaltene Zarenfamilie – Vater, Mutter, vier Töchter, ein Sohn, dazu ein Mädchen und der Leibarzt – schläft. Unter den Wachen vor dem Haus befindet sich ein ehemaliger litauischer Kriegsgefangener. In dieser Nacht werden Extrarationen Wodka an eine Handvoll Wachposten ausgeteilt, die an der Exekution der Gefangenen teilnehmen sollen. Vor dem Eingang

der Palisade, die das Haus umgibt, steht ein leerer Lastwagen mit laufendem Motor, dessen Rattern das Donnern der Maschinengewehre im Keller des Hauses übertönen soll. Danach werden die Leichen in Decken gewickelt und im Laufschritt zum Lastwagen getragen, damit er abfahren kann.

Aussage des Litauers: Er und ein Kamerad hätten eine Decke getragen, die sich bewegte und stöhnte. Sie hätten es nicht übers Herz gebracht, sie in den Lastwagen zu werfen, sondern hätten sie in einem danebenstehenden Schuppen abgeladen und seien schnell wieder ins Haus von Ipatjeff zurückgelaufen, um die nächste Decke hinauszutragen. Es sei pechschwarze Nacht gewesen, Schnee und Wind, das laute Rattern des Lastwagens, die überstürzte Eile der betrunken dahinstolpernden Soldaten – kein Mensch hätte am Tor gestanden und Decken gezählt, es hätte nur geheißen: Schnell, schnell – und schon sei der Lastwagen davongerollt. Er und sein Kamerad hätten die »Decke« aus dem Schuppen geholt und sie auf einen kleinen Wagen gebettet und mit Zuckerrüben bedeckt, die im Schuppen aufgehäuft waren. Der Kamerad hätte sein Pferd vor den Wagen gespannt und sei noch in derselben Nacht davongefahren. Name des Kameraden? Wußte er nicht mehr. Soweit der Bericht des Litauers laut Polizeiakte. Abgegeben in den zwanziger Jahren, aus freien Stücken. Danach verschwand auch der Litauer und ist nie wieder aufgetaucht. Dieser Bericht ist seither immer wieder angefochten worden. Es sei unmöglich gewesen, eine Leiche in den Schuppen zu schmuggeln. Die Decken *seien* gezählt worden, es *seien* neun Decken gewesen, nicht acht. Beweisstück: Der Lastwagen hätte seinen Bestimmungsort erreicht – einen Kohlenschacht, nicht weit von der Stadt –, in den man die Leichen hinunterwarf und verbrannte. Später hätte man unter den verkohlten Überresten die Metallstäbe von sechs Korsetts gefunden, nicht von fünf. Die Korsetts der Zarin, der vier Töchter und des Mädchens.

Dagegen behaupten die Anhänger der »Anastasia lebt!«-Partei: Der Zarewitsch, der an der Bluterkrankheit litt, hätte immer ein Korsett getragen, um gerade gehen zu können. Es fehlte also ein Korsett! Und zwar das der Großfürstin Anastasia.

Das Drehbuch mußte sich von Anfang an entscheiden, welcher Partei es Glauben schenken wollte, denn hätte es jeden »Beweis« und jeden »Gegenbeweis« auf der Leinwand zeigen wollen, so hätte man eine Gerichtsverhandlung, nicht aber eine Lebensgeschichte filmen müssen. Man beschloß daher, den Aussagen der Pro-Anastasia-Partei sowie ihren eigenen Berichten zu folgen, also die Geschichte der Großfürstin Anastasia alias Anna Anderson zu erzählen. Die Anti-Anastasia-Partei kam nur zu Worte, wenn sie entscheidend in die Handlung eingriff.

Beide Seiten aber waren im Filmstudio während der Aufnahmen vertre-

ten: Es erschienen ehemalige Gardeoffiziere, ältliche Besitzerinnen von billigen deutschen Pensionen, Vertreter der hessischen Herzogsfamilie, holländische Rechtsanwälte, Unterhändler, Verteidiger, Agenten, Diplomaten, Geschäftsträger. Sie alle, ohne Ausnahme, waren fanatisch in ihrer Parteilichkeit. Höhnisches Gelächter tönte durch die Dekoration, wenn einem Vertreter der einen Partei ein »beglaubigter« Ausspruch der anderen vor die Nase gesetzt wurde. Dies meist von seiten der Anti-Anastasia-Partei, die behauptete, daß »Anna Anderson« in Wirklichkeit eine polnische Landarbeiterin namens Franziska Schanzkowski sei. Allerdings gab's da auch eine Splitterpartei, die »Beweise« hatte, daß jene Franziska Sch. vom Massenmörder Grossmann in Berlin in den zwanziger Jahren abgemurkst worden sei.
Der derzeitige Rechtsanwalt der Anna Anderson saß oft in der Kulisse, sah glücklich zu, wie wir die Geschichte seiner Klientin, Szene für Szene, zum Leben erweckten. Es sei seine Mission, so sagte er mir, dieser Frau zu ihrer Identität und ihrem Recht zu verhelfen. Er gäbe seine Dienste umsonst, es sei ihm ein Bedürfnis geworden. Auch er, trotz seiner weißen Haare und seinem holländischen Phlegma, leidenschaftlich in die Sache versponnen.
Anna Anderson weigerte sich, russisch zu sprechen. Sie spricht (und schreibt) nur englisch. Englisch, nicht französisch, wurde am Zarenhof im engsten Familienkreis gesprochen, wahrscheinlich weil die Zarina die ergebene Enkeltochter von Queen Victoria war. Auf englisch also erzählte sie, was geschah, nachdem man sie in der Decke, unter den Rüben versteckt, in der Nacht davongefahren hatte. Daß sie überhaupt noch am Leben war, verdankte sie dem Umstand, daß sie hinter ihrer Schwester Marie gestanden hätte. Die Kugeln seien ihr nur durch die vorgestreckten Hände gefahren. Die Bajonetthiebe, mit denen man alle bedachte, um noch vorhandenes Leben endgültig auszulöschen, hätten ihr die linke Kinnlade eingeschlagen. Tatsächlich zeigt eine spätere Röntgenaufnahme des Berliner Elisabeth-Krankenhauses die gebrochene Kinnlade, und Anna Anderson hält immer ein Taschentuch vor die linke Gesichtshälfte, wenn sie fotografiert wird. – »Lächerlich«, sagte die Gegenpartei, »irgend jemand hat der Franziska mal eins über den Schädel gehauen!«
Der Weg des Rübenwagens ging westwärts nach Rumänien. Das Mädchen Anastasia – so sagt Anna Anderson – lag mit hohem Fieber wochenlang zwischen den Zuckerrüben und wurde von ihrem Entführer zunächst gesundgepflegt, dann vergewaltigt. In Rumänien heiratete sie ihn, denn sie war schwanger. In Bukarest wohnten sie in größter Armut in einem Hinterzimmer.
»Wo?« fragte die Gegenpartei.
»Ich weiß es nicht mehr«, antwortete Anna Anderson.

Und dort bekam sie auch ihren Sohn.
»Wo ist er?«
»Ich weiß es nicht. Man hat ihn mir weggenommen.«
»Wer ist ›man‹?«
»Ich weiß es nicht. Mein Kopf...! Ich weiß nicht mehr.«
Der Kopf, der arme Kopf. Sie hält ihn zwischen den Händen, sagen die Journalisten, wiegt ihn hin und her, als ob sie die Erinnerungen zurückschütteln könnte. Namen, Daten – alles ist ausgewischt. Aber sie erinnert sich genau an einen furchtbaren Tag, als sie neben ihrem Mann durch die Straßen der Stadt ging und er plötzlich, von einer Kugel getroffen, tot auf dem Pflaster zusammenbrach. »Erschossen. Man hat ihn erschossen.«
»Wer?«
»Weiß nicht.«
Sie war nun ganz allein. Beschloß, sich an ihre deutschen Verwandten zu wenden, denn der Krieg war vorüber. Ihre Tante Irene, die Schwester ihrer Mutter, Prinzessin von Preußen, würde ihr sicher helfen. Sie schrieb einen Brief, gab als Adresse ein Postfach an. Keine Antwort.
Dieser Bericht in Anna Andersons Erzählung hat mir immer zu denken gegeben. Warum hat diese Tante Irene nicht geantwortet? Hat sie den Brief nicht erhalten? Kam ihr die Sache anrüchig vor? Hat sie die Handschrift ihrer Nichte nicht erkannt? Frage an mich selbst: Kenne *ich* die Handschrift meiner Nichten? Antwort: Nein – nicht unbedingt. Auf jeden Fall wurde diese Tante Irene Anna Andersons erbittertste Gegnerin, die bis an ihr Lebensende behauptete, diese Frau sei eine Schwindlerin. Im Gegensatz zur Schwester des Zaren, der Großfürstin Olga, die ihre »Nichte« erkannte und sogar nach Dänemark fuhr, um die unglaubliche Nachricht ihrer Mutter, der Königin von Dänemark, schonend beizubringen. Aber die alte Frau, bereits geistig umnachtet, hatte den Mord an ihrem Sohn und seiner Familie nie wahrhaben wollen, glaubte starrköpfig, daß sie »irgendwo« lebten. Man wagte nicht, ihr von der Existenz einer einzigen Enkeltochter zu berichten, denn dann wäre die alte Frau mit dem Tod der übrigen Familie endgültig konfrontiert gewesen.
Allmählich, meist zu Fuß, ist Anna Anderson doch nach Deutschland gekommen, hat sich bis nach Berlin durchgeschlagen. Dort allerdings war sie am Ende ihrer Kräfte, ohne Unterkunft außer bei der Heilsarmee, ohne Geld, ohne einen einzigen Menschen. In der Nacht zum 17. Februar 1920 sprang sie in den Landwehrkanal.
An genau derselben Stelle stellten wir unsere Scheinwerfer auf und richteten die Kamera ein. Dann sprang ich in das schwarze, schleimige Wasser. Ich sprang dreimal, damit auch alles bestens in seiner ganzen hoffnungslosen Scheußlichkeit zum Ausdruck käme. Dann trocknete man mich ab und labte mich mit heißem Tee.

Kein Mensch labte damals das Häufchen Unglück, das ein zufällig vorübergehender Passant fluchend aus dem Wasser zog. Die Polizeiakte, die diesen Vorfall beschreibt, ist knapp: Die wild um sich schlagende junge Frau wurde ans Ufer und dann ins Elisabeth-Krankenhaus gebracht. Kein Wort, kein einziges Wort, so sagt die Akte, hätte sie gesprochen, nur vor sich hin gestarrt; nicht einmal zu erkennen gegeben, ob sie verstand, was man zu ihr sagte.

Einen Monat später wurde sie in die Berliner Irrenanstalt Dalldorf eingeliefert. Dalldorf. Als Kinder sagten wir: »Mensch, du hast'n Knall, du gehörst nach Dalldorf!« Ich hatte keine Ahnung, daß es Dalldorf wirklich gab, bis ich im Jahre 1955 in Sachen Anastasia davor stand. Von Bomben unversehrt, stand es da – steinern, unpersönlich, schützend. Der Regisseur Falk Harnack, der Kameramann Friedl Behn-Grund und ich haben dort viele Stunden verbracht. Man zeigte uns das Zimmer im Haus 4, Station B, Abteilung für ruhige Kranke, in dem die junge Frau zweieinhalb Jahre gewohnt hatte. Es wurde naturgetreu im Film nachgebaut. Sie schlief in einem Gemeinschaftszimmer mit acht anderen Frauen, Geistesgestörten oder vorübergehend Aufsässigen und Betrunkenen. Sie freundete sich mit niemandem an, verweigerte jede Auskunft über ihre Person, so daß sie in den Anstaltsakten unter der Rubrik »Unbekannt« geführt wurde. Sie sprach wenig und in gebrochenem Deutsch. Wenn man sie auf russisch ansprach, verstummte sie tagelang.

In diesem Zimmer fand dann eines Tages die zufällige Begegnung mit einer Frau namens Peuthert statt – in unserem Film von Bertha Drews gespielt –, einer zwielichtigen Erscheinung, die von da ab immer wieder in Anastasias Leben auftauchte, sich einmischend, belästigend, aggressiv. Diese Frau Peuthert war es, die nach Abbildungen der Zarenfamilie in der »Berliner Illustrierten« ihre Zimmergenossin als jüngste Zarentochter identifizierte. Anastasia, zu Tode erschrocken, verweigerte jede Annäherung. Nach ihrer Entlassung informierte die Peuthert sofort die russische Emigrantenkolonie in Berlin von der Existenz einer Großfürstin in der Irrenanstalt Dalldorf – und der Rummel begann.

Zunächst einmal weigerte sich Anastasia mit Händen und Füßen gegen jede Art von Gegenüberstellung. Es gibt genügend Aktennotizen über ihren Aufenthalt in der Anstalt. Man kann sich auch von den dürftigen ärztlichen Eintragungen ein Bild machen. Ob Anastasia oder Gott weiß wer, die Frau aus dem Landwehrkanal fühlte sich dort geborgen, versorgt und beschützt. Sie wollte die Anstalt unter keinen Umständen verlassen.

Unser Film mußte sich notgedrungen auf die damals vorgeschriebenen 90 Minuten beschränken, in denen die Wahrheit hin- und hergezerrt wird, genauso wie sich das tatsächlich damals nach jeder neuen »Entdeckung« oder »Entlarvung« von Zeugenaussagen abgespielt hat. In Wirklichkeit hat diese Frau immer wieder, unzählige Male, Rede und Antwort stehen und sich gefallen lassen müssen, daß ihr wildfremde Personen ins Gesicht starrten oder verlangten, sie möge ihre Ohren vorzeigen oder ihre Füße, denn die Großfürstin Anastasia hätte ein ganz bestimmtes Ohr gehabt und schon als Kind an hervorstehenden Ballen gelitten. (Auch Anna Anderson litt an hervorstehenden Ballen, aber die Ohren »stimmten nicht«.)

Im Film konnten wir nur einige wenige Beispiele zeigen. Darunter eine der ersten Begegnungen mit dem früheren Kammerdiener der Zarin namens Wolkow.

Man versprach sich viel von seiner Aussage.

Er wurde nicht vorgestellt, damit Anastasia ihn erkennen sollte. Sie erkannte ihn nicht. Auch Wolkow – in unserem Film von Paul Bildt dargestellt – war bereits sehr alt und klapprig und erkannte die junge Frau nicht, die er als vierzehnjähriges Mädchen »blühend«, wie er sich ausdrückte, zum letztenmal am Zarenhof gesehen hatte. Er blieb in einiger Distanz stehen. Anastasia saß auf einem Stuhl und rührte sich nicht. Zögernd stellte er einige vorher verabredete Fragen, die sie zum Teil richtig, zum Teil falsch beantwortete. (Als das Protokoll später »ausgewertet« wurde, sagte die Anti-Anastasia-Partei bei jeder falsch beantworteten Frage: »Seht ihr, da habt ihr's!« War die Antwort richtig, so hieß es: »Das hat ihr jemand beigebracht.«)

»Wie hieß der Matrose, der den Zarewitsch herumtrug?«

Sie wußte es nicht, grübelte. Pause. Vielsagende Gesichter und bedeutsames Nicken der Köpfe. Diese Frage war äußerst wichtig.

Plötzlich rief sie: »Am Donnerstag, wenn Matrose hatte freien Tag – da kam einer, hieß Derewienko. Den hatten wir lieber.«

Wolkow starrte sie an. Wer hätte ihr diesen Namen sagen können? Wer wäre auf diese Idee gekommen?

Die junge Frau, ermutigt, sah ihn ebenso forschend an. Dann sagte sie: »Jetzt möchte ich Frage stellen. Erinnert Er sich an Sommerpalast in Alexandria?«

Wolkow nickte aufgeregt.

»Was hat Mama mit ihre Ring in Fenster von Schlafzimmer eingeritzt? Weiß Er?«

Zitternd sagte der alte Mann: »Die Initialen Ihrer Majestät und die Seiner Majestät...«

»Und das Datum, jedes Jahr«, sagte die Frau. »Ich glaube, ich weiß jetzt, wer Er ist: Kammerdiener, zweiter, von Mama. Name – ich weiß nicht mehr.«

»Wolkow – Kaiserliche Hoheit!« stotterte der Mann, fiel auf die Knie und küßte ihr die Hand.

So sagte das Protokoll. Es fügte aber hinzu, daß Wolkow sich trotzdem am Ende geweigert hat, schriftlich zu bestätigen, daß die Frau die Großfürstin Anastasia sei. Ja, warum nicht? Er sei nur ein armer alter Mann, und – »die« würden das vielleicht nicht wollen...
»Die« – das war die Gegenseite, die hessische Herzogsfamilie. Und das hatte einen sonderbaren Grund. Anastasia hatte zu Protokoll gegeben, daß sie ihren Onkel, den Großherzog Ernst Ludwig von Hessen-Darmstadt, den Bruder ihrer Mutter, zum letztenmal im Jahre 1916 in St. Petersburg gesehen hätte. Im Jahre 1916? Ein deutscher Fürst zu Besuch in Rußland, mitten im Krieg? Ausgeschlossen. Sie müsse sich irren, das muß eine Verwechslung sein! Aber die Frau blieb hartnäckig bei ihrer Aussage. Er sei inkognito gekommen und ein paar Tage bei ihnen geblieben, sie erinnere sich genau. Aber das wäre doch schlimmster Landesverrat gewesen! Was hätte der Großherzog bei der Schwester gewollt? Eine Geheimmission? Separatfrieden? Was er dort gewollt hätte, das wüßte sie nicht, sagte sie, aber ein Irrtum sei völlig ausgeschlossen.
Die hessische Herzogsfamilie – der jetzige Herzog war der Sohn des Ernst Ludwig – bestritt empört eine solche Anschuldigung.
In diesem Zusammenhang ist die Aussage eines Doktor Larski interessant, eines ehemaligen russischen Offiziers, der zwanzig Jahre später in Arlesheim bei Basel folgendes zu Protokoll gab: Er sei nach schwerer Kriegsverletzung 1916 in Finnland im Sanatorium am Saimaa-See behandelt worden. Dort habe er eine »durchreisende« ausländische Hoheit, den Großherzog Ernst Ludwig von Hessen, erkannt. Dr. Larski gibt genaue Einzelheiten an und glaubt, daß die ganze Begebenheit von einem Dossier in Darmstadt im großherzoglichen Familienarchiv aufbewahrt ist.
Dazu kommt noch die Aussage der preußischen Kronprinzessin Cecilie in Stuttgart vom 2. Oktober 1953, in der sie erklärt, daß ihr zwar bekannt sei, wie sich die »junge« hessische Generation in dieser Frage verhalte, aber daß ihr verstorbener Schwiegervater, Kaiser Wilhelm II., ihr »schon damals« von diesem Besuch des Großherzogs erzählt hätte, der in »unseren Kreisen« allgemein bekannt war.
Die meisten der Beteiligten in Sachen Anastasia waren bereits gestorben, als wir unseren Film drehten. Die, die noch am Leben waren, kamen ins Atelier, jeder mit seiner felsenfesten Überzeugung. Die Hauptvertreterin der Gegenpartei war eine Frau Doris Wingender, die mit Anastasia bereits im Jahre 1929 konfrontiert worden war und damals ebenso wie zur Zeit unseres Filmes im Jahre 1956 schwor, daß diese keineswegs die russische Großfürstin, sondern die Polin Franziska Schanzkowski sei, die bei ihrer Mutter ein paar Monate lang als Untermieterin gewohnt hätte, bis sie eines Tages verschwand, und zwar am Tag bevor sie aus dem Landwehrka-

nal gefischt wurde. Als dann Jahre später die Zeitungen den »Fall Anastasia« aufnahmen und Fotos der Großfürstin veröffentlichten, hätte sie sofort die Schanzkowski erkannt.

Doris Wingender saß ein paar Tage lang mit uns im Atelier, beobachtete mich, wie ich die Irrenhaus-Szene spielte, und bog sich vor Lachen, daß wir die »Großfürstin-Erfindung« ernst nahmen. Nichts konnte sie in ihrer Meinung erschüttern. Auch nicht die Tatsache, daß der Scherl-Verlag im Jahre 1929 der Schanzkowski-Spur nachgegangen war, die Familie (Mutter, Schwester und zwei Brüder Schanzkowski) in Hygendorf in Pommern in einer ärmlichen Kate gefunden hat. Alle wurden eingehend befragt. Die Mutter berichtete, daß die Polizei sie benachrichtigt hätte, ihre Tochter Franziska sei eines der neun Opfer des Massenmörders Grossmann gewesen. Bruder Felix wollte mit der Sache nichts zu tun haben. Nur Bruder Walter und Schwester Gertrud erklärten sich bereit, in dem Zeitungsfoto ihre totgeglaubte Schwester Franziska wiederzuerkennen. Später brach auch diese geschwisterliche Zeugenaussage zusammen, als sie gefragt wurden, welche Schuhgröße Franziska gehabt habe. In jeder Familie, besonders in einer armen, müsse es doch bekannt sein, ob die Schwestern die gleiche Schuhgröße hatten oder nicht. »Franziska hatte Größe 39, genau wie ich«, erklärte Gertrud nachdrücklich. Und damit war der Fall Schanzkowski erledigt. Anastasia-Anna Anderson hatte Schuhgröße 36.

Der eindrucksvollste Zeuge der Pro-Anastasia-Partei war ein Hüne mit weißer Mähne und tiefliegenden, dunklen Augen: der ehemalige baltische Rittmeister Felix Dassel. Er verbrachte viele Drehtage mit uns in der Dekoration, konnte nicht genug bekommen vom Zusehen.

»Ich bin ein alter Mann«, sagte er zu mir, »und nicht gesund. Habe mich nie wieder von den Wunden im Ersten Weltkrieg erholen können. Im Jahre 1916 bin ich ins Lazarett in Zarskoje Selo gekommen, das von den Großfürstinnen Marie und Anastasia geleitet wurde. Anastasia war noch ein junges Mädchen, höchstens 15 Jahre alt. Aber sie mußte auch, wie alle Töchter des Zaren, in einem Kriegslazarett arbeiten. Ich habe sie beide täglich gesehen. Dann, als es mir besser ging, wurde ich von einer Stunde zur anderen zu meinem Regiment beordert.

Zehn Jahre später las ich in der Zeitung in München, daß die Großfürstin Anastasia noch am Leben sei. Sie hatte damals bei einem Vetter des Zaren, dem Herzog von Leuchtenberg, in seinem Schloß Seeon in Oberbayern Unterkunft gefunden. Ich war neugierig, wissen Sie – ich mußte mich einfach selbst überzeugen, ich hatte sie noch ganz genau in Erinnerung.

Ich muß Ihnen sagen – ich hab sie nicht erkannt. Der Herzog hatte mich vorher gewarnt, daß sie sehr verändert sei. Sehr verändert! Es war ein richtiger Schock, als ich ihr gegenüberstand, sie war so mager und weiß,

so verzerrt im Gesicht, hielt sich immer eine Hand an die linke Wange. Ich sprach deutsch mit ihr, auf Anweisung des Herzogs. Ich hatte mir ein paar Fragen zurechtgelegt, Dinge, die ihr keiner hätte beibringen können, wie: ›Erinnern Sie sich noch an das Billardzimmer im Lazarett? War das links oder rechts von der Treppe?‹ Es war beinahe peinlich, wissen Sie, so zu fragen, wie ein Inquisitor oder ein Polizist, aber sie schien daran gewöhnt zu sein, war nicht freundlich, aber auch nicht feindlich. Dann antwortete sie. Falsch! Sie sagte, das Billardzimmer sei links vor der Treppe gelegen – es lag aber rechts. Und noch einige solcher Fragen. Manche beantwortete sie richtig, manche gar nicht. Überhaupt machte sie nicht den Eindruck, als ob es sie interessierte, was ich von ihr dachte. Sie sah immer über meinen Kopf hinweg ins Leere. Schließlich hörte ich auf zu fragen. Ich wußte wahrhaftig nicht, was ich denken sollte. Also stand ich auf, verbeugte und verabschiedete mich. Sie nickte nur.
Als ich an der Tür war, sagte sie plötzlich: ›Haben Sie eigentlich jemals das St.-Christophorus-Kreuz erhalten? Wir haben es an Ihr Regiment an die Front nachgeschickt, Marie und ich.‹
Ich stand an der Tür – ich sage Ihnen, ich hatte das Gefühl, als hätte mich einer über den Kopf gehauen. Das St.-Christophorus-Kreuz mit ihren Namen eingraviert! Ich mußte das Lazarett so schnell verlassen, daß ich mich nicht verabschieden konnte. Aber ich bekam das Kreuz. An der Front! Jetzt fiel mir auch ein, wie ich mich gefreut hatte, als ich das Päckchen auswickelte. Es hat mich auch beschützt, ich wurde nicht mehr verwundet, bin geflohen, habe überlebt. Ich sage Ihnen, meine Knie zitterten. Kein Mensch hat davon gewußt! Das konnte keiner wissen. Nur die Großfürstin – und ich.«
Das Gedächtnis ist eine seltsame Einrichtung. Auch bei gesunden Menschen. Es besinnt sich auf unwichtige Dinge und vergißt wichtige. Es registriert gewisse Augenblicke im Leben aufs genaueste und läßt andere nur durch einen Nebelschleier auferstehen. Manchmal kann man ganze Gespräche wortwörtlich wiederholen, und bei anderen Gelegenheiten ist nichts zurückgeblieben. Je mehr man sich anstrengt, sich konzentriert, sich mit allen Fasern zurückversetzt, desto weiter entschwindet es. Ähnlich wie wenn man frühmorgens aufwacht, den Traum noch genau weiß – und ein paar Sekunden später ist er verschwunden. Und zerfließt mehr und mehr, wenn man ihm nachspürt. Zeugenaussagen vor Gericht können nicht immer zuverlässig sein, selbst unter Eid und bei größter Ehrlichkeit.
Während ich *Anastasia* drehte, besuchten mich meine Schwestern. Vom Drehbuch angeregt, versuchten wir auch, über unsere Vergangenheit »Zeugenaussagen« abzugeben, und stellten uns Kernfragen.
»Wie war das Tapetenmuster in unserem Eßzimmer in Berlin?«

»Irgendwas mit Blumen«, sagte eine Schwester.
»Gelbe Rosen auf blauem Grund«, sagte ich.
»Gar keine Tapete. Weißgestrichen«, sagte die dritte.
»Wie hieß die letzte Köchin?«
»Frieda.«
»Erna.«
»Keine Ahnung.«
»Wo stand das Radio?«
»Im Eßzimmer.«
»Im Wohnzimmer auf der Anrichte.«
»Wir hatten kein Radio.«
Es ging uns genau wie Anastasia: Einiges wußten wir, über anderes konnten wir uns nicht einigen, wieder anderes war ganz verlorengegangen. Von dem kranken und angeschlagenen Geschöpf, das durch viele hundert Interviews gezerrt wurde, erwartete jeder, daß ausgerechnet *seine* Erinnerung auch die *ihre* sein müsse. Erst in den letzten Jahren hat man es aufgegeben, sie auszufragen. Die Prozesse, die sie anstrengte, um ihre Identität bestätigt zu bekommen, hat sie alle verloren. Der Name Anna Anderson wurde für sie während eines Aufenthaltes in Amerika von ihrer Cousine, der Großfürstin Xenia, erfunden, damit sie während des Besuches Ruhe vor der Presse hatte. Als Anna Anderson klagte sie in Deutschland und unterzeichnete alle Dokumente »vorläufig« mit diesem Namen. Es blieb dabei. Die Gerichte wiesen sie ab aus Mangel an Beweisen. Auch die Gegenpartei hat nicht gewonnen. Das Gericht hat nie gesagt, daß Anna Anderson eine Schwindlerin sei. Es hat gesagt: Wir wissen es nicht.
Im Film zeigten wir nur, was geschah. Es war verwirrend und traurig, auch nachdem sie von einem Teil ihrer Verwandtschaft anerkannt und sogar zur Patentante fürstlicher Kinder gemacht wurde. Sie war zu schwierig, zu krank und verstört, um es irgendwo lange auszuhalten. Immer wieder verscherzte sie sich Freundschaften, wie ein sinkendes Schlachtschiff, das auf seine Retter feuert.
Der Prinz von Altenburg kam zu unserer Premiere. Anastasia lebte immer noch in der Baracke auf seinem Besitztum, war krank und zu schwach, um selbst zu erscheinen. Er hat ihr eine Kopie des Films vorgeführt, ließ allerdings vorher den Anfang – die Mordnacht im Hause Ipatjeff – herausschneiden. Unsere Schlußszene zeigt Anastasia (ich in grauer Perücke) bei einem Besuch, den ihr die Kronprinzessin Cecilie (Margot Hielscher) kurz vor ihrem Tod abstattete. Anastasia hat nun Ruhe – so sagt der Filmdialog –, sieht aus dem Fenster auf den Wald, füttert ihre Vögelchen, hat friedlich resigniert und erwartet, daß erst ihr Tod »die Wahrheit« ans Licht bringen wird.

Der Prinz von Altenburg seufzte.
»Ich wollte, es wäre so!« sagte er und lächelte traurig.

Ich bekam für diese Rolle noch einmal den Bundesfilmpreis. Einer der Ehrengäste der Berliner Filmfestspiele war bei dieser Gelegenheit rein zufällig Gary Cooper. Nach der Preisverleihung drängte er sich durch die Menge und tippte mir von hinten auf die Schulter.
»Hey, kid«, sagte er in mein überraschtes Gesicht hinunter, »what gives? Bist du eine deutsche Schauspielerin geworden?«
»Ja«, sagte ich benommen, »ich glaube schon.«

»Liabi Brutlüt«

Es gibt ein amerikanisches Sprichwort, das einem Mädchen Vorsicht empfiehlt, bevor es sich endgültig entscheidet: *»Winter him, summer him – and winter him again.«*
Wir winterten, sommerten – und heirateten im Herbst. Beide waren wir »DP« – *»Displaced Persons«:* Zwei Heimatlose standen in Küsnacht in der Schweiz vor dem Standesamt und hörten andächtig dem Beamten zu, der uns zusammenkoppelte: »Liabi Brutlüt und Züge...«
Die Brutlüt wußten an diesem Tag noch immer nicht, wo sie eigentlich leben, wo sie »ihr faul Ei hinschlage solle«, wie meine Mutter auf rheinisch sagte. Keiner von uns hatte ein Zuhause. Carlos hatte, wie ich, dort gelebt, wo ihn der Wind gerade hintrieb. Wir sprachen englisch miteinander, für jeden von uns die zweite, aber die leichtere Sprache. Jetzt wollten wir irgendwo Wurzeln schlagen. Wo? In welchem Land? In welcher Stadt? Wir dachten daran, Lose zu ziehen oder zu knobeln. Dann kam uns der Zufall zu Hilfe. Ich sollte in München einen Film drehen: *Eine Frau, die weiß, was sie will* – wie wär's vorläufig mit München?
»Vorläufig« dauerte drei Jahre.
Gleich von Anfang an, seit der Nacht auf dem warmen Sand in Spanien, lernte Carlos deutsch. »Heirate nie eine Frau, deren Muttersprache du nicht verstehst!« hatte ihm ein weiser Freund empfohlen. Er kaufte sich einen Deutschkurs auf Schallplatten und wiederholte mit Respekt und Betonung immer wieder seinen ersten deutschen Satz: »Fido! Fido! – Ja, wo ist denn der Hund? – Er will aber nicht kommen.«
Deutsch war seine fünfte Sprache. Er fand sie von Anfang an schön, hatte wenig Schwierigkeiten mit der Grammatik. Nur die Aussprache machte ihm Sorgen. Das Wort »nichts« ist für eine Zunge, deren erste Laute spanisch waren, fast unmöglich auszusprechen. Wir einigten uns zunächst auf »ni-ks«. Es wurde ein Tonbandgerät angeschafft, und er besprach

Dutzende von Sprachbändern. Die Sprachübungen sprudelten flüssig dahin, wenn auch mit gerolltem »r«. Nur vor jedem »nichts« gab es eine Pause, dann einen Seufzer, dann einen Anlauf – und dann wieder »ni-ks«. Es war aber wichtig, denn man hatte ihm einen Film angeboten, einen deutschen Film, und er hatte es sich in den Kopf gesetzt, sich nicht wie andere Ausländer synchronisieren zu lassen, sondern die Rolle auf deutsch zu spielen. Ein kühnes Unterfangen.

Wir mieteten unsere erste Wohnung. Zwei Zimmer in einem Neubau in der Ottostraße. Möbel hatten wir nicht, nicht mal einen Aschenbecher. Entschlossen setzten wir uns ins Auto und fuhren gen Süden. Italien war noch billig, wir hatten früher auch für das Haus in Portofino schöne alte Stücke für wenig Geld gefunden. In Verona übernachteten wir und blieben hängen. Denn dort gab es eine Via Anastasia, und das erinnerte mich an den Film, den ich gerade fertiggedreht hatte. In der Via Anastasia blieben wir vor einem Antiquitätengeschäft stehen. Vielleicht...? Signor Negrini, der dicke Antiquitätenhändler, schüttelte den Kopf. Hier im Laden war nichts Rechtes, aber er hatte da so ein Warenhaus...

In diesem verstunkenen alten Schuppen, der nur schwach von einer trüben Glühbirne beleuchtet war, fanden wir an einem einzigen Vormittag alles, was wir wollten. Unter staubigen Matratzen zogen wir alte Tische hervor, suchten Stühle zusammen, fanden fehlende Stuhlbeine, zerrissen ganze Tennisnetze von Spinnweben und rollten Truhen und Kommoden heraus, von denen nicht einmal der dicke Mann etwas gewußt hatte. Verschmutzte Holzfiguren ohne Arme würden, gereinigt und geleimt, Lampen abgeben. Wir kauften eine Taschenlampe und sammelten Kommodenfüße und einzelne Arme und Beine ein, die irgendwie zusammenpassen würden.

Das Glanzstück: ein ovaler Tisch, der noch mit breiten Holznägeln zusammengenagelt war. Das würde der Eßtisch werden. Wir zogen ihn hervor, er wackelte, wir hielten ihn waagerecht, jeder von einer Seite. Wir sahen uns über die Tischplatte hinweg an. So würde es von jetzt ab sein. So würden wir sitzen und essen und uns ansehen.

Einen Monat später kam der Transport aus Verona in München an, und die Schätze – gereinigt, gebeizt, geleimt, genagelt, nicht wiederzuerkennen – ergossen sich in die kleine Wohnung und füllten sie. Wir hatten einen Hausstand.

Eines Tages stand eine rothaarige junge Frau vor unserer Wohnungstür, blaß, die Schultern hochgezogen, der Blick wachsam, beinah mißtrauisch. Wir hatten ein Inserat in die Zeitung gesetzt, denn wir brauchten jemand, jemand ganz Besonderen, jemand, der den Haushalt versorgte, der Tiere gern hatte und uns vielleicht auch. Viel verlangt. Wir hatten wenig Hoffnung, daß sich jemand melden würde; das Inserat war anspruchsvoll ge-

wesen. (Später, für unser Haus in Spanien, setzte mein Mann ein Inserat in die Tageszeitung von Malaga – Überschrift: »Schweigsame Haushälterin gesucht!« – und bekam eine einzige Antwort. Und die genügte.)
Die rothaarige junge Frau trat zögernd in die Wohnung, sah sich um, besichtigte den Hund und dann auch uns. Sie hieß Anni, Anni Stockenreiter, und kam aus Oberbayern. Wir beschlossen, es mal miteinander zu probieren. Das war vor siebzehn Jahren. Wir wußten damals nicht, daß wir das große Los gezogen hatten. Wir hatten jemanden gefunden, dem unsere Lebensweise genauso paßte wie uns die ihre. Sie regierte nach kurzer Zeit mit absoluter Vollmacht, plante, kaufte, kochte, sparte, fand Zeit für alles, vergaß nichts. Wir wurden zu glücklichen Gästen in unserem eigenen Haushalt, endgültig befreit von allen täglichen Nöten, Sorgen, Pflichten, und imstande, uns uneingeschränkt in unsere Arbeit zu stürzen.
Carlos beschloß auf der Stelle, dem »ni-ks« ein Ende zu machen, suchte und fand genau, was er brauchte: Frau Langen. Frau Margarete Langen, die Mutter der Schauspielerin Inge Langen, hatte sich darauf spezialisiert, den Menschen das Wort im Munde zu verdrehen. Sie gab ihm einen Spiegel in die Hand und zeigte ihm, auf welche Weise seine spanische Zunge sich mit seinem Gaumen auseinandersetzen müßte, um ein klares, deutsches »n-ich-t-s« zu produzieren. Sie wohnte im vierten Stock, aber Carlos erklomm die Treppen täglich dreimal, bis auch Frau Langen am Ende ihrer Kräfte war. Das »nichts« wurde im Sturm genommen. Es folgte »Mönchsspiegel« (ganz langsam ausgesprochen), und danach fürchtete er sich vor keinem deutschen Wort mehr.
Seinen ersten deutschen Film, *Zwischen Zeit und Ewigkeit*, hatte er noch zur Zeit des »ni-ks« gedreht. Arthur Maria Rabenalt, der Regie führen sollte, mein alter Freund aus Darmstädter Zeiten, hatte ihn auf der Stelle für den spanischen Fischer in diesem Film engagiert. Ich spielte die todgeweihte deutsche Heldin, die mit dem Fischer eine Liebesgeschichte erlebt.
Wir packten Carey und Koffer in den Wagen und fuhren nach Mallorca zu den Außenaufnahmen. Dort, in der Stille des Hotelzimmers, stellte es sich heraus: Erstens, daß Carlos seinen Text zwar gelernt hatte, aber nicht wußte, was er sagte, zweitens, daß es so klang, als ob er es wüßte. Sein Erfolg in diesem Film übertraf unsere Hoffnungen. *Das Wirtshaus im Spessart*, gleich hinterher, fiel bereits in die »Mönchsspiegel«-Periode, und in *Auf Wiedersehen, Franziska* und *Stefanie* brauchte ich nicht einmal die Worte in seinem Text zu unterstreichen, auf denen die Betonung lag.
Während der Aufnahmen zu »Spessart« stellte sich heraus, daß er ein noch größerer Tiernarr war als ich. Am liebsten hätte er den zahmen Bä-

ren in die Ottostraße eingeladen. Für den Leierkastenaffen hatte er bereits eine Anzahlung gemacht. Als beide schließlich doch zurückbleiben mußten, brachte er einen Spessart-Igel mit nach Hause. Nasen waren seine besondere Leidenschaft, Bärennasen, Affennasen, Igelnasen. Den Igel legte er auf den Rücken, wartete, bis das Gesicht mit den Kaviaraugen zum Vorschein kam, rief ekstatisch: »Nase! Nase!« und streichelte die winzige schwarze Spitze.

»Du drehst ihm ja die Luft ab!«

»Er hat es gern!«

Der Igel hatte es nicht gern und biß ihn in den Finger. Er wohnte ein paar Tage in unserem Badezimmer und schlief tagsüber in Carlos' linkem Autohandschuh. Nachts wachte er auf, kletterte herum, fiel in die Badewanne oder ins Klosett, und wir mußten ihn schließlich im Wald der Bavaria-Studios aussetzen. Den Handschuh durfte er behalten.

Der nächste Untermieter war Ciancito, das Schwein. Irgend jemand hatte Carlos eingeredet, man könne Schweine stubenrein machen. Irrtum. Ciancito wurde gekündigt, und Tomasita, die Bergziege, zog ein. Er hatte sie kurz nach der Geburt erworben, und sie nahm ihn an Mutterstelle an, da er sie mit der Flasche ernährte. Sie folgte ihm auf Schritt und Tritt und mähte herzzerreißend, wenn er ohne sie das Zimmer verließ. Während seiner morgendlichen Dusche stand sie vor dem Gummivorhang und meckerte mißtrauisch. Eines Morgens konnte sie es nicht mehr aushalten, vergaß jeden Ziegen-anti-Wasser-Instinkt und brach durch den Vorhang unter den zischenden Strahl. Das Geschrei, das sie dann von sich gab, hatte mit Ziegensprache nichts mehr gemeinsam.

Nachts wurde ihr Unterteil in eine Plastikhülle eingewickelt. So schlief sie in unserem Bett in Carlos' Arm, den Kopf an seiner Schulter. Sie weckte ihn manchmal während der Nacht und verlangte, in die Dusche gebracht zu werden, denn Tomasita war stubenrein. Mich mochte sie nicht und sah mich mit ihren gelben Augen eifersüchtig an. Wenn sie mich erwischte, rempelte sie mich von hinten, so daß ich umfiel. Eines Tages bekam sie einen Herzanfall, ihre Lippen liefen blau an, und sie starb. Carlos war untröstlich.

Wir liebten München, seine Umgebung, unsere winzige Wohnung, die hohen Bäume davor, unter denen die Nutten auf und ab wanderten und unseren Hund Biene beim Namen riefen. Aber das Bedürfnis, aufs Land zu ziehen, wurde täglich größer. »Mein Urgroßvater ruft mich«, sagte Carlos und zog die alte Kuckucksuhr auf, die vor hundert Jahren aus der Schweiz nach Buenos Aires gereist war, im Gepäck von Carlos' Großmutter, der braven Schweizerin Margarete Schaffter.

Es gibt so etwas wie einen Bauern-»Agenten«. Bauern, die Land kaufen oder verkaufen wollen, wenden sich an ihn, und er nimmt seine Kommis-

sion, genau wie ein Schauspieler-Agent. Der wohlgepolsterte Herr Dornbierer sah genauso aus, wie er aussehen sollte, vor Schweizer Gesundheit strotzend, Lederhosen, Pfeife im Mund. Er zeigte uns verschiedene Bauerngüter, aber alle hatten ein »Zöpfchen«. Schließlich war er am Ende seiner Klientenliste angekommen. »Nei, i ha nüt me'. Sie händ alles gseh. Do isch nur no eis, aber es isch z'wiet ewegg!« – Weit? Von wo? – »Jo, me hät halt öppe drüviertel Stund vo Züri...« Eine Dreiviertelstunde! Das brauchte man in Hollywood, um ins Studio zu fahren.
Herr Dornbierer fuhr mit uns den Zürichsee entlang und bog plötzlich scharf links in die Berge ab. Wir fuhren noch durch ein, zwei kleine Städtchen, dann ein Dorf, dann nur noch Berg und Wald und blühende Wiesen. Carlos und ich sahen uns stumm an und nickten. *That was it!* Wir wußten es schon, noch bevor wir an das alte Toggenburger Häuschen kamen. Darüber Ställe, Pferde, Schweine, Kühe (Kuhnasen!), Pächterfamilie, Pächterwohnung, Scheunen und ein Meer von wogenden, blühenden Weiden. Wir stapften allein durch die wilden Blumen, die mir bis zur Hüfte reichten – Dornbierer hatte es vorgezogen, ein Gläschen mit dem Pächter zu heben –, bis wir an der höchsten Bergkuppe angelangt waren. Dort setzten wir uns ins Gras und sahen über das Tal und die schneebedeckten Glarner Alpen.
»Hier werde ich endlich wieder schreiben können«, sagte Carlos.
»Und ich malen«, sagte ich. Und das war's.

Carlos machte Bilanz. Er hatte im ganzen ungefähr zwei Dutzend deutsche und französische Filme gedreht, dazu eine lange englische Fernsehserie. Es hatte ihm so wenig Spaß gemacht wie früher die amerikanischen oder argentinischen. Höchste Zeit, abzubrechen, der »Nylon-Existenz« ein Ende zu machen. Wirf weg, damit du nicht verlierst...
Er hatte sowieso nie ganz dazugehört. Hatte sich immer weit weg von den Kollegen in die Einsamkeit gerettet und sich hinter seinem Schreibtisch verschanzt, wo er nur konnte. Hatte zwei (spanische) Romane geschrieben, Dutzende von Kurzgeschichten und Artikeln. Jetzt wollte er endlich völlig frei sein vom »Kino-Gezumpel«.
Er nagelte an die Tür seines neuen Studios ein Plakat, auf das er eine Bulldogge gemalt hatte, die wütend die Zähne fletscht. Darunter stand: »Achtung! Bissiger Hund! Eintritt auf eigene Gefahr. (Zutritt nur für Geldbriefträger).« Sodann versank er in die unergründlichen Meerestiefen eines neuen Buches und tauchte nur zu den Mahlzeiten auf, um seinen Taucherhelm für kurze Zeit zu lüften. Die ersten 150 Seiten waren bereits geschrieben – da nahm sie ihm ein Zufall wieder aus der Hand und legte ihm statt dessen etwas ganz anderes in den Schoß: ein Abenteuer, eine Mission, ein Mandat.

Es begann bei einem Gespräch mit Laurence Olivier, der mit seiner Frau bei uns zu Besuch war.
Meine Freundschaft mit Olivier liegt über 30 Jahre zurück und hat nichts mit der Schauspielerei zu tun. Man schließt schnell Freundschaft, wenn man zusammen auf der Bühne oder vor der Kamera steht. Man entdeckt sich, begeistert sich, sieht sich nicht nur während der Arbeit, sondern auch am Wochenende und ist fest überzeugt, daß man sein Leben für immer bereichert hat. Kaum ist das Stück oder der Film zu Ende, ist man allein. Man sieht sich erst wieder, wenn man zufällig wieder zusammen engagiert ist. Die erzwungene Intimität der Arbeit – intimer als in anderen Berufen – war nur aufgesetzt, hatte keine Wurzeln gefaßt.
Nur selten geschieht es, daß man klebenbleibt. Diese Freunde werden zur eisernen Ration, gehören zum Leben. Zu meinem gehört Olivier.
Eines Tages rief er an und fragte, ob es bei uns Schnee gäbe und ob Carlos ihm Skilaufen beibringen könnte, er hätte eine Woche Zeit und müßte dringend »fort«. Schnee gab es, und Carlos war bereit, ihm auf Kurzskiern das Notwendigste beizubringen.
»Aber willst du dich nicht lieber im Liegestuhl in die Sonne legen und ausruhen...«
»Nein. Wenn ich stilliege, fällt das National Theater über mich her und begräbt mich. Ich brauche etwas, worauf ich mich konzentrieren muß, etwas, was mich nicht denken läßt, vor lauter Angst, meine Beine zu brechen. Und dazu noch die frische Luft! Skilaufen wäre genau das Richtige!«
Er kam mit seiner Frau, Joan Plowright, und Carlos stellte beide auf die Kurzskier. Am fünften Tag konnten sie, an die Bügel des Idiotenhügel-Lifts gelehnt, aufwärtsfahren. Ein Skilehrer fuhr mit Joan, Carlos hielt Olivier umschlungen. »Halt mich fest!« brüllte Englands berühmteste Stimme aus Leibeskräften – und schaffte es. Als er dann breitbeinig und wackelig den kleinen Hügel hinunterfuhr, schrie er wieder. Diesmal vor Stolz.
Abends, vor dem Kaminfeuer, befriedigt und entspannt, begann Olivier plötzlich von dem Problem zu sprechen, das ihn plagte: Kenneth Tynan, sein Dramaturg, hatte ihm ein neues Stück gebracht, ein deutsches, *Soldaten* von Rolf Hochhuth. Tynan wollte dieses Stück unter allen Umständen aufführen, es sei für ihn »ein Kreuzzug«. Olivier, der Intendant, Star-Regisseur und Star-Schauspieler des National Theater, war dagegen. Das Stück hatte den Tod des Generals Sikorski zum Thema, der während des Krieges Chef der freien polnischen Streitkräfte in England war. Es sagte aus, daß Winston Churchill den General – seinen persönlichen Freund – habe ermorden lassen. Er hätte veranlaßt, daß das Flugzeug, in dem Sikorski im Juli 1943 von Gibraltar nach London fliegen sollte, abzu-

stürzen hätte. Der »Unfall« fand dann auch kurz nach dem Abflug statt. Hochhuths Stück untersuchte und erläuterte Churchills »tragische Schuld« oder »Rechtfertigung« für den politischen Mord an seinem Freund. In einem Vorwort sagt Hochhuth, daß »die Beweise« für diese Aktion in Form von Dokumenten im Safe einer Schweizer Bank lägen und nach fünfzig Jahren der Öffentlichkeit zur Verfügung stehen würden.
Olivier wollte das Stück nicht an seinem Theater herausbringen. Er fand, das National Theater sei nicht der geeignete Platz, den Retter und Helden des Zweiten Weltkrieges eines solchen Verbrechens anzuklagen. Er hatte das Stück mitgebracht, wollte Carlos' Meinung hören. Carlos las, fasziniert, bis spät in die Nacht und erklärte sich bereit, Hochhuth zu treffen, ihn in England zu Olivier zu bringen und das Gespräch zu dolmetschen.
Als er mich am Flughafen zum Abschied umarmte, wollte er »in ein paar Tagen« zurück sein. Aus den paar Tagen wurden zwei Jahre. Aber davon ahnte ich nichts, als ich allein nach Hause fuhr.
Carlos wußte es auch nicht. Er hatte keinerlei Vorahnung von der Mission, die auf ihn wartete, als er Hochhuth zum erstenmal die Hand schüttelte. Zuerst handelte es sich um einfache Hilfestellung, die er ihm leistete, weil Hochhuth kein Englisch konnte. Carlos interviewte, verhörte Zeugen, prüfte Zeitungsausschnitte, Dokumente. Aus den paar Tagen wurden Wochen, und ich saß immer noch allein oben auf unserem Berg. Wie sprachen, wie immer, wenn wir getrennt sein mußten, allabendlich am Telefon, aber plötzlich kam ein anderer Ton in seine täglichen Londoner Berichte: Ich hatte das Gefühl, daß er nicht mehr Hilfestellung leistete, sondern daß er auf eigne Faust und in eigner Sache untersuchte und forschte.
Endlich flog er zurück nach Hause. Aber nicht um auszupacken, sondern um neu einzupacken. Nicht einen Koffer, sondern viele – als ob er sich auf eine Expedition begeben würde...
Genau. Er sagte es mir geradeheraus. Er hätte Entdeckungen gemacht, Dinge aufgespürt, denen er unbedingt auf den Grund gehen müßte. Seine ersten eignen Untersuchungen hätten ihn überzeugt, daß es niemals ein heimliches Komplott gegeben hatte, um Sikorski zu ermorden. Das Flugzeug war ganz einfach wegen eines Motorschadens abgestürzt. Das »grauenvolle Gemetzel« im Inneren des Flugzeuges, das der britische Geheimdienst an allen Insassen verübt haben sollte, hat nie stattgefunden. Aber er müsse unbedingt Beweismaterial an Ort und Stelle persönlich einsammeln, müsse ausgraben wie ein Archäologe. Ausrüstung: ein Tonbandgerät.
Vor allem brauche er Zeit. Er werde reisen müssen, weit reisen. Wie weit? Das war ungewiß. Wann würde er wieder nach Hause kommen? Das war auch ungewiß.

Unternehmen »Ungewiß« begann. Ich blieb einigermaßen verstört zurück. Mußte mich umstellen, ganz neu orientieren, von Briefen und Anrufen leben. Und mitmachen, so gut ich konnte. Es dauerte zwei volle Jahre, zwei lange Jahre. Die Briefe und Anrufe – wenn auch nicht mehr täglich – kamen aus allen Ecken der Welt, und die Briefmarkensammlung unseres Briefträgers wurde bereichert. Briefmarken aus Gibraltar, aus Prag, aus Belgrad, aus Chicago, schließlich aus San Francisco, wo er zu guter Letzt den »toten« Piloten des Unglücksflugzeugs aufgestöbert hatte. Jetzt war er seiner Sache sicher.

Die nicht enden wollenden Monate endeten, und er kam nach Hause. Die Koffer hatten sich noch vermehrt, vollgestopft mit Hunderten von Tonbandkassetten: seine Zeugenaussagen, die Beute seiner »zwei Jahre auf dem Kriegspfad«. Während der nächsten Monate lebte er ausschließlich in seinem Studio hinter zugezogenen Vorhängen, wußte nicht, ob die Sonne schien oder ob es schneite, hörte ab, tippte, tippte, tippte ...

Er nannte das Buch *Der Mord an Winston Churchill*. Im Mai 1969 erschien es in London. Kurz bevor es erschien, nahm er mich ins Hotel Connaught zu einem geheimnisvollen Zusammentreffen mit: Wir sollten mit Milovan Djilas und seiner Frau Mittag essen, eröffnete er mir im letzten Moment. Djilas? Titos früherem Freund und Vizepräsidenten? Den er dann zwölf Jahre im Gefängnis gehalten hatte, als sie sich politisch zerstritten hatten? Jawohl. Der! Wie kam Djilas nach London? Weil Tito ihm im Kielwasser des tschechischen Frühlings einen Paß und Reiseerlaubnis gegeben hatte. Was? Djilas war ein freier Mann? Nein – aber er durfte »reisen« und im Ausland Vorträge über Jugoslawien halten.

»Woher kennst du überhaupt Djilas?«

Carlos lächelte und antwortete nicht. Die Briefmarke aus Belgrad!

Die beiden Männer umarmten sich wie alte Freunde. Während des Essens wagte ich ein paar Fragen, wußte nicht, was erlaubt, was heikel war. Djilas antwortete bereitwillig. Er sei natürlich glücklich, die Nase wieder in die Außenwelt stecken zu dürfen. Dies sei ganz neu für ihn. Bis vor kurzem hätte er zwar in seiner eigenen Wohnung mit seiner Frau und seinem Sohn wohnen dürfen, sei aber seit seiner Entlassung aus dem Gefängnis von der Umwelt so gut wie abgeschnitten gewesen. Wie ein Aussätziger. Nur ganz wenige Menschen hätten gewußt, wo er zu finden sei. Aber eines Tages – er machte eine Pause und lächelte –, da hätte es an der Tür geklingelt.

»Mach ich auf. Steht da – fremder Mann. (Er zeigte mit dem Finger auf Carlos, der sich mit Frau Djilas in mühseligem Englisch unterhielt.) Sag ich: Was wollen? Sagt er: Will ich sprechen mit Sie. Seh ich Mann in Gesicht. Denk ich, ganze Mensch ist in diese Gesicht. Sag ich: Kommen Sie herein.«

Nach dem Essen nahmen beide Männer je eine Pille aus einer kleinen Dose, die jeder mit sich trug. Die gleichen Pillen. Verdauungspillen. Die einen kamen aus Belgrad, die anderen aus London. Carlos' Dose war ein Geschenk von mir, eine alte Schnupftabakdose. Djilas hatte eine eingebeulte, flache Blechdose, die ihn während seiner zwölfjährigen Gefängnishaft nie verlassen hatte. Beide Dosen wurden auf den Tisch gelegt und als Zeichen der Freundschaft feierlich ausgetauscht. Djilas' Blechdose ist Carlos' kostbarster Besitz.

Das Buch erschien in England im Mai 1969; die Londoner »Sunday Times« schrieb in einem langen und enthusiastischen Artikel: »... Ganz abgesehen von der Tatsache, daß Mr. Thompson ein faszinierendes Buch geschrieben hat, das man mit dem größten Vergnügen liest, hat er der Geschichtsschreibung einen unschätzbaren Dienst erwiesen. Niemand kann wissen, wieweit Hochhuths Version im Lauf der Zeit das Bild verzerrt hätte, das sich die Nachwelt von Churchill machen wird. Die Leichtgläubigkeit der Menschen kennt keine Grenzen, die seltsamsten Anspielungen, die ausgefallensten Gerüchte finden Anerkennung, wenn nicht jemand, der sein Handwerk versteht, sie widerlegt und das Beweismaterial überprüft, bevor es verschwindet. Mr. Thompson hat genau das getan. Sein Buch hinterläßt dem Jüngsten Gericht keinerlei Zweifel ...« Da fanden wir, es sei der Mühe wert gewesen.

Noël

Eines hatte ich ganz vergessen, als Carlos und ich unser gemeinsames Leben planten: das Theater. Das hatte einfach keinen Platz in unseren Zukunftsplänen. Filme? Ja, selbstverständlich, je mehr, desto besser, in allen Ländern, die uns welche anboten. Erstens verdiente man damit am meisten Geld – wer noch mal ganz von vorne anfangen will wie wir beide, muß fleißig sein –, zweitens waren die Dreharbeiten von kurzer Dauer, und das war uns wichtig, denn wir wollten so wenig wie möglich getrennt sein. Aber der Broadway! Meine Broadway-Saison! »Damit ist es jetzt aus«, sagte Carlos, »darüber mußt du dir klar sein.« Richtig. Ich konnte unmöglich von ihm verlangen, ein Jahr lang in New York herumzusitzen und die Daumen zu drehen, während ich abends Theater spielte. Eine Frau gehört da hin, wo ihr Mann arbeitet, nicht umgekehrt. Dabei handelt es sich nicht um »Opfer bringen«, sondern um die Frage: Was ist mir wichtiger – mein Beruf oder meine Ehe?
Dieses Gespräch fand in der Mittagspause im Hamburger Filmatelier Wandsbek statt, wo wir unseren ersten gemeinsamen Film drehten. Ich

erinnere mich noch genau an die rote Grütze, die ich gerade aß, als mir klar wurde, daß das Kapitel »Theater« in meinem Leben abgeschlossen war.
Von 1955 bis 1966 nahm ich kein Bühnenangebot an, woher es auch kam, wie verlockend auch die Rolle sein mochte. Ich las kein Theaterstück, schickte die dicken Umschläge ungeöffnet zurück. Dabei strahlte kein Heiligenschein um meinen Kopf. Es fiel mir merkwürdig leicht, die Bühne zu streichen – eigentlich gleich nach der roten Grütze. Ich lebte ein so ganz anderes Leben als vorher, sah neue Menschen, neue Kollegen, filmte in München, in Berlin, in Paris, in Rom, hing allabendlich an der Strippe zu Carlos, wenn wir auf kurze Zeit getrennt sein mußten. Wenn man mich fragte, ob mir die Bühne nicht fehlte, der »direkte Kontakt«, der einzig seligmachende, im Unterschied zur »künstlichen Atmosphäre« im Filmatelier, dann antwortete ich ganz ehrlich: »Nein.« Er fehlte mir nicht. Weder das Rauschen des aufgehenden Vorhangs noch die seltenen Augenblicke echter Entrückung auf offener Szene, noch der Applaus. Wenn ich jetzt ins Theater ging und hinterher meine früheren Kollegen in ihren Garderoben besuchte, dann blieb ich wohl manchmal einen Augenblick stehen, wenn ich über die Bühne ging, atmete die wohlbekannte, überall gleich riechende Luft der Kulissen – aber es war wie eine zufällige Wiederbegegnung mit einem früheren Freund, dem man nach der ersten freudigen Erregung nichts mehr zu sagen hat.
Aber dann, im Frühjahr 1966, kam der Anruf von Noël.
Noël Coward starb im März 1973, und die angelsächsische Kulturwelt auf beiden Seiten des Ozeans trauerte. Ich drehte gerade eine englische Fernsehserie in Nizza mit John Mills, einem alten Freund. Seine Frau Mary rief mich im Hotel an und brachte es mir schonend bei. Abends gingen wir vier, Carlos und ich, Johnny und Mary, in ein Restaurant, irgendwo außerhalb der Stadt, an der Corniche, und aßen und tranken und lachten bis lange nach Mitternacht. Wir lachten, daß uns buchstäblich die Tränen kamen. Wir erzählten Geschichten, die wir mit Noël erlebt hatten. Meine Sammlung geht nur bis zum Jahr 1940 zurück, Johnnys bis 1929.
Endlich fielen uns die Kellner auf, die uns mit ihren müden Gesichtern stumm aufforderten, doch endlich nach Hause zu gehen und dort weiterzufeiern. Gut, wir gehen schon. Wir zahlten, fuhren nach Hause, sahen auf die Tausende von Lichtern der Riviera hinunter – und lachten nicht mehr. Wir wußten plötzlich alle vier, daß ein ganz unersetzlicher Brocken »Freude« aus unserem Leben verschwunden war.
Johnny sagte zum Abschied: »Ich weiß – ich sage euch, ich weiß es ganz genau, daß unser Abend für Noël die schönste Trauerfeier gewesen wäre. So und nicht anders hätte er gewollt, daß man sich an ihn erinnert.«
Also Johnny kannte ihn elf Jahre länger als ich! Ich war neidisch. Ganz

sinnlos, denn als Johnny bereits mit Noël Coward auf der Bühne stand, saß ich noch als dickes Schulkind in der Obersekunda. Als ich Jahre später im Londoner Theaterleben nach und nach Fuß faßte, strahlte Noëls Stern aus exklusiver Ferne, und ich hatte ihn nicht einmal von weitem gesehen. Doch – einmal, bei einer Premiere. Ich saß im Parkett, und jemand zeigte auf eine Loge und sagte: »Sieh mal, wer da sitzt! Noël Coward.« Mich durchfuhr ein ehrfürchtiger Schauer, auch wenn ich eigentlich nur eine Silhouette mit etwas abstehenden Ohren erkennen konnte. Der stumpfe Winkel dieser Ohren war das einzig Unzulängliche an Noëls äußerer Erscheinung. Als ihn einmal jemand vom Bahnhof abholen sollte, der ihn nicht kannte, telegrafierte Noël: »Ankomme 4 Uhr 30 stop leicht zu erkennen stop groß dunkelblond göttlich schön in hellgrau.«

Als ich ihn dann endlich aus der Nähe betrachten durfte, war er zwar nicht göttlich schön, aber immer noch groß und dunkelblond, mit scharfen, englischen Zügen, überschnittenen Augen, Zigarette im Mund, verrauchten Zähnen, stoßweisem, beinah konvulsivem Lachen und kleinen, weiblichen Händen. Außer diesen Händen war nichts an ihm, weder im Tonfall noch in den Gesten, das erkennen ließ, daß er homosexuell war. Hundertprozentig.

Später, als wir Freunde waren, fragte ich ihn einmal: »Sag mal, hast du nie mit einer Frau geschlafen?«

»Niemals!« sagte Noël energisch mit seiner abgehackten, leicht verschnupften Stimme. »Niemals. Ein einziges Mal ist ein weibliches Wesen tätlich geworden. Das war natürlich Gertie. (Gertrud Lawrence, berühmte Schauspielerin und seine spezielle Partnerin, solange sie lebte.) Sie war zwölf, ich war elf. Wir waren beide Engel im Weihnachtsmärchen. Mit Flügeln, was die Sache erschwerte. Das Ganze fand in der Damentoilette hinter den Kulissen statt. Seither bin ich nie mehr vom Pfad der Tugend abgewichen.«

Unsere erste Begegnung fand in meiner Theatergarderobe in London statt. Es klopfte nach der Vorstellung, ich sagte: »Herein« – und da stand er. Noël war ein unermüdlicher Bühnengarderobenbesucher. Niemals drückte er sich. Er wußte, daß der Inspizient unweigerlich an allen Garderobentüren geklopft und gesagt hatte: »Noël ist heute drin!« Hatten ihm Stück oder Darsteller mißfallen, so kam er trotzdem, klopfte, trat mit erhobenem Zeigefinger ein und begann seine Philippika, ohne Umschweife, schonungslos, manchmal auch vernichtend. Er war ein Theaternarr, nahm den Beruf ernst und erklomm auch keuchend vier Treppen, um in die Garderobe eines ihm unbekannten Schauspielers zu gelangen, der ihm in einer kleinen Rolle aufgefallen war. Dann klopfte er und verkündete seine frohe Botschaft wie ein Abgeordneter bei einer Wahlversammlung.

Auch in meinem Fall brachte er »frohe Botschaft« und beendete seine kurze Rede mit dem vielversprechenden Satz: »Ich werde ein Stück für Sie schreiben!« Aber darauf mußte ich genau 26 Jahre warten.
Ich war wie die meisten Leute, die ihm zum erstenmal gegenüberstanden, so eingeschüchtert, daß ich nicht ein einziges Wort an ihn zu richten wagte, sondern ihn nur ekstatisch anstarrte. Er war damals 41 Jahre alt und bereits seit zwanzig Jahren unumstritten der bekannteste englische Bühnenschriftsteller und Schauspieler in der Kategorie »Lustspiel«. Er schrieb auch die Musik und die Texte zu seinen Operetten und Musicals, von den unzähligen populären Chansons und Kabarettnummern gar nicht zu reden. Es war aber nicht nur die erstaunliche Anhäufung von Talenten, die ihm zur absoluten Sonderstellung verhalf, sondern vielmehr seine Persönlichkeit, sein gepfefferter Witz, der durch jede Art von Getue wie eine Rasierklinge schnitt und auf Anhieb aus ihm herausschoß, spitz, präzise und blendend formuliert. Er war aber keineswegs einer von denen, die unbedingt Mittelpunkt und Primadonna jeder Gesellschaft sein müssen. Es gab keinen besseren Zuhörer als Noël. »Oh! Oh!« rief er und hielt seine winzigen Hände ekstatisch in die Höhe, wenn ihm eine Anekdote oder eine Bemerkung gefiel. Der schönste Augenblick kam, wenn er sich ans Klavier setzte und seine alten oder neuen Chansons spielte und sang. Er ließ sich nie lange bitten, im Gegenteil, sah sich in fremden Räumen sofort nach dem Klavier um und beklagte sich nur, wenn es, wie zum Beispiel bei uns, nicht perfekt gestimmt war. Unzählige Male habe ich ihn so über die Tasten gebeugt sitzen sehen, den Kopf leicht gehoben, während er mit hoher, verschnupfter Stimme und abgehackten Silben sang und sich begleitete. Man mußte ihn persönlich kennen, um zu wissen, was er war. Seine Werke waren verführerisch, aber der Mann selbst war sein Meisterwerk. Er kam aus kleinen Verhältnissen, aber er hatte das Glück, eine Mutter zu haben, die das Genie des Kindes intuitiv begriff und förderte, obgleich sie ahnungslos war, was die Welt des Theaters betraf. Als ihr der zehnjährige Junge in den Ohren lag, er müsse unbedingt im Weihnachtsmärchen auftreten, für das man in London alljährlich ein öffentliches Vorsprechen abhielt, um begabte Kinder zu entdecken, fuhr sie bereitwillig mit ihm zum Theater und lieferte ihn klopfenden Herzens dem Inspizienten aus. Noël hatte sich allein ein Lied und einen kleinen Tanz zurechtgelegt und wurde auf der Stelle engagiert. Der Inspizient führte den Jungen zur Mutter zurück und sagte: »Also, Mrs. Coward – sagen wir zwei Pfund zehn Shilling die Woche. Ist Ihnen das recht?« Worauf Noëls Mutter erbleichte und stotterte, nein, das könne sie sich leider nicht leisten, soviel Geld habe sie nicht...
Sein Erfolg war blitzartig und dauerte ganze fünfzig Jahre. Bereits sein erstes Stück *The Vortex* wurde eine Sensation. Ein halbes Jahrhundert

später spielte man wieder seine frühen Komödien, als seien es Klassiker. Er wurde zu Lebzeiten bereits zur Legende. Er hatte ein Leben lang wie eine Ameise gearbeitet, diszipliniert – jedes Komma war ein kritischer Punkt – und rasant. *Private Lives (Intimitäten)* schrieb er innerhalb von vier Tagen, *Blithe Spirit (Geisterkomödie)* in sechs Tagen.
Sein Freundeskreis war gewaltig, notgedrungen starbesetzt, aber er war zutiefst *anti-snobbish*. Wohl weil er bereits in jungen Jahren alles kennengelernt hatte, was gut und teuer war auf dieser Welt. Daß er Leute wie Churchill am Wochenende in seinem Landhaus besuchte, unterhielt und ablenkte, war ihm selbstverständlich. Einmal, mitten im Krieg, erhielt er ein Telegramm aus Washington. Churchill war in geheimer und wichtiger Mission zu Roosevelt geflogen, um ein besonders kompliziertes Problem der Alliierten zu lösen. Das Telegramm an Noël lautete: »Wie beginnt die zweite Strophe von ›Tolle Hunde und Engländer‹ (ein berühmtes Coward-Chanson) stop Antwort äußerst wichtig stop es handelt sich um eine Wette. Churchill und Roosevelt.«
Disziplin war sein Gott, Schwächen erlaubte er sich nicht. Er litt von Kind auf unter der Furcht vor Tieren und später vor Flugzeugen. Daraufhin zwang er sich, von Wärtern begleitet, in die Zwinger von Bären und Löwen im Zoo zu gehen, innerlich halb ohnmächtig vor Angst, äußerlich, Zigarette im Mundwinkel, so höflich und zuvorkommend mit der Tierwelt, als befände er sich bei Hofe. Die Flugzeugneurose bezwang er, indem er niemals die Eisenbahn benutzte, *nur* noch flog.
»Aber warum?« fragten seine Freunde. »Warum zwingst du dich?«
»Meine zwei preußischen Kühe werden das verstehen, nicht wahr?« antwortete er und lächelte mich an. Die eine preußische Kuh war ich, die andere Marlene Dietrich. »Der einzige Unterschied zwischen euch beiden ist«, sagte er und sah mich vorwurfsvoll an, »daß Marlene mir meinen Koffer trägt, wenn sie mich am Flughafen abholt!«
Von Zeit zu Zeit spürte ich ein dringendes Verlangen, ihn zu sehen, wieder einmal einen Batzen Humor, Weisheit und Wärme einzuholen. Dann fuhr ich zu ihm in sein Haus bei Montreux, blieb übers Wochenende und tankte auf. Wir saßen dann allein bis in die frühen Morgenstunden – da war ich plötzlich nicht schläfrig! –, und er beschenkte einen mit seinem Gespräch, scharfsinnig, verheerend ehrlich, keineswegs immer gütig, unsentimental, zutiefst weise. Und jedesmal umwerfend komisch. Ich lachte über Noël, wie man als Kind lacht, daß einem die Rippen weh tun.
Wie zum Beispiel über seine Darstellung der Szene im Buckingham Palast, als er von der Königin geadelt worden war. Dies fand erst zwei Jahre vor seinem Tode statt, weil Noël die Hauptbedingung für diese Ehre nicht erfüllte: Er lebte nicht in England, zahlte keine englischen Steuern, hatte auch in Interviews unbekümmert zugegeben, er lebe im Ausland, eben

weil ihm die englischen Steuern zu hoch seien. Königin Elisabeth, die ihn seit ihrer Kindheit gut kannte und verehrte, setzte sich darüber hinweg. Als Geburtstagsgeschenk zu seinem Siebzigsten erhielt er die wohlbekannte Aufforderung, sich in den Palast zu begeben. Im vorgeschriebenen schwarzen Cut, gestreifter Hose und Zylinder begab er sich und saß mit ein paar anderen Kandidaten wartend im Vorzimmer, als ein Kammerherr erschien und verkündete, die Zeremonie hätte folgendermaßen vor sich zu gehen: Man beuge das linke Knie bis auf den Boden, strecke das rechte Bein seitlich weg und neige den Kopf. Die Königin würde dann beide Schultern leicht mit dem Schwert berühren und sagen: »Erheben Sie sich, Sir Soundso.« Dann müsse man sich – das Wichtigste! – rückwärts zur Tür zurückziehen, bis man diese mit dem Hinterteil berührte. Dann erst dürfte man sich umdrehen und abtreten. »Hier, meine Herren«, sagte der Kammerherr, »hier ist ein Stuhl. Halten Sie sich hinten an der Lehne fest – und üben Sie.«
Noël beobachtete voll böser Vorahnungen, wie die anderen Kandidaten, einer nach dem anderen, alle vorgeschrittenen Alters, sich am Stuhl anklammerten und schwer atmend übten. Er hatte sein Lebtag lang keinerlei Sport getrieben, eine Kniebeuge lag außerhalb seines Machtbereichs. Als die Reihe an ihn kam, lehnte er ab. »Ich kann das nicht«, informierte er den bestürzten Kammerherrn, »aber Ihre Majestät wird's auch ohne meine Gymnastik schaffen.«
Irgendwie hat er es dann tatsächlich fertiggebracht, auf beide Knie zu sinken, während die Königin ihn ängstlich beobachtete. Das Schwert berührte ihn, und er kam wieder auf die Füße. (Ohne Hilfe der Monarchin.) Als er sich ganz langsam und vorsichtig rückwärts tastete, stolperte er – und es passierte: Er fiel der Länge nach hin. »Oh dear!« rief Elisabeth und hielt sich die Hand vor den Mund. Da wären sie beide laut lachend losgeplatzt. Noël am Boden, die Königin noch mit dem Schwert in der Hand...

Als er mich anrief und mir ankündigte, er würde mit seinen drei nagelneuen Stücken bei uns eintreffen und sie uns vorlesen, war es elf Jahre her, seit ich zuletzt auf der Bühne gestanden hatte. Das war mit Rex gewesen, als der Vorhang zum letztenmal nach der *Geliebten Hexe* in London fiel. Zu lange. Ich hatte alles vergessen. Stimme projizieren, »timing«, alles, alles vergessen, denn Filmtechnik erfordert genau das Gegenteil von Bühnentechnik. Das alles sagte ich Noël, bevor er zu lesen begann. Er sah mich nur vielsagend von der Seite an und schlug den Dekkel des Manuskriptes auf. Absage? Sowas gab es bei ihm nicht. Er hatte es sich in den Kopf gesetzt, daß ich diese Rollen mit ihm spielen sollte. Er hatte auch schon lange nicht mehr in London Theater gespielt und versprach sich etwas von dieser zweifachen Wiedergeburt. Es handelte sich

um drei Stücke, ein langes, abendfüllendes und zwei Einakter, die mit dem anderen alternieren sollten.
Ich kann »Vorlesen« nicht leiden, kann mich dann nicht konzentrieren, bin durch den Vortrag abgelenkt und beeinflußt. Aber wie in allen Dingen war Noël eine Ausnahme. Carlos und ich hörten einen ganzen Abend lang aufmerksam zu. Ausschlaggebend für meine Zusage war der Umstand, daß wir nur vier Monate lang in London spielen sollten. Länger hätte er nie ein Stück gespielt, sagte Noël, nach dem vierten Monat sei es ihm immer langweilig geworden, und Langeweile hatte keinen Platz in seinem Leben. Da er Autor, Regisseur und Hauptdarsteller seiner Werke war, durfte er nach seiner eigenen Pfeife tanzen.
Vor Probenbeginn würde er sich sein Gesicht »straffen« lassen, denn er sähe aus »wie eine alte chinesische Charakterschauspielerin«, sagte er und zupfte an seinen ausgeleierten Augenlidern. Die Operation fand in der Sprechstunde des Doktors statt, um Krankenhaus-Presseberichte zu vermeiden. Unter der Narkose setzte plötzlich sein Herz aus, und der zunächst vor Schreck gelähmte Doktor schlug ihm alsdann um so heftiger auf den Brustkorb, um es wieder in Gang zu bringen. Als Noël aufwachte, klagte er mit Recht über seine wunden Rippen, und man mußte ihm die Wahrheit sagen. Er lachte. »Das wär was gewesen!« sagte er entzückt, »Noël Coward stirbt während Schönheitsoperation! Hätte es einen besseren Abgang für mich gegeben?«
Die Proben brachten außer den üblichen Wirrnissen und Aufregungen eine Überraschung für mich: Krach mit Noël. Mein erster. (Und letzter.) Beinah ein Gemetzel. Man hatte mich von allen Seiten gewarnt, wie schwierig und anspruchsvoll er sei, wenn es sich um seine Stücke handelte. Persönliche Freundschaft zählte nicht, er sei dann wie ein wütender Tiger. *Mein* Noël? Ausgeschlossen. Doch, sagte man, denk an Claudette Colbert! Diese großartige Schauspielerin und schöne, wenn auch etwas kurzhalsige Frau wurde während der gemeinsamen Proben von Noël angeschrien: »Am liebsten würde ich dir den Hals umdrehen – wenn du einen hättest!«
Auch meinen wollte er umdrehen. Erstens irrte ich mich manchmal im Text (Todsünde), zweitens bestand ich auf meinen vertraglich vereinbarten vier Wochen Probenzeit, während Noël bereits nach drei Wochen genug hatte. »Die Proben langweilen mich«, erklärte er, »ich brauche Publikum!« Er hatte es gut, er konnte den Text in- und auswendig, hatte ihn ja selbst geschrieben. Es gab nur drei Rollen in allen drei Stücken, die jedesmal von Noël, mir und Irene Worth, einer der besten englischen Schauspielerinnen, gespielt wurden. Irene und ich protestierten energisch gegen jede Kürzung der Probenzeit. Krach, wutschnaubend und fensterklirrend. In jeder Auseinandersetzung hatte Noël die Überhand, denn sein

siedendheißes Vokabular machte jeden Gegner dem Erdboden gleich. Unsere war keine Ausnahme. »Ich langweile mich!« schrie er abschließend wie ein ungezogenes Kind, und dabei blieb es. Zähneknirschend mußten wir nachgeben und hatten eine ganze Woche zu früh Premiere. Das Resultat war dementsprechend. Ich war recht mittelmäßig (und von Angst geschüttelt) und brauchte einen weiteren Monat, um eine anständige Vorstellung zu geben. Ich war zutiefst »beleidigt« und sprach kein Wort mit ihm außer unsere Bühnendialoge.

Er hielt es eine Woche aus. Dann packte er mich nach der Vorstellung resolut bei den Schultern und schubste mich in seine Garderobe.

»Was ist los?« fragte ich unfreundlich.

»I want my friend!« sagte er.

Nichts weiter: Ich will meinen Freund wiederhaben!

»Du hast genug Freunde«, sagte ich, »einer mehr oder weniger wird nicht auffallen.«

»Ich will meinen Freund wiederhaben!« sagte er noch einmal eindringlich und zwang mich, ihn anzusehen, weil er wußte, daß ich dann lachen müßte. Und damit hatte er, wie immer, gewonnen.

Als Partner auf offener Bühne war er ideal. Er nahm sich das Seinige und half mir zu dem Meinigen, das heißt, er servierte die Stichworte für meine Lacher, daß sie gar nicht schiefgehen konnten.

Aber dann passierte etwas für Noël noch nie Dagewesenes: Er blieb stekken! Er vergaß seinen Text. Seinen eigenen Text! Das war in den fünfzig Jahren seiner Bühnenlaufbahn noch niemals vorgekommen. Der Text war immer heilig gewesen. Wehe dem Schauspieler, der steckengeblieben war. Und nun blieb er selber stecken! Jeden Abend!

Als es zum erstenmal geschah, war ich genauso fassungslos wie er. Wir saßen uns gegenüber, dicht an der Rampe, und nahmen ein piekfeines (Bühnen-)Abendessen zu uns. (Der »Kaviar« bestand aus Pflaumenmus.) Plötzliche Stille. Mein Magen drehte sich einmal um sich selbst. War *ich* das? War das *mein* Stichwort gewesen? Nein! Noël war dran, kein Zweifel, ich war ganz sicher. Aber er blieb stumm, saß da mit weit offenem Mund und sah mich verstört an. Ich wagte es und flüsterte ihm seinen Text hinter meiner vorgehaltenen Gabel voll Salat zu. Gott sei Dank – er hörte mich, und wir fuhren fort, als sei nichts geschehen. »Danke dir, geliebte preußische Kuh«, flüsterte er, als der Vorhang fiel, und ich hatte das Gefühl, ganze Bataillone von Schauspielern gerächt zu haben, die er ein Leben lang gepiesackt hatte.

Am nächsten Abend passierte es wieder! An einer anderen Stelle. Diesmal war ich mutiger und kam ihm schneller zu Hilfe. Von da ab war es eine abgemachte Sache, und wir wurden mit der Zeit ganz frech. »Wie bitte?« sagte er manchmal, wenn er mein Soufflieren nicht genau mitbekommen

hatte, und ich wiederholte ohne Hast seinen Text. Der Inspizient, Irene und ich – wir mutmaßten. (Beginnende Verkalkung?) Aber wir sprachen es nicht aus. Das Publikum hat nie etwas gemerkt.
Eines Abends gab's auch in dieser Routine eine neue Version. Während des berühmten Abendessens an der Rampe machte Noël plötzlich eine Pause, sah mich bedeutsam an und klopfte sich auf die Zähne. Ich soufflierte beflissen, aber er nahm keine Notiz, klopfte weiter vielsagend auf seine Zähne. Ich fletschte die meinen und buchstabierte ihm deutlich seine ersten Worte. Er reagierte nicht, klopfte weiter. Ich versteckte meinen Mund hinter der Serviette und trompetete den Text. Wenn er's jetzt nicht mitgekriegt hatte...! Er hatte, sprach weiter, sah mich aber nicht wie sonst dankbar, sondern eher frostig an, was mich so verstörte, daß *ich* beinah steckenblieb. Gott sei Dank fiel der Vorhang kurz darauf.
»Was hast du denn?« fragte ich besorgt. »Ist dir nicht gut?«
»*Mir* ist gut«, sagte Noël, »aber *du* hast Spinat zwischen den Zähnen!«

Die vier Monate gingen zu Ende. Alle drei Stücke waren ein außergewöhnlicher Erfolg gewesen, es hatte niemals einen unbesetzten Platz im Theater gegeben, und die Schlange für Stehplätze stand jeden Abend um einen ganzen Block der Shaftesbury Avenue, der Londoner »Theaterstraße«, herum. Als ob man ahnte, daß man ihn zum letztenmal auf der Bühne sah...
Der letzte Abend kam. Der letzte Applaus. Viele Vorhänge. Ich stand Hand in Hand mit ihm und verbeugte mich. Das letztemal. Auch für mich.
Nicht lange danach begann er physisch zu verfallen und verbrachte die meiste Zeit im Bett. Allerdings weigerte er sich, auch nur das Geringste zu tun, um seinen Zustand (Kreislaufstörungen) zu verbessern und sein Leben zu verlängern. Nicht eine einzige der täglich vierzig Zigaretten wurde geopfert. Er hatte nie Zugeständnisse gemacht, blieb sich darin treu, auch dem Tod gegenüber.
Sein Zustand war kein Geheimnis, denn er konnte sich schließlich nur noch im Rollstuhl bewegen. Er rollte zum Flugzeug, rollte ins Theater (als Zuschauer), behauptete, das mache ihm richtig Spaß, man solle sich ruhig anstrengen, *er* würde das nicht tun. Rollen sei bedeutend angenehmer als Gehen – hätte er das nur früher gewußt!
Im November 1972 wurde noch einmal ein Fest zu seinen Ehren gegeben. Der große Ballsaal im Hotel Claridges in London wurde gemietet, und Flugzeuge aus aller Welt brachten Freunde herbei. Etwa zweihundert der »Intimen« erschienen. Wir fanden Noël in einer Sofaecke unter einem riesigen Kristallüster, der ihn vorteilhaft beschien, aber er sah trotzdem etwas zusammengeschrumpft aus. Der Rollstuhl war außer Sicht.

Der Saal füllte sich: Stars, Regisseure und Schriftsteller aus allen Teilen der Welt. Soviel »Glamour« auf einem Haufen hatte ich seit Hollywoods Glanzzeit nicht mehr gesehen. Sie standen Schlange, drängten sich um die Sofaecke und knieten dann auf dem Boden, um ihn zu umarmen, denn er konnte nicht aufstehen. Es schien ganz natürlich. Man huldigte.
Dann wurde der Spieß umgedreht, und man strengte sich an, *ihn* zu unterhalten und zu amüsieren, etwas, was er sein Leben lang für andere getan hatte. Leute wie Burt Bacharach, Alec Lerner und Fredéric Lowe (die *My Fair Lady* geschrieben hatten) setzten sich ans Klavier, spielten und sangen, gaben ihr Neuestes und Bestes.
Plötzlich stand Noël auf. Unwillkürlich griffen viele Hände zu, um ihn zu stützen, aber er wehrte mit kurzer Geste ab. Dann wackelte er ganz langsam, wie ein aufgezogenes Spielzeug, zum Klavier. Er schaffte es. Im letzten Augenblick sprang Laurence Olivier vor und schob ihm den Klavierhocker unter, sonst hätte er sich in die Luft gesetzt. Im Ballsaal herrschte absolute Stille. Noël am Klavier! Ich hatte nicht gedacht, daß ich es noch einmal erleben würde.
Er starrte eine ganze Weile auf die Tasten. Wir saßen regungslos. Jeder fragte sich: *Kann* er überhaupt noch? Dann hob er zögernd die kleinen Hände, schlug ein paar Akkorde an, und es ging wie ein Seufzer durch den Saal. Jeder kannte diese Akkorde, jeder wußte, was nun kam.
Im Jahre 1929 hatte Noël seine populärste Operette geschrieben, *Bitter Sweet.* Die Handlung ist veraltet, aber die Songs sind jedem Engländer so geläufig wie »God Save The King«. Einer war eine Art »Glaubensbekenntnis«. In freier Übersetzung hieß er etwa so:

Ich glaube,
daß man tun soll, was man am besten kann,
daß man lachen soll, wenn man muß,
daß man weinen darf, wenn man will.
Du lieber Gott!
Wenn »Liebe« wirklich das einzige auf der Welt wäre –
ja, dann wäre ich wohl einsam!
Ich glaube,
je mehr man jemanden liebt,
je mehr man ihm vertraut,
desto mehr wird man verlieren.
Und doch –
manchmal, so gegen Abend,
dann denk ich,
ach, wenn doch nur irgendwer ganz Besonderes
nicht ohne mich leben könnte,

jemand, der zärtlich ist,
und den ich mag.
Dann gäb's vielleicht keine Probleme mehr,
wenn ich sicher wäre,
daß er mich wirklich braucht.
 Ich glaube,
daß ich eigentlich –
gleich von Anfang an –
nicht viel mehr anzubieten hatte,
als eben nur das Talent,
andere Leute zu amüsieren.
Du lieber Gott!
Ist »Liebe« wirklich das einzige auf der Welt?

Dieses sein »Bekenntnis« begann er nun ein letztes Mal zu singen, mit hoher, kaum hörbarer Stimme. Nicht das ganze Lied, dazu reichte es nicht mehr. Nur die letzte Strophe. Als er zu den Worten kam: »...als eben nur das Talent...«, hörte er einen Augenblick auf, sah sich langsam im Kreis um, lächelte und fuhr fort: »...andere Leute zu amüsieren...«
Ich war beileibe nicht die einzige, die weinte.
Vier Monate später war er tot.

Das war's

Unsere »Trauerfeier« für Noël hatte früh um zwei Uhr geendet, und ich mußte am Morgen, wie immer, um sechs aus dem Bett. Ich schlief noch ein bißchen im Auto auf dem Weg zum Studio und unter der Trockenhaube und während ich geschminkt wurde. Endlich wanderte ich schwankend und verkatert in die Dekoration.
»Ts, ts!« machte der Kameramann vorwurfsvoll, während er die Scheinwerfer einstellte, und holte ein Extralicht, um die Ringe unter meinen Augen auszubügeln. »Sie sehn aber fein aus!«
Das Lichtdouble nahm meinen Platz ein, während die Kollegen ausgeleuchtet wurden, und ich zog meinen Stuhl in die hinterste und dunkelste Ecke des Ateliers, um noch ein bißchen zu dösen. Auf der Leinenlehne des Stuhls stand mein Name, aber der französische Requisiteur hatte »Lily« geschrieben, was mich jeden Morgen aufs neue ärgerte. Mit »Lily« hatte ich nichts zu tun. Mein Vater hatte mich nach Lili Schönemann, Goethes Jugendliebe, genannt, und der Beamte hatte auf meinem Geburtsschein noch ein l dazugeschrieben, was aber nicht in meines Vaters Absicht gelegen hatte. Er wußte nichts davon, war bereits »im Felde«.

»Ist doch keine Menagerie / So bunt als meiner Lili ihre!« hatte der junge Goethe geschrieben. »Sie hat darin die wunderbarsten Tiere / Und kriegt sie 'rein, weiß selbst nicht wie.«
War meine Menagerie auch so bunt? Zahm waren sie bestimmt nicht, meine »wunderbaren Tiere«, dachte ich und duselte im Halbdunkel vor mich hin. Und das war gut so. Wer will schon einen zahmen Mann? Carlos sagte neulich: »Du hast dir dein Leben lang schwierige Männer ausgesucht.« Stimmt. Schwierige »wunder«-bare Tiere. »An jedem Menschen b'sunder sieht man Gottes Wunder.« (Rheinisches Sprichwort meiner Mutter.)
»... und kriegt sie rein, weiß selbst nicht wie!« Ja, *das* stimmte! Weiß selbst nicht wie ... Aber Carlos, weise wie ein alter Chinese, sagte immer, daß man sehr wohl »weiß«, daß nichts geschieht, das einem wesensfremd ist. »Man selbst ist die Ursache, der Urheber«, sagte er, »und man erntet am Schluß die Endsumme der richtigen – oder der falschen Entscheidungen, die man getroffen hat.«
»Miss Palmer!« unterbrach eine fröhliche Stimme meine Betrachtungen. Unser Pressefotograf stand vor mir und hielt mir stolz ein Foto entgegen. »Sehen Sie mal, was ich für Sie bekommen habe! Extra aus London hierhergeschickt! Aus den Archiven. Was sagen Sie dazu?«
Ich hielt das Foto weit von mir, um etwas zu erkennen, aber mein Arm war zu kurz. »Es ist zu dunkel hier«, sagte ich. »Was ist es denn?«
»Ein Foto von Ihnen aus Ihrem ersten Film, *Crime Unlimited*, in den Teddington-Studios!« sagte der Pressemann, Triumpf in der Stimme.
Ich wollte ihn nicht enttäuschen. »Wie sieht's denn aus?«
»Na, furchtbar!« rief er begeistert. »Einfach furchtbar. Also, wenn nicht Ihr Name auf der Rückseite stände – *ich* hätte Sie nicht erkannt!«
»Holen Sie doch mal meine Brille«, sagte ich. Er holte sie.
»Und hier ...«, sagte er und lachte, »hier ist ein Foto, das ich gestern von Ihnen gemacht habe. Zum Vergleich!« Damit ließ er mich allein, in jeder Hand ein Bild. Auf dem einen kämmte sich das dicke Kind die Haare in einer Drehpause, auf dem anderen saß eine Frau auf einer Terrasse und sah aufs Meer. Die »Endsumme«!
Ich studierte das alte Foto. Erinnerte mich plötzlich an diesen ersten Film, an die Teddington-Studios, an die Szene, an den Augenblick. War eine Sekunde lang wieder das dicke Kind, das nur ein einziges Nachthemd hatte – was peinlich war, wenn es gewaschen werden mußte – und das sich von seiner ersten Gage Badesalz gekauft hatte.
Hatte ich es mir damals so vorgestellt – so, wie es gekommen ist? Nein, Gott sei Dank. Warum Gott sei Dank? War's so schlimm gewesen? Aber wo. Nur ganz, ganz anders.
Gut, daß man keine Ahnung hat ...

Inhalt